王俊彥氣論叢刊

元氣之外無太極
——宋明清理學中的「氣論」研究

王俊彥　著

目次

緒言

　　理與氣共構成一上下、內外一體的世界，而其中的理與氣孰為先？孰又為後？及理與氣共存的狀態有哪些模式？不同的視角會有不同的詮釋。強調本體的永恆普遍性，絕對標準性者，主張「理先氣後」。強調由客觀理性看待氣化實然的發生者，會主張「氣先理後」。然而，單由理說本體或由氣說本體，仍然是在概念上做理論的建構。若擺脫概念、理論的設定，直接面對具體的世界，詮釋其中的形上與形下，才質與道德等孰為主？孰為從？的提問，會有「理先氣後」，「氣先理後」及「理氣是一」的說法。

　　「理先氣後」指形上理體下貫於人為性，此形上之性與人之才質義不同，所以形上性謂為義理之性，義理之性受限於才質中謂為氣質之性。義理之性以天道為最高標準，所以須透過氣質層之心，去認知形上性理，再來導正形下情之發動，如朱子「心主性情」的架構。然而心屬氣質層次，氣質中本無道德義，所以心未必循道德性理而為，有氣強而理弱的可能。要以敬涵養氣質層的心實踐性理，工夫用在使形氣異質的超越上達天理。因為重視做為絕對標準的天理，所以主張「理先氣後」。理為先行的標準，所以性本為善，及性受限於形氣中，未能清暢地如理流行，才有惡的產生。

　　「氣在理先」之說，從兩漢氣化宇宙論，發展至宋明清，以氣為本的論述愈成熟。陽明的良知說，以道德心為本體，朱子則以天理為本體。氣本論則以氣為本體，此氣非形下有限的才質之氣，是由「太極生兩儀，兩儀生四象」的氣化發展模式，將本體與氣化統整為一太

極所說的氣。此統體之氣以陰陽五行生生不已為內涵,而生生不已是無方所限制,遍在上下、內外的原則,所以可視此統上下為一體的氣為太極。陰陽五行在氣化漸凝漸滯的過程中,本身所具的才質義,亦漸凝為實然之萬物。陰陽五行相生不已的必然性,同時也是應然如此的道德義。所以,以氣為本體,萬物順氣化而各正其性命時,其中的生生之理序與道德義皆可被彰顯出來。

「理氣是一」又可細分為「理在氣中」及「氣中有理」兩方向。「理在氣中」理是主詞,做為本體之理融入氣化中,可以理來貞定導護實然的人倫日用。如此,理的絕對性仍然是主體,而日用倫常的道德義也被彰顯出來。「理在氣中」的說法,可說是理提高並擴展了氣的地位。「氣中有理」主詞是氣,認為統整上下、內外為一整體的氣,是萬物存在的根本,氣中生生之各種可能性,本具於氣中,而各種理序所凝結為各異的有形事物,亦是氣之生理在實然世界的具體實現。氣之生理所本具之道德義,亦在日用倫常中,被後天他律工夫引導出來。「氣中有理」的說法,可說是氣使理從虛的理,轉化為實的理。

王廷相有云「元氣之外無太極,陰陽之外無氣」太極可由超越的形上的本體來詮釋,也可由統天地萬物為一整體來詮釋。王廷相「元氣之外無太極」一語,規定了太極與元氣是同一的實體,太極大而無外,小而無內,統有整個可描述的時間與空間,也統有整個時間、空間之上的不可描述的形上本體。所以,與太極為等義實體的元氣,亦統有可描述的形氣層與不可描述的超越層。元氣在超越層,沒有名相與定義,可說是「無形之氣」。及待元氣凝結成有形有質又各自殊異的萬物,萬物已可被定義認知。此時,元氣又以「有形之氣」的樣態出現。太極無限遍在,所以元氣也普遍流行於可見與不可見的兩間。「太極生兩儀,兩儀生四象」展示太極有無限生生的發展性,元氣自然亦會由無形之氣的層次,順氣化下貫的傾向,漸凝為有不測妙用的

神、魂，再漸凝為能為感官所認知的精、魄，再凝成有形有質有仁義的人物。而太極、神魂、精魄等意涵與作用也全下貫於人而為性。心為性所發之無形之作用，無形之作用中所生發的，正是無形之太極，神魂與精魄。心發用於形質層為情，情亦即太極、神魂、精魄受到形質限縮與分割而部分呈現的狀態。可知，由太極而成人，人即為太極之實現。而統有由上而下，由下而上的全體過程與內容，即是太極，即是元氣。

　　王廷相云「陰陽之外無氣」陰陽若單由本體之作用來說，只是原則性的說法。陰陽由遍在有無兩間的元氣說，則陰陽相生，不只是原則性的概念，也是具體能發動聚散、浮況、升降等實然運動的能力。因為太極無所不有，所以陰陽既是形上原則，陰陽本身亦有才質義，如此才能發起實然的生化。漢代將具有才質義的木、火、土、金、水五行配對東、南、中、西、北五個方位，又配對春、夏、秋、冬等季節又配對五色、五味、五臟等。亦將五行與五德、五常相配，建構一個時間與空間，才質與道德義相通無隔的氣化世界。人我彼此間，藉由陰陽五行的生生有了融通感應的聯結，且此人我的聯結是整個氣化世界縱貫與橫貫的共構相通的聯結。此種聯結源自於陰陽五行由微而著，由著復微的上下相通，及由我而人，由人而我的心性感應不已而完成。由微而著是陰陽五行無方所限制的生生的方向與速度，若無所限制，便是清暢不測之神用的表現。反之，生生的方向與速度若往濁滯的方向發展，會將陰陽五行中本具之才質義具體化，而「凝結」成有形有質的萬物。由著復微，是陰陽五行的才質義具體凝結為形質後，生生作用仍在形質中起用，有陰必有陽，有聚必有散，於是形質復歸於無形的元氣。

　　「凝結」由概念上說是由無而有的轉變關鍵，無屬無形，有屬有形，本屬異質異層不相干的二者。若說無能生有，如何解釋無如何生

出有？有解釋上的難度。如說理生氣，最多只能說氣依著理而行，氣從何處來？仍未能做說明。若理只是氣化的超越的標準，本身不是氣化則理，與氣化無關。理之無限性、遍在性只能無限遍在於超越層次，不能無限遍在於形氣中，並與氣為一體無隔之自身，理之遍在性，只能是形上之理，不是形上，形上相通無隔之理。所以為解決理氣二分上下難貫通的困難，將氣由無形的五行相生屬原則層次的狀態，因相生有漸慢漸滯的可能，凝結成有形的五行生成萬物的具體可言說狀態，如此可說成無能生有。可知氣化由微漸著，所說的無生有，是從具體的人我萬物觀察，在具體人物中可體會出中有無形作用之流動，如日升日落會影響人的朝起夜眠。如人順無形之春夏秋冬季節的遞嬗，真能完成春耕夏耘秋收冬藏的具體有形的行為。所以，由概念分解的說，因無、有二者定義、質性不同，不容易說明無能生有。但若由氣化萬端實然狀態說，由無形之氣「凝結」為有形之氣的視角說「無生有，有回無」，是有說服力的。「凝結」是五行由無形狀態，具體轉變成有形狀態關鍵的描述或比擬。「凝結」的漸慢漸滯，化為具體形氣時，所謂的「凝結」同時也將五行由無限自由生生，被限制成有方所限制的，不再能自由自主生生的狀態。此時的「無生有」就轉變成「無只能在有中」，不能再回復無是自由無限的狀態。無若不再是無，則無所生之有亦不成其為有。所以，無「凝結」為有時，「凝結」的作用中，必須將太極本體中二氣五行相生的本質，透過凝結，如天命之於人般的，命於人而為人之本性，以確保陰陽五行為人的本性自體。人的本性不只是由形上本體來說，人的本性在太極初始的源頭，便是以陰陽五行為其內容的。但「凝結」作用的本身，即是陰陽五行生生過程中的種種樣態之一。所以「凝結」雖將無限制成有，但「凝結」自身仍保有陰陽五行的本質。且使陰陽五行的自身，能下貫到有形世界中，使無形之陰陽五行，與五行變態呈現之凝結，

與有形人物中所具的陰陽五行，三者位階有所不同，而本質皆為陰陽五行，而使上、中、下彼此貫通無隔。以上由理性視角詮釋五行分別在無形、凝結、有形的三種狀態中，而其實只是一五行的實體流行。

五行與五色、五味、五位共構為一整體，且才質素質的質性，本即為陰陽五行相生所應有的部分，才質非外於太極，另由太極之外的某處而來。否則，才質不是太極所本具，太極之外，另有才質別為一物，則太極不成其萬物之根源。所以，陰陽五行除了理性概念外，陰陽五行同時也有具體的才質素質的成分。一氣流行生生不已，乃太極的陰陽五行的必然如此，不可改易的根本原則，如日月星辰的運轉，春夏秋冬的循環，是萬古不易的必然。此必然如此的次序，從道德義來說，必然的秩序本身便是應然如此的道德，如人必然是由父母所生，自然應當孝順父母，無忝於所生。所以五行相生不已的理性秩序，在太極的整體觀下，此生生秩序本身也是道德的秩序。於是五行本身是五色、五味、五位、五種才質的同時，也是具有道德義的五倫、五德、五常。若由形上是道體、是超越的道德價值，形下是蠢然無主體性的氣用視角看，如此說是不通的。但由太極本具陰陽五行，陰陽五行藉「凝結」的氣化變態，貫通無形與有形兩間，而完成一上下無隔，才質義與道德義，只是生生的層次與樣態不同，但本質一貫無別的氣化整體觀來看太極，是有其理路的。

陰陽五行的「凝結」過程，其中有「神魂」的作用，此作用會往凝為形體的方向發展。乃因陰陽五行為太極道體的內涵，太極具有本體位階，所以陰陽五行亦應當具有本體位階。陰陽五行可以無形之氣的樣態，往有形方向下貫，此種狀態可謂為「神」。「神」與「太極」的差別在陰陽五行是太極自體中能相生不已的作用，二氣五行一發生作用，在尚未被相對的感官所感知，但已展現太極無方所限制的生生不測之妙的層次，便是「神」。「神」再下降可被感官感知的層次便是

「精」。「精」雖可被感官感知，仍屬無形層次。亦即，由「太極」而「神」而「精」，由無形往有形下貫的各個凝結過程，仍在無形體的層次。太極本具才質義與道德義，所以生生不測之神用，自有才質義與道德義。「神」為道體之流行，所以，此時神中的道德義較明顯，才質義尚不明顯。及至神再下降為可被感官認知的「精」時，此時道德義仍在，才質義因接近有形層次更明確可被感知。才質義明顯的「精」再凝結便成為有形有質有道德的人物。可知，太極的發用是仍有無限性的「神」，所以「神」的本體屬性很高。及至神再下貫為「精」，神的無方所限制的不測之妙，受到感官的限制，神的自由性被限制成有對象性的作用，如眼有「能看」，耳有「能聽」的作用等便是「精」。「精」較接近形氣，所以「精」的才質義較明顯。以上是由天經由「神」、「精」階段而凝結為人物的過程。由天而人，太極受到的限制越多。人要回應天，便需逐步消除限制，並尋求回歸無限的步驟。首先，要去掉人我有形的形質與感官，上提至「精」的無形的感官作用層次。再化掉作為感官作用的「精」，上提至做為太極流行的「神」的層次。最後化掉可被體會或描述的神用，回歸到無可定義說明，但內涵多元豐富的無限的「太極」本體。「太極」在人的感官作用的表現是「魄」，層次與「精」相當。「太極」在人意識上的流行是「魂」，層次與「神」相當。整體觀之，由天而神而精而人的下貫一路是太極，由人而魄而魂而太極的上提一路也是太極。由此可說太極是統貫上下、有無、內外，才質義與道德義並具的統體一太極。

東漢王充、南宋朱子、明中葉王廷相有「氣種有定」的論點，「氣種」的「氣」指統涵有形與無形兩間的氣，此氣即是太極。「種」指做為萬物根源的氣，內在的二氣五行生生不已，本來無方所的限制，及到氣化漸凝漸有後，生生雖仍無方所限制。但已是在氣化中，可被體悟到其有無限意向性之可能處為「神」，「神」之無限意向

性在氣化漸凝為生生意向性明確的作用處為「精」。在形物中使太極、神、精等不同位階與功用，皆凝結入形體中，保證人有相應天的必要條件外。同時，也泯除由太極而神而精而人的理性推論次序，及時間先後的次序，及依時間前進而帶動空間意義的轉化。使相對界的動態流行，回復到原本絕對界的太極道體。同時，因生生不已統貫有形與無形兩間，所以生生本具之才質義與道德義，在各各時間、空間中所呈現的各種樣態與倫常，也泯除掉才質與道德在時空中的顯現的差別相狀。全然呈現其為絕對不可易的，超越有無之上而統領有無，材質與價值同體本具的太極道體，在形氣中的狀態，此可謂為「氣種」。「氣種有定」的「定」可說是氣化已流行於人物中，已有明確可被定義的意向性。同時，也可指氣化於人物中，因二氣五行相生不已，各各人物所稟受的二五之氣，有多寡、顯隱的不同。所以氣種所成就的人物，其中的才質義、道德義自然也有多寡、顯隱的不同。意向、才質、道德在各有所定的條件下，人物皆變化不已，實現太極無所不在、無所不生的本然，亦可視為「各正性命」在氣化流行場域中說為「氣種有定」的另一種觀點。

氣化由無而有，由微而著的轉變關鍵是「幾」。「幾」如同種子在冬至前，陰氣極盛陽氣極少，所呈現不動的狀態。及待冬至一過，陽氣開始萌發，種子亦開始破殼生長，而無形之氣凝為有形之形氣的轉變處便是「幾」。太極若指為超越的絕對本體，則形下的、相對的氣化生成，只是依傍著太極之理而行，太極自體的內容與形氣的內容，彼此有形上、形下的差別。此時「幾」之發動，是太極之理牽動形氣而有的，理仍然是理，氣仍然是氣，理氣不貫通，也沒有無形之氣轉變凝固為有形之氣的問題。「幾」若由太極統涵有形與無形兩間的視域看，「幾」是無形之氣凝結成有形之形氣的變態中，將太極本具之才質義，在神與精的漸凝為有形的過程中，使本來屬無形層次的才質

義具體的凝固為有形之形氣的轉變階段。在氣化流行的、無形的層次，作用義明顯多於才質義。及通過「幾」的轉變，氣化由無形凝為有形後，此時才質義明顯凝為實然存在，可為感官知覺所掌握。而無形的神、精等作用義，自亦隱藏於形氣中。可知，在氣化流行的無形層次，作用義顯而才質義隱，及流行於形氣層次，經過「幾」的凝結及轉變，則才質義顯而作用義隱。

統萬物為一體的太極，經由其自身陰陽五行通過自身的「幾」，將無形之氣凝結成有形之形氣後，太極與神、精等內容義自然的凝入形氣中而為形氣之「性」。此種「性」，不由形上本體的天道命於人為性，所以性非如天道是形上的，絕對的，是道德最高的絕對的標準。此種由統體一太極說性，因太極是以陰陽五行的流行為自身，所以當太極命令於人而為人之性時，此種「性」自然也以陰陽五行相生不已為自體。而陰陽五行的生生，又是貫通於形上、形下兩間而無別的。所以陰陽五行生生有無限的可能性，其中，生生在氣化流行中的方向、速度較為清暢無礙者，在氣質上屬智，在道德上屬善。反之，若在氣化流行中方向、速度較為濁滯有礙者，在氣質上屬愚，在道德上屬惡。而清濁、浮沉互相可變者，在氣質上為中人，在道德上為可善可惡者。若回溯到生生本體之太極，由氣說性者，多數仍肯認有一生生清暢的根源的至善。唯生生不已本身即是氣化，所以在氣化有濁滯時，便有善或惡的分別。

「性」以太極、陰陽五行為內容，而陰陽五行是統貫有形、無形兩間同時生生不已的，所以在道德上，性既有太極之絕對善，亦有氣化層次的相對善。在才質層次上，性既有內在無形的生生作用，也有與才質義同質同層的具體實然的發動功能。性秉受於太極，性所發用的「心」，「心」自然也如太極將性發用於有形與無形兩間。所以心能發動感官知覺，認知相對界的人我，並進而將陰陽五行之生生，運用

在形氣層人、物的建構上。此時，感官作用的「精」，亦是「心」能主導認知與動作的內在原因。同樣，「心」也能夠默契體悟屬於形上層次的陰陽五行的生生作用，並進而實現無限之生用於形氣層中。這時，體悟不測之妙的「神」，亦是「心」能主導默契與實現天道的內在原因。可知，由太極整體觀之，「心」能默契無形層次中的太極，亦能感知實然層次中太極的動靜變化。所謂「動極而靜，靜極復動」太極本體動靜往復相生。所以，「心」既能認知在相對界為二的動與靜，心亦能體悟動靜一體的太極道體。若由理氣二分視角觀，則能動的是氣化，能靜的是本體，動與靜有形上與形下的分別。若由理氣為一體看，則太極固然是本體的靜，太極同樣也是相對之動與靜的根本。所以，若分別的說，張載認為「性」有氣質之性與天地之性的分別。「心」有德性之知與見聞之知的分別。若上下一體的說，太極命於人只一性，沒有二性。所以性中能認知形氣層的「心」的能力是見聞之知，性中能體悟形上層的「心」的能力是德性之知。明代羅欽順也明白的認為只有氣質「一性」，此性同在形氣層與超越層中。只有「一心」，此心既能認知形氣人物，此「心」亦有默契形上本體的靈明知覺。明清之際，劉宗周、王夫之也都主張只有氣質一性。性之所發之「心」，在氣化中「精」的位階可認知事物。心在氣化中「神」的位階，心之靈明知覺，則可默契道妙。

性以太極為其自身，性所發的生用為心，此些尚屬無形層面的作用。及待性所發之心，進到形氣感官層面而產生實然的動作與功能便是「情」。漢代的氣化論主張性善情惡，以回答善惡由何而來的提問。朱子在理為形上，氣為形下的思路下，也主張性善情惡。而由氣說性者，則認為心的發用，其中的才質義隨順氣化的漸凝漸滯，使生生作用愈加受到限縮，才質義所產生的差別愈加明顯，而分別成喜、怒、哀、樂等方向各異的「情」。從道德義來看，太極是應然如此的

價值根本，隨著氣化的漸凝漸滯，道德義本身的無限性，亦隨之限縮，成為仁、義、禮、智、信等相對界方向各異的德目，於是道德在「情」上也有了不同的方向。氣化有任何的可能性，所以，「情」固然是心所發用的各種情態。而各種情態彼此皆以氣化生生為心之的根本，所以彼此又可以互通無隔，而有主張「情通」人我的理論。「情通」人我，可使愈益受限而分別愈甚的「情」，泯除彼此的差別性，回復到心所發為「情」的原初狀態。所以，可由「情通」人我，發展到「情利」人我的理論。同樣，由氣化的漸凝漸滯說道德義日漸限縮而產生分別，此時的情，可說是有善有惡的。心的靈明能知覺太極，心所發之情自然是善。此善也可說是情之發用清暢、無損於太極的無限性，所以是本然之善。心又能認知形氣層的人事，人事若以道德為其自身，則心所發之情便是實然的善。人事若違背其本具之道德性，便是實然的惡。所以明清之際由氣化說性，又重視心性有本體義的諸家，會強調性善，所以有情也是善的「情善」說。唯若重視氣性在實然中有分別狀態者，會主張性有善有惡，所以「情」也有善有惡，如氣本論的王廷相。若強調性中道德義重於才質義，或主張道德義與才質義為一體的論者，仍會往「情善」的方向建構其論述。

　　宋、明、清理學傳統上，以理學、心學為主流，氣學所受到的關注較少。筆者在講授「宋明理學研究」的課程中，透過檢索與討論各家的原典，察知除理學、心學外，尚有以氣為主體的一脈學說。所以收集十四篇以氣論為主，兼及與理學、心學作對話的論文，提出對氣論的看法，以成茲篇。唯才拙學淺，所論自有不夠成熟之處，尚祈方家，不吝賜正，是幸。

壹　周敦頤《太極圖說》的氣論

一　前言

　　兩漢的儒家、道家都有氣化論，皆由陰陽、金、木、水、火、土說氣化，儒家如董仲舒、揚雄及白虎通等。道教陰陽五行的氣化宇宙論如淮南子、河上公及想爾注等。及至魏晉隋唐以後，氣化宇宙論變成道教的主軸，又因為儒家衰亡，所以當宋初周敦頤再接續陰陽五行的氣化論討論〈太極圖〉的時候，圖式或屬於道教圖示的延伸，但內容仍應有儒家的性格。

> 　　就「承上」而言，周敦頤的《太極圖說》繼承並發展了《易傳》、孔、孟、董仲舒及佛教、道教的有關哲學思想；而就「啟下」而言，周敦頤的《太極圖說》成為了宋明理學的理論基礎。[1]

　　因陰陽五行不是道教所獨有的，而應是漢代儒家、道家的共法。所以當周敦頤順著漢魏隋唐道教的〈太極圖〉發展其說時，不必認為周敦頤〈太極圖〉完全是道教的。〈太極圖〉分五層是源於道教的圖式，內在的義理則是順漢儒以來氣化論而說，可說周敦頤藉著道教的太極圖式說明儒家的義理。因氣化論同時可為兩家討論宇宙生化過程

1　劉立林：〈從「太極圖說」到「中和圖說」一也談中國哲學的重建問題〉《鵝湖》第24卷第1（總277期，1998年7月），頁14。

的資藉，對於宇宙生成由無而有的階段，在理性的描摹與推理下，而有相近的由氣化說由無而有而上提至人生價值的階段。儒道兩家亦共用此圖式分別賦予各家當體的學術性格與意義！故不因圖式的相近或有流衍關係，即認定〈太極圖〉乃道教的學術思想。應說周敦頤的《太極圖說》的氣化思想，非只承自道教而是承自漢儒而來，在發展過程中與道教互有取捨，但儒家氣化論的學派則是一貫不絕。有關〈太極圖〉之流傳：

> 有關太極圖之授受，最早的資料是見於北宋朱震的漢上易解。朱震云：「陳搏以先天圖傳种放，放傳穆脩。穆脩傳李之才，之才傳邵雍。放以河圖洛書傳李溉，溉傳許堅，許堅傳范諤昌，諤昌傳劉牧。穆脩以太極圖傳周敦頤。」〈宋史卷四三五引〉[2]

　　兩岸的學者專家已經有極多的討論與成績，故本文另從氣化論發展的角度，試圖說明，周子〈太極圖〉的圖式多少受道教影響外，但其義理可從儒道皆常共用之氣化論來詮釋，非謂談到氣化即是道教一邊。此亦是由《易》與《中庸》誠體說周子有儒學性格外的另一種可嘗試的路徑。

二　儒、道共法的氣化論

　　儒家和道家本體不一樣，儒家的本體是道德創造的本體，強調價值面。道家本體則是自由的境界，強調超越面。但儒家和道家在宇宙運作創造的過程卻有相近處，儒家的道德創造由易傳說「太極生兩

2　王開府：〈太極圖與圖說考辨〉《教學與研究》第13卷第1期（1979年2月），頁51。

儀，兩儀生四象，四象生八卦」[3]發展成道德的世界。道家的宇宙論是「道生一、一生二、二生三，三生萬物」[4]一或謂一是氣，而道是氣之主宰，然後一氣中分陰陽，陰陽相生化成萬物。或謂一為德，德中陰陽相生而有三，復由三成萬物。此二路數皆由老子道生一、一生二、二生三，三生萬物之規定所衍生出來。漢代是氣化宇宙論的世界，所以漢儒董仲舒提出元氣說，元氣為萬物的根源，元氣透過陰陽五行相生，由無而漸凝聚為有而生成萬物。董仲舒《春秋繁露》云：「天地之氣，合而為一，分為陰陽，判為四時，列為五行。」[5]，董仲舒的「元氣，是指本始之氣，天地陰陽中和之氣，是生萬物的根源，而天地之氣又是從「元氣」而出，故可說陰陽二氣是從「元氣」而出」。[6]揚雄也藉由將易經之陰陽爻分成陽、陰與和等三爻，再由三變化排列表示化生萬物，此皆漢代儒家氣化宇宙論由無到有過程的詮釋方法。東漢道教則是順著老子的道生一、一生二、二生三而說氣化。如《想爾注》在注《老子》第十章時有云：「一散形為氣，聚形為太上老君。」[7]《淮南子》亦對無之前、至無、再至有的宇宙發生

3　（魏）王弼、（晉）韓康伯注；（唐）孔穎達等正義；（清）阮元校勘：《周易正義》，收入《十三經注疏》（臺北：藝文印書館，1993年影印嘉慶二十年江西南昌府學刻本）第1冊，頁156-157。

4　（晉）王弼：《老子道德經注》（北京：中華書局），頁117。

5　（漢）董仲舒：〈五行相生〉《春秋繁露》卷13，收入蕭天石主編：《宋元明清善本叢刊·中國子學名著集成珍本初編》（臺北：中國子學名著集成編印基金會印行，1978年），頁325。

6　曾春海在討論陰陽五行時，認為「董氏稱運轉四時、化生萬物之功能的氣為元氣，在元氣運化中所顯的陰陽二氣乃天道之常：五行與陰陽皆助成天地生養萬物之功，五行依從於陰陽，陰陽導領五行。」，故可知陰陽二氣由元氣而出，陰陽與五行之間又相互影響。詳見曾春海：《兩漢魏晉哲學史》（臺北：五南圖書出版公司，2004年1月2版1刷），頁51。

7　無名氏：《老子想爾注》，收入嚴靈峰輯《無求備齋老子集成初編》（臺北：藝文印書館，1965年）第18函，頁5。

過程與階段有詳細描述。如：「有始者，有未始有有始者，有未始有夫未始有有始者。有有者，有無者，有未始有有無者，有未始有夫未始有有無者。」[8]及由太始而宇宙而元氣而陰陽而天地說氣化成形的過程，如「天地未形，馮馮翼翼，洞洞灟灟，故曰太始。太始生虛霩，虛霩生宇宙，宇宙生元氣，元氣有涯垠。清陽者薄靡而為天，重濁者凝滯而為地。」[9]列子亦注意宇宙生化由無而有的過程，由氣之前至氣之始，再到氣成可指涉的形質，再將無至有的全體，總合為一渾淪的整體。《列子・天瑞》：「太易者，未見氣也；太初者，氣之始也；太始者，形之始也；太素者，質之始也。氣形質具而未相離，故曰渾淪。渾淪者，言萬物相渾淪而未相離也。」[10]

　　故從漢代的氣化宇宙論看儒、道兩家的宇宙生化的方法有一致性，皆有以無形之氣為體，氣之陰陽再透過其本身無形的生用，化為四象，再由四象配合五行，五行中各有陰陽，於是五行又互相生相剋，如此理性的描摹氣化由體而用的過程。其中須注意的是二五之氣的相生仍是無形的作用，屬於形上學宇宙論的範疇，及至氣漸慢漸凝，體漸凝為用，體之生用即用為能活動之體，所以形質仍能生成！從宇宙論來說，氣之陰陽五行生化是無形的作用，也是一種潛質，這種潛存的素質在氣凝結後成真實的材質，條理，條件。純從本體論來講，本體清空無限，不會有陰陽五行這些具體的條件。但如此說，是為了將宇宙生化的過程，由無到有，由道到氣，從陰陽到春夏秋冬的整個宇宙架構成一整體。霍韜晦有云：

8　（漢）劉安：〈俶真〉《淮南子》，收入張元濟主編《四部叢刊》正編子部據上海涵芬樓景印劉泖生影寫北宋本（臺北：臺灣商務印書館，1979年），卷2，頁11。

9　（漢）劉安：〈天文〉《淮南子》，卷3，頁18。

10　（戰國）列禦寇撰，（晉）張湛注：〈天瑞篇〉《列子張湛注》，收入蕭天石主編：《宋元明清善本叢刊・中國子學名著集成珍本初編》（臺北：中國子學名著集成編印基金會印行，1978）第64冊，頁12-13

儒道兩家都設定宇宙是一個絕對整體，不能割裂處理。這可以說是對客觀存有所作的一個超越的設定……所有宇宙中的事物不能依經驗的立場來說明它的存在，因為經驗的立場只能把握到它形相，而事物在此超越的設定下是彼此融貫的……事物之任何一點都直接呈顯整個宇宙，所以不必排斥或毀棄經驗對象以尋求更真實之存在，因為真實的存在即在當下。……由一切法都是「上下徹」，則高明的境界便都涵攝在現實中，……開出一種重視現實的思想。所以儒、道兩家思想升進到最後，便又回注於現實，賦現實以崇高的意義，合上下兩界以為一界。[11]

如漢儒董仲舒《春秋繁露》即以宇宙整體是由陰陽相反的作用所生成，其云：

天之常道，相反之物也，不得兩起，故謂之一。一而不二者，天之行也。陰與陽，相反之物也，故或出或入，或右或左，……並行而不同路，交會而各代理，此其文與？天之道，有一出一入，一休一伏，其度一也，然而不同意。[12]

亦即相反的事物，不能同時兩起，這是天的不變法則，也稱為「一」。就如陰陽二氣是相反的東西，故一個出現時，另一個必定隱伏；一個在右，另一個必定在左。兩者雖同時運行，其運行方向也不相同。雖然運行的作用、方向、顯隱皆異，但皆由陰陽相生而起。

揚雄說玄是本體，無窮，無形的。但可生出陰陽，以陽為本，由無形而有形生萬物，其云：「玄者，幽攤萬類而不見形者也。資陶虛

11　霍韜晦：《絕對與圓融》（臺北：東大圖書公司），頁347-348。
12　（漢）董仲舒：〈天道無二〉《春秋繁露》卷12，頁304-305。

無而生乎規，攝神明而定摹，通同古今以開類，攤措陰陽而發氣。一判一合，天地備矣。天日回行，剛柔接矣。還復其所，終始定矣。一生一死性命整矣。」[13]而東漢王充是自然理性論者，云：「天地之間，恍惚無形，寒暑風雨之氣乃為神。」[14]天地間生生不測之妙用是神，此神之表現即是自然之氣的流行。

又如《白虎通》：「始起先有太初，然後有太始，形兆既成，名曰太素。混沌相連，視之不見，聽之不聞，然後判清濁。既分精曜出布，庶物施生。……故〈乾鑿度〉云：「『太初者，氣之始也；太始者，形之始也；太素者，質之始也。陽唱陰和，男行女隨也。』」[15]可知論述氣化由無至有的過程，已注意到過程階段的先後次序關係。《呂氏春秋》亦由陰陽相生說宇宙創生的根源與過程，也已有由氣化論利害價值的意味。其云：「天生陰陽，寒暑燥濕，四時之化，萬物之變，莫不為利，莫不為害。」[16]河上公注《老子》第十章：「載營魄抱一」為「言人能一，使不離於身者則長存，一者，道所始生，大和之精氣也。」[17]此則由精氣來說萬物根源之道。漢晉之際的《抱朴子》亦云：「夫人在氣中，……自天地至于萬物，無不須氣以生者。」[18]是以氣為天地萬物的實然存在的條件。《易經》中，「太極」

---

13 （漢）揚雄撰，（宋）司馬光集注，劉韶軍點校：《太玄集注》（北京：中華書局，1998年），頁184-185。

14 黃暉撰：〈龍虛〉《論衡校釋》（北京：中華書局，1990年2月），頁285。

15 （清）陳立撰，吳則虞點校：〈天地〉《白虎通疏證》（北京：中華書局，1994年），卷9，頁421-422

16 許維遹撰：〈盡數篇〉《呂氏春秋集釋等五書》上，收入楊家駱主編：《中國學術類編》（臺北：鼎文書局，1977年），卷3，頁137-138。

17 （周）老聃撰，（漢）河上公注：〈河上公章句第一〉《老子道德經》，收入四川大學古籍整理研究所，中華諸子寶藏編纂委員會編：《諸子集成新編》（成都：四川人民出版社，1998年）第4冊，頁365-366。

18 （晉）葛洪〈內篇·至理〉《抱朴子》，卷5，收入蕭天石主編：《宋元明清善本叢刊·

的具體內涵不易明確規定，漢唐諸儒在注釋《周易》時，進一步規定了「太極」的特點。孔穎達在《周易正義》中說：「太極在天地未分之前，元氣混而為一，即是太初、太一也。」漢唐諸儒中大多是以「太極」為天地未分之前的元氣，而且，這種觀點一直影響到宋代。[19]

漢代儒家和道家的氣化論，便是把本體宇宙論轉成氣化宇宙論，它既包含儒家的道德創生，也可以解釋道家的宇宙的創生。所以儒道可以有共法，「其中的太極、動靜、陰陽、五行等概念卻都是傳統儒道兩家的宇宙論概念系統，周濂溪不過是將這些概念予以整理結構而成一以儒家道德目的為中心的宇宙發生論知識系統，……藉由傳統儒、道之宇宙論概念重構一以德性本體為目的的宇宙發生論知識系統。」[20]

本文即以為氣化論也是儒道共法的一種，並進而由此詮釋〈太極圖〉義理。周敦頤是用儒家的思想把〈太極圖〉合於儒家的地方保留。〈太極圖〉裡道教的氣化生生和儒家的氣化生生，假使可以相同，道教的圖形就保留，道教圖形不適合講儒家的道德創生，就把它改掉。亦即周濂溪承繼陰陽五行概念，一方面說太極分陰陽，而陰陽再化生為五行。同時又倒敘回去，以表示五行、陰陽，也可向無極、太極回溯上去，這就構成了理學家完整的宇宙論。宇宙本源是無極、亦即太極，經過陰陽、五行的階段衍生為天地萬物。[21]若再回溯到孟子言浩然之氣，及《莊子》：「人之生，氣之聚。聚則為生，散則為

中國子學名著集成珍本初編》（臺北：中國子學名著集成編印基金會印行，1978）第66冊，頁103。

19　朱漢民：〈《太極圖說》與宋學〉《中國文化月刊》1998年10月，第223期，頁24-25。

20　杜保瑞：〈周濂溪境界哲學進路的儒學體系建構〉《揭諦》5，2003年6月，頁40。

21　王基西：〈理學的宇宙論——周濂溪太極圖說〉《中國語文》第86卷第5期（總515期，2000年5月），頁33。

死。……故曰通天下一氣耳。」[22]氣聚成物，氣散回歸太虛，可知先秦儒家講道德創造，道家講宇宙化生，也都用氣來說，故氣化可視為儒、道的一種詮釋主軸。

三　氣即太極

氣可不可當本體？可不可以從氣化論的角度說太極？歷來有從道教解釋，有從朱子理氣二分的角度說「性猶太極，心猶陰陽。太極只在陰陽之中，非能離陰陽也。然至論太極自是太極，陰陽自是陰陽，所為一而二，二而一也。」[23]是由理氣二分的角度說〈太極圖〉。也有從氣論來說〈太極圖〉的，如太極乃陰陽，王廷相、劉宗周、張載等，都從氣論的角度說太極。明中王廷相云：「太極之說，『始於《易》有太極』之論。推極造化之源，不可名言，故曰太極。求其實，即天地未判之前，太極渾沌清虛之氣是也。虛不離氣，氣不離虛，氣載乎理，理出於氣，一貫而不可離絕言之者也。」[24]王廷相是純粹氣本論者，反對朱子理氣二分，主張由氣本說太極。「周子主靜之靜與動靜之靜，迥然不同。蓋動靜生陰陽，兩者缺一不得。若於其中，偏處一焉。則將何以為生生化化之本乎？以見動靜只是一理，而陰陽太極只是一事。」[25]明末的劉宗周要矯朱子理氣二分之弊，亦以

---

22 （周）莊周撰，（晉）郭象注（唐）成玄英疏：〈知北遊〉《南華真經注疏》，收入四川大學古籍整理研究所，中華諸子寶藏編纂委員會編：《諸子集成新編》（成都：四川人民出版社，1998年）第5冊，頁536

23 （宋）黎靖德編：〈性理二・性情心意等名義〉《朱子語類》（臺北：文津出版社，1986年）第1冊，卷5，頁87。

24 （明）王廷相：《王氏家藏集》《王廷相集》（北京：中華書局，1989年9月），頁596。

25 （明）劉宗周：〈學言上〉，收入（明）劉宗周撰，戴璉璋、吳光主編：《劉宗周全集》（臺北：中央研究院中國文哲研究所籌備處，1996年6月）第2冊，頁593。

陰陽是氣也是理為太極。

「氣聚則離明得施而有形，氣不聚則離明不得施而無形。方其聚也，安得不謂之客？方其散也，安得遽謂之無？」[26]前於朱子之張載自不由理氣二分說形下氣散即無。但由氣貫有無來說，此句主詞是氣，指氣聚其形短暫，氣散無形，但非無氣，因氣是普遍存有於兩間者，指點出有「無形之氣」。被視為篤守朱學的薛瑄亦云：

> 原夫前天地之終靜，而太極已具；今天地之始動，而太極已行。……若以太極在氣先，則是氣不斷絕，而太極別為一懸空之物，而能生夫氣矣。是豈「動靜無端，陰陽無始」之謂乎？……氣雖有動靜之殊，實未嘗有一息之斷絕，而太極乃所以主宰流行乎其中也。[27]

薛瑄認為太極在天地未生、已生、甚或消滅後均在，此似理在氣上氣先。但薛其實反對太極在氣之先；因不論天地未成形前，太極已具，天地已動時，太極也行於其中，同樣的，氣之動或靜時，氣亦無一息停息。可知氣與太極皆有無限遍在性格，實為一體而二名者。

本文順以上諸家思路，不從理氣二分來解〈太極圖〉，是從理氣是一、氣化論的角度去解釋〈太極圖〉。接著面對的是氣可不可以當本體？從有時間開始以來，從過去到現在到未來，具體可以被描述的時間且連帶著被描述的空間，當然是有限的，此是從現實講。從根源講，既然有時間就一定有創造時間的根源。一定有時間之前的根源，

26　（宋）張載：《正蒙》收入（宋）張載撰，王進祥編：《張載集》，（臺北：漢京文化事業公司，2004年），頁8。

27　（明）薛瑄：〈讀書錄〉《薛瑄全集》（太原：山西人民出版社，1990年8月），卷3，頁1074。

時間之前的根源產生時間，可說就是道。向往後說，從過去到現在到未來，時間永遠無盡。但既便宇宙的時間無盡，從邏輯上時間也應該會有一個盡頭，待時間結束以後道仍應存在。在五段中存在，在時間之前存在、在現在存在、在未來存在，在未來結束以後的沒有未來的未來，道也存在，此乃道之永恆性。但道之永恆又連著普遍來說，所以道亦是在遍在氣之上，氣之中與氣之形。但氣若可像道一樣在氣之先，在氣之後，則氣便需如道般具有本體位階方可。張載言太虛即氣，「所謂氣也者，非待其蒸鬱凝聚，接於目而後知之；苟健、順、動、止、浩然、湛然之得言，皆可名之象爾。然則象若非氣，指何為象？時若非象，指何為時？」[28]此段明白指出可象者固是氣，但無形的健順創生作用，因為實有，故亦可象可名。無形或可象乃因氣雖或有形或無形，但皆實有。故張載主張氣通有無，太虛不能不聚而為萬物，萬物不得不散而回歸太虛。但若由道氣二分說，道是形上本體，氣是形下有限的時空，太虛就在氣之上，太虛也在氣之中，太虛也在氣之形，亦即道在形氣之內及外。但從宇宙論來講，無氣之前與後的有限形氣由何而有？

　　若道是形上本體，氣是形下素質材質，形上是形下素質的本體，道本身並不能和氣是同階層、同位階的，就出現理氣二分的狀態。道只能是支持氣化流行發生的一個理序而已，道本身是虛的氣之先，非真能生氣的實的氣之先。道本身並不能生氣，牟宗三談朱子理生氣系統，以為再怎樣理不能真的生出氣，理只能做為陰陽二氣生化的理則而已，理本身還不能是氣。如云：「『理生氣』不是從理中生出氣來，只是依傍這理，而氣始有合度之生化。……若理是即存有即活動之實體，是道德創造的實體，則鼓舞妙運之以引生氣之生化不息與合度，

28　（宋）張載：《正蒙》，頁16。

亦不是說此氣可以從此體中生出。」[29]可知形上理不能生氣，道德創造實體也不能生氣，則氣從何來？或因佛學重心性，視形氣為空幻，宋明儒承之亦將儒之理提高到本體位階。又為改其淪虛，乃提高形氣之重要性，也是儒學重體也重用自然之發展。道教氣論強調氣化之條件、過程與多元化，如陳摶的〈無極圖〉，亦使周敦頤有化道圖為儒家義理重實的機緣。亦可說氣化論可作儒、道論宇宙創生的詮釋共法。牟宗三云：「彼（指郭象）雖用道家詞語以明之，然此圓融之思理固是儒道之所共，非是道家所可得而專也。」[30]但氣化此共法非全由道教來，因漢儒如董仲舒、揚雄已有氣化論。所以周子〈太極圖〉的圖式本受道教影響，但為詮釋儒家誠體之道德創造而有修改。而所以能修改是因儒家本有如此論氣化之開始、過程、條件、有與無或天與人之關係，進而可落實為道德人倫的型範。

王廷相云：「有太虛之氣而後有天地，有天地而後有氣化，有氣化而後有牝牡，有牝牡而後有夫婦，有夫婦而後有父子，有父子而後有君臣，有君臣而後名教立。」[31]知王廷相也注意到在宇宙論中，理不能生氣。氣在根源義上，仍應由同層質的氣之說來。氣之先為太虛之氣，天地為形氣，形氣成形後之生化，為有形之物。可見廷相以形氣之先為太虛之氣，即氣之先更根本狀態為無形的太虛之氣。因為氣之根源來自能生氣者，形氣之素質、體性必來自能生形氣之先在者，所以「氣之先」與「形氣成形者」當是同質同層者。如此太虛之氣如道般，有本體位階，能為生形氣之根源。只是既為根源創生位階，又是具體成形素質位階。二者只體用、顯隱之別，但最終本質應是貫通有無兩界而遍在有無兩界的。故伊川有云：「體用一如，顯微無間」。

29 牟宗三：《心體與性體》（臺北：正中書局，1996年）第3冊，頁507。

30 牟宗三：《心體與性體》第1冊，頁362。

31 （明）王廷相《王廷相集》第3冊，頁752。

反之,若「氣之先」者非與「形氣」同層質,說形上理生形下氣,理與氣在層次上,一為形上,一為形下,如何理上生氣下?其生只能是理為氣化理則,理本身不能具體生氣。且理與氣在素質條件上,理清空不動,與氣具體有條件者異質,無形質者如何生出有形質?實有困難。

所以漢代以來氣化宇宙論者,及宋張載、薛軒、王廷相為解決此困難,便將形氣的素材義(不『向』上說,避免落入上下分。向「前」則指素材向同層的氣之先伸展推進)融入氣之前的本體位階,使「氣之前」具有能凝聚生成形氣的素質,使氣為形氣之根源被確立。如呂緝熙有云:「氣之善處即是理,不惟無形,實亦無物,安能生氣?氣者生於氣也。」[32],王廷相、呂緝熙等人皆以為在推尊道為本體後,氣化根源卻無著落。故主張由有與無相圓融的立場,解決形氣無根源的危機。戴震亦云:「形謂已成形質,形而上猶曰形以前,形而下猶曰形以後。陰陽之未成形質,是謂形而上者,非形而下明矣。不徒陰陽非形而下,其五行之氣,人物咸稟受於此,則形而上者。」[33]此即不由異質層做上下分,而是對同層同質的氣對形上或形下作成形之前後分。另外,戴氏更明白點出陰陽五行之氣,未形前是形上,已形後是形下,是氣貫有無兩間的,氣不必單限於有形界。

魏校云:「混沌之時,理氣同是一個,乃至開闢,一氣大分之,則為陰陽,小分之,則為五行。理隨氣具,各各不同。」[34]傳承朱學的魏校亦注意到「氣之先」時非只有理,而是理氣同一之狀態。

---

32 (清)呂緝熙《健菴性命理氣說》,收錄於蕭天石主編:《宋元明清善本叢刊・中國子學名著集成珍本初編》(臺北:中國子學名著集成編印基金會印行,1978年),儒家子部・第四十五輯,頁432。

33 (清)戴震撰,張岱年主編:《戴震全書》(合肥:黃山書社出版,1995年10月)第6冊,頁288。

34 魏校《莊渠先生遺書》,臺北:國圖善本書室,明嘉靖四十二年蘇州知府王道刊行本。

　　道貫穿在有無形和無形之中，是本體宇宙論的說法。道無限故道既是氣之本體，也應是氣之先與後的本體。若氣之先、後由虛說，則道亦成虛之本體，不是實之本體。亦即脫落宇宙萬有實存的本體，便不是由宇宙實存說的，而是由虛無說的本體，已非儒學範圍。所以道在形氣中，也在氣之先與後。所以說道是氣的理序之外，道在宇宙的根源義上，也必須是能生氣的根源。本文主張道或太極除了是邏輯上的根源之外，也必須是形氣時空的真實的條件上的根源。由此說周子《太極圖說》或可合於遠源自兩漢以來的氣化論。非只限於朱子由理氣二分說太極。

　　伊川先於朱子講理氣二分「離了陰陽更無道，所以陰陽者是道。陰陽，氣也。氣是形而下者，道是形而上者。」[35]伊川亦講體用一如，顯微無間。但體是本體，用是形氣，兩者上下有別。唯通過圓融上下的工夫後，方可體用一如，顯微無間。很明顯作工夫後仍是把本體和宇宙論連在一起。但主張「道即氣」的論者，則以為不要預設理氣、天人為二，再用工夫使之為一。直接主張理氣、道器、天人是一，工夫用在天人一體後的歧出之時。

　　生命理想的狀態，應該上下是一，所以假使道在氣先，也在氣中也在氣後，那道應該本身就是氣，至少具有氣的無形的潛質，所以道才能真正成為氣的根源，不只是理序而已。因為道在理序上是形下氣的根源，但在現實上氣居然不是道生的，那麼氣一定是某物生的，而那某物就是氣之先，而這個氣之先居然不是道，道的實存普遍性便落空。所以道必須本身就是氣之先，也是氣之中與後，這個道才真正遍在。須將本體論與宇宙論合說，道才是氣之理序，也是氣的根源。此時是理氣是一的狀態，也可說是「體用一如，顯為無間」的。

───────────────

35　（宋）程顥、程頤撰：《河南程氏遺書》，收入（宋）程顥、程頤撰：《二程集》（臺北：漢京文化事業公司，1983年）第1冊，卷15，頁22。

時空的形氣一定是由時空形氣之前的氣所化生，這時空之前的氣才是氣的根源。所以董仲舒的元氣論，明羅欽順[36]、王船山[37]都提出「氣生氣」的理論。使氣既有本體性格，也有宇宙生生根源性格，使一氣貫通本體與氣化兩間。唐代李鼎祚的《周易集解》引三國虞翻的話：「太極，太一；分為天地，故『生兩儀』也。」[38]《周易正義》則近一步解釋：「太極，謂天地未分之前，元氣混而為一，即是『太初』、『太一』也。故《老子》云：『道生一』，即此『太極』是也。又謂渾元既分，即有天地，故曰『太極生兩儀』，即老子云『一生二』也。」[39]虞翻視太極為太一，孔穎達將太極解為天地未分前之元氣，元氣化為天地，是承董仲舒云：「元者，始也，言本正也。王正則元氣和順，風雨時，景星見。」[40]此與漢代視元氣為「天地未分之前」無區別的渾蒙狀態的說法一致。這種說法，自漢代以降，很有影響，今人解釋周子太極時，也有循此而行者。[41]如陳來寫道：「（周氏的）太極指為分化的渾沌的原始物質，無極是渾沌的無限。太極作為原始

---

36 羅欽順云：「蓋通天地，亙古今，無非一氣而已。氣本一也，而一動一靜，一往一來，一闔一闢，一生一降，循環無已。」見（明）羅欽順：《困知記》卷上，收入蕭天石主編：《宋元明清善本叢刊・中國子學名著集成珍本初編》（臺北：中國子學名著集成編印基金會印行，1978年），頁15。

37 王船山云：「凡虛空皆氣也，聚則顯，顯則人謂之有；散則隱，隱則人謂之無。……人之所見為太虛者，氣也，非虛也。虛涵氣，氣充虛，無有所謂無者。」見（明）王夫之撰：《張子正蒙注》（臺北：廣文書局，1970年），卷1，頁29。

38 《易・繫辭上》：「《易》有太極，是生兩儀。」虞翻注云：「太極，太一。分為天地，故生兩儀也。」見（唐）李鼎祚：《周易集解》卷十四，收入北京圖書館古籍出版編輯組輯.《北京圖書館古籍珍本叢刊》（北京：書目文獻出版社，1988年）第1冊，頁249。

39 〔唐〕孔穎達：《周易正義》，收入〔清〕阮元校刻《十三經注疏》：（臺北：藝文印書館，1993年）第1冊，頁156。

40 （漢）董仲舒〈王道〉《春秋繁露》，卷4，頁117。

41 陳來：《宋明理學》，（瀋陽：遼寧教育出版社，1991年），頁49。

物質本身是無形的、無限的，這就是所謂的『無極而太極』。」

另外由宇宙實有說，氣來自氣之先，氣之先即在氣之中作為其本體。於是形下氣既是具體的，也是有氣之先為其本體義的，則氣的本體論、宇宙論性格皆有。在如此說法下，反觀道只有形上義，無宇宙實有的根源性格。氣則是上下兼有，道只上無下，道反成偏成虛了。所以從分解說就發生道為虛的問題。若從天人相應，圓融一體來說，道本來就以一氣貫通有分兩間，既有生生理序，亦為萬物素質之根源的狀態，存有於氣之先、氣之中、氣之後。而無窮的氣中的本質、條理就是道，道與氣無上下，有形無形的分別。張載：「神，天德，化，天道。德，其體，道，其用，一於氣而已。」[42]張氏將德體道用攝歸一氣。劉宗周：「一奇即太極之象，因而偶之，即陰陽兩儀之象，兩儀立而太極即隱於陰陽之中。」[43]太極隱於陰陽中，即道體在於陰陽生生不息的理序與素質間而為其體亦為其用。

> 竊謂理氣不可分先後，蓋未有天地之先，天地之形雖未成，而所以為天地之氣，則渾渾乎未嘗間斷止息，而理涵乎氣之中也。即動而生陽，而天始分，則理乘是氣之動而具於天之中；靜而生陰，而地始分，則理乘是氣之靜而具於地之中。[44]

薛瑄此段明白指出「氣之先」非只有道，而是「理氣不可分先後」，「理涵乎氣之中」的「氣之先」還是氣。所以周子〈太極圖〉第一層的太極未必要如朱子說為形上理體，而亦可由理氣是一來說，所

42　（宋）張載：《正蒙》，頁15。

43　（明）黃宗羲撰：〈行狀〉，（清）黃宗羲著，沈善洪主編《黃宗羲全集》，（杭州：浙江古籍出版社，2005年），卷39，頁3470。

44　（明）薛瑄：〈讀書錄〉《薛瑄全集》（太原：山西人民出版社，1990年8月），卷3，頁1074。

以太極在形氣之先、中、後皆在。如此理貫上下、氣貫有無，理氣一體，只有形與無形的不同。進而可說太極圖的一、二、三、四、五層皆是一體通貫相融互具，而為一真實的宇宙。對此牟宗三有云：

> 而一在具體表現中，若分解地明之，即不能不有異質之成分在，落實言之，即不能不有「氣」之觀念存在，而氣並非即是道也；若渾圓融地言之，則道器、理氣、體用、一起滾，說道不離器，可，說氣即是道亦可，而此「即是」非界定之「即是」，乃是圓融之「即是」。……然若謂圓融地說不隱含有分解的異質之成分在，則亦不可通。蓋若純是同質，則亦無圓融可言。

牟先生以異質之通貫為圓融，本文則由氣有顯隱不同相態，但本質皆為氣說圓融。

四　由理氣合、理氣分說圖

周敦頤有云：「無極而太極」，若如朱子說「無極而太極」，只是代表太極本體是無有極限的。

> 「無極而太極」基本上可以解釋為宇宙生成之兩個階段，也就是宇宙本體生化之過程，「無極」顯其無定限、無向性、超時空之體性階段，而「太極」則明其有定限、有向性、時空之體性階段。……此可見出「無極」、「太極」之別也。然而「無極」、「太極」實同一本體之兩階段也，本未有質性上之差別。[45]

---

45 鄭燦山：〈周濂溪「太極圖說」思想之釐定〉《孔孟月刊》第34卷第3期（總399期，1995年11月），頁36-37。

　　鄭燦山主張「無極」形容宇宙生化沒有極限，而「太極」則指生化的有定限性，是同為一「生化」的兩面向，實則為同一本體之異名，此亦主張本體兼具形上義與形下義。

　　但朱子的理只存有不活動，氣只活動不存有，理在層次和本質上都不是氣，而是本體。但由此形上之本體，討論太極圖，容易將太極視為形上為第一層，與第二層視為形下的陰陽有上下之隔，便與視太極為理氣是一的路數有異。如勞思光即云：

> 周氏所說「太極動而生陽……」一段，乃混合形上學觀念之「宇宙論陳述」……（Cosmological satements），並非如朱子畫分之細。朱熹推崇「太極圖說」，乃因朱氏本身對由形上學至宇宙論之系統建構最感興趣，而「圖說」適有此兩種成分，故相契合。其實周說與朱說固大有不同。[46]

　　周子之太極本體，以二氣五行為其生用與內容，二五之生用即體之實現。太極的生生作用藉符號呈現陰陽五行相生凝成形氣的作用，陰陽五行又是太極內會凝聚為具體形物的潛質。將符號義（二五）化掉後，便顯現出生生義與素質義一體的太極。所以「易有太極，太極生兩儀」的太極，可說是生生之易道。此生生之易，亦不只有形上作用，而是理氣是一的一體生生。此仍是「無生有」的模型，但無是可化為實有的無，非不能化為實有的無。

　　理性分解說，本體論與宇宙論不同。但在儒、道天人相應一體的修養下，生命要有本體來貞定價值，亦要確立生命形體的根源。同時此價值本體與形氣根源在體用一如顯微無間的認知下，本體論與宇宙

---

46 勞思光：《新編中國哲學史》（臺北：三民書局，1987年），頁104。

論實即同一實體，為具有本體義的宇宙論。分解說：無與有異層異質，無生有，但無與有不即不離。融合說：無即是有，因無中之陰陽五行凝為有之陰陽五行，體段不同，但體質有一致性，延續性。如此邏輯上，太極既是氣之本體，也是形氣之真實根源。同時，形氣即太極之實現，太極有生生不測之神用，此不測神用之實現，即形氣萬物之流行不息。

「易有太極」，太極是不是氣？易傳並沒有清楚的說明。董仲舒則把元氣當成一切事物的根源，元氣的根源有兩個性質，陰陽五行的相生作用，及陰陽五行可由潛隱的材質化為具體的材質。故可由元氣為萬物根源的角度，與「易有太極，太極生兩儀，兩儀生四象，四象生八卦」的次序比附，從宇宙論說氣由無到有的過程模型，兩者是可以類比的。周敦頤並未清楚點明太極即氣，但從兩漢以來氣化論的發展，及周之後的張載「太虛即氣」由本體來說氣。「凡有狀，皆有也，凡有，皆象也，凡象，皆氣也。氣之性本虛而神，則神與性乃氣所固有，此鬼神所以體物而不可遺。」[47]亦即氣之流行，可上提為太極之神化。但太極與氣非不即不離，兩相對的二者，而是「易」即「太極」即貫通有、象、神、性等不同位階而為一體的「氣」。知在周之前、後皆有視氣為貫通上下，此亦本文由氣本角度詮釋周子之一因。

《太極圖說》云：「太極動而生陽，動極而靜；靜而生陰，靜極復動。一動一靜，互為其根。分陰陽，兩儀立焉。陽變陰合，而生水火木金土。五氣順布，四時行焉。」此段太極陰陽動靜為其做為生生根源的體性，陰陽是互為根源，動靜循環不已的。此動靜相生非只是形上之生用，同時也是氣化不已的實然。濂溪如此著墨描述氣之由無而有過程，固受漢代道教氣化論的影響，但更重要的是將氣化論中本

---

47 （宋）張載：《正蒙》，頁63。

有之儒家創生性格突顯出來。簡言之，即將屬無形之價值本體能透過圖式轉化為具體真實的道德世界，此道德世界非如佛境只是虛說，而是在日用人倫皆是即理即氣，即本體即生化的。

《太極圖說》云：「二五之精，妙合而凝」，二氣五行是生命創造的潛質和生命的根源，二氣五行相生，速度有快、正常、慢的區別，也有方向自由發散的可能性。假使二氣五行相生的速度緩慢，漸漸偏向某一個方向或慢慢凝結、滯濁成某一有形的氣質。於是可知無和有都有生化的作用之外，無的本體和有的形體也是有素質可由無凝為有的同質性。無形的素質不可見，凝為有形的素質則可見，即可見的二氣五行由不可見的二氣五行化成。但材質義也有顯和不顯，道的材質義是內蘊未凝的狀態。形氣的材質義則是已凝成質的狀態。道中間有無形的素質，從純粹本體論來講是不成立的，可是從具本體義的宇宙論來講，則必須對形氣、時空產生源頭給一個具體真實的說明，不受才質限制，使有形之材質是凝於氣中無形之材質條件。

「精」是在氣化論上說無化為有的作用，「妙合」指陰陽五行的相生因有本體義所以其生用是無限的，此無限生用凝為形氣層之萬物時，並不因形氣受限為有限者。亦即生用隨時空凝為萬物，此時材質義顯著，所凝成之物是有限。但能凝為萬物之生用，則仍是無限的。此由氣在有限形體中，仍不息地活動，可以得知。勞思光即云：「周氏本意是說『太極』之理與『二五』（二氣五行）合而生萬物……正表示在周說中『無極』方為『萬有』之『本』，即『有』生於『無』之義。」[48]

如此說無生有的過程中，有材質義做為貫通兩間的同質性，可以舉董仲舒天有十端說為例：

48　勞思光：《新編中國哲學史》，頁105。

天有十端，十端止而已矣。天為一端，地為一端，陰為一端，
陽為一端，火為一端，金為一端，木為一端，水為一端，土為
一端，人為一端，凡十端而畢，天之數也。[49]

天地之精所以生物者，莫貴於人。人受命乎天也，故超然有以
倚。……唯人獨能偶天地。[50]

　　董氏以天、地、人、陰、陽、金、木、水、火、土等十端為天之
內涵。漢代天的實體義強，十端可說為構成天之具體條件，但亦不能
否認此十端遍在萬物而為其體。統攝此具體的十端，及十端內蘊偏實
然的普遍義為天。此天重實然天之構成，實然構成中仍有其構成之理
序。是一種實然顯理序隱的氣化模式，而此模式仍在即理即氣的大系
統中。

　　《易緯乾鑿度》：「有形生於無形。」[51]同屬兩漢氣化論的易緯也
以為有生於無，則有與無間當有可連貫的體性，才可立說。《淮南
子》亦云：「天地之合和，陰陽之陶化萬物，皆乘一氣者也。」[52]「周
敦頤雖說太極是無限的體，但藉由十端為天人皆有的模式，亦可說周
之太極以陰陽五行為其內容，且此二五之氣即是貫通第四層乾坤男女
與第五層萬物化生兩層，而可由無化為有的生用與潛質。圓融講，無
形之氣內在有陰陽五行的潛質，陰陽五行又有本體義，所以陰陽五行
生生即可無限開展，其中所具有之潛質，也可真具體凝結為實有的陰
陽五行，作為萬物成物的材質。

　　如劉宗周亦云：「盈天地間一氣而已，有氣斯有數，有數斯有象，有象斯有名……有物斯有性，有性斯有道，故道其後起。而求道者求之未始有氣之先，以為道生氣；則道何物而遂能生氣乎？」[53]劉氏以為形上道不能生氣，象數名物當由氣而生，但亦非排斥道，而是將實存中的體性與生理才視為道。所以視本體為氣之先（能生氣之氣之先），而此無形之氣之先，以內蘊二五之化，漸凝為形氣之身。即使氣之先化為形氣是虛擬的說法，至少注意到體之內涵與氣之內涵，在條件上，先肯定無與有之間是有一致性、對應性的，只顯隱位階不同而已，此說才有成立之可能。此從分解說無能生有，不易明曉。但若從體用一如，或道在氣中的本體即宇宙論的說法，則是容易了解的。從儒家的易，與董仲舒的說法，知太極就是元氣，元氣即是體，也是化生萬物之實。如此則氣之先為元氣，元氣生形氣，則直下體即用，用即體中有本體生用外，尚有未凝成形的潛質，二者皆陰陽五行相生之作用，彼此共構而存在。潛質生用在相攝互凝所成的形氣中，證明彼此有互為共通之體性。如此太極即是氣化，如戴景賢說：「體固不可舍用而獨存，若將體用分離，則體非體，而用亦非用矣。此乃因人之語言有偏至，說此即遺彼，說彼則遺此，故體與用，不得不分說，而其實未曾相離也。濂溪於陰陽之上，別說太極，而太極之上，又言無極者，其義本如此。」[54]

五　五層實是一層

　　以上所論與周之圖不易質實地對應，但在如王弼「言所以明象，

53　（明）劉宗周：〈學言中〉《劉宗周全集》，卷11，頁636。

54　黃壽祺、張善文編：《周易研究論文集》（北京：北京師範大學出版社，1990年）第3輯，頁204。

得象而忘言，象者所以存意，得意而忘象。」[55]言象乃體道工具，體
道後言象即可化掉，本文以為看周子〈太極圖〉，亦可如是。孔穎達
《周易正義》：「見乃謂之象」一句，亦由氣之漸兆來說「象」。云：
「前後往來不窮，據其氣也。氣漸積聚，露見兆萌，乃謂之象。」[56]
可知氣在不物中，前後往來不窮，無所不是氣的流動，而以氣兆萌那
一刻，可謂之「象」。而「象」既是無形之氣之所萌，也是有形之氣
的始化。所以「得意忘象」可說是氣通形無形兩間。亦即圖象說明後
得道後，不要只停在分五層的的分解說中，要體會同層質之氣直貫此
五層只是一。

　　朱子的太極圖（如附表一）[57]與朱震的太極圖（如附表二）[58]，
最大區別在朱子的陽動與陰靜分列在第二層的左右兩邊，但朱震的陰
靜則位於第一層太極與第二層陰陽相生圖中間，陽動則將第二層陰陽
相生與第三層五行相生連在一起。

　　朱震的太極圖陰靜在一二層之間，第一層和第二層都是本體層。
雖然是相生不已，但太極那一層是清空代表無限的，第二層代表陰陽
相生無限，中間小圈代表永恆不變，太極和陰陽以陰靜相連表示是本
體義是不變的。陽動連在第二層和第三層中間，因第二層是陰陽相
生，第三層是五行相生，陰陽相生結和，即是陽動。這個陽動是陰靜
的陽動，陽動不已本質是陰靜。所以陰陽是無形的靜，陰陽也是永恆
的動。第三層的五行從陰陽化來，五行也是用動靜來表現，所以五行

55　（魏）王弼著，樓宇烈校釋：《王弼集校釋》（北京：中華書局，1980年），頁609。

56　（魏）王弼、（晉）韓康伯注；（唐）孔穎達等正義；（清）阮元校勘：《周易正
　　義》，頁156。

57　（宋）周敦頤《太極圖說》，收入四川大學古籍整理研究所、中華諸子寶藏編纂委
　　員會編：《諸子集成續編》（成都：四川人民出版社，1998年）第2冊，頁115。

58　（宋）朱震：〈漢上易卦圖〉上《漢上易傳》收入《無求備齋易經集成》（臺北：廣
　　文書局，1976年），頁717。

的顯是動，五行的微是靜。五行相生具有陰靜不變的永恆性，同時也有具體材質的生化能力。本文如此說，在義理上較合於由理氣是一詮釋的氣化論。

　　朱子把「太極」與「陰陽」分屬二層，即「太極」為理為形上，「陰陽」為氣為形下，太極為陰陽生化之理序，太極本身非陰陽之氣化，此為理氣二分模式。朱子圖的第一區和第二層中間沒有連線，第一層的太極是清空本體，是形上的，第二層陰陽五行是形下的，所以圖第一層與二、三區分開，代表理和陰陽與五行之氣是形上形下二分的。陰陽圖和五形圖用線連就代表陽動貫穿在第二層和第三層中，代表陰陽與五行皆屬只活動不存有的形氣活動。朱子以為「太極」無方所，無形狀，並且說它「在無物之前，而未嘗不立於有物之後。以為在陰陽之外，而未嘗不行乎陰陽之中，以為通貫全體，無乎不在，則又初無聲、臭、影、響之可言也。」[59]所以，為了要表現太極這種深奧微妙的性質，特別將第二大圈正當中的小白圈所代表的意義提出，冠在上面，使人明瞭它的重要性和原始性；所以註明為「無極（說明它的重要性）而太極（說明它的原始性）。」[60]

　　朱震圖第一層和第二層中間有陰靜，代表第一層有本體義。二三層除本具道體義外，又具有創作義。陰陽有本體義，陰陽又能發動五行相生，是將本體與宇宙化生的作用與材質統為一體說。第二層的小圈，第三層的六個小圈，表生生有各種方所的可能。「太極」是大圓圈代表無盡圓滿，第二層陰陽、第三層五行中間的小圓圈代表都是太極，又各為陰陽五行所生物之本體，如云：「在太極圖第二大圈陰陽

59　（宋）周敦頤《太極圖說》，收入四川大學古籍整理研究所，中華諸子寶藏編纂委員會編：《諸子集成續編》（成都：四川人民出版社，1998年）第2冊，頁115。
60　林政華：〈周濂溪太極圖說問題平議〉《孔孟月刊》第17卷第7期（1979年3月），頁20-21。

互根中，有圓而空白的小圈圈，是表示『太極』的本體。這太極的本體是全圖的重心，沒有它，也就沒有其下層層化生的『用』了。」[61]第一層大圓圈代表本體，第二、三層小圓圈代表陰陽五行及其生化之萬物，皆以太極為其實體。第四、五層又成為大圓圈，代表太極、陰陽、五行統體以乾坤之道，與萬物化生之運行為其範疇。統言之，太極是二五之氣的形式義，二五之氣是太極的潛質義、生化義，中介連結的是先天隱、後天顯的二五之氣。本體不能由宇宙顯，則本體為虛，本體帶起宇宙生化，是上下二分，尚須修養使兩者交通融貫，才可說本體即是宇宙之先，萬物皆是太極實現。此為分解說後終將回歸圓融說之路數。此五層又為一大圓圈之意。

　　第二層陰陽相生是太極之初，第三層五行是太極的再次分化，可說是同一氣流行之分說。二五之氣的作用，化成第四層的乾坤。而陰陽五行與乾道成男，坤道成女沒有連結，表示陰陽五行體性仍屬無。若由氣化說，五行亦具有潛隱的材質義，及至二五之氣相生漸慢、漸執，便可凝成形質。而第四層乾成男坤成女，乾坤應屬無，男女則為有，可知第四層是無凝為有形的初機！若以第一層的大圓圈為詮釋基準的太極，可說第四層乾坤之道能無限生生，也可說是有形男女能生生無限。不論從有從無說皆無限，所以用大圓圈表示。此種無化有的初機的描述，漢代氣化論已多有描述。而周敦頤《通書》即用「幾善惡」一語，表示由無為有的「幾」本質是體應純善，但體一落於形氣中，則有氣化順暢為善，氣化濁滯受限為惡的發生。順陰陽、乾坤、男女的逐漸具體化，善惡也隨之發生。

　　由分解說氣化宇宙論，宇宙氣化可以分成五個階段的過程，可是

---

61 林政華：〈周濂溪太極圖說問題平議〉《孔孟月刊》第17卷第7期（1979年3月），頁20。

在真實的宇宙中這些過程是同時間發生的，不是依時間慢慢發生的。所以第一圈就是第二圈、第二圈就是第三圈、第三圈就是第四圈、第四圈就是第五圈，其實這五圈在生命上、在工夫上根本是一圈。如漢代即將五行五味五聲很多層次總成一真實的宇宙。周敦頤從新開始建立儒學，不採漢代各層次、方向總成一體的方法，而採用道教所常採用的氣化過程之階段圖式，來說由漢儒以來的儒家道德義的氣化論。下引董仲舒論五行由陰陽引生之語，可見濂溪吸收漢代氣化論影響之軌跡。

> 金木水火，各奉其主以從陰陽，相與一力而并功。其實非獨陰陽也，然而陰陽因之以起，助其所主。故少陽因木而起，助春之生也；太陽因火而起，助夏之養也；少陰因金而起，助秋之成也；太陰因水而起，助冬之藏也。陰雖與水并氣而合冬，其實不同，故水獨有喪而陰不與焉。[62]

「各奉其主以從陰陽，相與一力而並功」指五行各有各的陰陽，如「少陰因木而起，助春之生」，而陰與木相與一力，便有春之生化。可知五行中又各自有陰陽，代表這兩層可視為是一層的說法。

所以〈太極圖〉的五層依序由上而下，順分解說分五層，可是從真實的生命，從道在氣中來講，五層也只是一層。

而陰陽五行又是第四層乾成男坤成女的隱因，所以二、三與第四層也是同一層。故以男女作為化生萬物之基礎，而男女與萬物，不是依序而有的，二者有其貫通性，所以第四、五層也可視為是一層。如王充《論衡・物勢篇》云：「儒者論曰：『天地故生人也』，此言妄也。

62　（漢）董仲舒〈天辨在人〉《春秋繁露》卷11，頁292。

夫天地合氣，人偶自生也，猶夫妻合氣，子則自生也。」[63]濂溪此處所謂「二氣交感」，是由太極生兩儀的位階說，由「乾男坤女」的層次說，則猶王充所謂「夫婦合氣」也。所以當下統整來說一二三四五層只是儒家道德直貫生機不息的由無而有，有中有無的宇宙圖式。

《通書》云：「誠無為」。中庸以誠為儒家之道德本體。儒家以天命道德於人，於是萬物都是誠的實現，這是偏心學的說法。天道是天下萬物的理據，這是偏向於理生氣的說法。從氣化的說法，誠就是道德真實的化生萬物，誠字偏向於實，誠既是本體也是真實的世界。如杜保瑞云：「本文亦從宇宙論知識間架上立說，說天地萬物以五行陰陽而根源於太極之一，一中有絕對價值，即誠體，其落實展現在天地萬物之中，使萬物各正各定。」[64]周敦頤以真實的誠來對抗佛老，他不只重視真實還重本體，比佛學重形上輕形下來的踏實。形上道德本體既是存有的根源，道德本體因內蘊五行之素質義，也可凝為形下氣。亦即形上的理的顯實是形下的氣，形下的氣既是形下的氣也是形上義的實現，而可直順形氣內在自身的道體而上達。人自身即是氣化生生不已的理序與生用的實體，此生生理序與生用的實體即價值義的誠。

六　結語

歷代以來，對周敦頤的《太極圖》《太極圖說》不論在圖的源流考證，《圖說》思想的儒家或道家性格，及由儒家中庸的誠體來論述等方向的論文，已汗牛充棟，且均有很好的成績。所以本文另以兩漢

---

63 （漢）王充：〈物勢篇〉《論衡》，收入臺灣中華書局輯：《四部備要》（臺北：臺灣中華書局，1965年）第390冊，卷3，頁16

64 杜保瑞：〈周濂溪境界哲學進路的儒學體系建構〉《揭諦》5，2003年6月，頁57。

以來的氣化論作為儒、道皆可詮釋的共法的視角，試圖讓周敦頤的儒學性格，非只由中庸誠體來詮釋，亦可通過儒道共法的氣化論，上溯至漢代儒家由氣化論道德的根源。使周子不再因《太極圖》而被判為道教。其中儒學性格除《易傳》、《中庸》外，對漢儒仍是有所承接的。本文即順此觀點，以氣化為儒道共法作基礎，重新面對太極圖，並凸顯由無而有的本體、過程及實現，皆可由氣說。同時論証後於周敦頤的諸多理學家，亦多有由理氣是一的角度，隱約的上承漢儒氣論，並以之說明朱子由理氣二分釋圖的問題，由此脈絡檢視周之前與後，由太極、陰陽、五行釋氣化的流行，是由秦漢至宋明清一脈相承，未曾斷絕。而周敦頤的《太極圖》即立於上承秦漢下開宋明學術承先啟後的位置。

附表一　朱子太極圖　　　　附表二　朱震 太極圖

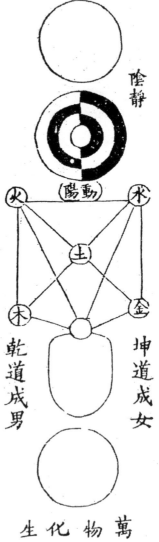

貳　論張載的「氣質之性」及其譜系的開展

──由分解與圓融二義為詮釋進路

一　前言

　　張載首先提出「氣質之性」與「天地之性」的說法，對此字面的語境，傳統上慣用伊川、朱子理氣二分的義理典範來說明，於是性便有天地與氣質兩者。但若由宋、明、清以氣為本的學者的視角來觀察，如劉宗周、黃宗羲等則明確主張「只有氣質之性，更無義理之性」。一種「氣質之性」在解讀上即有如此大的差別，頗引人好奇。但伊川、朱子是主張「只存有不活動」的形上理形下氣的路數。而張載則是主張「即存有即活動」，且強調「太虛即氣」的道德創造有真實義與統貫有無的整體義的，與朱子理氣二分系統截然不同，故由朱子解讀張載自會產生歧義。為解決此問題，本文既承認分解說，也採取氣學的圓融整體觀來重新詮釋「氣質之性」，檢查不同學脈的學者對此論題所作的不同顏色的詮釋，開展並建立由分解說延伸到圓融說的各種顏色所構成「氣質之性」的譜系。本文先由張載「太虛即氣」的真實的生德的整體觀，確立「氣質之性」應有圓融義，再檢查同屬「即存有即活動」主軸的明道，將氣化收攝於渾融的天理中，其氣性亦應有圓融義，但明道又云「性即氣氣即性」、「論性不論氣不備，論氣不論性不明」、「善固性也，惡亦不可不謂之性」，此三句名言幾乎

貫穿宋、明、清所有學者的討論範疇中,而此三句由分解說,或圓融
說似皆可通,更助長了「氣質之性」可有不同解讀色彩的可能性。至
伊川、朱子,則明確由理氣二分的立場,視氣質之性為形下者,是道
德創造的限制義的,此是「氣質之性」譜系中分解說的一邊。及到王
陽明,由「即存有即活動」的良知本體貫注賦予道德義於形氣中,使
形氣化掉實然性格,全新地充滿道德性格,而所謂的氣質之性,已離
開分解說的實然義,全然化於知體的流行中了。後又有純粹氣本論者
主張全由一氣本體來說性,將氣質之性提高到本體的位階,唯此種氣
性是有善有惡的。而理氣是一論者,由道德天理規定氣化為道德的氣
質之性,除有本體義、真實義外,又多了道德義。又有心理氣是一的
學者,對有真實義、道德義、全體義的氣質之性,又賦予良知心體的
主宰、感通義。如此說的「氣質之性」,已脫離「氣質之性」譜系分
解說的一邊而往整體圓融說的一邊開展了。同時因對氣質之性的詮釋
不同,故對惡的產生亦有形下的、氣內在的、氣外在之習染等三種不
同的原因。以下分別論述之。

二 張載的氣質之性

(一)由氣說太和之道

> 太和所謂道。中涵浮沉、升降、動靜、相感之性,是生絪縕、
> 相盪、勝負、屈伸之始。其來也幾微易簡,其究也廣大堅固,
> 起知于易者乾乎?效法于簡者坤乎!散殊而可象為氣,清通而
> 不可象為神。[1]

1　(宋)張載著;章錫琛點校:〈太和篇〉《正蒙》,收入(宋)張載撰,王進祥編:
　　《張載集》,(臺北:漢京文化事業公司,2004年),頁7。

　　太和是總持地說能具體真實地創造天地萬物便是道。若分解說此太和其中則由浮沉、動靜等條件寂感相生而有能妙運氣化創造之神用，此神用真實地成就絪縕相盪的氣化流行與創造。散殊可象的氣與清通生生作用的神分解說為二，總合說仍同屬於一太和之道，二者雖體段作用不同，但仍同屬太和之道，而非異質異層的，此乃因主宰創造原則的乾元與凝聚終成萬物的坤元，是為同一太和道體的體與用，故能寂感相生、乾健坤順不已地成就既是道德的，又是具體的天地創造。此中因有貫通有形無形兩間的太和神體，使體段不同的有無兩間，在本質上是相貫通而不隔的。故太和是總持地、全體地說氣化流行與道德創造是一體無別的道。不可只停留在氣化為形下，神用為形上，神用引發氣化（如此神與氣為二而非一）的階段論道。

> 太虛無形，氣之本體。其聚其散，變化之客形爾；至靜無感，性之淵源。有識有知，物交之客感爾。客感客形與無感無形，惟盡性者一之。[2]

　　張載由氣之本體說太虛，則氣本體中乾健坤順、即寂即感的創造神用，便即是氣化流行，亦無終無始地生其道德創造於天地間，唯神體可於氣化中保持其生生之無限性，但此生生之神用作用於氣化中，氣化便有凝固結聚而為有封限、方所不同的形物產生。此或聚或散的形物，皆氣化或暢通或滯礙的各種成化的可能性的出現。若專就生生神用即於此有限形物而為其體的狀態，此生生神用即受限於此形物之中，不能全面地呈現，而是即此有限形物，作一有限地神用之呈現，此時重點在神用受限於形氣中，此乃有聚有散的「變化之客形」或

2　（宋）張載：〈太和篇〉《正蒙》，頁7。

「物交之客感」，可知氣有神用受限於形氣中的客感客形的形氣義。而「至靜無感，性之淵源」是以氣的無形無感作為本體來論述。無形無感非指太虛神體是不運動創生的，而指其超越地在相對的客感客形之上，而為絕對永恆的創造本體。此是即氣化而說神用創造的本體，是遍在萬物而為其體性的，萬物因此神用創造之體性而有當然而不容已地道德創造，並即以此不容已地道德創造為萬物所以存在的、先天的、道德的根據。此時重點在太虛即氣的神用為人我道德創造的本原根據，知氣亦有無感無形的形上義。

「客感客形與無感無形，惟盡性者一」則是分解說客感客形有偏形下的形氣義，也有偏形上的無感無形的神用義。再統合地說在盡性工夫中，實是形氣即是神用，神用即是形氣的，神用與形氣彼此互為體用，圓融而無隔的。牟宗三先生有云：

> 在盡性之工夫中，清通虛體之神與其所運之氣之變化之客形以及其自身接于物時所呈現之客感遂能貫通而為一。清通虛體之神全澈於客感客形中而妙運之以成其為生生之變化，而生生之變化中之客感客形亦全融化於清通虛體之神中，而得其條理與真實，此即是道德創造之潤身踐形也。[3]

可知清通之神全澈於形氣中，以成就形氣之生化，使形氣不只是形氣，而是神用創造之實現，亦即形氣義應上提為具有神用義，而為圓融之形氣。有限的形氣融攝於清通之神中，以體現神用之創造義使神用不只形上神體之發用，而是即形氣而為真實不虛的創造，如此神用收攝形氣義使自體真實化，而為圓融之神用。故茲分解地說氣有形

---

3 牟宗三：《心體與性體》（臺北：正中書局，1990年）第1冊，頁5。

下形氣、形上神用，與即神即氣的圓融等三義，以下即分述之。

（二）氣有三義

1 形氣義與神用義

> 凡可狀，皆有也，凡有，皆象也；凡象，皆氣也。氣之性本虛而神，則神與性乃氣所固有。此鬼神所以體物而不遺。[4]

> 氣有陰陽，推行有漸為化，合一不測為神。所謂氣也者，非待其蒸凝聚，接於目而後知之。苟健、順、動、止、浩然、湛然之得言，皆可名之象。[5]

　　氣有陰陽而有氣化萬端之可能性，此萬端之可能來自陰陽五行之氣相生有無限義，但此氣化之無限中又包含陰陽相生之速度或緩或急、強度之或強或弱、向度的方無所等可能，使氣化的凝聚固結成形氣後，便有氣質上的種種曲曲折折、幽明隱顯等實然不齊的內容。如人之氣稟有清濁、厚薄、智慧等不同，此皆有狀有象，可描述指涉的。但氣化不已，其生生神用亦當然而不容已地仍妙運於已固結的形氣中，此乃聚而有象的形氣之所以仍可具體地成就道德創造於人倫日用中的原因。不可說氣質只是有限的氣質，而與創造之神用割裂為二而無關。因氣質與神用無關，則張載的「變化氣質」便失去其內在所以可能改變的根據，及變化氣質對道德理想的嚮往與追求。因氣質中若本無道德創造的自覺神用，而須外尋一道德理想以貞定之終是無本的工夫。唯若氣質中本自有由太虛即氣的即寂即感所展現的無終無始

4　（宋）張載：〈乾稱篇〉《正蒙》，頁63。
5　（宋）張載：〈神化篇〉《正蒙》，頁16。

的道德創造的神用，即以此神用為體，而柔化通化滯礙此神用不能暢達的氣質偏雜處，使滯神之氣質，通化為達暢神用之氣質，此方為有根本、有理想的變化氣質的工夫。故形氣義之氣是強調氣質對神用之限制，但不可說氣質中無神用之直貫，因即神用而化偏成德，正是彰顯儒家努力踐德的好所在。亦即氣質之多雜以至無窮，亦正是化氣成聖工夫無窮盡展現之所在。氣質之限制義轉換成神用的實現義。

再論氣有神用義。氣化不已，故陰陽相生在向度、強度、速度上有萬端不齊之實現。但若只是實然的、生物的、自然的萬端不齊，便缺乏道德創造太虛神體作為生化的道德根據與理想。則所創生成就的只是一乾枯、單調缺乏仁德潤澤與挺立的實然世界。此應非思參造化天人同體以道德規定氣化而說太和道體、太虛即氣的張載的原意。為避免氣化乾枯實然，便須由太虛神體的道德創造來說，亦即氣化萬端、氣稟紛雜不齊的實然狀態中，仍應有不已地創生道德的神體來遍體之、遍通之，而萬有不齊者即以此遍體之、遍通之的神體為其體性。虛氣無限亦無盡，故道德神用之遍體亦是超越地、無限地遍運乎萬有不齊中而為其體。神用遍體萬有而為其體，則萬有不齊之生化中，必含有一道德創造的自覺為其生化的立基與定向。而此一普遍地、全體地、超越地直貫于萬有不齊中的創造神體，便是氣化所以萬端、道德創造所以無終亦無始的絕對又普遍的根據，此即是氣之神用義。所謂「氣之性本虛而神」即表示氣以超越無限的神用為其體性。氣因有此普遍之神用為體性，才能無限地發展生化並規定無盡之生化皆為道德之創造。「健順動止，浩然湛然」亦表明氣化是涵著道德的普遍性、超越性與創造性來說的，於是氣化就必然不可移只能是道德的創造與成化，不能是單調、乾枯的氣化。故氣必應有神用義，才可說天地只是一氣流行，一氣流行也只能是一道德創造的實體與全體。

2 氣有圓融義

> 天地之氣，雖聚散攻取百塗，然其為理也，順而不妄。氣之為
> 物，散入無形，適得吾體；聚為有象，不失吾常。太虛不能無
> 氣，氣不能不聚而為萬物，萬物不能不散而為太虛，循是出
> 入，是皆不得已而然。然則聖人盡道其間，兼體而不累者，存
> 神其至矣。彼語寂滅者往面不反，徇生執有者物而不化。[6]

　　天地之氣，雖有百途之殊異，但皆有太虛神體通貫妙運於其中，
使聚散皆「順而不妄」，皆道德創造無窮又合理的展開。此乃因氣有
聚結成形氣，與消散成無形的兩種狀態，此兩種狀態又互為先後，迭
運不已以成其為氣化之真實體態。「散入無形」指太虛神體維持其作
為主宰妙運氣化的主體，全然脫離受凝聚成象的氣質限制，而能全體
順暢呈現的狀態，故曰「適得吾體」。「聚為有象」指太虛神體妙運氣
化而有凝聚固結成形的可能，同時太虛神體即受限於有限氣質中，只
能作有限量的、有向度封限的、非全體的展現。唯此有向度限量的展
現，才是道德神體真實具體的呈現，有限量的氣質的展現是無盡的，
故真實的道德創造亦因之無窮，故曰「不失吾常」。可知分解說氣有
聚、散兩體段，但在通過聖人參和不偏、兼體不累、於聚與散兩間以
成一氣流行的圓融工夫後，單主寂滅而偏於散，或單主徇生而偏於聚
之一偏的佛老，皆不能體悟聚與散共同互體為一氣，一氣之創造神用
通貫於聚與散而妙運之的真實生命與全體宇宙。

> 　　知虛空即氣，則有無、隱顯、神化、性命通一無二。故聚散、
> 出入、形不形，能推本所從來，則深于《易》者。若謂虛能生

氣，則虛無窮，氣有限，體用殊絕，入老氏「有生於無」之論，不識所謂有無混一之常。若謂萬象為太虛中所見之物，則物與虛不相資，形自形，性自性，形性、天人不相待而有，陷於浮屠山河大地為見病之說。[7]

　　此段借反對虛能生氣，來反顯虛與氣同為統攝有無、隱顯、神化而相容共構為一體的「虛空即氣」的主張。若虛能生氣，則虛為生生無限之本體，氣為本體所派生之有限者。虛只能是本體，缺少真實義。氣只能是有限氣質，缺乏自主創生義。但張載則以為虛空本身便是氣，因虛空無盡而氣亦無盡，虛空與氣並皆以道德創造的真實呈現的神用為體，故虛本身便是本體便是神用，氣本身亦是本體，亦是神用，虛與氣實為一體而無別，此乃所謂「有無混一之常」，也可說是隱顯、神化、性命的混一之常。由此混一之常可見出氣有圓融義。故反對「形自形，性自性，形性天人不相待」，因有無混融一體，則形與性亦應混融為一，形以性為體而得以成立，性因形為用而得為真實。更重要的是形與性體段樣態雖不同，但皆以道德創造之太虛神體通貫兩者間，使形與性成為本質相同而可相互融攝者。同時張載反對「形自形，性自性」的圓融主張成為往後主張理氣是一或理氣二分的學者的論辯主題之一。但氣有圓融義確立後，此圓融之氣是指天地間因地的本有，抑或是工夫後果地的具有，則有必要加以辨明。

　　張載應不是由實然的因地對宇宙作一表象上的描述，而應是以在工夫圓境後的果地立場，來描述指點此太和道體。故太和道體既有以因地太和的道德創生義、生生秩序義與流行化成義等為條件架構，但此架構並非條件的、形式的或概念的結構體而已。因地之太和道體本

7　（宋）張載：〈太和篇〉《正蒙》，頁8。

即蘊涵圓融體用的果地境界。只是由人的變化氣質、養氣等工夫將之具體彰著出來。不可說太和道體只是因地的結構體，必待人以盡性、養氣工夫後，才有果地的化境出現。否則因地結構體中的道德創生義、流行化成義皆成各自獨立互不相關之條件。人再從此不具全體大用義的結構體中，體悟出果地的太和。故應是道德創生義、流行化成義及具體氣質才質相融互滲共構成神感神應妙運氣化的道德創造的真實宇宙。

亦即「太虛即氣」故可由分解說太虛為道德創造之神體，氣為氣質、才質是作為彰著神用的載體。但似更應由圓融地、果地說太虛即氣，非只因地的條件結構體，而亦是當體自身便是創生神體與氣化才質互相浸潤融澈，而化掉形上神體、形下氣質等界限限制的圓融又具體真實的太和道體。此時無分形上形下，無分本體與氣化，無分因地與果地的先後，只是一即體見用，即用見體的體用圓融的太和道體。而張載即以氣來總持提領貞定此太和道體。如此太虛神體貫穿天道性命等兩間而不偏不累，以成其道德創生義、生化秩序義、流行化成義融為一體，而以氣為其本的義理典範。

不能只由因地道德創生的太虛神體引發了氣化流行說，如此神體與氣化成為不相涉的兩間。再由果地說，透過工夫後，而為道德創造的神用及氣化流行之體。氣化流行因以神用為體，而為真實的道德創造，神體與氣化兩間打成一片而無隔。而應是由工夫後的果地指出工夫前的因地太和，實即果地太和當體自身的真實展現。否則在工夫後才有太和道體的體用一如之境，則在工夫修養前，太和道體竟只是一氣化、秩序、價值各自獨立的實然結構體而已。只成一靜態的無機的結構體，必待人為工夫後始有圓融義之成立。故不應說太和道體在工夫前只是條件的或概念的而已，而應是工夫前太和道體中早已自有道德創造之神體遍潤流行於氣化之各各條件結構中，人只是透過工夫修

養去體悟、彰著、呈現太和道體（既顯出人文義亦顯出具體義），非是本無而今有的創造出一新的與工夫前無涉的工夫後的太和道體！

　　唯氣化是動態地前進，故道德創造隨時即當下時空座標中的人我而實現（氣聚），而氣化神體便遍潤貫注任一座標中而無隔。非只一橫剖面的靜態的結構的因地太和再經養氣工夫而後才有物我圓融的果地太和。或說是將工夫后的果地太和，投射在因地條件的太和上，使因地太和被賦予果地太和的性格，而有發展為果地太和的可能性，再由後天人為的工夫，形著、彰顯此一因地太和為果地太和。此時人文化成的意義特顯，但具體氣化反而退位。此當亦自成一說，但易造成重形上、輕形下有近似佛老虛無之病。但若由氣學的視點來檢視，則不應有一條件構成的因地太和，經工夫後再成為果地太和的有先後體段的差別。道德創造不應只在果地處呈現，而於因地處則無，應是遍在因果前後的。因氣化流行遍潤，遍體一切時空、內外、有無、隱顯而不累不偏，則太和神體即氣化而發用（神即氣之妙用，非神引發氣），氣化不已，歷史氣運更迭不已，人之道德創造亦日新又新不已！不斷有雖有限又真實具體的道德言行挺立與完成！所以氣化流行無始無終，則人之道德之創造與完成亦無始終而永在一踐德的始終過程中。可知在氣化為道德創造的始終過程的規定下，便無先有因地太和後有果地太和之可能：因地隨順氣化而為果地，但果地又為下一因地之體，如此因地果地更迭不已，又互為其體，實無所謂先後之分，實只一道德創造所規定的氣化流行的不同向度、體段之展示而已，主張心理氣共構互融成一圓融實體的高攀龍云：

　　　　形而後有氣質之性者，人至受形以後，天地之性已為氣質之性矣，非天地之性外復有氣質之性也。善反則氣質之性即為天地

之性，非氣質之性外復有天地之性也。故曰：「二之則不是。」[8]

　　人從因地的天地（中含生生、化成、價值義共構成一有機的動態的即氣化流行而說的道德創造的本體）之圓融中察覺、體悟、進而彰著此氣化流行即道德創造無終始過程的太和道體，此即果地的人文圓融義。人不斷地由因地的天地自然圓融中，開出果地的工夫之圓融。但天地無限不已，故因地天地自然之圓融不斷地直貫彰著為果地人文之圓融。而人文圓融又不已地賦予貫注人文義于天地自然之圓融中，於是天地之圓融承載著人文之圓融不已地呈現。人文之圓融亦因植基於天地之圓融而著實具體，彼此相生相成互為其體用，人文化成即天地之自然，天地之自然即人文之化成，實無分因地與果地，自然與人文也。

（三）氣質之性有二義

　　感者性之神，性者感之體。（在天在人，其究一也。）惟屈伸、動靜、終始之能一也，故所以妙萬物而謂之神，通萬物而謂之道，體萬物而謂之性。[9]

　　有無虛實通為一物者，性也；不能為一，非盡性也。飲食男女皆性也，是烏可滅？然則有無皆性也，是豈無對？莊、老、浮屠為此說久矣，果暢真理乎？[10]

8　（明）高攀龍：《高子遺書》，收入（清）永瑢、紀昀等纂修：《景印文淵閣四庫全書》（臺北：臺灣商務印書館，1983年）集部別集類，第1292冊，卷1，頁341。

9　（宋）張載：〈乾稱篇〉《正蒙》，頁63-64。

10　（宋）張載：〈乾稱篇〉《正蒙》，頁63。

　　「有無虛實通為一物者性」，延續「氣之為物，有聚有散，有體有常」的全體圓融說法，以為氣之生生義、成化義、價值義等條件共構成的創造神用，是統攝有無、虛實並貫通於兩間，而即為兩間之體的性。亦即不論實然層的飲食男女，或作用層的道德創造，皆只是分解的說，若論性體之實，則是以創造神體遍在實然與作用兩間，作為可以統合兩間為一體的普遍的超越的根據。於是氣遍體虛空，氣之神用貫於人，人即以遍體萬物的道德神用為其性，此時性體統貫兩間的普遍義、全體義特顯。且此普遍非虛的、概念的普遍，而是即寂即感、感而善應的創造神用的遍體有無兩間而為其體性的普遍。於是聚而有象中不失吾常，散入無形時又適得吾體，性雖即道體貫於人身而後得言，但體於人身之性，以其即寂即感道德創造的神用貫於兩間，而可說性雖即於形氣中，又通乎形氣之外，道德創造的寂感神用雖存乎形氣之外，又通乎形氣中。故曰「天所性者，通極於道，天所命者，通極於性。性通乎氣之外，命行乎氣之內」[11]。於是性體的道德創造非只一人一身之事，而是同體地關聯著天地的創造，天地的創造亦是貫通地關聯著性體的道德創造而說。於是性既因具於氣質中而成其為具體真實，又不受限於氣質，仍與道相貫，而可成就無終無始的道德創造。而「為天地立心，為生民立命」的「民胞物與」的胸懷便是植基於此性體而言。因性統貫有無兩間，故有指「有」而說的「氣質之性」與指「無」而說的「天地之性」，因「有無通為一物者性」，故統體地說「氣質之性」應有分解的說「有」，與圓融說的「無」為「有」之體的兩義。

　　　　形而後有氣質之性，善反之則天地之性存焉。故氣質之性，君

11　（宋）張載：〈誠明篇〉《正蒙》，頁21。

子有弗性者焉。[12]

　　「形而後有氣質之性」，張載由太虛神體之神感神應妙運氣化，同時即是道德創造的義理模式來解釋此句，則為太虛神體之道德創造（不是引著帶著氣化）及至氣化凝聚固結為形體後，受凝結而使氣質有清濁、厚薄等不同，氣清者易使神體之創造順暢呈現而為善，氣濁者使神體之創造不易呈現而為惡。此時神體之創造既須借由氣質以顯現（但神與氣同層非異層），同時亦受氣質或清或濁的限制，使神體之發用只能是有向度、強度限制的不完全的展現，此即「氣質之性」，不可謂此時氣質中只有才質義、才能義而已，否則氣化與道德便斷裂成上下兩截，非圓融義下的太和道體之流行。

　　「善反之則天地之性存焉」，透過功夫化掉氣質之濁惡偏狹對神體創造的限制，使其道德創造義的氣化流行之神用，能順適地不受阻礙而呈現。此時的「氣質之性」已由神體創造的限制義，轉化為神體創造的當體自身的實現義。沒有此等氣質、才能之支撐與共構，則神體創造只是停留在作用層的發用，而非實然層與作用層圓融一體的神用創造。故「氣質之性」不限於只有才質層的意義，可上提為神體創造當體實現的層次。此時「天地之性」亦不在純以形上的道德神體來說，亦可由氣質之圓融義說「天地之性」，及天地自然連帶氣化來說，而思參造化的張載，由神體創造規定氣化，故所謂「天地之性」，實指體用圓融義下的神體創造為人之本性的描述。此時有對越形下氣質之性之義，唯等到氣質之性由作為神體創造的限制義轉化為神體創造的實現義的時候，「氣質之性」實即「天地之性」之另一面向而已。

12　（宋）張載：〈誠明篇〉《正蒙》，頁23。

「氣質之性，君子有弗性焉」，若由分解說氣質之性只是才性、才能，本身無道德的自覺與定向，故無道德實踐的目標與動力，自應以所謂形上本體的天地之性為道德實踐作定向與動力，故「君子有弗性焉」。但若順張載「太虛即氣」的圓融義來討論，化掉承載工具義、限制義的氣質之性，已成為參和不偏、兼體不累的神體創造的當體自身呈現的氣質之性，此時的氣質之性自非可全體揚棄的，只可柔化通化氣質之駁雜，使為清通之氣質，但此工夫後的清通之氣質仍屬「氣質之性」的範疇，是不應為「君子弗性」的。君子若弗性此柔化通化後的氣質之性，則以道德創造為體的太虛神用，只能是一無形作用之表現，不能是真實具體的神體創造。故分解說「弗性氣質之性」是可以成立的，但此種分解說，易有重形上輕形下的傾向產生。故時值明清之際的氣學，為糾正朱學、王學過於偏重本體之病，特別強調只有一性，便是「氣質之性」（義理為氣質之體性），而無「天地之性」或「義理之性」。此種使氣質既真實又富涵道德義的「氣質之性」的義理典範，便不再由程朱理氣二分的思路來解釋，而是從一氣流行即體即用的視角，去闡發「氣質之性」不只有形下義，亦有圓融義的一路開展的各種向度。

三　程明道的「生之謂性」

蓋上天之載，無聲無臭，其體則謂之易，其則謂之道，其用則謂之神，其命於人則謂之性，率性則謂之道，修道則謂之教。孟子在其中又發揮出浩然之氣，可謂盡矣。……澈上澈下，不過如此。形而上為道，形而下為器，須著如此說，器亦道，道亦器，但得道在，不繫今與後，己與人。[13]

13　（宋）程顥、程頤撰：《二程集》（臺北：漢京文化事業公司，1983年）第1冊，頁1。

　　明道同張載是由天命於穆不已的即寂即感、神感神應的道德創造來說道，只是張載是氣本意味特重，明道則是圓頓境界意味特顯。「於穆不已」的道體是超越遍在於古今人我的，遍在的是形上的道體，呈顯此形上道體的則是形下器物，於是受限於當下時空與氣稟的器，因以形上之道為體，故亦通透於形上道體。形上道體是真實的道德創造，故是即具體之器而顯其為真實普遍的創造。故澈上澈下圓融地說為「器亦道，道亦器」。而通透於道器的便是於穆不已的道德創造之神用，亦即是萬物之體、生生之理與創造成化之神用。於是將體性、生理、神用等條件共構融通於一圓融道體中。天命流行不已，此圓融的道體，亦無限無盡地遍潤遍體于萬有中，萬有自亦由自然形氣義，上提為與道體圓融無礙全體通透的萬有了。明道由此道器圓融一體的視點來看「氣質之性」此一論題，遂而有「生之謂性」的新說。

　　　　「生之謂性」，性即氣，氣即性，生之謂也。人生氣稟，理有善惡。然不是性中元有此兩物相對而生也。有自幼而善，有自幼而惡，是氣稟有然也。善固性也，然惡亦不可不謂之性也。蓋「生之謂性」，「人生而靜」以上不容說，才說性時，便已不是性也。凡人說性，只是說「繼之者善」，孟子言人性善是也。……皆水也，有流而至海，終無所汙。……有流而未遠，固已漸濁。……清濁雖不同，然不可以濁者不為水也。及其清也，……則只是元初水也。……水之清，則性善之謂也。故不是善與惡在性中為兩物相對，各自出來。[14]

　　明道由於穆不已的道德創造說道，此道真貫而下，具於個體中為

體即是性。此種性自然是超越的絕對的至善性體，但在明道之道器圓頓的關懷中，至善性體須著實於形器中，不可虛懸於形器外。於是為確切掌握道與器的關係，便凸顯出無限道體在有限形器中展現自身的過程，有順與不順、全與不全的不同樣態。而「理有善惡」便是指於穆不已的道德創造之性體，經由自身有曲曲折折各種內容的形器而呈現時，能不受形器曲折內容限制而全然展現，便是善。反之性體呈現受限於形器之曲折不能順暢展現，便是惡。唯此處不可將氣稟與性體割斷成本質不同的二者，視氣稟為一性，性體為另一性。因在明道道器圓融的體悟下，所謂氣稟，應是將氣化收攝于道德創造的性體中，此性體道德創造之呈現，便是氣化流行之各種可能的呈現，亦即性體之呈現即是形器的呈現，不是性體引發鼓動形器之流行，說引發、鼓動則性體與形器二。而是性體即形器而有真實性，形器暫時化掉形器的框架與限制義而成性體的實現義。此時形器的曲折內容與框架限制只是氣化流行暫時的減緩固結的樣態，遂使道德創造亦為之漸緩或不全而為惡，此即是所謂氣稟。故曰：「然惡亦不可不謂之性」、「然不可以濁者不為水」。但氣化不已，道德創造亦不已，故氣化暫時固結的氣稟，只是當下時空座標限定下的暫時固結，但氣稟本仍是以於穆不已的生德生理為體的，故氣稟仍有其生生義與隱涵其中待心體創造開發的道德義，不可與性體全然二分。故若要說明道的「氣質之性」，便是指創造的性體受限於氣稟而不能全然展現的狀態。

但明道說「性即氣，氣即性」亦可由其上下圓頓一體立場說，不是只可由分解說形上性體落於形下氣質中的表現，於是形下氣質便以形上性理為體。亦可圓融地說道德創造之性體是即氣質為其體而展現的，性體有無限道德義，此無限義即由氣稟之不同而有氣質、才能等不同向度或強度的表現中體現出來。故「氣即性」只由分解說，則性體與氣質皆是異質與異層的。若由圓融義說，則氣以性為體，性因氣

而真實，性與氣便是同質同層的，不易有偏上或偏下之病，而有上下同體流行之全體感、完備感。同時由圓融處說，可說氣質才能等不同向度、強度的各種可能的展現，即氣化流行無限義的體現。而氣化流行在圓融工夫的融激下，便是道德創造無盡之開展。所以氣質才能之愈不同，愈可展現道德創造之無限義。道德創造之無限義由氣性之眾多而被肯認，則此無限性便非形上作用的無限，而是全體流行的、具體的無限。此種有具體義的無限，正為區隔儒為實的無限，佛老為虛的無限的強烈標誌。

又性與氣可由彼此是同層同質的而說是圓融為一。如由張載的「太虛即氣」說，氣之神理可凝結實現為氣質，則氣之神理與氣質間，是同質同層的，彼此間皆有氣之神用貫通兩間而不偏不累，如此便可說氣之神理與氣質間有即體即用的圓融義存在。若由明道的天理圓融說，天理之生生、價值義直貫於氣質中，氣質中即以此生生、價值義為體性，所謂「論性不論氣不備，論氣不論性不明，二之則不是」，此時雖有氣質之才質對性體造成之限制而有善惡不同之表現，但由共有生生、價值義來看，則氣與性有彼此貫通處，於是亦可說氣與性有體用不二的圓融義。但由朱子的理氣二分思路來看，則理為形上純粹之理，是由存在之然推證其所以然之理，以此所以然之理為性，性只是存有之理，本身無生生作用，生生作用歸為氣化，此時氣化中無道德生生為其體性，故性只是指導氣質的原則，氣質依性理的規定而行。性理本身不能直接創造氣質的運動，故性與氣是不離不雜的，亦即是不同層不同質的，沒有通兩者間的道德生生義等共同性，故性理與氣質自不能有即體即用的體用不二的圓融義。往後的明清間的氣學家，同承此上下兩間是同質同層故圓融為一的義理型範，而由氣貫通有無、隱顯、幽明兩間而無隔不偏，主張只有一「氣質之性」。

　　論性，不論氣不備；論氣，不論性不明。二之則不是。[15]

　　明道以其渾融的上下一體的天理觀，解釋「論性不論氣不備，論氣不論性不明，二之則不是」此句，應為道德創造之神用貫注融澈於氣質中，使氣質具有道德創造的性格，氣質不只是形下的才質的而已，而亦是支撐與完成道德創造之氣質。天理不是形上虛懸的，氣質不同向度、強度之開發，即是天理之流行。亦即氣質之才質義、才能義亦收攝於「於穆不已」的道德創造之流行中，使道德創造成為真實而具體的。但是有才質義、才能義，使道德創造是經由才質、才能之建構與運動而為其真實的道德創造本性，故曰「二之則不是」，此乃立於體用圓融的立場來說，故反對「性自性，氣自氣」。若由分解說則是形上創造之性體，與形下有限氣質為有隔之兩間，形上性體指導規定形下氣質之運動，則成為朱子理氣二分式的義理模式。

四　伊川、朱子的氣質之性

（一）伊川的氣質之性

　　「一陰一陽之謂道。」……所以陰陽者道，既曰氣，則是二。言開闔，已是感。既二，則便有感。所以開闔者道，開闔便是陰陽。老氏言虛生氣，非也。陰陽開闔，本無先後。不可道今日有陰，明日有陽。[16]

　　伊川是分解的理性的，而非體悟的圓融的性格，對張載、明道所

15　（宋）程顥、程頤撰：《二程集》第1冊，頁81。
16　（宋）程顥、程頤撰：《二程集》第1冊，頁160。

主張的道德天道與性命相通的直貫義，與氣化流行與道德創造互為體用的圓融義，皆無興趣。故將陰陽相生與道的關係，理解為陰陽相生的所以然之理是道，而有陰陽開闔的氣則是實然，由開闔之氣的實然變化，推證其背後所以如此變化之理。從形式上說，萬物之然，皆有其所以然之理，此理是普遍的、超越的、定一的理，但非從內容實質上說此所以然的理的內容為何？亦即將道德創造的道體的創生作用，放掉交給實然無道德義的氣化，天理只保留形式的、超越的本質，亦即是超越的、定一的道德天理。於是道德創造分兩層說，道德只是形上天理本身不能發動創造，氣則是形下能生化的形質，但本身不具道德義，道德行為之發生，是以道德天理來指導形質之發動，使之合理合度便是善。牟宗三先生釋此義有云：

> 在朱子之存有論的解析中，由存在之然推證其所以然之理為性，則性體與存在之關係只能是理與氣不離不雜的關係。理既不能創生地實現此存在，則理與氣之間亦不能有那些體用不二，即用見體等圓融義。有氣之然必有其所以然之理以定然之，理只是靜態地在「氣之然」背後以超越地定然之與規律之，但不能動態地創生之、妙運之、鼓舞之。同時理亦不能離氣，蓋理若離開氣，則理無掛搭處。理無掛搭處只表示理無具體的表現處而已，理還是理，理是超越地自存者。[17]

　　牟宗三先生判定伊川、朱子為理氣二分，理是「只存有不活動」，與張載、明道將天理視為「即存有即活動」者，已有距離。以下再依此議論伊川的「氣質之性」。

---

17 牟宗三：《心體與性體》第3冊，頁481。

孟子言人性善是也，……性無不善，而有不善者才也。性即理，理則自堯、舜至於途人一也。才稟於氣。氣有清濁。稟其清者為賢，稟其濁者為愚。[18]

「『性相近，習相遠』。性一也，何以言相近？曰：「此只是言氣質之性。如俗言性急性緩之類。性安有緩急？此言性者，生之謂性也。」[19]

　　「性急性緩」的性，是指人承氣化凝為個體生命時，氣化凝固於身上的向度、速度、強度等的不齊，而有材質、才能等不同而說的性。此等材質、才能的性中，本來仍有於穆不已的道德創造神用為其體，而有生生義與道德義。但在伊川理氣二分思路下，材質只能有生生的創造義，沒有普遍的道德義，於是此時只能分解的、短暫的、有座標限制的說此種材質、才能亦為一種性，而說此為「氣質之性」。又將於穆不已的道德創造神用，只保留其道德的普遍義以為人的「義理之性」。於是善由「義理之性」來規定，故曰「性無不善」。而惡則以脫落了道德義的氣質、才能來規定，故曰「有不善者才」。唯伊川分解的思路，亦能正視氣稟之有多雜的不齊。如氣化有無限可能，故氣稟亦有清濁、厚薄、智愚等不同，氣清者中的生生義較能順暢表現，較易對應於生生秩序中所應涵的道德義，故由「稟其清者為賢」。氣濁者之生生義受限於固結中，不易順暢表現，自亦不易對應於生生所涵之道德義，故曰「稟其濁者為愚」。此為伊川脫落氣稟的道德義，只專就氣化凝為人身氣的一段，說此一段材質、才能等不同為「氣質之性」。

18　（宋）程顥、程頤撰：《二程集》第1冊，頁204。
19　（宋）程顥、程頤撰：《二程集》第1冊，頁207。

（二）朱子的氣質之性

> 先有理後有氣耶？後有理先有氣耶？皆不可得而推究。然以意
> 度之，疑此氣是依傍這理行。及此氣之聚，則理亦在焉。蓋氣
> 則能凝結造作，理卻無情意，無計度，無造作。只此氣凝聚
> 處，理便在其中。若理，則只是個潔淨空闊底世界，無形跡，
> 他卻不會造作。氣則能醞釀、凝聚、生物也。但有此氣，則理
> 便在其中。[20]

　　前引牟宗三先生的論述，以為朱子是「由存在之然推證其所以然
之理為性」，所以形上性理與形下存在是不同層不同質的，不再是張
載、明道的於穆不已的、即寂即感的道德創造的神用貫通有無、虛實
兩間，使形上性理與形下存在雖有上下體段的不同，但同以道德創造
的神用為體，則是在本質上是相同的路數。而新開出理氣二分的義理
典範，將道德創造所以為道德創造的所以然，視為性理，於是性理只
是道德的所以如此之理，是超越的、定然的所以然，是「淨潔空闊底
世界」，但理本身「卻不會造作」。道德創造神感神應無盡的創造力，
脫離其即體即用的位階，掉落到實然層，只是純然決然的醞釀、凝
聚、生物的氣而已。但如此理氣、上與下、體用的截然二分，應只是
朱子面對道德創造的真實生命與宇宙，在學術上所做的分解的詮釋而
已，真實的生命與宇宙應是理氣交融互滲互為體用的。觀其「先有理
後有氣？後有理先有氣？皆不可得而推究」可知。

　　「論性不論氣不備，論氣不論性不明」。蓋本然之性只是至

20　（宋）黎靖德編：〈理器上〉《朱子語類》（臺北：文津出版社，1986年）第1冊，頁
　　3。

善，然不以氣質而論之，則莫知其有昏明、開塞、剛柔、強弱，故有所不備。徒論氣質之性，而不自本源言之，則雖知有昏明、開塞、剛柔、強弱之不同，而不知至善之源未嘗有異，故其論有所不明。順是合性與氣觀之，然後盡。[21]

又請枯槁之物只有氣質之性，而無本然之性。若果如此，則是物只有一性，而人卻有兩性矣。蓋由不知氣質之性，只是此性墜在氣質之中，故隨氣質而自為一性。向使元無本然之性，則此氣質之性又從何處得來？[22]

朱子由其理氣二分的思維，視性為超越的至善，而實然的昏明、開塞則視為只能運作但無道德義的氣。故重新詮釋明道性與氣的關係，不再走明道道德創造之神用直貫理與氣兩間，視「氣質之性」為生德性體在氣裏中呈現或順或不順樣態的路數。而是說只有至善的本然一性，亦是唯一的性，並非尚另有一氣質之性。因本性至善，故不論氣質之昏明、開塞，皆應由性體來規定其道德方向。反之若停留在氣質之昏明、開塞（無道德義）的狀態，而不使之循道德性理而為善行，亦是不明性理的道德定向的作用，故須「合性與氣後盡」。但此合之與盡之，仍是性與氣不離不雜的合之與盡之，仍非道德創造直貫兩間的合之與盡之。亦即性仍是形上本體，氣仍是形下實然者，只有形上的性才可作為形下實然者之超越的所以然，故只有超越的所以然為性，實然之氣質不可為性。又因氣化有各種可能性，故亦因凝固結聚的向度、強度等不同而有不同的氣質，如昏明、開塞等。及此本然

---

21 （宋）黎靖德編：《朱子語類》第4冊，頁1387。
22 陳俊民校編：《朱子文集》（臺北：德富文教基金會，2000年）第6冊，卷58，頁2813。

之性落在昏明不同的氣質中，即此狀態勉強可說為「氣質之性」，可知朱子的重心在本然之性。但言「此性墜在氣質中」而為「氣質之性」卻使後人誤為有二性，以氣說氣質之性，以理說義理之性，於是氣質之性是只活動不存有，義理之性是只存有不活動者，氣質之性似乎便矮了一截。

但朱子面對真實統整的道德生命所作的理氣、氣質之性義理之性二分的詮釋，擁護者固不乏其人，但反對者亦復不少，且反對者的主張，幾乎是一致地反對理氣二分，由被視為朱學後勁的羅欽順、魏校等人主張理氣是一。到純粹氣本論的王廷相將理收攝於氣中，而為氣之理。到主張心理氣是一的劉宗周、王船山等人，皆由一氣流行來詮釋道德創造的生德大業，亦即是植基統體的圓融的高度說氣性。因氣貫通有無兩間，既有形上本體層亦有形下化成層，故可以氣質之性收攝義理之性。於是氣質之性由張載提出後，遂有狹義與廣義二種，及至明道的氣質之性，仍有貫通圓融義。但到伊川、朱子則反向地朝氣質之性、義理之性二分的路數前進，是承續張載有限的氣質之性的路數。但到明清的諸氣學家，則又回到張載圓融說氣質之性的路數。可知「氣質之性」由張載提出後，其譜系的建立與發展，既有往圓融一邊的發展，亦有往分解一邊的發展，而此二相異的方向，則早在張載「氣質之性」有分解、圓融二義中，即已蘊涵了譜系有往此兩邊發展的可能。

五　陽明的「生之謂性」

朱子將儒學道德創造的神感神應的實體，由分解說道德本體只是道德的所以然之理，是「只存有不活動」的，運動創造交給氣化後，幾乎掌握了往後對「氣質之性」的詮釋權。「氣質之性」在理氣二分

的義理型範的規定下，只能是無道德義的有限氣稟，及其對道德本體的限制義而已，此說幾成理學的主流思想。但及明代中葉的王陽明提出「致良知」的主張，重新將道德本體由道德創造的神感神應的實體來詮釋，重新回到道德實體是「即存有即活動」的張載、明道的主軸來。自然對「氣質之性」此一論題又有了新的詮釋。

> 蓋良知只是一個天理自然明覺發見處，只是一個真誠惻怛，便是他本體。故致此良知之真誠惻怛以事親便是孝。[23]

> 凡人信口說、任意行，皆說此是依我心性出來，此是所謂生之謂性，然卻要有過差。若曉得頭腦，依吾良知上說出來，行將去，便自是停當。然良知亦只是這口說、這身行，豈能外得氣，別有個去行去說。故曰「論性不論氣，不備；論氣不論性，不明。」氣亦性，性亦氣也，但須認得頭腦是當。[24]

　　陽明由天理明覺的發見處說良知即是道德創造的實體，但陽明立良知為本體，良知會不已地賦予事物以道德意義，使事物即以所賦予的道德意義為體，而收攝存有于良知本體中。天理明覺不已地發用，良知即不已地及物而正物，以為善去惡。以此來說「生之謂性」，雖有氣質層的意義，但此時氣質已為良知天理所貫注而飽含道德義，氣質已不是乾枯的氣質，而是富涵道德義且以之為體的氣質，亦即氣質所支撐與形構的言行，已全是良知天理的流行與潤澤，已無良知天理外的氣質了。故陽明的「氣亦性，性亦氣」，是異于張載融貫性與氣

---

23 （明）王陽明：《王陽明傳習錄及大學問》（臺北：黎明文化事業公司，1986年），頁109。

24 （明）王陽明：《王陽明傳習錄及大學問》，頁132-133。

為一體而以氣為本的視點，亦異於明道以渾全天理融攝性與氣為一的主張，亦異于朱子理氣二分的性氣為體用的關係。

六　以氣為本的氣質之性

朱學由「只活動不存有」論氣質之性，而王學則將氣質收攝于良知天理的流行中，此則為「氣質之性」的光譜開出偏向「即存有即活動」，但將氣質收攝于天理的另一面向。但明清又有甚多繼承張載「太虛即氣」的主軸，進而主張將義理收攝於氣質中（當用即是體），只有「氣質之性」一性，而無義理一性的主張。於是「氣質之性」不再是伊川、朱子所論述為惡產生根源的路數，反而展現為具有理氣圓融義，且氣質本身即是善德大業的當體呈現的路數。且所詮釋的氣質之性的向度，又受其對理氣關係詮釋的異同而有別，故以下即分由純粹氣本、理氣是一、心理氣是一等面向來論述。其中以氣為本者的氣質之性，又以為氣性有善有惡而主張理氣是一、心理氣是一者又與氣性為純善而有不同。以下先述以氣為本的氣質之性。

（一）王廷相

造化自有入無，自無為有，此氣常在，未嘗澌滅。所謂太極，不於天地未判之氣主之而誰主之耶？故未判，則理存於太虛；既判，則理載於天地。若謂「只有此理，便會能動靜生陰陽」，尤其不通之論。[25]

性生於氣，萬物皆然。宋儒只為強成孟子性善之說，故離氣而

25　（明）王廷相，王孝魚點校：《王廷相集》（北京：中華書局，1989年），頁596。

論性，使性之實不明於後世，而起諸儒之紛辯，是誰之過哉？
明道先生「性即氣，氣即性，生之謂也」，又曰：「論性不論
氣，不備；論氣不論性，不明，二之，便不是。」又曰：「惡
亦不可不謂之性」，此三言者，於性極為明盡，而後之學者，
梏于朱子本然、氣質二性之說，而不致思，悲哉？[26]

　　王廷相以氣為本體，其中陰陽動靜相生的作用，與凝結為萬象的
陰陽之氣皆屬於氣的體性。於是氣本體於尚未聚為有形時，是以無形
的創造本體的樣態存有著，及陰陽氣聚而有清濁、厚薄等形體時，此
氣本體便凝為萬有且以作為萬有之體的樣態存在著，此時儒家道德創
造之神用實體，已全然轉化為由一氣流行的實體說，非謂此氣是純然
決然無道德義的造化實體。如此道德的生理生德即本具於氣本體中，
順此氣之生德生理通貫於氣質中，便是「氣質之性」。王廷相將理與
氣全收攝融通於氣本體中，應是針對朱子理氣二分重上輕下的理論而
來。故主張無形氣本即道德創造的本體，有形氣化便是道德創造的真
實呈現。一氣貫通有無兩間，故道德創造的實體中的本體作用層與實
然形氣層，在本質上是通一無隔的，只有在體段上才有無形本體與形
氣實然的不同。故氣化流行，既保持有元氣本體的普遍性、超越性與
根源性，又有具體氣化的多樣性、真實性與實現性。如此主張統體整
全又具體真實的氣本觀，自然不能接受理氣二分、本然氣質之性為二
的說法，於是便引用明道「性即氣」、「氣性並重」、「善惡皆性」的三
句名言以為佐證。明道此三句名言本義已如前述，王廷相的引證未必
為明道本義，但重新由王廷相氣本觀來詮釋，可知其主張氣有無形、
有形兩段，性亦有根源於氣本，與為形氣之體的兩段，性與氣各有上

26　（明）王廷相，王孝魚點校：《王廷相集》，頁837。

下兩段，同時上下兩段的本質又同為一氣，故在一氣的貫通流行兩間
下，可說性便是氣，氣便是性。如此「氣質之性」便由乾枯的實然層
上提並豐富地成為氣化本體的當體自身。

（二）吳廷翰

> 天為陰陽，則地為剛柔，人為仁義，本一氣也。朝陽則得天之
> 理，柔剛則得地之理，仁義則得人之理，故皆曰道。道者，理
> 之可由者。統而言之曰氣，分而言之曰明陽、測柔、仁義。以
> 得其理謂之理，以由其理謂之道。若如理氣之說，則陰陽必待
> 理而後行，仁義必假氣而生。[27]

> 蓋性即是氣，性之名生於人之和生：人之未生，性不可名。既
> 名曰牲，即已是氣，又焉有「氣質」之名乎？既無氣質之性，
> 又焉有天地之姓乎？性一而已，而有二乎？耳目之類，雖曰氣
> 質，而皆天地所生；仁義之類，雖曰天命，而皆氣質所成。若
> 曰仁義之類不生於氣質，則耳目之類不生於天地，有是理乎？[28]

　　吳廷翰同王廷相皆是以氣為本者。吳廷翰將天地陰陽相生的作
用，地有剛柔的材質與人有道德創造的仁義等三種不同層次與意涵皆
攝歸為一氣所有！亦即一氣中有生生義、化成義與道德義共構互融而
為一氣化流行的實體。同時更將傳統視之為最高本體的道或理，由本
體的位階拉下，而抬高氣至本體的位階，視氣化之得其條理與秩序者
才為道。於是不再走理先氣後，氣依傍理而行的朱子路數來論性。而

27　（明）吳廷翰：《吉齋漫錄》，收入（明）吳廷翰撰，容肇祖點校：《吳廷翰集》（北
　　京：中華書局，1984年），頁17。

28　（明）吳廷翰：《吉齋漫錄》，頁28。

是由一氣通貫于生而後為其體來論性。於是性是即氣質之體來說，不再只由天命之形上本體來說性，自然不宜再分性有本然與氣質二者，而所有性皆是即氣質而言，即只有「氣質之性」一性而已。唯氣質是由一氣流行凝固而有者，故一氣中之生生義、化成義與價值義的道德創造的體性，自然亦通貫於氣質中，而貞定住氣質之性非純粹之實然，而是有氣化生德生理為其體的氣質之性。

（三）呂坤

> 自有天地以前，以至無天地之後，一氣流行，瞬息不續而乾坤毀矣。草木之萌蘖之後，以至摧萎之前，一氣流行，瞬息不續而榮枯決矣。飛潛蠢動之物，自胚胎之後，以至死亡之前，一氣流行，瞬息不續而生機絕矣，是天地萬物所賴以常存者恒故耳。[29]

> 氣質亦天命於人而與生俱生者，不謂之性可乎？程子云：「論性不論氣不備，論氣不論性不明」，將性氣分作兩項，便不透徹。張子以善為天地之性，清濁純駁為氣質之性，似覺支離。其實天地只是一個氣，理在氣之中，賦于萬物，方以性言。[30]

呂坤亦是以氣為本者，以為一氣流行無始無終，天地萬物皆因以一氣流行為體性，而得以有生生之實然。具體地說動植飛潛之萬物所以能成形、生長及至衰亡，再成形、成長等聚散迭運不已，皆此一氣流行凝結或快或慢、或清或濁不同可能的實現。亦即呂坤不再去描繪一形上、潔淨、超越的本體，而是當下即天地萬物之生機迭運不已

---

29 《呂新吾全書・去偽齋文集》，頁34。
30 （明）呂坤：〈性命〉《呻吟語》（臺北：志一出版社，1994年），頁28。

處，體會、察覺此一無始無終的一氣本體，此時一氣本體除仍有其無限的本體義，同時又具備氣化實然的真實義。由此氣化是有本體義的氣化，一氣本體是有真實義的本體的角度來論性，呂坤自然亦專由具天命本體義的氣質來說性，反對割裂氣質中之天命生德生理以為另一種天地之性。因其主張「理在氣中」，故反對性理與氣質二分，故一看到程子的「論性不論氣」與張子的「善為天地之性，清濁為氣質之性」的字面上性與氣似有分別與對照的關係，便對其以氣說性的立場大表不滿。

　　唯王廷相、吳廷翰、呂坤雖皆主由氣說性，不再分性為二，但卻因一氣流行有常與變等不同可能，而又皆主張氣質之性是有善有惡的，此在強調生德大業的儒學中是極為特殊的！以下即論述之：

　　　　性之善者，莫有過於聖人，而其性亦惟具於氣質之中，但其氣之所稟清明淳粹，與眾人異，故其性之所成。純善而無惡。氣有清濁粹駁，則性安得無善惡之雜？[31]

　　　　太極渾淪一元之氣，其時未有陰陽之分，善且不可名，而況惡乎？……及夫人物化生，形交氣感，雜糅紛紜，則氣之所稟萬有不齊，而陰陽善惡於是乎分焉……及性有感動，而情欲出焉，則各得本生氣稟，而善惡皆性。[32]

　　　　義理固是天賦氣質，亦沒人為哉？即堯、舜、禹、湯、文、武、周、孔，豈是一樣氣質哉？愚（呂坤）僭為之說曰：「義

31　（明）王廷相，王孝魚點校：《王廷相集》，頁18。
32　（明）吳廷翰：《吉齋漫錄》，頁26。

　　理之性，有善無惡；氣質之性，有善有惡。」[33]

　　由以上三段引文可知以氣說性，氣性應是以氣化生德生理為本質，但此是原則的規定，若從王廷相、吳廷翰、呂坤等人都是重視氣化的實然與多樣，故對氣質之性在日用實現的各種可能自亦同樣重視與正視。因氣化不已及凝結為氣性後，「形交氣感，紛紜雜揉，氣稟萬有不齊」，於是有善或惡不同之表現，而此善惡不同之表現，實即植基於氣性中本有或善或惡的可能。

　　若由實然氣稟一層說性有善有惡，氣性的道德義似有滅殺。但原則上說一氣生德不已，道德創造義是沛然莫之能禦的。唯等到一氣之生德受限於固結的氣質中，氣質便由生德之實現義轉變成生德的限制義，使生德之呈現是有限量的，或是不能呈現的，或是呈現有過與不及的，遂有違反氣道（因其必然如此氣化而有應然如此的價值義）而為惡的可能。所以氣性有惡的可能，非僅專就日用一段氣性生德受限，或有過與不及來說說而已。尋求探源，則是在一氣流行，乾坤陰陽相生的無限的可能中，即已蘊涵了氣化有常與變（過與不及）的不同可能，此是純粹氣本論的特色與危機。

　　反之，若純從道德創造的神用來直貫、主宰萬有的生化，則道德創造的神用自是絕對至善的，自然在本源處與發用處皆沒有惡的可能。於是惡只能從氣質有駁濁，造成生德不能順暢呈現處說。但氣本論的主軸在由一氣貫通有無兩間來取代重上輕下之病。故統整地說，有善有惡皆應由氣所開出，亦皆因由氣流行承擔起各種可能。故氣本論以氣化之常為善之根源與實現動能，復以氣化之變，來說惡之可能發生。而統合有無、善惡為一整全完備結構的義理典範的氣本論，便

33　（明）呂坤：〈性命〉《呻吟語》，頁28。

不再說本體至善，而另有一外在於本體的駁濁氣質為惡。如此善惡非同一整體所有，而有兩間之隔的顧慮。

又氣性有善有惡的危機亦可以是轉機。因氣本論的氣化之常是永恆無盡的生德生理之呈現，將此生德具體化、規範化後，便成日用的他律道德，反可以他律道德來規範通化氣性之惡為善，甚至可激發引導出氣性中雖受限制，但本質仍生生不已的道德創造實體由隱秘而彰顯。此時則是他律引發自律，氣化生德之自律又重新做主。可知氣質對生德的限制，反可成激發氣化生德自律不已地呈現的關鍵。所以氣本論反對朱子本然、氣質之性二分看低了氣質之性，但又仍正視氣化不齊，故氣性有善有惡的事實。此似又與朱子以氣質之性為惡甚相近。但朱子是以理為至善說形下相對的氣性有善有惡，與氣本論以氣化流行有各種常與變而說氣性有善有惡，其實是完全不同的義理典範所造成，則須明辨之。

七　理氣是一的氣質之性

一向被視為朱學後勁的薛瑄、羅欽順，其實對朱子的理氣二分的義理型範已轉化為主張理氣是一的義理型範，再推貫到氣性的範疇，自然既保持天理的至善，又正視氣質對天理的限制義，但非形上形下不離不雜式的限制，而是氣質亦是天理的實現義，由此來說「氣質之性」。

（一）薛瑄

> 理無窮而氣亦無窮，但理無改變而氣有消息。如溫熱涼寒，氣也；所以濕熱涼寒，理也。溫盡熱生，熱盡涼生，涼盡寒生，寒盡復溫生，循環不已，氣有消息，而理則常生消息而不與之

消息也,「氣有聚散,理無聚款」。[34]

「無極而太極」,天地本然之性也;陰陽太極,氣質之性也。
天地本然之性,就氣質中指出不雜者言之;氣質之性,即本然
之性隨在氣質中者,初非二性。[35]

　　薛瑄言「理無窮而氣亦無窮」兩者皆屬無限的本體位階,理固有
其作為最高本體的傳統,但將氣亦提高到本體,顯系為加強本體的生
生義與化成義(因朱子的理只存有不活動),使道德本體的創造是永
恆的、真實的創造。但在理論上,實無兩個本體有同時存在的可能,
故理氣之為一是在工夫圓融境界中說的。亦即此本體既是最高道德的
存有之理,且本身即是氣化真實的創造與流行(不是理引生氣化)。
因尚未全脫掉理氣二分的語境,故說「氣有聚散,理無聚散」,此時
「理無聚散」若仍保持朱子形上理的語境,則仍有重上輕下之病,與
薛瑄為強化理的真實義而提高氣的位階的用心相違,此間的參差可見
由理本轉為理氣是一過程中的摩擦。同樣其論氣質之性與天地之性字
面上的語境,似與朱子無二致,但又曰「初非二性」,可知「氣質之
性」,即本然之性隨在氣質中者,不宜以形上理不離不雜的隨在氣質
中來說。而是即寂即感的太極之理,通貫於氣化中為性,理仍維持生
生價值義,只是氣化亦有凝固成形之氣質,理在此氣質中則有推得動
推不動的問題,但不論推不推得動,形固氣質與太極之理的本質仍同
是理氣是一的實體,故曰「初非二性」也。

34　(明)薛瑄:《薛文清公讀書錄》,收入於(明)薛瑄撰,孫玄常等點校:《薛瑄全
　　集》(山西:山西人民出版社,1990年),頁1162。

35　(明)薛瑄:《薛文清公讀書錄》,頁1241。

（二）羅欽順

薛文清《讀書錄》……反覆證明「氣有聚散，理無聚散」之說，愚則不無疑。夫一有一無，其為縫隙也大矣。……蓋文清之於理氣，亦始終認為二物。……嘗竊以為氣之聚便是聚之理，氣之散便是散之理，惟其有聚有散，是乃所謂理也。推之造化之消長，事物之終始，莫不皆然。[36]

程張本思孟以言性，既專主乎理，復推氣質之說，則分之殊者，誠亦盡之。但曰「天命之性」，固已就氣質而言之矣。曰「氣質之性」，性非天命之謂乎？一性而兩名，且以氣質與天命對言，語終未瑩。朱子尤恐人之視為二物也，乃曰「氣質之性即太極全體墜在氣質之中」，夫既以墜言。理氣不容無罅縫矣。[37]

　　薛瑄由理本轉為理氣是一，有脫落未盡的痕跡，但到羅欽順則明白地主張理氣是一。以為「通天地、亙古今」只是一氣，而一氣流行的條理秩序便是理。氣是創造流行通貫有無兩間的實體，理即是此創造流行所以真實成化的條理與秩序。亦即一氣流行中的生生義、化成義與價值義所相融共構的一氣流行的整全實體，便是道德創造神感神應的實體的自身。由其反對一有一無，上下不離不雜的意味，可知形上理應下貫於形氣中，即為形氣生化之條理，使形氣不是乾枯的，而本身即天理生生示現，不再是虛懸的指導原則，否則難免蠢然氣化有

---

36 （明）羅欽順：《困知記》卷下，收入蕭天石主編：《宋元明清善本叢刊‧中國子學名著集成珍本初編》（臺北：中國子學名著集成編印基金會印行，1978年），頁112。

37 （明）羅欽順：《困知記》卷上，頁24。

不依理而行的情況發生。形氣抬高天理自身的當體實現,則形氣萬有之不齊,向度方所之各異,皆應當正視之,並即由此為天理示現之萬有不齊的具體實然中,體悟掌握天理的無限與具體,如此可免倚上或倚下之偏。亦即在理氣是一的圓融下,氣是通貫萬有在作用層與實然層的根源與實體,此時氣既是乾健坤順創造神用,也是陰陽凝固化成萬有的實然。乾坤神用妙運萬有而自有其則的條理即是氣之理,氣因理而使氣化成有秩序、價值義貞定的氣化。理因氣之真實而使理成為富含創造、道德義、實現義的理。說到渾圓處,理與氣各要化掉其條件與位階,而直是交融互滲成一當體圓融、生德瀰淪的道德生命與宇宙。羅欽順即由此義說「氣質之性」,自以為天命非虛懸,氣質生生之體性即是天命,不可以「天命與氣質對言」,不可「一性而兩名」也。

理氣是一論者,肯認有真實的、道德的、生化不已的整全實體,理或氣只是表述此整體的進路不同而已。化掉偏理、偏氣的各執一邊,面對並消融而當體呈現此實體,即以此為人之道德承擔的責任,便是此氣質之性。如此重視氣質之性,是因氣質本有天命不已的道德自主自覺的動力與方向,不需外於氣質另求道德創造的動力與方向。同時氣質之性本身即是天命真實的體現,也讓氣質之性由消極的踐德限制義轉為踐德的積極實現義。尤其在一氣貫通有無兩間的動態整體觀的要求下,實不需也不應有另一形上本體來割裂,並低視此具生德義的氣質之性。因為割裂與低視,適足以凸顯此實體的無限義、普遍義的不足,實難成為一整全的本體。

八 心理氣是一的氣質之性

明清時又有對理學、心學、氣學兼融並攝的路數,亦即保留理學本體的道德超越義、心學本體的道德創造性及氣學本體的通貫有無

義，交融共構成一整全的生命實體。

（一）湛若水

> 上下四方之宇，古往今來之宙，宇宙間只是一氣充塞流行，何
> 莫非有？有空之云？雖天地弊壞，人物消盡，而此氣此道亦未
> 嘗無，則未嘗空也。[38]
> 性者，天地萬物一體者也，渾然宇宙其氣也。心也者，體天地
> 萬物而不遺者也。性也者，心之生理也，心性非二也。[39]
> 天地之性也，非在氣質之外也。……是故天下之言性也，皆即
> 氣質言之者也，無氣質則性不可得而見矣。[40]

　　湛若水傳統上被視為心學大將，但若由其主張宇宙間只是一氣充
塞流行，而將道德創造的神用，貫通於作用與實然兩層中，使道德創
造即是無限也是真實的，並以此來對抗只存有於本體、作用層中又忽
視實然氣質的各種精彩與顏色的老無與佛空。湛若水立基於真實的一
氣道體來說心性，心性便亦由無形作用擴充為統貫有無兩間說的。一
氣流行的生生、化成、價值義遍體於萬物而為其性，故性便是為超越
又遍在的生德實體，而統天地萬物的宇宙，也就是一真實的道德的宇
宙。如此以氣強化了道德的真實義與整體義，是切中佛老虛無之病的
痛處。同時心的虛靈知覺與創造，即是一氣流行的主宰義、感通義的
真實展現。於是心之主宰、感通與性之真實、普遍，皆是就一氣流行
的不同面向來說，故「心性非二也」。由此心理氣是一的圓通立場說

38　（明）湛甘泉：《湛甘泉先生文集》，收入四庫全書存目叢書編纂委員會編：《四庫
　　全書存目叢書》（濟南：齊魯書社，1997年）集部・別集類，第56冊，卷7，頁3。

39　（明）湛甘泉：《湛甘泉先生文集》卷8，頁21。

40　（明）湛甘泉：《湛甘泉先生文集》卷2，頁9。

性，自然不主張天地、氣質二分，而主張即氣質而言性了。因為性分為二，則天地之性雖領有本體義與道德義，氣質之性領有生生化成義，但卻會遺落其中的主宰義與貫通義而不能成為一真實的整體，故即氣質而言心，特別彰顯出一氣的整體義與貫通義的重要性。

（二）劉宗周

> 天地之間，一氣而已，非有理後有氣，乃氣立而理因之寓也。就形下之中而指其形而上者，不得不推高一層以立至尊之位，故謂之太極；而實本無太極之可言，所謂「無極而太極」也。使實有是太極之理，為此氣從出之母，則亦物而已，又何以生生不息，妙萬物而無窮乎？[41]
>
> 須知性只是氣質之性，而義理者，氣質之本然，乃所以為性也。心只是人心，而道者人之所當然，乃所以為心也。人心道心，只是一心；氣質義理，只是一性。[42]
>
> 又言性學不明，只為將此理另作一物看，如鐘虛則鳴，妄意別有一物主所以鳴者，夫盈天地間，止有氣質之性，更無義理之性，謂有義理之性不落於氣質者，臧三耳之說也。[43]

劉宗周的學術主張傳統上被視為心學，但筆者則劃歸為心理氣是一者。劉宗周主張天地間一氣流行，為萬有立下真實具體的基礎。乾坤陰陽相生有無限可能性，但任一可能皆依此乾健坤順的道德創造的

---

41 （明）劉宗周撰，戴璉璋、吳光主編：《劉宗周全集》（臺北：中央研究院中國文哲研究所籌備處，1996年6月）第2冊，頁268。

42 （明）劉宗周撰，戴璉璋、吳光主編：《劉宗周全集》第2冊，頁353。

43 （清）黃宗羲著，沈善洪主編：《黃宗羲全集》，（杭州：浙江古籍出版社，2005年）第10冊，頁52。

必然不可移的秩序而成化，此必然的秩序，即氣化本體的條理秩序。
但有此氣才有此理，便全然轉變朱子先有理後有氣、氣依理而行的義
理型範。此亦借由氣的論述，加強道德創造的真實性與整體性。擺脫
朱子太極之理是只存有不活動的虛而不實的本體觀。「性只是氣質之
性」，是因一氣流行其生德生理便通貫于人為其性，所謂義理即指此
生德生理而言，生德本即為人之性，故義理即為氣質之本然。因一氣
流行的內容以生德生理通貫有無來規定之，已然是自足整全的，故不
再需要另有一外于已自整全的氣質者，來指導妙運氣質的成化。一氣
生生的主宰義、感通義，落實於人便是靈明知覺的心，此心即是一氣
流行當然不容已的道德創造即於心呈現，故心與性一般皆不能離氣質
而言。故曰「人心道心，只是一心」。而劉宗周的學生黃宗羲秉承師
說，亦主「氣立而理因之寓」的義理型範，也反對離氣外尚有所謂形
上的理。如鐘虛自鳴，此鳴是發自鐘自體的激蕩感應而鳴，無此鐘自
體的具體感應是不會鳴的。可知鳴是來自鐘自體的感應，非由另一形
上的所以然之理來指導使鳴的。所以黃宗羲旗幟鮮明地宣示「止有氣
質之性，更無義理之性」。此已將氣質之性的譜系，由形下消極義的
一邊，反方向地拓展到極富整體義與積極義的另一邊了。

（三）王船山

> 理只是象二儀之妙，氣方是二儀之實，鍵者，氣之健。順者，
> 氣之順。天人之蘊，一氣而已。從乎氣之善而謂之理，氣外更
> 無虛托孤立之理。[44]
> 性命之理顯於事，理外無事也。天下之務因乎物，物有其理

44　（明）王夫之：《談四書大全說》，收入《船山全書》（長沙：嶽麓書社出版，1988
　　年12月）第6冊，頁1052。

矣。循理而因應乎事物，則內聖外王之道盡……循夫理者，心
也。[45]

所謂「氣質之性」者，猶言氣質中之性。質是人之形質，範圍
著者生理在內；形質之內，則氣充之。而盈天地間，人身以內
人身以外，無非氣者，故亦無非理者。……自人言之，則人之
生，一人之性；而其為天之流行者，初不以人故阻隔，而非復
天之有。是氣質中之性，依然一本然之性。[46]

王船山亦由「天人之蘊一氣而已」的道德創造通貫有無兩間的整
體觀看待理氣關係，以為理與氣是相互為體的，理是氣化神用妙運萬
物而各成其物的條理，氣是乾健坤順具體創造萬物為道德實有的實
體。氣無理之秩序義、價值義來規定，氣便非道德創造的實體。理無
氣的真實義、化成義來著實，理便是氣外孤懸之理，而氣為萬有之本
體，故氣外之理實是不存在的。由此見出氣學論者將理、氣、心、性
皆收攝於一氣整體，而反對理氣上下二分的用心。於是在一氣的統貫
下，道德創造的神理神用，便即事物本身而顯發，事物條理即是生德
神理直貫於事物中真成其為道德事物的條理。而承擔起發動生德神理
為具體道德事物的主宰便是心體，此心亦是由一氣生德的主宰義、感
通義來說的。王船山即是立于心理氣是一的義理型範來說「氣質之
性」是氣質中的性。此時「氣質」非決然之才質，而是以一氣之生德
生理為體的氣質，而「性」是一氣生德生理超越遍在萬有而為其體的
性，統貫於一氣地說，氣質之生德即是性，性之生德即是氣質，在此
理氣互體的圓融觀下，氣質之性與天地之性實是一而無別。

---

45 （明）王夫之：《尚書引義》《船山全書》第2冊，頁273。
46 （明）王夫之：《談四書大全說》《船山全書》第6冊，頁857。

九　氣質之性的三種惡

　　根據以上論述再來討論惡的產生原因。道德創造的神用展現於氣化，受氣稟限制不能順暢表現者為惡，此時惡是外來的。雖保住性善的普遍性，但事實上不是全體整全的善的普遍性，因為善與惡在真實生命中是相對的。因只由外在氣稟限制而有為善或惡的說法，是無法解釋為何有外在環境或氣質是善，但仍有為惡者，或外在環境或氣質是惡，但仍有為善者的疑問。故氣本論者主張一氣流行有各種可能性，有氣化能當然不容已地依本身之生德而展現為善的可能，亦有氣化之生德不能順暢展現而為惡的可能。此是從一氣內在結構中，本即存有為善或為惡的可能，來解釋為何有外在善而內有惡，或外在惡而內有善的疑問。

　　但如此說法，雖有統觀善惡皆存于根源處又通貫於日用處的整體觀。但性有為惡的可能，仍有道德之普遍義、超越義受到限縮的顧慮。故主張理氣是一、心理氣是一的學者，便特別強調由理的生德生理與心的生德主宰義來規定氣化的流行，即是理體、心體的道德創造，亦即氣化的流行即是生德大業的真實顯發。如此既維持生德生理之普遍性、超越性，同時又承認善或惡皆為內在或外在可能皆具的狀態。但因強調理之生德、與心為生德之主宰，便在一氣的內在結構中，已自主自動地將為惡的可能必然不可移地轉化成只有為善的可能。亦即生德之心體主宰規定氣化的各種可能只能是飽含道德義的可能。如此從內在根源到外在實現處，皆只一整體的生德的無盡流行而已，故說「止有氣質之性」。

　　但如此說法，則惡之產生，既不能由善性受外在氣稟限制說，也不能由氣質之性內在有為惡之可能說，只好推到氣質更外圍的習染的限制來說惡。如陳確、戴震皆有云：

> 人之性，一而已，本相近也，皆善者也。烏有善不善之相遠者
> 乎？其所以有善有不善之相遠者，習也，非性也。[47]
> 分別性與習，然後有不善，而不可以不善歸性。凡得養失養及
> 陷溺桔亡，咸屬於習。[48]

如此雖將惡推到外在習染，但習染仍是從執著於氣化的僵固處而有的，習染仍在氣化的範疇中。如氣化流行到某一時空，即為此時空的善的表現。但流行到另一時空，則成另一種形式的善的表現。二者皆氣化之善的表現，但表現形式與方所的不同遂成對反的善或惡。落實於氣質之性處，便可說氣性本善，但執著於習染而有惡。

所以可說惡有三種。第一種是有限氣質對無限善性造成限制而為惡，如伊川、朱子。唯有普遍義的性善卻受限於氣質，則其普遍義只能是本體層的虛的普遍，而非真實的統體的普遍。於是純粹氣本論者將氣質之惡亦統攝於氣化整體中，便無一氣之外，另有一為惡的一物的存在，因為若有，則一氣便失其本體、整體的位階。此為第二種氣質之性的惡。

但將善惡皆納於性中，則又引生善性有不全與有限的危機中。所以又有理氣是一者，以為性仍是善，將氣化流行的各種實然的、才質的可能性，全由道德的生德生理來規定、貞定成全是善的、真實的各種可能，此時氣性中已無惡的可能。而心理氣是一的學者，又將心體道德創造的主宰義、感通義融攝於此並總持此理氣是一的生德實體，使真實至善的性體，不是被動的、平面的，而是主動的、整體的道德創造與感通的性體。

---

47 （清）陳確：《陳確集》（臺北：漢京文化事業公司，1984年），頁458。
48 （清）戴震：《孟子字義疏證》，收入（清）戴震撰，張岱年主編：《戴震全書》（合肥：黃山書社出版，1995年10月），頁185-186。

如此觀性是全體的、普遍的，但惡又被排除在氣質之外，有違善、惡皆統攝於一氣的原則的顧慮。於是遂有前述陳確、戴震所言，將惡歸於執著於氣質、環境的習染所成。於是惡的產生便由氣化的內在根源處，轉為外在制約的習染處。此為論「氣質之性」可能有的第三種惡。此種「性善習惡」，仍是遵循儒學道德創造的神用為至善性體的老傳統，落實於氣化流行中，而有的另一面向的開展。

十　結語

「氣質之性」在程朱理氣二分義理型範的詮釋，只能是道德創造的承載義或限制義，是第二義的、低階層的。但面對道德生命的當體實踐，著重理而輕氣便會有佛老虛空無著之病，及氣不依理而行的窘態。為化解這些疑懼，並凸顯儒學的道德實踐是真實、整全的，且是上下、有無統體直貫、沒有兩間斷裂不一貫的。張載遂特別舉出「太和所謂道」的一氣流行即生德生理的無盡創造的義理型範來提領總持此一問題，其功可謂大矣。但提出「氣質之性」、「天地之性」的說法，在朱子理氣分解說、明道道器圓融說觀照下，此二說似皆可成立。唯在張載等宋、明、清主張氣學論者的檢視與詮釋下，「氣質之性」應有遵循道德創造是「即存有即活動」的傳統，並在氣學強化生德的真實、整全義下面有新的，亦即由圓融義說氣質之性的空間。本文即由此二義切入，開展並建構氣質之性依宋明清諸家不同學脈，而呈現出不同面向與顏色的譜系，並彰顯原是視氣質之性為限制義的第二義，轉變為視氣質之性為實現義的第一義的特色。

——原刊登於《宋學研究集刊》第二輯，

杭州：浙江大學出版社，2010年。

參　由氣詮釋司馬光的性情觀

一　前言

　　司馬光（1019-1086），字君實，陝西夏縣涑水鄉人，人稱涑水先生。北宋大政治家，主編《資治通鑑》，著有《潛虛》等書，世稱司馬溫公。有〈疑孟〉之作，反對孟子性善說。唯孟子性善說於南宋朱子立為科舉後大盛。前於朱子的司馬光則對孟子性善說，用兩漢以來的虛而氣，無而有的架構加以評論，同時顯示司馬光由氣所說的性與情意蘊。本文首先論述其由虛先氣後、道先性後、次論虛氣是一的邏輯結構，再論其道情一體，進而中和一物，不重形上形下分解說，而重上下貫通的整體觀，以展示其性情觀的脈絡與意蘊。

　　光主張性兼善惡，由形上形下二分來說，則授其體而為人之性的天，因性在形下有相對義，則天應非形上本體義。但光所言之道，是順人情而為者，人情應事而有萬變，則藉情而顯之道，自亦有無限相應之作用，才可作為萬應萬事之道。亦即光論道之重點，不在強調理論上道之無限，而是強調在人情萬變中，作為萬變之次序與價值之體的道。如此之道看似隱微，流行於氣化實然，便是道之彰顯。而能順人情而彰顯之道，對儒學而言，其價值內容，自以仁為體性，於是道有價值及本體的永恆普遍性。唯形上本體的道，與形下相對善惡兼有之性，應屬上下不同層者。但光主張虛而有氣，氣散回虛的虛體氣用說。則形下相對之性，實是形上道落實於人身後的顯用。性雖落於相對界而成有限，但不減道仍在性中有本體義位階。如此道本為形上，

落於形氣後為氣性，所受限制的是氣性的數量、方向與作用力，不能無限自由的開展。但道之五行相生作用，在氣化流行中，仍有生生不已的作用。故性中之道的本體生生義並未減少，並因生生不已之故，鼓動在現實世界中，有萬事萬變的發生與變化。

光主張虛而有氣、氣散回虛，與同時代的張載主張氣生於太虛，氣散回歸太虛邏輯結構相近。現今學者多認為張載虛與氣的關係是「虛即氣」，亦即虛即無形之氣會落實凝結為有形之氣化萬端，及形氣消散又回歸太虛之氣。而形上下二層所以能貫通無隔，在於二氣五行之生用，既是太虛之體性，亦為形氣萬端生化的體性，故形上下可通徹一貫。所別在於二氣五行之生用，從無限遍在義言是太虛本體，從實然具體義言，則是有限形氣。是一無而為有，有又回無的邏輯架構，藉此打破形上下二分的限隔義。即統言形上下雖位階有別，而體性又能徹上徹下相通。而光是大政治家、大史學家，談仁論道目的在為政治建立起儒學式的理據，重點在外王上。故雖未如張載在理論上推至「虛即氣」的深度，只說到虛而氣、氣回虛，但亦如張載承漢代氣化論的架構，主張氣由虛來，虛中五行相生之作用、次序便在形氣中，而有萬端人事。及形氣消散，其中的五行生用、次序，所謂的虛之體，脫離形氣之限隔，又回復虛之五行生用本來自由無限的本體狀態。如此光雖仍在理論上主張虛為體、氣為用，但在修養工夫後的境界上，是虛、氣一物、道、情一物的邏輯架構。雖尚未指出理論上可先天、後天一體的「虛即氣」說，但已奠定開出虛即氣，理氣是一的理論的基礎。如在朱學、王學後又走向心理氣是一的劉蕺山、王夫之、戴震等人的學脈，同時亦承接兩漢氣化論者如淮南子等的論述。著重在由無而有的下貫，與由有而無的上達的過程，彼此通徹上下以為天人是一的老傳統的詮釋。如與光同時代的周敦頤亦如此，在其〈太極圖〉中，第一個圓圈是先天的本體，可比為無或虛，接著陰陽、

五行、乾坤等圖，顯示本體分為二而五而乾坤的漸彰漸顯的過程，及至最後一圓圈，圖形仍如第一圓圈。但已非形上之圖，而是形上在形下中，氣化中有本體的天、人一體，先天、後天一貫的圓滿境地。

光在《潛虛》一書中，指出由無而有下貫過程為虛→氣→體→性→名→形→命，又回虛的由上而下的次序。又指出由有而無的過程為虛→形→性→動→情→本→德→家→國→政→功→業，又回到虛的由下而上的次序。如此徹上徹下循環不已，便是其體用一物，生生不息的天人觀[1]。光即由此虛、氣在理論上非一體，但在工夫後，實然界則虛、氣為一物的邏輯架構下，推展出強調道、情為一物，中和為一物，已發、未發一物的天、人、虛、氣為一整體的學說。

光重現實功業，政教史觀，說「虛而氣」虛雖為體，但著重在「用之氣」上。亦即雖說虛生氣，但在天人是一整體觀下，虛亦在氣中為氣之本體、生理、生用。虛體是隱是微，氣用是虛之顯與用。理論上虛屬形上，氣為形下，二者層次不同。但因虛以五行生生為其體性，故化為實然界後，虛自在氣中為氣之本體，而氣亦以虛之生用為其體性，進而鼓動各殊之形氣有各種生化之發展。故在結構上，虛為形上、氣為形下，但在天與人整體貫通的關照下，是「虛為氣之體，氣為虛之用」的化掉上下有別，徹上徹下、天人無隔的論述。介於秦漢道本氣末說與明清氣本道末說之間。

若如張載主張的「虛即氣」的純粹氣論說，虛以無形的陰陽五行之氣的生用為體，以二五的生用之次序為生理、生德。此時具生理生用之虛仍保有本體之位階與義蘊，但已提高氣至本體的位階。於是虛仍是本體與生用，而氣則既是本體，亦是體之生用，此仍屬形上層。只因本體之氣透過「無而有」過程描述的老傳統的強化，使有限形氣

1　參張立文：〈司馬光的潛虛之學的價值〉，《晉陽學刊》2012年第2期，頁45-50。

上承氣本體的生用生理，使形氣有各種變化。又在凝結成有生滅實然的氣化世界中，仍以氣為氣化之本體。如此氣與虛同為本體，氣又具形下的實然化生義，可主導與實現整體氣化世界。此既超越又實際，不淪於虛無，以反佛老，故張載往「氣本論」方向走。

　　而光在邏輯結構上，以為虛先氣後，在實然上則強調氣用即虛體之彰顯。合而言之，主張虛、氣一物，道、情一物，中、和一物的政教、上下、功德一體的統體觀。與張載的「虛即氣」相較，張載理論上虛與氣皆體，是異名而實同，實然上虛體即氣用，張是虛、氣皆體不分。在後天實然上，光是後天氣用中有虛為體，以為後天氣用之貞定。強調氣用為虛體之彰顯，重點放在氣用之政教實現，是「先天虛先氣後，後天則虛氣一物」的範式。而張是虛、氣皆體，虛是上下貫通之氣，氣是彰顯虛的體用一如，無上下先後之隔者，強調虛、氣在理論上的一體性。對比下，可知光之虛是氣化實然之體，著重在氣化流行中實現。張則是虛、氣一體，著重在形上、形下的同質同層性。

二　性兼善惡

　　　孟子以為人性善，其不善者，外物誘之也。荀子以為人性惡，其善者聖人教之也，是皆得其一偏而遺其大體也。夫性者，人之所受於天以生者也，善與惡必兼有之，是故雖聖人不能無惡，雖愚人不能無善，其所受多少之閒則殊矣，善至多而惡至少則為聖人，惡至多而善至少則為愚人，善惡相半則為中人，聖人之惡不能勝其善，愚人之善不能勝其惡，不勝則從而亡矣，故曰「惟上智與下愚不移」，雖然不學則善日消而惡日滋，學焉則惡日消而善日滋，故曰「惟聖罔念作狂，惟狂克念作聖」，必曰聖人無惡，則安用學矣？必曰愚人無善，則安用

教矣？譬之於田，稻粱藜莠相與並生，善治田者，耘其藜莠而養其稻粱，不善治田者反之，善治性者，長其善而去其惡，不善治性者反之。[2]

司馬光有〈疑孟〉一文。或以為光之政敵王安石尊孟，故光則非孟，唯光稱孟亦不少。故不宜單以政治的對立看光對孟子的態度，仍應由當代性之本質角度來討論。世稱孟子主性善說，及至晚於光之朱子尊孟立為科考官學，孟子性善說幾已成定論。因為早於朱子的王安石與司馬光皆由氣論性，故可發掘出前於朱子以理性絕對、氣為相對的理氣二分說者，對性善或不善的看法。首先光以為性為人所受於天以生者，而對由體論性或由氣論性二條路者皆有此論。以天作為性之超越性根據的論述。則光之天者為何？體乎？氣乎？光有云：

萬物皆祖於虛，生於氣，氣以成體，體以受性，性以辨名，名以立行，行以俟命，故虛者，物之府也。氣者，生之戶也。體者，質之具也。性者，神之賦也。名者，事之分也。行者，人之務也。命者，時之遇也。[3]

由「萬物主於虛，生於氣」，及「虛者物之府，氣者生之戶」可知萬物之本體是虛，而生化之用是氣。且《潛虛發微論》亦云「道極於微妙而不見於日用之間，則亦何貴於道哉？」[4]此說道極精微則道

2　（宋）司馬光：〈性辯〉《司馬文正公傳家集》下，收入王雲五主編：《國學基本叢書四百種》（臺北：臺灣商務印書館，1968年）第279冊，卷66，頁821。

3　（宋）司馬光《潛虛》，收入中華書局編：《叢書集成初編》（北京：中華書局，1985年）第697冊，頁1。

4　（宋）張敦實：〈潛虛總論〉《潛虛發微論》，收入中華書局編：《叢書集成初編》（北京：中華書局，1985年）第697冊，頁38-39。

有本體義，不離日用則又是由用顯體的結構。故光之天、虛、道基本是萬物之本體。但較少強調其超越性，較強調其為氣化萬端之本體。再看氣之位階，《潛虛發微論‧元以準易虛以擬元論》云：「元始於中，則以一元之氣所由基。所謂一氣，潛萌於黃鐘，信無不在其中是也。」[5]黃鐘指冬至過後，陽氣初萌的狀態。由黃鐘說氣，乃由天地陰陽之變化說氣，非由形上本體說氣。而是如漢代淮南子等由氣化流行言天，由氣化而為人的三段論法。亦即天是體，人是用，但介於天人之間的氣，既非本體又具本體之質性，既非形體又為形體之本體，是介於無有之間，由無而有的由體凝為用的詮釋傳統。故光之氣非理氣二分之形氣，而是由天地陰陽變化，指點出其中由無而凝為有，由有化為萬端的中介之氣。

可知光之天由氣化本體說，氣由氣化貫通上下說。且天與氣雖然是位階、顯隱有別，而本質皆一氣之生用不已則無別。如此說之性，非形下之性，而是由「一元之氣」之天，授於人之氣性。形上天命於人之性是形上本體之性，「一元之氣」之天授於人之性，是以「一氣」為體之性。既言氣性則已非由絕對層次說，但是氣性仍有無限生生之體性，亦不可只以相對界而言。如此上非上，下非下的狀態，在分解說上不成立。但在工夫境界，天人圓融觀則可如此說。所以在這圓融觀的審視下，天有氣化的各種可能性，而一氣受形氣限隔，對天之無限可能又不能全然展開，只能在方所，顯隱的種種限制下，做有限度的實現。於是由一氣生用說之天仍有無限義，由天說之性受形氣限隔，只能部份的領受於天，而為非無限之性。若由絕對善來說，相對善之氣自是惡。但由一氣生用、生理說之天固是善，落於有限隔之人身後或有因生理、生用仍可借氣化順暢呈現而為善，亦有受時空條

5　（宋）張敦實：〈元以準易虛以擬元論〉《潛虛發微論》，收入中華書局編：《叢書集成初編》（北京：中華書局，1985年）第697冊，頁41。

件限制只能部分呈現而為惡的二種可能。此時善惡各種可能皆在性中，從價值上說，可謂性兼有善惡。

　　若由分解說，形上善為絕對，形下善為相對者。若由圓融整體說，凡順一氣生用、生理而行者在價值面皆屬善。只有在生用、生理落於人身上，才有能呈現而為善，不能呈現而為惡的可能。則此可能是落於形氣限隔中才有，還是在天之中，善惡兩種可能已具備，只是隱而未顯？光云：

> 夫情與道一體，何嘗相離哉。始死而悲者，道當然也。久而寖衰者，亦道當然也。[6]

　　指出始死而悲是順情合道，久而衰亦是順情合道，可推知人情，隨氣化時空而有變，皆屬合道。因道無限遍在，故一氣所具有的生用之各種可能皆在道中，此時不能說道有善惡，但可說在氣性之中受氣化限隔，各種可能性已隱隱具有，才能說性兼善惡。明代中期王廷相將氣提高至本體位階，視道為第二義而說道有善惡，此種以第一位者為善，第二位者為兼有善惡，與光之體是善，用有善惡，邏輯結構一致。

> 孟子以為仁義禮智皆出乎性者也，是豈可謂之不然乎？然不知暴慢貪惑亦出乎性也，是知稻粱之生於田，而不知藜莠之亦生於田也。荀子以為爭奪殘賊之心，人之所生而有也，不以師法禮義正之，則悖亂而不治，是豈可謂之不然乎？然殊不知慈愛羞愧之心亦生而有也，是知藜莠之生於田，而不知稻粱之亦生於田也。[7]

6　（宋）司馬光：〈情辯〉《司馬文正公傳家集》，卷66，頁822。
7　（宋）司馬光：〈性辯〉《司馬文正公傳家集》，卷66，頁821。

　　孟子以為仁義禮智皆出乎性，而光則主張仁義與暴亂同出乎性，強調性兼善惡之主張。由「出乎性」文意知，光以為仁義、暴亂已為顯於言行者，而所以有此言行之根由，即在氣性有善惡。此與世謂孟子由本體說性善者異。孟子以為仁義禮智為善性，而惻隱、善惡、辭讓、是非之發用為心。心性雖一，而體用有別。故在孟子仁義屬性非心，而光在其虛氣整體觀之視域下，藜莠、稻粱皆生於田之喻，指出仁義為已發已顯之善，唯亦有藜莠已發已顯之惡，強調善、惡皆由性生。先秦荀子以實然氣化說性，則無仁義意涵之性發為言行，自然無善而為惡。統觀之，可見光不全偏於本體善如孟子，亦不全偏無生理意蘊的氣化性如荀子。而是立於虛先氣後，虛體氣用，虛隱氣顯的結構下，對孟荀有所指正。

> 揚子以為人之性善惡混混者，善惡雜處於身中之謂也，顧人擇而修之何如耳，修其善則為善人，修其惡則為惡人。[8]
> 如孟子之言所謂長善者也，荀子之言所謂去惡者也，揚子則兼之矣，韓文公解揚子之言，以為始也混，而今也善惡，亦非知揚子者也。[9]

　　光推崇揚雄的「性善惡混」之說。揚雄處在兩漢氣化宇宙論流行時代，亦由陰陽五行之氣生克相續說天之道。此種說法重在由象數的變化指出生生之原則，亦即由人事中以推明天道。此時氣化之本體是隱不顯，而蘊於氣化流行中，借用以顯體，並非只有宇宙論而無本體論。揚雄處在此境域中，自然由氣化說道。同時揚雄又仿《論語》著

8　（宋）司馬光：〈性辯〉《司馬文正公傳家集》，卷66，頁821-822。
9　（宋）司馬光：〈性辯〉《司馬文正公傳家集》，卷66，頁822。

《法言》強調為政以仁，如此道中又以仁為其內涵。光亦承此傳統，氣化之道非純生理層次之自然之道，而是以仁為價值內涵的道。順氣化仁道賦於人為性，受氣化限隔有隱顯，多寡等不同，而有「善惡雜處於身中」為性的說法。在儒學為善傳統下，光言氣性善惡兼具，只是反映實然狀態，最終目的還在為善去惡。為善去惡是在行為上用工夫，不是在性體上用工夫。故云「人擇而修之」人如何擇善而修，便在回應心的工夫。光有云：

> 或問：「子能無心乎？」迂叟曰：「不能。若夫回心，則庶幾矣。」「何謂回心？」曰：「去惡而從善，捨非而從是。人或知之而不能徒，以為如制悍馬、如斡礴石之難也。靜而思之，在我而已。如轉戶樞，何難之有？[10]

　　光以為心是去惡從善、舍非從是之作用，所以雖由氣化言心，此心仍非自然界或理性知覺作用之心而已，而是有氣化生理所蘊涵的價值判斷與實踐的心。同時「在我」一語，亦提出心有自律的作用。因為氣心若被理解成純粹理性知覺，則為善去惡動力要先認知他律道德，再自我要求始成。但光由氣化不已說心，則心自有不已之動力及自律能力，去實踐氣心內在本有之氣化生理、生德而無難。若心為他律，則要求身體為善，便有如制悍馬之難，闡明氣化心是自律而非他律者。文末光批評韓子解揚子善惡混說為性，初始難分善惡，而後天則受習染環境影響有善惡之別為誤，是藉此顯出光自身以為「先天性善惡混，後天心為善去惡」的主張。

10　（宋）司馬光：〈回心〉《司馬文正公傳家集》，卷74《迂書》，頁910。

疑曰：告子云：「性之無分於善不善，猶水之無分於東西」此告子之言失也，水之無分於東西，謂平地也，使其地東高而西下，西高而東下，豈決導所能致乎，性之無分於善不善，謂中人也，瞽叟生舜，舜生商均，豈陶染所能變乎？孟子云：「人無有不善。」此孟子之言失也，丹朱商均自幼及長，日所見者，堯舜也，不能移其惡，人之性豈無不善乎。[11]

　　光在〈疑孟〉文中，對孟子「人無有不善」提出質疑。光主張先天上因祖虛之氣賦予個人多寡、顯隱不同，故各人氣性亦各異。因氣所賦予之各種可能性落實於人即受限制為有限外，各異之氣性，即被決定成是形是質，不可更動。如董仲舒分三品，其中上智與下愚不移，因五行之靈秀已固定於極端而不可改動。唯中人因五行靈秀之比例多寡尚未固定，而可往智或往愚擺動，也可因學因習而改變。光以為水無分於東西，如人之氣性智愚多寡差不多，則言行表現便無多分別。若氣性智愚已明顯固定，如「地東高而西下」，則後天學習亦改變不多，所謂「豈決導所能致乎」。此非學習無用論，而是對現實上氣性有難調者，一種承認並安立其存在的詮釋。如丹朱、商均生於堯、舜家，日夜皆與堯舜相處，仍然為惡，可知性中有「豈陶染所能變乎」的不善的成分。光又以為學習工夫可用於中人，因中人氣性智愚比例多寡尚在氣化流動中，還未固定。此時，性是「無分於善不善」的狀態，若加以後天陶冶，則可為智遠愚。

　　可知，光主張氣性「善惡必兼有之」，因氣化有殊，所以善至多惡至少為聖人，惡至多善至少者為愚人。此為氣化凝固為性，而不可改變處，所謂「惟上智與下愚不移」，而氣性中，仍有因氣化不已而

11　（宋）司馬光：〈性猶湍水〉《司馬文正公傳家集》，卷73，頁896。

尚未凝固，仍可改易處，此便是「善惡相半則為中人」的部分。從還未長其善去其愚的狀態者，可說「性無分善不善，謂中人」也。

三　道情一體

> 死而悲哀者，情也；死生有時，短長有命，知其物理之常不足悲者，道也。故其始也，悲不自制，情勝道也，及其久也，悲日益衰而理可以奪，道勝其情也。[12]

　　從聚焦個人言，死而哀是氣性表現之情。氣性蘊涵各靈秀狀態之可能，自然隨感而發為相應之情。若拉開視野至氣化流行的境地，則氣化有生而聚形，形散回虛體的循環不已狀態。亦即將受限於時空的氣性所發之情，提高至氣化萬變不已的層次，則氣性藉時空人事，所各顯風姿的情，便是道無限形貌的展現。所以個人死而悲之情是道，知死為常而不悲者亦是道。由情為道之各顯風姿視角說，「情勝道」是氣性始發受外物影響之狀態。「道勝情」，是氣性重新展現其自身為主體的狀態。「情」是氣性之始發，「道」是氣性之自身。道、情乃一體之內外。

　　順以上解讀說光之「性」由天所授於人，臨喪而哀是道，日遠日輕其哀亦是道，則道在情中顯其有永恆遍在義。如道與天是以一氣生用、生理為體，落於有限人身為性，自然將無限之生用，內化成形氣中的不已生用，以及凝結成五行多寡不一致的各殊之氣性。如此其氣性仍保有本體義外，氣性也有各殊義。順此發展下去，便有無限之天地之性，與有限的氣質之性的分說發展。

12　（宋）司馬光：〈情辯〉《司馬文正公傳家集》，卷66，頁822。

　　夫情與道一體也，何嘗相離哉，始死而悲者，道當然也，久而寖衰者，亦道當然也。故始死而不悲，是豺狼也。悲而傷生，是忘親也。豺狼不可，忘親亦不可。是以聖人制服，日遠日親，有時而除之，若此者非他，皆順人情而為之也。[13]

　　光反對情勝道或道勝情的上下二分法，主張上下一貫論。如始而悲，乃情順其有生滅聚散之氣化主體，對人身散滅而有之相應情感的呈現，此情自然是道之表現。「久而寖衰者」，仍是情實現道之生生，繼續其生而有形，死而無形，由始而盛，盛而衰的起伏相倚不已的進程。於是生而喜，死而哀之情是道之流行，始而哀久而衰的情緒高低起伏亦是道之流行。道賦於人是性，性之實現是情，道與情雖有體用、顯隱、無限有限之分別，但其生生不已的特質，則是貫通道、情而無分別的。故由形上形下二分者，道、情有別。若從氣顯隱貫通處說，則道與情為一體的內與外。

　　夫情者，水也；道者，防也。情者，馬也；道者，御也。水不防則汎溢蕩潏，無所不敗也，馬不御，則騰突奔放無所不之也，防之御之，然後洋洋焉注夫海，駸駸焉就夫道，由是觀之，情與道何嘗交勝哉。[14]

　　光反對道情為二而交勝說，而此段又言情者水，道者防。情者馬，道者御。以道來防情、御情，使情順乎道，如此說似乎道主要作用在防情主情，則二者處在相對立面，道、情非一體矣。實則道之生生命為性，性所發之情自亦生生不已。所以從情為道之顯，道為情之

13　（宋）司馬光：〈情辯〉《司馬文正公傳家集》，卷66，頁822。
14　（宋）司馬光：〈情辯〉《司馬文正公傳家集》，卷66，頁822。

自身，而彼此皆有生生不已的一致性來看。「道與情何嘗交勝」。

光云：「善治性者，長善而去惡」，順氣化而治性治情之心，本身即具為善去惡的價值意向與實踐動力。由個人說，蘊於性中之價值意向與作用，是自發的為善去惡，如自律。由世界整體說，法通於人我，天地間的價值取向與動力，是由外而內的，作為個人的典範。此則使人須受外在約束而為善去惡，如他律。所以在光的虛氣整體觀中，道使情有個人主動的自律工夫，情受道的外在制約亦表現為他律工夫。如此強調自律、他律之互相融攝貫通，自可在當下泯除道之與情相對立的思維，而不違「道情一體」的詮釋。

光之氣性各各殊異，善惡兼有，為達到為善去惡的目標，便以仁、惻隱之心為對治氣性的基礎。如揚子面對氣化善惡兼有之性，用以「仁」為主的「法言」為理據，光亦是用心之仁來治性。而心如何治性？首先，心要知性兼善惡的先天理據。董仲舒視「衪眾惡於內者」為心，此種屬氣之心，已蘊有價值取捨標準之仁在其中。光亦承續之，以作為天之主宰作用的心，以其自然內蘊的仁為價值判準，主張為善去惡，去掉性中不合仁之惡，取性中合仁的善。

> 君子從學貴於博，求道貴於要，道之要在治分寸之地而已。……〈中庸〉曰：「喜怒哀樂之未發謂之中，發而皆中節謂之和」君子之心於喜怒哀樂之未發，未始不存乎中，故謂之中庸。庸，常也，以中為常也，及其既發，必制之以中，則無不中節，中節則和矣，是中和一物也。[15]

光以為求道在於能治心，治心之要在執中，如《迂書‧無為贊》

15　（宋）司馬光：〈中和論〉《司馬文正公傳家集》，卷64，頁794。

云:「治心以正，保躬以靜，進退有義，得失有命，守道在己，成功則天，夫復何為，莫非自然。」[16]能治心以正，則保躬、出退、得失等日用人倫的課題，自然順天道使性如理呈現而水到渠成。「守道在己」言「守道」是己遵循外在之道為他律。言「在己」，則守道與否，由己決定，則己之自由自主性凸顯挺立而為自律。心因道而有，道因心而顯，故心、道體一只顯隱之別，但價值取向與作用則無別。亦即道生生不已，故心亦自主自覺不已，心之自主自覺是以生生之道為體。故視域放在心與道體質一致上，則心與道皆自覺自律。視域放在位階不同上，則道於心是他律，心於道是自律。亦即由虛體說，心、道自他是一。由氣用言，則心、道自、他相通。自律能力來自性中有道之生生不已之作用，他律能力形成於不同氣性間，彼此以共同的道之生生作用做為互相完成自體為一體的能力。故立於治心工夫說，心所存為中，而中即善惡之未發，亦即保存心為善去惡的自主自覺性。「發而制之以中則和」則指對外發之喜怒，以此時位階在外而合道之心治之，使外發之喜怒受心約束，而由外復歸於內之理想狀態為「和」。可知中固為體，而和則是自律、他律彼此相應為用的境界。不論和由自主或他律而來，去掉的內外之別，實質上皆是中之體。故在體質一貫下，可說「中和一物」也。此中和一物即承光之虛氣相貫，性兼善惡、道情一體的思路一貫下來而說者。

四　結論

　　光由虛而氣，氣回虛的架構說性有善惡。一氣相生相續是虛的體質，亦是氣的生用與材質。一氣相生有無限可能，則落於人身而有限

16　（宋）司馬光：〈無為贊〉《司馬文正公傳家集》，卷74《迂書》，頁914。

制的氣性，自亦分別的兼具善惡，此順兩漢董仲舒、揚雄學脈而來。情順性而為，自然亦有善有惡。唯光承儒學為善去惡之旨，主張仁心治性，使性發之情在為善去惡工夫後，成為與道一體而現的道情一體說。不採用孟子性善為先天本體，再賦予人倫日用有道德義之路數，也避開了荀子性惡靠後天禮教調節的路數。進一步強調在情發時，人倫日用間便已是道的觀念，如此先天在後天之中的架構，又可申說中和一物。知光扣緊道情先天、後天為一整體的結構，成其由人倫日用為出發點，主張道與情為一體的獨特論述。

肆　由氣之進路論王安石的性情說
——兼及對孟、荀、揚、韓之評論

一　前言

　　王安石（1021-1086），字介甫，北宋臨川人，封荊國公，世稱「王文公」。有《王安石全集》傳世。

　　孔子首提「性相近，習相遠」之言，開始儒學對人性問題之探討。孟子主性善、荀子主性惡、董仲舒主仁貪二性、楊雄主性善惡混、韓愈分性為三品，主張亦夥矣。秦漢時期多由氣化論性，儒學固然如是，而道教亦視為主流。及至隋唐佛學興起，佛性本體轉成為學術主軸，而氣化之論勢衰。及至宋明初期周敦頤、張載等為重振儒學反佛老，便多言重實然之氣以言天道性命。而王安石亦此時之重鎮，及至朱子主張理氣論，陽明主張致良知，重本體之風又顯於世，氣論之勢似又衰。唯明中葉及清初重實之風又起，由氣論道言性之風又起，而所以能上接秦漢以來之氣論，下開明清氣論之新頁，王安石之功不可滅也。

二　道通一氣

　　人之精神與天地同流，通萬物一氣也。《易》曰：「乾道變化，各正性命，保合太和，乃利貞。」故占禕掌其歲時，觀天地之

會,辨陰陽之氣,以日月星辰占六夢之吉凶。[1]

孟子由性善論的主軸,通過盡心知性知天的架構,強調上下與天地同流的終極目標。在朱子推尊孟子為四書之前的王安石,自未必以性善作為貫通天人的主軸,如所言「掌歲時、觀天地、辨陰陽、明星辰、占吉凶」等,皆為秦漢氣化論流行時,詮釋天人相關的語句與概念。而安石便是順著秦漢以來,儒道二家多言的「生之謂性」的傳統,作為貫通天人的本體。而「生」者除由佛學、理學、心學強調形上本體外,另主張上下一體的路數,即由「氣」來作為通貫萬物之本體。安石有云:「道有體有用,體者元氣之不動,用者沖氣運行於天地之間。[2]」道之體是陰陽尚未分立之氣,道之用是本體之氣分為陰陽二氣,而有相生相成之作用。道之體與用皆以氣為體為用,則氣便非只有形氣義,亦具有本體義。同為北宋初期的濂溪,亦由陰陽五行之氣論太極,橫渠亦主張太虛即氣。可知在朱學主張理氣二分,理為本體,氣為形下的學風前,安石順「生之謂性」傳統,將氣詮釋為通萬物為一的本體是有其時代思潮的背景。乃所謂「人之精神與天地同流,通萬物一氣也」。

蓋一陰一陽之謂道,道之在天,日月以運之,星辰以紀之;其施於人也,仁莫尚焉,無為而仁者,山也。仁而不可知者,龍也。仁藏於不可知,而顯於可知者,禮也。[3]

1　(宋)王安石:〈周禮・春官・宗伯〉「占夢」條下,收錄於程元敏:《三經新義輯考彙評》(三)(臺北:國立編譯館,1987年),《周禮上》,頁357。

2　(宋)王安石〈道沖章注〉《道德經》,收錄於(宋)王安石著,容肇祖輯:《王安石老子注輯本》(北京:中華書局,1979年),頁8。

3　見(宋)王安石:《周禮上》,收錄於程元敏:《三經新義輯考彙評》(三),頁317。

　　由「氣」的層次說本體說道，則道之本體義、生生義、價值義便自然是氣之生生義、價值義。道在天所顯現的日月星辰的生生義，施於人而有的仁、禮之價值義，因道之上下相通而使日月星辰仁、禮之生生義與價值義如實呈現，而顯出日月仁禮本身即有之本體義。比如日月交運因陰陽二氣相生而有無為而仁之山，仁而不可知之龍，藏諸仁顯諸用之禮。種種由元氣流行而有的日月仁禮，其自身內在的本體與價值，皆在陰陽相生之流行中，得以各正性命而為實有。道即在氣化中，是顯隱貫通一體者，而非道屬形上，物屬實然的二分說法。

　　　　五行也者，成變化而行鬼神，往來乎天地之間而不窮者，是故
　　　　謂之行。天一生水，其於物為精，精者，一之所生。地二生
　　　　火，其於物為神，神者，有精而後從之者。天三生木，其於物
　　　　為魂，魂，從神者也。地四生金，其於物為魄，魄者，有魂而
　　　　後從之者。天五生土，其於物為意。精、神、魂、魄具而後有
　　　　意。自天一至於天五，五行之生數也。以奇生者成而耦，以耦
　　　　生者成而奇，其成之者皆五[4]

　　若道屬無形本體，則「成變化而行鬼神」之行，只能是無形之生生作用，無法具體化成真實的萬物。若道由本初之本體，透過陰陽之氣之生生作用，並漸凝漸滯而化成形物之實體。此種由無形之作用，凝為有形之實體的過程，可使中介之氣既有無形之生生作用，也有具體成化有形氣物之質性。此時「行」不只是無形作用，而是由氣說的中介上下兩間的「行」。「天地間」既指形體之天地，也有無形之統體性的價值秩序義。因氣化流行不已，故統括有無兩間之天地，自亦生

4　見（宋）王安石：〈洪範傳〉，收錄於（宋）王安石著，唐武標校：《王文公文集》
　　（上海：上海人民出版社，1974年）上冊，卷25，頁281。

化無窮。此時說本體之無限義，可確定天地是無窮的生化萬端於一氣流行中。

　　秦漢以來即對有形、無形兩層中的中介段落，多所討論。如以道為本體層，萬物為形氣層，由道說無而有之過程，是說道將其作用降一層次，為神魂不測之作用，神魂再感官化便是精魄，精魄的形氣化便是形物。這是由無而有的氣為中介的描敘。安石此處由五行在同一橫剖面，即同在形氣層上說生生無窮，此亦重實然人道之特色。河圖洛書有云「天一生水，地二生火，天三生木，地四生金，天五生土」一、二、三、四、五是指「生數」。「地六成水，天七成火，地八成木，天九成金，地十成土」六、七、八、九、十是指「成數」。「天一生水」配「地六成水」，水即由天地生成出。推而論之，五行乃由天地生成出。安石又將天一生水為精，地二生火為神，天三生木為魂，地四生金為魄，天五生土為意，亦承漢代氣化論而言。又因天一至地十，仍有上下縱橫之意。意即安石是將上下貫通與同層相生，並構成一上下內外感通無隔之整體。以此真實對治佛老之虛空及為變法之理據。如天一生水是精，地二生火是神，天三生木是魂，地四生金是魄，天五生土是意。如此陰陽天地固可概「耦」而生偶數，亦因天五為奇，而生亦相「耦」而生奇數，奇偶皆具，滿數自足。另將近於感官的精魄分為北之水與西之金，將近於作用的神魂分為南之火與木之東。亦即精魄屬水、金屬西、西近陰。神魂屬火、火屬南、東近陽，及到精神魂魄皆具而後有意。如此既說明以氣為道之體，二氣又分為五行，而五行則內化為形氣之精神魂魄意，使萬物因之而生化無窮。又強調了由一而二而五而萬物成化的宇宙生成圖式，是由能通萬物為一的「氣」所完成。確立安石以氣為貫通本體論與宇宙論之主軸，才能討論其性情說，而不致擺盪於諸說間。

北方陰極而生寒，寒生水，南方陽極而生熱，熱生火，故水潤
而火炎，水下而火上。東方陽動以散而生風，風生木，木者，
陽中也，故能變，能變，故曲直。西方陰止以收而生燥，燥生
金，金者，陰中也，故能化，能化，故從革。中央陰陽交而生
濕，濕生土，土者，陰陽沖氣之所生。[5]

　　安石將陰陽配入東南西北中，再將四個方位合為中土。漢《周易
參同契・言不苟造章》「土王四季，羅絡始終。青赤白黑，各居一
方。皆稟中宮，戊己之功。」[6]「土王四季」指土居中央，不偏倚一
方，又統包四季，春為東為木，夏為南為火，秋為西為金，冬為北為
水。安石承此說，又將北配上陰寒，南配上陽熱，東配上陽動，西配
上陰靜。而中央陰陽相交而生土，土即含陰陽四方。動靜為萬物之基
礎，此為以氣說天地而有的理性的推論。然而天地是無限而不可描敘
的，如此機械式的推論，只是虛擬比附的一種方式，若執此方式為真
實，易流為迷信。若以「得意忘言」工夫，領略其宇宙氣化的過程與
關係，知執之則非道，不執之而所體悟者才是道。則二五圖式的描
敘，只是體悟無限之道的必要前提，仍需做一番陳述。

　　安石以陰陽之極配北水與南火，是以陰陽入五行的第一步，水下
火上確立南北方位，以陽中陰中配東、木與西、金。再將陽動加入
東，陰止加入西，凸顯日出日落的循環作用，最後再將方位與陰陽統
一於中土。「土者，陰陽沖氣之所生」即指屬無形作用的動靜與實然
的水火木金等素質皆融會在實然層的土中。但此土非蠢然的實然，而

5　（宋）王安石：〈洪範傳〉，《王文公文集》上冊，卷25，頁282。
6　（五代）彭曉撰、（明）涵蟾子編：《金丹正理大全周易參同契真義》，收入中國子學
　　名著集成編修委員會輯：《中國文學名著集成──宋元明清善本叢刊》（臺北：中國
　　子學名著集成編印基金會，1978年12月，據國立中央圖書館藏明刊本景印），卷上，
　　頁24。

是內蘊有陰陽五行相生無窮的實然。亦即由氣說的道,本身便在宇宙生化中,非超越在宇宙生化之上的另一本體。

> 蓋五行之為物,其時、其位、其材、其氣、其性、其形、其事、其色、其聲、其臭、其味,皆各有耦,推而散之,無所不通。一柔一剛,一晦一明,故有正有邪,有美有惡,有醜有好,有凶有吉。性命之理,道德之意皆在是矣。耦之中又有耦焉,而萬物之變遂至於無窮。其相生也,所以相繼也。其相剋也,所以相治也。[7]

五行為萬物的基本作用與性質,舉凡時、位、材、氣、性、形、事、色、聲、臭、味等,皆由五行組成。而且「皆各有耦」,每一時、位、材中皆有陰陽二氣,故時、位、材中又分陰之時、位、材與陽之時、位、材。此強調陰陽與五行相合成物,為萬物所以能夠成立的普遍性基礎。剛、柔、晦、明既可為實然層的特性,亦可化為人事、倫理的原則,於是時、位有陰陽之別,而價值上也有正、邪、美、惡之分,命運上也有吉凶之分。故偏向實然的性命與偏向價值道德二者,皆蘊化于陰陽五行生成的場域,而生剋無窮。可知安石的五行,不限於只是相生相剋的無形作用。而是在氣化實然的時、位、材中間,指點出此等時、位、材的內在運行的原則,再用運行的作用屬陽,運行的實然屬陰,陰陽統合為一物,此物便同時具有陽動陰質兩種性質。如此五行中又各有陰陽,推而散之,每一時、位、材中皆有柔剛、善惡、吉凶。亦即每一物中皆以二氣五行為其體性,此是由外而內說。若由內而外說,二氣五行是形構變化、生克不已的宇宙自體。

---

7 (宋)王安石:〈洪範傳〉,《王文公文集》上冊,卷25,頁281。

三 太極與性

> 夫太極者，五行之所由生，而五行非太極也。性者，五常之太
> 極也，而五常不可謂性。……夫太極生五行，然後利害生焉，
> 而太極不可以利害言也。性生乎情，有情然後善惡形焉，而性
> 不可以善惡言。[8]

安石以有體有用者為道，體是不易之元氣，用是一氣的運行。此
又言運化與成就萬相的五行為太極所生，則能生之太極即道即本體，
而所生之五行，即為太極的生生作用，五行已落入第二義。此第二義
是太極本體趨向形氣的第一個階段。五行的形質義顯而作用義微時，
五行才成為形物層的材質。五行一有材質義，便落於相對有限界，而
有利害的產生。故太極雖生五行，但太極仍是絕對之體，五行則是相
對之用，不可將絕對之太極，降為相對之五行。如此，則太極賦於人
而有的性，應是絕對的體，不可與性所生的相對的情等同。亦即性如
太極是體無相對者，故不可以善惡言。如五行是用而為相對者，有善
惡之分別。知由太極說明性具本體義，故不可說有善惡之別。「性有五
常之太極，而五常不可謂性」由人倫層次言，性即五常之體如太極。
而人倫已在氣化有限中，五常已落第二義，不可為第一義的性。如安
石云：「道有本有末。本者，萬物之所以生；末者，萬物之所以成。
本者，出之自然，故不假乎人之力而萬物以生也；末者，涉乎形器，
故待人力而後萬物以成也。」[9]可知不假乎人力之體之性，自應無人
為干擾而不分善惡。在有人力干擾的形氣層之情，自會有善惡之分。

8　（宋）王安石：〈原性〉，《王文公文集》上冊，卷27〈雜著〉，頁316。

9　（宋）王安石：〈老子〉，《王文公文集》上冊，卷27〈雜著〉，頁310。

變化之應，天人之極致。是以《書》言天人之道，莫大於〈洪
範〉，〈洪範〉之言天人之道，莫大於貌、言、視、聽、
思。……故孟子曰：「我善養吾浩然之氣，充塞乎天地之
間。」楊子曰：「貌、言、視、聽、思、性所有，潛天而天，
潛地而地也。」[10]

　　安石由太極言性，使性有本體位階外，亦重視性在人事的作用，
如「天人之極致」，在於能感應萬物之變化。氣化無窮，人物感應自
亦無已，而使感應具體完成，且合於天人之道標準的重點，便在於
性。性之具體成化禮樂行政的實現，便是通過形氣的貌、言、視、
聽、思等感官的表現。感官可由中性說感官自身只是生理層次，本身
無意義可言。但若感官是由本體流行之氣化說，如「通萬物一氣
也」，則貌、言、視、聽、思便非是無價值義的作用，而是以天人之
極致為目標，「令精神與天地同流」的呈現。安石即由孟子善養浩然
之氣，作為貞定言行合價值的論證。且唯有言行合德，才是天人之道
的實現。可知性既是天人之道，亦是言行所以合道的根本原因。所以
楊子可以將貌、言、視、聽、思等氣化層感官，皆歸於性之表現。在
因一氣相通於天人之間，形氣之貌、言、視、聽、思，也同時是浩然
之氣之性的實現。

神生於性，性生於誠，誠生於心，心生於氣，氣生於形。形
者，有生之本。故養生在於保形，充形在於育氣，養氣在於寧
心，寧心在於致誠，養誠在於盡性，不盡性不足以養生。能盡
性者，至誠者也。能至誠者，寧心者也。能寧心者，養氣者

10 （宋）王安石：〈禮樂論〉，《王文公文集》上冊，卷28〈雜著〉，頁335。

也。能養氣者，保形者也。能保形者，養生者也。不養生不足以盡性也。生與性之相因循，志之與氣相為表裏也。生渾則蔽性，性渾則蔽生，猶志一則動氣，氣一則動志也。[11]

安石以為生與性相因循，猶志與氣相表裏。而生者以形為本，是將孟子「夫志，氣之帥也；氣，體之充也。夫志至焉，氣次焉。」[12]心志專一，則形氣會順心志而動。反之，執著某種形氣，則心志亦會順形氣而改變。志為內氣為外，志氣會互相牽動，比喻內外有相通性的模式，來詮釋由無形之神，如何逐步凝結為有形之生者，有形之生者又如何用工夫，在人倫日用中，存養一氣流行的神。

安石主張「人之精神與天地同流，通天地一氣」，用一氣貫通無形精神與有形天地兩間。其中流行之作用為神，神用化為人之本質為性。性為人不變之主體，性不變，而有永恆的道德義而有誠。能秉持誠發用於日用之間為心，心之作用因內於氣而彰著。氣既可彰著心用，亦可凝為有神、有性、有心之具體之氣。

此與由價值本體論性者，主張形上在形下上之法異趣。主張由可見之形向內修養而至于不可見之神，見其重性之實然面的特色。另又言「不盡性不足以養生」、「不養生不足以盡性」，則指出形氣層保形養生的完成，要由能在形氣層起創生化育作用的性來發動與主導。順著「生之謂性」的傳統，而以氣論性的安石，不將性視為純粹形上之本體與氣有一間之隔，而是視性除具本體義外，亦與形氣層如神、性、誠、心、氣、形諸段落，皆有緊密的層遞關係與秩序。而為一架構完整，上下內外相通間隔，而氣化義又明顯的性。

11　（宋）王安石：〈禮樂論〉，《王文公文集》，上冊，卷29〈雜著〉，頁333。

12　（宋）朱熹著：〈孟子・公孫丑上〉，《四書章句集註》（臺北：大安出版社，1994年），頁323。

四 對孟、荀、揚、韓「性」之批評

> 性生乎情，有情然後善惡形焉，而性不可以善惡言也。……孟
> 子以惻隱之心，人皆有之，因以謂人之性無不仁。就所謂性者
> 如其說，必也怨毒忿戾之心人皆無之，然後可以言人之性無不
> 善，而人果皆無之乎？孟子以惻隱之心為性者，以其在內也。
> 夫惻隱之心與怨毒忿戾之心，其有感於外而後出乎中者有不
> 同乎？
> 荀子曰：「其為善者偽也」。就所謂性者如其說，必也惻隱之
> 心，人皆無之，然後可以言善者偽也，為人果皆無之乎？荀子
> 曰：「陶人化土而為埴，埴豈土之性也哉？」夫陶人不以木為
> 埴者，惟土有埴之性焉，烏在其為偽也？且諸子之所言，皆吾
> 所謂情也、習也，非性也。
> 揚子之言為似矣。猶未出乎以習言性也。……喜、怒、愛、
> 惡、欲而善，然後從而命之曰仁也、義也；喜、怒、愛、惡、
> 欲而不善，然後從而命之曰不仁也、不義也。故曰有情然後善
> 惡形焉。然則善者，情之成名而已矣。[13]

　　安石主一氣為道之體，沖氣運行為道之用，則性即是有體有用之
氣賦於人的本質。故對孟子性善說，質疑其不能解釋怨毒忿戾之心人
皆有之的現象。孟子由道德之天下貫於人說人之性善，並於父子、君
臣與仁義的關係上，自覺的主張父子之仁為性。但有命限干擾時，仍
以自覺之行仁為主，不為命所限。此在安石看來，順氣化生生而有之
性，自然亦有各種方向與速度生化的可能性，則隱惻之心固為性所

---

13 （宋）王安石：〈原性〉，《王文公文集》上冊，卷27〈雜著〉，頁316-317。

發，而怨毒之心自亦由性所發出。安石以孟子天性為純善無惡之說為不足，故強調性在形氣層有各種方向與速度不同之可能性，所以說「性不可以善惡言」。

安石以為荀子「為善者偽」之說能成立，應植基於性無惻隱之心，須靠後天教化才能為善之觀點。惟安石以為氣性生化不已且無方所限制，故性不能有絕無惻隱之心發生的可能性，只要有一點惻隱作用之發動，則荀子性中無善之說便不能成立。故又舉埴由土而成，是因埴中有土之性才成，無土之性則不成。亦即有土之性，才能成埴，同樣，性中有善才能為善。可知安石主張性中必有為善之能，能否成為善行，則待情之合理否。安石既認為性中不應如孟子只有善，亦應會有惡。又認為性中也不應如荀子只有惡，沒有善。從其「性不可以善惡言」，及「諸子之所言，皆吾所謂情也，習也，非性也。」可知安石之性非無價值義的性，而是善惡皆蘊於其中之性。所以性不可以善惡言，而所謂善惡，是因氣性生生不已，性中之善與惡皆順生生不已而為情時，此時情才分出善惡。可知安石之性以一氣流行為本，氣化有萬變，所以性中為善為惡之條件皆具，及性發為有喜、怒、哀、樂各各不同的情時，性中之善與惡，亦順之成為喜、怒之善，或喜、怒之惡。

安石又認揚子的「性善惡混」為是，但仍是由已發後，才說有善惡之情，且情已成習來說「性善惡混」，然性實非「善惡混」的。因喜怒之情需發而後且成習後，才能說是仁義之善，或是非之仁義之惡。此時所謂善或惡，已是既發且成習之情所為，而非性之所為。故揚子之說當為「情善惡混」非「性善惡混」。亦即外在所見之善或惡，是情之所為，不能據之判斷外在之善或惡即性所為。安石以為善、惡不能言性，是因性有太極本體義，太極生五行，但五行非太極；同樣的，性生情，情有善惡，但情非性，故性不能說有善惡。可

見安石既不同意性只有善，或只有惡，也不同意性中善惡混。而是主張性不可由善、惡說，善惡在情上始有分別。

> 韓子之言弗顧矣，曰：「性之品三，而其所以為性五。」夫仁、義、禮、智、信，孰而可謂不善也？又曰：「上焉者之於五，主於一而行之四；下焉者之於五，反於一而悖於四。」是其於性也，不一失焉，而後謂之上焉者。不一得焉，而後謂之下焉者。是果性善，而不善者，習也。[14]

安石將性不可說善惡，情始分善惡的說法，進一步來詮釋韓子的性分三品說。因氣化有萬端，所以由價值說，性中善惡皆有。若由性稟氣化不已有多寡不同說，則有稟仁、義、禮、智、信為性多者，及發為情及成習後，便為上焉者。亦會有稟仁、義、禮、智、信為性少者，及發為情成為習後便為下焉者。所以認為仁義禮智信者五常能主於一而不一失是上智，但於五常是反于一而悖于四則是下愚。但若視性為具本體義，不能如氣化般分解說的性，及落於相對界而說性可分解說為五，且此五者又失其為必然的存有，即已非性。而分解為無必然性的偶然存在，如為情為習。此種無必然性的有限存在，對安石來說是情而非性。

> 夫人之生，莫不有羞惡之性，且以羞惡之一端以明之。有人於此，羞善行之不修，惡善名之不立，盡力乎善，以充其羞惡之性，則其為賢也孰御哉？此得乎性之正者，而孟子之所謂性。有人於此，羞利之不厚，惡利之不多，盡力乎利，以充羞惡之

---

14 （宋）王安石：〈性說〉，《王文公文集》上冊，卷27〈雜著〉，頁318。

性，則其為不肖也孰御哉？此得乎性之不正，而揚子之兼所謂性者也。……今學者是孟子則非揚子，是揚子則非孟子，蓋知讀其文而不知求其指耳。[15]

安石由陰陽五行相生不已之太極喻性，故性除本體義外，亦有沛然不已的生生運動義，與順生生秩序而有之價值義，及凝合為形氣的材質義。待到生生、價值、才質等條件交相融鑄，而形成善惡皆有之性。此時性之二五生化作用亦無方所的限制，亦即羞善之不修，羞利之不厚，皆氣性流動不已的不同方向。唯安石於此又以羞善不修者為性之正。以羞利不厚者為不正之性。於是性由感官狀態被賦予了價值意義，而成為趨向價值義的性。一般由氣論性者，多由理性論道德，非由道德主體論道德，故學者多以他律視之。然其實未必可全由他律，自律截然二分掌握。因由氣論性者，性之自然義固然明顯，唯其氣化生生之必然秩序，即蘊涵了價值的應然義。如天行健，君子以自強不息，即可比擬為乾道之流行，如此便可在自然義中蘊有飽滿之價值義。安石之由氣說性，除強調性不可以善言，是一含流行不已為人之性，所以性自能行健不息。而安石也強調「盡力乎善，以充其羞惡之性」的後天他律的重要。蓋「得性之正」固然是性之自律所為，「得性之正」亦須後天他律導情成習而後可得。可知安石是由自然義的性，發展為道德義的性。以及性先天有善能自律為善外，同時要靠後天他律導護「得性之正」的意向來完成。

道有君子有小人，德有吉有兇，則命有逆有順，性有善有惡，固其理也。……夫古之人，以為無君子道為無道，無吉德為無

15　（宋）王安石：〈楊孟〉，《王文公文集》上冊，卷27〈雜著〉，頁314。

德，則去善就惡謂之性亡，亦不可也。[16]

在朱子性即理與陽明心即理，由絕對善論性風潮前，濂溪、橫渠等皆主由自然之氣論性，惟不廢儒學仁義道德之旨，故有義理之性，氣質之性的分解說。安石未明白分性為義理，氣質二者，但亦距此義不遠。如道應為形上，卻有君子小人之分，則知是由道在形氣層之表現說。人得道之表現為德，則德亦由形下相對界言而有吉凶之分。安石由太極一氣說性，故性有本體義外，亦有氣化流行義。故順此段主由形氣層之語氣說性，性在相對形氣層之生化實現，自亦有相對界善惡不同之分判。亦即性有趨善趨惡的各種可能性，就性有為善為惡之各種可能性的本體位階言，性難以用善、惡來界定限制住。若就有各種生化可能的性在形氣層上的表現言，各種可能性已落入相對界可被限定為是善或是惡的表現，如所謂「性有善有惡，固其理也」。故安石以為現實上的去善就惡，只是現實上性之善被掩蓋，而性之惡則呈現出來，故只可說現實上不見善，但不能因之說有為善為惡各種發展可能的性不存在，如「去善就惡謂之性亡，亦不可」。安石之意指道、德、命、性在形氣層中，因其內在一氣的流行，受到方所等限制，而會有有限的相對者，如道有君子小人，而性亦有善有惡。並以此反對「以為無君子道為無道」，反對相對界只有唯一而無分別者，意在強調善惡皆性之所有。

然則孔子所謂「中人以上可以語上，中人以下不可以語上，惟上智與下愚不移」何說也？曰：「習於善而已，所謂上智者。習於惡而已，所謂下愚者。」一習於善，一習於惡，所謂中人

---

16 （宋）王安石：〈答王深甫書〉，《王文公文集》上冊，卷7〈書〉，頁84。

者。上智也、下愚也、中人也，其卒也命之而已。有人於此，
未始為不善也，謂之上智可也。其卒也去而為不善，然後謂之
中人可也。有人於此，未始為善，謂之下愚可也。其卒也去而
為善，然後謂之中人可也。惟其不移，然後謂之下愚，皆於其
卒也命之，夫非生而不可移也。[17]

　　安石以為性本為自然而有，人皆相同，而且謂上智與下愚，非指
本性有智愚之別，智愚者後天學習而成的。故智愚不可移，非指其性
不可移，是指後天學習後所得的結果不可移。明清之際，由氣說性者
或有以為性為氣質所蔽，而有智愚之別。但安石處於宋明理學的前
期，尚屬統括說性時期，尚未進到理學中後期，受朱子、陽明影響，
而對性有更細緻的討論的時代。故安石論性皆以氣化之自然言，故可
說「性相近」，使性不被限定為只是本體或只是形氣的一偏，而可以
是通貫上下，日進有功，轉愚人為中人，轉中人為上智的基礎。氣化
之性本來未始不為善者為上智，卒也為不善則降為中人。一習于善一
習於惡則為中人。本來未始為善為下愚，卒也為善可上為中人。可知
安石認為有上智、下愚的無性不可移者，但智者不為善，愚者習於善
又皆可轉為中人。所以智愚本性不可移，但在後天習染下，又皆可移
易為中人，則性可因習而移也。

五　性情一也

性情一也。……喜、怒、哀、樂、好、惡、欲發於外而存於
心，性也。喜、怒、哀、樂、好、惡、欲未發於外而見於行，

17　（宋）王安石：〈性說〉，《王文公文集》上冊，卷27〈雜著〉，頁317-318。

情也。性者情之本，情者性之用。

……彼曰性善無它，是嘗讀孟子之書，未嘗求孟子之意耳。彼曰情惡無它，是有見於天下之以此七者而入於惡，而不知七者之出於性耳。故此七者，人生而有之，接於物而後動焉。……彼徒有見於情之發於外者為外物之所累，而遂入於惡，因曰情惡也，害性者情也。是曾不察於情之發於外而為外物之所感，而遂入於善者乎？蓋君子養性之善，故情亦善。小人養性之惡，故情亦惡。故君子之所以為君子，莫非情也。小人之所以為小人，莫非情也。

……自其所謂情者，莫非善、怒、哀、樂、好、惡、欲也。舜之聖也，象喜亦喜，使舜當喜而不喜，則豈足以為舜乎？……如其廢情，則性雖善，何以自明哉？誠如今論者之說，無情者善，則是若木石者尚矣。是以知性情之相須，猶弓與矢之相待而用，若夫善惡，則猶中與不中也。曰：「然則性有惡乎？」曰：「孟子曰：『養其大體為大人，養其小體為小人。』揚子曰：『人之性善惡混。』是知性可以惡也。」[18]

安石由氣言性，則氣質之喜、怒、哀、樂、好、惡、欲等，自為氣化生生各種可能之向度，故「未發於外而存于心」為性。及氣化各種向度，化為可見於行的作用，此即為情。唯氣質之各種向度與作用，仍屬無形層次。故性為情本，情為性用，此種體用關係在作用層的意義，是使性之生化得以向現實面推進一步而仍維持性的本質。如此情既以性為體，情又是性化為實然的作用，性與情為一氣流行於人的體與用。故曰：「性情一」也。唯喜怒是性的各種生生向度，而情

---

18 （宋）王安石：〈性情〉，《王文公文集》上冊，卷27〈雜著〉，頁315。

則是形質層之有限制的，可被感知的某一種向度與能力。亦即性是客觀潛存的，依情之可被知覺才能被體會到。故性蘊涵有喜怒之不同表現向度，情即有喜怒不同形態之表現。若性不可以善惡言，則情亦不可以善惡言，唯情見于行即受形之限制而為有限，而有相對之善惡可說。「有見于情之發於外者為外物之所累，而遂入於惡。」是說情見於形，使情之發有所限制，遂在價值上判為惡，此固有理。然情之發之所限若不當於理則固為惡，若情發而當於理則為善，且限制正有保證實現為善的作用。故性本有各種生生向度，而將性實然化的情，則會受境域之限制而有為善為惡不同之表現，不可說情必為惡，為害性者也，情也有為善之表現能力。

「君子養性之善，故情亦善。小人養性之惡，故情亦惡。」此言性有善惡，或有異議。唯說君子養性之善，既已為行善之君子，則所養必為性有趨向善之向度，見于行之情自為善。既已說為惡之小人，則小人所養必為性有趨向惡之可能之向度，見于行之情自為惡。安石既認為性有趨向任何向度之可能，故重視情為性之用。又認為性為任何情用之本質，使任何情之發，都有性來貞定，故重視性為情之體。從價值判斷言，情之自然義較顯，性則價值判斷義較顯。

「君子之所以為君子，莫非情」從現實層言，君子非無限之道，而是將在人間之道，有限而如理的表現，方為君子。如是能承載有限而如理表現者便是情而非性。而非道之小人，除本即有限，又不能如理承載性，則其性之表現必然為惡。此中除善惡之判斷外，情也是承載與完成善惡不可缺之作用，亦即世界因情之發用而為真實。「如其廢情，則性雖善，何以自明哉？」知性除落入相對界而有情之善惡之分外，相對界之實然亦因情之發用而成為真實。如此由氣論性言情，使價值層內化於實然層中而相通為一。可避免價值超越實然之上，而有蹈空之蔽。反可因重情之實然之作用，而有加深儒學重實學風之功。

六　結論

　　本文對由氣所論之道、性、情討論後,加之安石身為政治家及宋明理學前期者,自然有承漢代氣化論重實然之趨向,故其道由氣化言,重貫通形上形下兩間的特色,而且在氣化流行中,指點出人倫日用之本體是道。依道而言之性,性保有道之生生、價值、本體諸義。同時亦由氣言性,此性亦有貫通上下之特色。而氣中所有的才質義,分殊義與變化義亦成為氣性的體質,所以氣性既以「通萬物一氣」的道為本始根源,性本身亦可由「通萬物一氣」處獲取才質、分殊等條件。如此氣性便與形氣萬物又屬於同一氣化層次,二者可相通無礙。解決性屬形上,物屬形下,上下終有一間隔的矛盾。氣性上承道而有,及到發為同屬形氣層的情時,氣性所有的材質、分殊條件便化為喜、怒、哀、樂、好、惡、欲的多向度又各自有別的情。情為形氣層的表現,所以受形氣的限制,只能各自順性表現出性之某一意向。唯此順性某一意向所發出之情,此情自身雖已限制為某一意向,但此情中仍以一氣流行為體,故任一情由性發用後,任一情本身仍會順一氣流行的本質,繼續將此情多向性發展,如喜、怒、哀、樂有稟道而發而為善之喜、怒、哀、樂,亦有逆道而發的惡之喜、怒、哀、樂。如此「通萬物一氣」貫穿上下位階不同的道與性,「通萬物一氣」也通貫形氣層而內外有別的性與情。本文即由安石「通萬物一氣」的主張,先詮釋安石以一氣確立「人之精神與天地同流」的價值與實然的相融為一體。再承漢代氣化論河圖洛書的天一生水、地二生火等,由生數成數組成五行觀。再將天一生水配精,地二生火配神,天三生木配魂,地四生金配魄,如此又將五行中介於道與人中間,由道藉由精、神、魂、魄逐漸凝為有形的過程相配,使精、神、魂、魄亦為氣性之內在條件。使氣性同時具有五行、生成、精神魂魄,如此氣性雖

在有限層次，但氣性內蘊之豐富、多元亦可見之。另外五行又都在於物、時、位、材、氣、性、形、事、色、聲、臭、味等萬端中，可以說安石是要在有形的萬端中，指眾多萬端即無窮豐富如道之無限，而且任一萬端自身內在也蘊有豐富多元，又變化不已的條件。簡言之，可知有限事物，中有無限之道。

伍　由司馬光與王安石「性情觀」的比較，看宋初氣學的面貌

一　前言

　　論者常因南宋朱子將《孟子》列為科考後，所謂性善論成為詮釋儒學之主流。近代又受西方本體論影響，更將孟子性善論推至本體絕對層之高度，而相對界之善是為第二義。唯在朱子尊孟以前，綿長又多元的儒學詮釋系統，只有性善且重本體輕形下的一種路數？還是除了佛學與陸王由本體層說善，及朱子理氣二分格局下，理為純善的主張外，中國思想史的大傳統中，尚有孟子主善以外的思路？

　　論者皆知孔子是「性與天道不可得而聞者」，在道德實踐中，方可體悟與覺知仁道。已為後世天人性命論題的討論，立下由人倫日常中體會道的大方向。如此尚不能明說，孔子之仁是重視本體或是重視形氣？唯在宋明儒學傳播日、韓等地後。日本儒學有朱子、陽明、古學等三派，如吳廷翰對日本伊藤仁齋的影響。其中古學派即是氣學派，且以孔子為首。韓國儒學有以氣為體之說，如李珥、丁茶山等。其中或已透露出儒學對氣學之重本體或重形氣等問題，有待加強詮釋的訊息。

　　與孔子同時之老子，「道生一，一生二、二生三、三生萬物。沖氣以為和」的綱領提出後，道為本體疑義較少，唯「一」屬本體？形氣？或介於有無之間的說法，主張由無化為有，由有而復歸於無。形

上與形下彼此可貫通的過程為「一」？各種說法都有不同的發展。其
中最可注意的是，氣如何生成？與道對應關係為何？當然問題的提
出，往後詮釋的不同解釋，其實早蘊涵在所提的問題中。亦即解答氣
的位階，意蘊與作用後，道與氣的關係，即可自然明朗。莊子將老子
由天說人的概念，推進到由人知天之層次，則人屬於本體或形氣的屬
性，便亟待說清楚。莊子面對人是實然、超越或其他樣態的提問，回
應以「人之生，氣之聚也，聚則為生，散則為死。……故曰：『通天
下一氣耳。』」的氣化論模式。或不認同氣化論者，也同意莊子主張
絕對之道存有於相對有限世界中。則具體實然界在道家思想中，如何
安位其位階？也是要正面與之回應，無法迴避的問題。老子的道生
「一」，莊子的由「人」知天都使秦、漢時期，不論儒或道在面對天
與人問題時，都亟需面對氣與天、人的關係作出交代。可知若全由本
體論說天道，與孔、老、莊當然是有距離的。

　　孟子雖說性善論，但此性是由本體？實然？或天人統觀來說？需
進一步討論。為孟子「性命雙彰說」，「吾善養吾浩然之氣」，「平旦之
氣」等話語，至少不能說本體善是唯一詮釋答案，仍應有由氣說道的
其他答案。荀子主張性惡，而性惡要由後天外在禮教來調整。外在的
道由自然秩序說，如「天行有常，不為堯存，不為桀亡」。禮教主由社
會秩序說，亦即傾向由氣說天人關係，不是由本體說天人關係。於是
秦漢承接孔子重實然日用，孟子重「浩然之氣」。老子重「沖氣以為
和」，莊子主張「通天下一氣」，荀子主張自然的氣論等，皆為儒、道
兩大主流。在氣化流行中，體悟出價值性、超越性、實然性等義蘊，
開展出當代的氣化宇宙論。唯可注意的是在形上形下二分的架構中，
本體論與宇宙論亦二分，本體只能作為宇宙發展的秩序與生生作用。
而實然界的真實變化是由氣化流行所發動，兩者獨立發展，但是形氣
的運動與秩序、價值是依循本體的規定來進行，此為分解論者所主張。

　　但由孔、孟、老、莊、荀屬於對天人關係皆主張由天而人，或由
人而天的為範疇，所以認為宇宙論與本體論非異質異層的對立存在。
而是本體是宇宙發展的本體，非位於相對宇宙論層次之上的本體。宇
宙非異於本體的形下存在，而是本體於宇宙中真實無隔的實現。面對
在此有無虛實間，很難描述此中介的論題，兩漢諸家利用陰陽、五行
等相生相剋的種種生化過程與圖譜，做了最大可能的詮釋。如董仲舒
有云：「聖人之性，不可以名性。斗筲之性，又不可以名性。名性者，
中民之性。」[1]認為聖人之性先天為善，斗筲之人性先天為惡，只有
中人之性「有善質，而未能善」可透過後天教化而為善。可知在二氣
五行相生相剋下，人性有不可移的善，有不可移的惡，有善惡可移等
三種狀態，而三種狀態展示了氣化有分殊義。由本體層論性，性必然
是絕對的，不可能分而有三。若由二五氣化有各種可能的發展推論，
則由氣有分殊義論之性，自可由具體數字與圖譜等分殊符號來詮釋。
再透過「得意忘言」的工夫，超越形氣所帶來的分殊限制，可即有限
人身上達無限天道。揚雄亦承此道在氣中的老傳統，對氣化論做比
《易》更進一步的理性的圖譜式的詮釋，提出「性善惡混」之說。揚
雄有云：「人之性也善惡混。修其善則為善人，修其惡則為惡人。[2]」
由「修其善」、「修其惡」之性中善惡皆有。而善惡皆有，來自於二氣
五行生剋的分殊作用。論者往往說「性兼善惡」是形下的，實然的，
與形上性體相較自落入第二義，此則不解道在氣中老傳統之論。若知
氣化宇宙論，所顯的是宇宙人生，所蘊的是天道義理，是人中有天的
模式。此亦是解決「道可道，非常道」道無法說明的有效方法，便不

1　（漢）董仲舒撰、蘇輿撰：〈實性〉《春秋繁露義證》（北京：中華書局，2002年8
　　月），頁312。

2　（漢）揚雄撰、汪榮寶撰：〈修身〉《法言義疏》（北京：中華書局，1997年10月）上
　　冊，頁85。

會分解的判定揚雄只是數術之學。反之,「性兼善惡」的表面描述,
透過「得意忘言」的消解形下限制的工夫,展開的是天人一體無隔的
在真實人生中顯現無限的天道。亦即強調先天氣性各種價值方向發展
的可能性皆具,在後天則應就道德規範要求而為善去惡,以建立人倫
具體的世界。若只由理氣二分格局,判斷揚雄「性兼善惡」只是形下
義。而未見揚雄先天後天統論全貌,則距離由氣論性一路遠矣。

順以上論述,觀宋代初期司馬光、王安石等人,皆視孟子為諸子
之一,而非僅次於孔子的亞聖,且推尊揚雄可見一斑。而早於朱子的
周敦頤、張載亦皆主張由氣化論道體的實踐。可知由氣化論性與天
道,有其傳統。而司馬光、王安石即是宋初紹續此傳統進而發展的重
要人物。後則又有程朱、陸王之直由本體論性,再次取代由氣論性之
思潮。

但要提出的是,明代中期羅欽順,王廷相主張氣本論,以消除朱
學重形上輕形下的蔽病,且發現重實然氣化說是直承孔孟重實踐的主
軸,亦是對抗佛老重天輕人的利器。待至明清之際,劉宗周、王夫
之、黃宗羲等雖不似揚雄,司馬光等說性兼善惡,仍主張陸王所說的
性善說,但也進一步反對性分義理與氣質二層,而吸收了氣化傳統對
性的看法,以為性只有「氣質之性」而已。可知此氣化老傳統,從先
秦至明清,從未斷絕,且迭有發展。而於宋初清楚且直承此老傳統於
不墜,而開出宋明天道性命之宏觀偉論,並發展至明清,又以氣學統
匯程朱,陸王於一體,而有「道在氣中」之論。而從秦漢到明清維持
此傳統於不墜的宋初,自有其重要性。今即立在此思想史的關鍵點
上,藉司馬光與王安石「性情」論比較,來凸顯二人雖為政敵,學術
也多同異,但在承先啟後的儒學的氣化傳統上,竟有其相同的一面。

二　道

萬物皆祖於虛，生於氣，氣以成體，體以受性，性以辨名，名以立行，行以俟命，故虛者，物之府也。氣者，生之戶也。體者，質之具也。性者，神之賦也。名者，事之分也。行者，人之務也。命者，時之遇也。[3]

人之生本於虛，然後形，形然後性，性然後動，動然後情，情然後事，事然後德，德然後家，家然後國，國然後政，政然後功，功然後業，業終則返於虛矣。[4]

人之精神與天地同流，通萬物一氣也。易曰：「乾道變化，各正性命，保合太和，乃利貞。故占夢當其歲時，觀天地之會，辨陰陽之氣，以日月星辰占六夢之吉凶。」[5]

五行也者，成變化而行鬼神，往來乎天地之間而不窮者，是故謂之行。天一生水，其于物為精。精者，一之所生。地二生火，其于物為神，神者，有精而後從之者。天三生木，其于物為魂，魂從神者。地四生金，其于物為魄，魄者，有魂而後從之者。天五生土，其于物為意。精、神、魂、魄具而後有意。[6]

3　（清）黃宗羲：〈溫公潛虛〉《涑水學案》下《宋元學案》卷8，收入沈善洪主編：《黃宗羲全集》（杭州：浙江古籍出版社，2005年），第3冊，頁365。

4　（清）黃宗羲：〈溫公潛虛〉《涑水學案》下《宋元學案》卷8，頁370。

5　（宋）王安石：〈周禮・春官・宗伯〉《周禮上》，「占夢」條下，收入程元敏：《三經新義輯考彙評》（三）（臺北：國立編譯館，1987年），頁357。

6　（宋）王安石：〈洪範傳〉《王文公文集》，見（宋）王安石著，唐武標校：《王文公文集》（上海：上海人民出版社，1974年）上冊，卷25，頁281。

　　前言界定本文在氣化論視角討論王安石與司馬光，故所謂道指由秦漢而至宋初一氣流行的學脈。前兩段引文是司馬光對本體的論述，重點在以虛為萬物之本，氣為具體成形的質，而性即生生主體之虛貫通于萬物之中，雖受限於分殊的萬物中，而各為人之性、物之性，而人、物之性中，仍保有生生不已作用的體性。同時因為「萬物祖於虛，生於氣」所以虛可於生化中無任何方所之限制，自然可順不已之動力下貫至氣，進而成體、成性、成名、成行的展示一系列氣化由無漸凝為有的層次而為人性，進而發為名、行等日用的循環過程。總謂此循環整體，便是由虛而始又復終於虛的虛體自身的生生過程與面向。此時司馬光之虛（即道），非由形上本體層說，而是由無限之虛體，凝為形氣，形即以虛在其中為性，性稟生生無限之虛發為意向各殊之情，喜怒之情發於日用便是各各不同之事。以上屬對氣化漸凝之理性的推論。及至事而有德，德而成家成國有功有業，則凸顯儒家的價值義。最後又復於虛，可知虛既是萬物終始之道，亦是人倫價值的根源。又透過仿揚雄而作〈潛虛〉，則虛有兩漢揚雄的以數術明道的義蘊。故曰「若道即於微妙，而不見於日用之間，則亦何貴於道哉？」

　　王安石未如揚雄藉虛之始終不已說道，而是更直接點明「人之精神與天地同流，通萬物一氣」為道，一氣流行生化萬端，而皆以一氣為體，故可說乾道變化，各正性命。所凝聚之個個體段，既有生道之無限為體性，又因氣性有限所成之特殊性，使各展顯道之多樣性。而特殊多樣性命之全體，總成氣化流行遍在之道。王安石不似司馬光尊仰揚雄，由分解的體段說道。而是賦予陰陽五行以氣化生生不已之作用與因之而有的秩序義。如「行」非只是代義之詞，直接指「往來於天地之間而不窮」的神用。此乃是在天地萬物中說生生之道的老傳統，又承接漢代論點，將五行與方位、生數成數、精神魂魄相配，組成一具體多元也循環不已向前發展的氣化世界觀。

　　可知司馬光由虛之終始說氣化往來不已，與王安石的五行「往來天地之間而不窮」的「通萬物一氣」觀基本上都是延續秦漢氣化論與隋唐道教之氣化論而來，無大差別。此見二者承接傳統之風。

三　性

　　孟子以為人性善，其不善者，外物誘之也。荀子以為人性惡，其善者聖人教之也。是皆得其一偏，而遺其大體也。夫性者人之所受於天以生者也，善與惡必兼有之。是故雖聖人不能無惡，雖愚人不能無善，其所受多少之間則殊矣。[7]

　　揚子以為人之性善惡混，混者善惡雜處於身中之謂也。故人擇而修之何如耳。修其善則為善人，修其惡則為惡人。[8]

　　夫太極者，五行之所由生，而五行非太極也。性者，五常之太極也，而五常不可以謂之性。……夫太極生五行，然後利害生焉，而太極不可以利害言也。性生乎情，有情然後善惡形焉。[9]

　　《書》言天人之道，莫大於《洪範》，《洪範》之言天人之道，莫大於貌、言、視、聽、思。……故孟子曰：「我善養吾浩然之氣，充塞乎天地之間。」揚子曰：「貌、言、視、聽、思，性所有，潛天而天潛地而地也。」[10]

7　（宋）司馬光：〈性辯〉《司馬文正公傳家集》，卷66，收入王雲五主編：《國學基本叢書四百種》（臺北：臺灣商務印書館，1968年）第279冊，頁821。

8　（宋）司馬光：〈性辯〉《司馬文正公傳家集》，卷66，頁821-822。

9　（宋）王安石：〈原性〉《王文公文集》上冊，卷27，頁316。

10　（宋）王安石：〈禮樂論〉《王文公文集》上冊，卷29，頁335。

　　司馬光與王安石同以氣化為本，以不假乎人力而萬物自然生化者為道為體。唯及至涉乎形氣，而為萬物受於天之性時，便有分別。以見二氣五行生剋不已，其中之陰陽五行相生有各種多寡顯隱比例之不同，所以價值趨向與形量多寡凝於人時，各各之氣性的方向，或善多或惡多亦各各不同。而此種向無限空間與時間開放，鼓舞萬變萬化，皆各正性命的理想，對各思想家的理路走向自會配合時、空及氣性的殊異，而有不同學說的提出。於是基於氣論之道真實無限，由氣所論之性，氣質善多或惡多雖各有殊異，二五相剋本質實為同一體性。學者因氣化多元生化，所以上中下等各種人性皆可成立。進而可推論同為宋初由氣論性者對性之看法，亦自然會有不同。所以對氣性詮釋的開放性，與絕對性，自各有所擅者。如司馬光主張「性兼善惡」，王安石主張「性不可以善惡言」，二者即展示氣性有多元詮釋天人關係的開放性，但在開放中，仍保持性有二氣五行生剋不已作用的一致性。

　　司馬認為孟子言性善，荀子言性惡，皆側面論性，不如上下、內外統體並重的論性。漢代揚雄形上本體的觀念尚不強，但司馬光經唐代佛學強調形上佛性的衝擊，認為當下能對抗形上佛性者，即形上形下貫通一體的氣性。同時也對思想史上孟、荀、韓諸子等作一批評論述，以重新定位性之內蘊。司馬光承續性為天所授於人之老路，在其氣通天地的思路下，視性偏善或偏惡不夠整全。認為將一氣流行之生生秩序與價值凝化於人生，使之有不同意向呈現的善與惡，承認善、惡並存於氣性中，是一較好選擇。唯及後世程朱以「理」有絕對善取代性有善惡，使「性有善惡」論者，在絕對善的氛圍下，一時之間，未將氣性有多元方向開展的特質說出。及至明清王廷相、王夫之等人，重新彰顯一氣通攝上下兩間，形氣之性自亦有多元方向之可能，論性不應只停留在形上層，而輕忽形氣層的統體論性的思路。故應重新考慮視司馬光與揚子「性善惡混」為只有感官掌握而無本體意蘊的說法。

　　王安石先確立太極為體，五行為用的架構。再以之對照性與情善惡的關係。性為通萬物之氣於人之體，五常便為氣性多元意向所呈現之價值意涵。此時性全是生用與生德之未發狀態，及至生德、生用發為情而無過不及為情之善，發而有過不及則是情之惡。王安石如此論性，著重在性未發之時是未來已發之情的根本，所以說「性不可以善惡言」善惡在已發之情因受形氣限制而有分殊狀態後才有。亦可說一氣流行為性而有限縮，性體意蘊再發為情更有限縮，使自由無限之道，最後退縮成不自由自主的分殊之情。情中不自由自主之價值，自然不是善而是惡。

　　王安石又用揚雄貌、言、視、聽、思等做為貫通天人之間的橋樑，實為承繼秦漢傳統，反對佛老重虛的有力理論。因為貌、言、視、聽是形氣感官層，在「通萬物一氣」的思路下，其與天道、二五生剋有一致性的特質，所以能超越形氣的限隔，如使下愚可為中人，中人可為上智。在二五生剋本質一致的基礎下，達到善養浩然之氣，充塞天地間的境地。如此論性，是在強調氣性的無限性是由上、中、下者可互換無礙來說。在分解說的形下氣性不可能無限，但在「精神與天地同流，通萬物一氣」的圓融境界，可說眾多貌、言、視、聽、思之情，其中所有的一致性，正是天道無限自由義的真實彰顯。此種發展或是受佛老道體自由無限義流行所衝擊，於是重新對漢代氣化論，賦予了在分殊中有貫通萬物的一體義。司馬光主張性有善惡，王安石主張性不可以善惡言，是對善惡在性內或外位置認知有所不同，二者在佛性本體衝擊下，仍主張由氣論性的大方向仍然相同。

四　情

　　夫情與道一體也，何嘗相離哉！始死而悲者，道當然也。久而

浸衰者，亦道當然也。故始死而不悲，是豺狼也，悲而傷生，是忘親也。豺狼不可，忘親亦不可，是以聖人制服，日遠日輕，有時而除之，若此者非他，皆順人情而為之也。[11]

夫情者，水也；道者，防也；情者，馬也，道者，御也。水不防則泛溢盪漾，無所不敗也；馬不御則騰突奔放無所不之也。防之御之，然後洋洋焉注夫海，駸駸焉就夫道，由是觀之，情與道何嘗交勝哉！[12]

性、情，一也。喜、怒、哀、樂、好、惡、欲，未發於外而存於心，性也；喜、怒、哀、樂、好、惡、欲，發於外而見於行，情也。性者情之本，情者性之用。君子養性之善，故情亦善。小人養性之惡，故情亦惡。故君子之所以為君子，莫非情也。小人之所以為小人，莫非情也。
自其所謂情者，莫非喜、怒、哀、樂、好、惡、欲也。舜之聖也，象喜亦喜；使舜當喜而不喜，則豈足以為舜乎？如其廢情，則性雖善，何以自明哉？誠如今論者之說，無情者善，則是若木石者尚矣。是以知性情之相須，猶弓矢之相待而用，若夫善惡，則猶中與不中也。[13]

　　司馬主「道情一體」非由絕對層說道為情之本體，而是由人生有喜、怒、哀、樂、好、惡、欲的日用處說道。如此將道的重心，由形上進入形氣中，作為日用中有其普遍性之生理才是道。明清之際，由

11　（宋）司馬光：〈情辯〉《司馬文正公傳家集》，卷66，頁822。
12　（宋）司馬光：〈情辯〉《司馬文正公傳家集》，卷66，頁822。
13　（宋）王安石：〈性情〉《王文公文集》上冊，卷27，頁315。

日用說道者甚夥，可證司馬之說是成立的。日用是道，表現道的方法，在發於言行之情，雖受氣質環境制約，不能全然展現道，唯受限制後所現之情，其內在體質仍是道，於已發過程中，仍能無所違失，所謂「道與情一體」也。情與道一體無所違失，則道自由無限，情之已發，亦自由無限。道本無限所以難捉摸，情之發用受限所以易掌握，如始死當悲是道，死久哀滅也是道。悲或不悲之情，皆是道，因為氣化有生有滅，所以人情也有始悲後哀滅的合道之表現。推而廣之，喜、怒、哀、樂，乃至日用一切無非是道所顯的人情。此乃抵抗佛老以日用為幻苦，以虛空為真實的論點。尤其司馬以其行政影響當代，形成重實之風，實儒學之真實踐。明清之際，如陳確主張情善說，少論天道，而主張日用即是道，不須另外他求日用之上的另一種道，亦是此重然學風之延續。關於道情交勝問題，司馬以為道是導水入海的堤防，有道之防堵，水入海才成合道之情。情無道之堤坊，漂蕩奔溢如洪水猛獸，情已失其本具道之體性，已非由道而來之情。水有氾濫的作用，若無道之貞護，會是駭人的負面價值。若有道之防定，水則善利萬物成正面的價值。但道情互助，若立於理氣二分角度說，互助是不同層質的組合，彼此會有扞格而難為一體。若立於一氣上下通為一體觀之，則道是在形下中而為形下之體，非超越於形上之體。情是形上道之顯，非純粹形下之氣。因道與情本質皆以二五之氣生化不已為內涵，故道情一體是生化不已的流行。一說交勝，道情便有上下之隔，生化不已便不能彼此貫通而斷落。

　　司馬由「道情一體」強調已發之情即道之顯現，對抗佛氏重上輕下之弊。後又為南宋朱子以形上理無限，形下情有限的說法取代。然道情一體觀又在明清時，由王夫之、陳確等重新恢復。統觀中國思想史，朱、王強調形上本體的重要與優越性，所以不同於一氣流行的傳統。司馬與安石在佛學、朱王雙塔的對比下，似是孤單獨遺，實是力

扛一氣流行傳統的重要傳承的人物。

安石主張「性情一也」。性是喜怒未發存於中的狀態。此與孟子仁義禮智存於內，內蘊上似有感性情意與道德情意的差別。唯安石與司馬所承之道體，非感性、德性二分者，而是以一氣流行不已為體之性。此氣性發於感性界便是感性，此氣性發於德性界，便是德性。天地只有一氣性，氣化之任何方向，皆道多向性之展現。號稱朱學後勁的羅欽順即發此理，羅欽順有云「氣之聚便是聚之理，氣之散便是散之理，惟其有聚有散，是乃所謂理也。」[14]欽順主張天地一氣流行，其中有浮沉、升降等多向發展之可能。所以自然有聚、散的情況出現，而有聚散不同之發生，在於一氣有分殊無限的能力。所以欽順可說聚、散皆一理。不同於朱子「氣有聚散，理無聚散」的理氣二分之說。知安石雖順〈中庸〉未發是性已發是情的架構，但填入的義理，則是一氣流行，貫通上下內外的思維。自與用理氣二分思路填入「性未發情已發」架構，最終造成本質與道絕異的情，彼此難貫通為一理的朱子理路不同。

可知對「情」的詮釋，司馬是以具氣化之道為情之體性而說「道情一體」。安石亦由一氣統貫上下的視域來支持情與氣化之無隔，亦即「如其廢情，則性雖善，何以自明哉？」後又進言情與未發之性，屬同體同層同質的理想表現。強調有情性才彰顯的重人倫日用的學風，努力擺脫佛老淪虛蹈空的糾纏。二人論情的實義相近，雖後被朱子情為有限說掩蓋，但在明清修正朱王的風潮下，劉宗周、戴震等反朱以情無惡，主以情為善為風潮下，可看出司馬光與安石早在宋初便已為明清情善論建構了先期的理論基礎。

14　（明）羅欽順：《困知記》卷下，收入蕭天石主編：《宋元明清善本叢刊·中國子學名著集成珍本初編》（臺北：中國子學名著集成編印基金會印行，1978），頁112。

五　結論

　　本文先論漢代董仲舒、揚雄的氣化論，為宋代初期的司馬光、王安石所繼承。然而，同為宋代初期的周敦頤、張載因重視《中庸》、《易傳》於是將本體論引進理學，但基本上仍不廢氣化論的傳統。所以周敦頤有〈太極圖說〉的陰陽五行的生化模式。張載亦融合本體與氣化兩層，主張「太虛即氣」，將氣化提升到本體的位置，但也注意到本體與氣化的差別，所以分性有天地之性與氣質之性二者。周敦頤、張載強化本體論，提升了儒學的高度。而同為宋初的司馬光、王安石則承續漢代氣化論的傳統，逮及程、朱雖重視形上理體，但仍然重視氣化實然的層面。再到明代中期羅欽順、吳廷翰、王廷相等，更將氣提高道本體的位置，明白主張氣本論。再至明清之際，劉宗周、王夫之又用「通天地一氣」的老傳統，收攝理學、心學於一氣流行的論述內。繼續至清初戴震、呂緝熙，復擺脫宋明重形上輕形下的糾纏，重新復歸漢代重實然的氣化論傳統。完成由宋初司馬光、王安石所承接的氣化論，歷經與理學、心學的對話，與氣學的互動，終至以新的姿態與內容，回歸漢代氣化論的過程。司馬光與王安石有其承先啟後的重要位置。舉其論題的大要，如王安石主張「人之精神與天地同流，通萬物一氣」。司馬光主張「萬物皆祖於虛，生於氣」。可見二人皆由氣論萬物的根源，非由形上之道為萬物根源。司馬光云「性人所受於天以生善惡必兼有之」，明代主張氣本論的王廷相亦有此說。王安石云「有情然後善惡形焉，而性不可以善惡言」，王安石是由性未發時是已發之情的根本的視角，說「性不可以善惡言」，與司馬光言性有善惡不同。而「性不可以善惡言」使性有往太極靠近的傾向。後來明清言氣論者，盛發此義以收攝王學於氣論內，進而主張只有氣質一性，氣質之外並無另外的天地之性，所謂的天地之性即氣質之性

的自身。又如司馬光在萬物生於氣的論述下，主張「道與情一體」，
王安石在「通萬物一氣」的思維下，也主張「性情一也」，可知二人
對道、性、情的看法，皆立於太極陰陽流行於人倫日用的角度來說，
與同為宋初的周敦頤、張載對氣化孰輕孰重的主張有所不同。

陸　由氣論張栻的心主性情論

一　前言

　　張栻（1133-1180），字敬夫，號南軒，南宋漢洲綿竹人，為湖湘學派的奠基者。與朱熹、呂祖謙，號稱東南三賢。有《南軒集》傳世。張栻曾師事胡宏，受胡宏心學之教。後又與朱子論學，為學推尊二程，其學脈多元，又引發朱子學問的轉變，其所主張的心主性情論，意所何指？與各家關係如何？今試由張載的氣化論，大程的一本論，小程與朱子的理氣二分論等路線，試圖藉由與各路線的辯證，呈現張栻對太極、性、心等核心論題的態度，及傳承與轉化張載、二程學說的關鍵地位。張栻與朱子互動頻繁，朱子以理氣二分，心性情三分為其學說架構，唯對漢代氣化論也有吸收，如有云：「天地初間只是陰陽之氣。這一箇氣運行，磨來磨去，磨得急了，便拶許多渣滓；裏面無處出，便結成箇地在中央。氣之清者便為天，為日月，為星辰，只在外，常周環運轉。地便只在中央不動，不是在下。」[1]朱子如此說是《易經》的「易有太極，太極生兩儀，兩儀生四象，四象生八卦」的說法，與陰陽五行學說統合起來，配合四時、十二月令、二十四節氣，金、木、水、火、土的相生相剋的生生秩序與物質條件，所建構的由天地間初分，而清揚之天，漸凝為日月、風雨，降而為形

1　（宋）朱熹著、（宋）黎靖德編：《朱子語類》（臺北：文津出版社，1986年），卷1，頁6。

質之地。地上分四方、四季，又依氣運循環不已，而有萬物的生息繁衍，進而以之做為政治社會、人倫日用的指導原則與實踐的條件，所建構成的繁複綿密，循環不已的整體的氣化觀。去掉時空、生化、才質等條件，將整箇氣化內容與過程收攝在用形上理與形下氣的二分法的理氣論架構中。引用此段文字，主要在點出朱子對傳統的氣化論並不陌生，張栻與之論學多有異同，同處或即在於對氣化的認知有相同處，異處或亦是對氣化的定義與位階安排上有異處。

二　太極

> 太極之體至靜也，沖漠無朕而無不該焉。某所謂至靜，蓋本體貫乎於已發與未發而無間者。然太極不能不動，動極而靜，靜極而動。此靜，對動者也。有動靜則有形器，故動則生陽，靜則生陰，一動一靜，互為其根。動靜者，陰陽之性情。而陰陽者，兩儀之質也。分陰分陽，兩儀立矣。有一則有二，一立則兩見矣。[2]

　　張栻以至靜說太極。太極至靜，貫乎已發未發之兩間，知太極除具本體義外，此本體又非只超越形氣之上者，而是與形氣能貫通無隔。純粹超越之本體貫通已發、未發間，是形上貫通於與其異質異層的形下者，做為形氣生化原則的貫通，本體自身並非氣化的實然。若太極能與已發、未發進行同質的貫通，則太極除本體義外，尚需有生化義，且是能與形氣為同質的生生條件。張栻既以太極為遍該無朕之

2　（宋）周敦頤：《元公周先生濂溪集》卷二，收入北京圖書館古籍出版編輯組輯：《北京圖書館藏古籍珍本叢刊》（北京：書目文獻出版社，1988年）集部・宋別集類，第88冊，頁70-71上。

體，又言「太極不能不動」，則其動既為形上生生作用，又是與靜「相對」之動，及動亦是形氣之動。動既是本體之生用，亦是形氣的變化。如兩儀互根而動，動靜既為陰陽在本體層相生之作用，亦是形器能在形氣層成形的氣質與條件，所以陰陽亦有兩儀在形氣層的材質義。因性情與材質分別為兩儀在無形與有形層的內涵，彼此是兩而為一，非一而二分者。知其太極非超絕之形上本體，而是形上未發與形下已發相貫通無間隔的太極。

> 蓋何莫而不由於太極，何莫而不具於太極，是其本之一也。然有太極則有二氣五行，絪蘊交感，其變不齊，故其發見於人物者其氣稟各異，而有萬之不同。雖有萬之不同，而其本之一者亦未嘗不各具於其氣稟之內。[3]

太極既是萬物之生源，亦具于萬物中為其體。若太極為形上超越之體，其「由」其「具」皆是與物有隔的「由」與「具」。「莫不由于太極」、「莫不具于太極」的太極，是二氣五行、絪蘊交感、變化不齊的，在氣化流行於實然界所說的太極。如此實然界的人物變化，不是沒有與太極本體相貫的變化，而是實然界以太極為生化之本的變化。此種變化發見於人物，人物氣稟各異而有萬端之不同。此乃由實然界人物有萬端不同，指出太極本體的無限遍在性。不主張道在形上層有無限性，及落於人物，便為人物限制其無限性，而成為有封限者。可知張栻由太極有二氣五行之交感說萬有不齊，則是將本體與宇宙生化兩者視為可同質貫通的一體，故曰「本之一」。此與伊川、朱子視理氣為二者不同，與其師胡五峯所言相近。

3　（宋）張栻著；楊世文，楊蓉貴校點：《張栻全集》（長春：長春出版社，1999年），頁825。

天道保合而太極立，氤氳升降而二氣分。天成位乎上，地成位乎下，而人生乎其中。故人也者，父乾母坤，保合天命，生生不易也。[4]

五峯以太極為天地人三才之本，則太極除本體義外，由「氤氳升降而二氣分」，知太極亦有宇宙生化的作用義與才質義於其中，而生化之作用與才質義，亦為太極所本具。張栻與五峯仍承濂溪、橫渠由氣化流行說太極本體之路，太極之流行即氣化萬變不齊，而其中自有生生理則，及與此理則無隔的形物一路。故其二氣五行絪縕交感之萬有不齊，非形下人物的莽然無序，其氣化秩序實由形上理則來提供。亦即雖有太極而二氣五行而形物的生成先後秩序，但先後秩序並非異質的層遞而下，而是太極與二氣五行同質而貫通的秩序與過程。太極之無限性正藉二氣五行生化有萬變不齊的形物，在日用中展現太極的無限性。如由人為視點說「父乾母坤，保合太和」，而非於日月中，去體悟在形物之上的另一種超越的本體。濂溪、橫渠以至明道，五峯至張栻皆有太極生陰陽、生萬物，做為其本體與宇宙貫通無隔為一氣化整體的說法。蓋以此在氣化流行中，上下一體無別的整體觀，來與佛氏的重上輕下作區別。

唯前於張栻之伊川除與明道同主張理為本體外，亦開始重視面對形氣如何掌握，以使之合理的問題。伊川有云「離了陰陽更無道。所以陰陽者是道也，陰陽氣也。氣是形而下者，道是形而上者。形而上者則是密也。」[5]主張「所以陰陽是道」是形上理，「陰陽，氣也」是形下氣。理與氣共同存在為不離，理與氣層次有別為不雜。強調與理相對之氣，有加以重視的必要。故順橫渠有氣質之性，及明道「惡亦

4　（宋）胡宏：〈皇王大紀序〉《胡宏集》（北京，中華書局，1987年），頁163。
5　（宋）程顥、程頤：《二程集》（北京：中華書局，2004年）第1冊，頁162。

不可不謂之性」的思維，伊川更加注意「氣」在成德過程的重要性與位置。專主氣為形下，未必是降低或分開氣與太極本為一體的思維，而是在濂溪、橫渠言理氣並重，但重氣化傾向明顯的學風下，特提出氣與本體相異的命題，強調對形氣的認識與掌握，以避免重上輕下之弊，及承接濂溪、橫渠以來，以氣說儒學為實的傳統。

伊川雖已循序開始面對氣，且給予定義與位置。唯張栻早期師事承明道思維的胡五峯，仍視太極與二氣五行的本體與宇宙為一體的觀念，來說性為天下之大本。張栻承繼此種上下一體由體統用的思維，又因對伊川居敬主一修養工夫的重視，在以體統用大方向下，對氣有新的認識，並注意到如何用居敬貫通體與用為一的命題。

張栻既師承五峯以體統用，又覺居敬於日用上為成德當有之工夫。故於伊川理氣二分，以居敬窮理為工夫以成仁之說，亦多有吸收。故在以體統用傳統下，也強調氣與用的重要性。太極可由理本論、氣本論及上下一體觀分別來討論，而張栻有云：「天命且於理上推原，未可只去一元之氣上看」[6]知其太極非上下二分之理本論及氣中有理的氣本論。而是以理為體，再由重體而轉為重體用一源，太極為體，而其陰陽五行之作用，能發見為萬變不齊，氣稟各異的實然的模式。至於張栻與朱子的討論，朱子有云：「太極只是天地萬物之理。在天地言，則天地中有太極；在萬物言，則萬物中各有太極。未有天地之先畢竟是先有此理。」[7]、「理未嘗離乎氣。……然理形而上者，氣形而下者，自形而上下言，豈無先後。理無形氣便粗有渣滓。」[8]朱子以理為先在形之上，氣為有形之天地為後。由生成先後的秩序言，先有理而後有形氣。由體質層次言，理屬形上氣屬形下。

6　（宋）張栻：《南軒集》（臺北：廣學社印書館，1975年），頁795。

7　（宋）朱熹著、（宋）黎靖德編：《朱子語類》，卷1，頁1。

8　（宋）朱熹著、（宋）黎靖德編：《朱子語類》，卷1，頁3。

二者關係不離不雜，但理是氣化之指導原則，氣化依理之規則而運行，是理體氣用，氣依理行的模式。唯在體與用互為輕重的光譜上，張栻以體統用，兼重陰陽的主張，與前之伊川主張面對氣，後之朱子主張以理治氣，有其中介的位置。唯張栻之太極是上下一體的太極，與伊川、朱子的形上太極有別。對強調正視陰陽氣化有益行仁，有其一致性。只是在強調陰陽定義處，伊川、朱子之氣為形下，而張栻之陰陽是有貫通上下之屬性。張栻云：「無極而太極存焉，太極本無極也。若曰：自無生有，則是析為二體矣。」[9]知有無非二而為一體者。

　　陰陽者，形而上者；至於穹隆磅礴者，乃形而下者歟？[10]

　　是故形而上者之道施於器而後行，形而下者之器，得其道而無弊。[11]

　　太極有貫通形物，陰陽相生之屬性。若太極為形上，陰陽為形下，則太極只能為陰陽形上之體，無在有中，而無非有。若太極「施於氣而後行」，則陰陽既承太極而有形上生生作用，亦具有具體的才質義。張栻承明道、五峯以體統用的說太極，陰陽既非形下者，亦非以氣為本體的陰陽。而是以陰陽既是形上者之生用，亦是具穹隆磅礴的形下形質。理本論中無上下貫通之陰陽，氣本論陰陽能貫通上下。張栻主上下貫通之陰陽，又非氣本論者。張栻在客觀分解層面說「陰陽者，形而上者」，但在工夫達到體用一源境界後，上下區別泯滅，在此語境下則可說明陰陽貫通上下。如橫渠云：「一陰一陽不可以形

9　（宋）張栻：《南軒集》，（臺北：廣學社印書館，1975年），頁772。

10　（宋）張栻：《張栻全集》，頁16。

11　（宋）張栻：《張栻全集》，頁17。

器拘，故謂之道。乾坤成列而下，皆易之器。」[12]在氣本論模式下亦可說陰陽為道。明道亦云：「氣即道，道即氣。」之在圓頓一本化境中，陰陽自有其貫通上下之特質。張栻從橫渠氣本，明道一本二種思路中，提出陰陽既可為體為太極，亦能凝成形下萬物的說法。如此說萬物才有生與所以生，有生中有生化之秩序，有序中見萬化有其本體。否則陰陽只形下無形上，出現氣強理弱時，便需用他律工夫接近仁體，則屬朱子工夫了。

三　性

> 太極所以形性之妙也，性不能不動，太極所以明動靜之蘊也。極乃樞極之義，若只曰性而不曰太極，則只去未發上認之，不見功用。曰太極，則性之妙都見矣。體用一源，顯微無間，其太極之蘊歟。天地亦形而下者，一本於太極。[13]

> 太極，性也。唯聖人能盡其性，太極之所以立也。[14]

　　太極賦於人身為性。太極為生生之易，通過既有生生義又有才質義之陰陽於人而為性。此性自然不能不動，而有生生不息的陰陽相生相成之動作。理本論之太極賦於人為性，此性雖與太極同體，但受限於氣稟，工夫要用力在如何貫通上下兩間。如朱子有云：「邵堯夫言『性者，道之形體；心者，性之郭郭。』此說的甚好。蓋道體無形，只性便是道之形體。然若無箇心，卻將性在甚處！須是有箇心，便收

12　（宋）張載：〈橫渠易說〉《張載集》（北京：中華書局），頁206。
13　（宋）張栻：《南軒集》，頁480-481。
14　（宋）張栻：《張栻全集》，頁976。

拾得這性，發出來。」[15]朱子在理氣二分的思路下，主張道體無形，而性是道之形體。說到「形體」便表示道與性已有形上、形下層次的不同，亦即道已落形氣中而為性，要使性回復道的無限性，便要用心收拾住性。氣本論之太極為性，則生生義，秩序義，才質義彼此相通，工夫用在消融體與用的上下有別之秩序，使本體具體化為日用萬變不已之流行。張栻則曰：「太極即性之妙。」承前所論之太極，所強調的是形上太極在人性中的生生妙用，重點在太極與性雖有位階差別，但生生之妙則沒有分別。故不主張只認未發之性，而要認體用一源，太極之妙即性。因屬形上的陰陽，可「施於氣而後行」，所以陰陽為性，自然「性不能不動」。張栻又言：「天地形而下者，一本於太極。」即天地所以有生用，能具體生化，即以「所以形性之妙」的太極為性也。

> 性之本，則一而已矣，而其流行發見，則人物之所稟，有萬之不同焉。蓋何莫不由於太極，亦何莫而不具於太極，是其本之一也。然有太極則有二氣五行，絪縕交感，其變不齊，故其發見於人物者，未嘗不各具於其氣稟之內。故原其性之本一，而察其流行之各異，知其流行之各異，而本之一者而後可與論性。故程子曰：論性不論氣不備，論氣不論性不明。蓋論性而不及氣，則昧夫人物之分，而太極之用不行矣。論氣而不及性，則迷失大本之一，而太極之體不立矣。[16]

太極因陰陽五行絪縕交感而有不齊之人物，萬物不齊固源自二氣五行相生有無限的可能性，而二氣五行所生不同比例之萬物，由其比

---

15 （宋）朱熹著、（宋）黎靖德編：《朱子語類》，頁64。
16 （宋）張栻：〈孟子說〉《張栻全集》，頁427-428。

例不同萬物之自身，續發其二五交感生生之能，孳乳增多，以見性生生之妙用，及其無限性。如此言性，既承繼形上性體為人物生生之本的傳統，亦結合二氣五行生化的實然，使性在生化中顯其無限性，而非孤絕超越之性，亦非莽然無價值義的氣稟之性。朱子有云：「然而二氣五行，交感萬變，故人物之生，有精粗之不同。自一氣而言之，則人物皆受是氣而生；自精粗而言，則人得其氣之正且通者，物得其氣之偏且塞者。惟人得其正，故是理通而無所塞；物得其偏，故是理塞而無所知。」[17]朱子在理氣二分的思路中，亦認為二氣五行，交感萬變，所以人物之性亦有精粗不同。唯朱子人物之性有異，在強調理受限於形氣，使性有不同。而張栻則在強調氣性固有不同，但「原其性之本一」也。張栻以為只論形上性體，無法解釋萬化分別由何而生？且形上體性不能直接發生形氣，形氣只能依理而行，理本身不能生氣。只論有生化義而無價值義的氣，無法解釋形下氣由形上來，無如何能生有？及各物自身自有其源，則萬有之源，未必為太極之疑問的提出。

　　　有太極則有兩儀，故立天之道曰陰與陽，立地之道曰剛與柔，立人之道曰仁與義。仁義者，性之所有，而萬善之宗。人之為仁義，乃其性之本然。……蓋仁義，性也。而曰以人性為仁義，則是性別為一物，以人為矯揉而為仁義，其失豈不甚乎？[18]

　　張栻以太極為仁義之本，則仁義以做為本性的價值意涵而為人性之本然。此非由形上價值說仁義，是由太極有兩儀的宇宙生化模式說仁義，其中陰陽剛柔相生互動的秩序，即倫理上的仁義。而朱子有

17　（宋）朱熹著、（宋）黎靖德編：《朱子語類》，頁65。
18　（宋）張栻：《張栻全集》，頁425。

云：「性無不善。心所發為情，或有不善。說不善非是心，亦不得。卻是心之本體本無不善，其流為不善者，情之遷於物而然也。性是理之總名，仁義禮智皆性中一理之名。」[19]朱子是由形上本體層說「性無不善」，及待到心發性為情，此時心、情已由形下氣質層說，於是心與情受氣所限，乃有相對之善或惡。而性是「理之總名」仍為形上超越之性，與張栻所論之性不同。張栻也反對「以人性為仁義」如此人性為一，仁義為一，是將價值與生生之性析為二，以人為為價值，不合太極生生即性之價值生生不已義。張栻師事之五峯亦云：「性也者，天地鬼神之奧，善不足以言之，況惡乎？」[20]五峯以天地生生之妙為性，性體是由宇宙論來說。「善不足以言之」則又指性有超越本體義，如此論性是將本體論與宇宙論合為一的性。性之善既為形上仁體，善又是萬物雖表相不齊，而其中價值義，又彼此一致的善，故又可為萬善之宗。張栻云：「性善云者，言性純是善，此善字乃有所指。若如彼善於此之善，則為無所指，而體不明矣。[21]」如此言性相對之善而非絕對之善，但同時又由太極兩儀相生說性。知性非只是絕對形上性體，亦非只是氣化流行之血氣之性，而是體與用，本體與流行同體共構的性。

> 夫血氣固出於性，然因血氣之有偏，而後有不善，不善一於其偏也。故就氣稟言之，則為善固性也，惡亦不可不謂之性也。則可即其本源而言之，則謂不善者，性之所不為，乃所以明性之理。[22]

---

19 （宋）朱熹著、（宋）黎靖德編：《朱子語類》，頁92。

20 （宋）胡宏：〈宋朱熹胡子知言疑義〉《胡宏集》，頁333。

21 （宋）張栻：《南軒集》，頁665。

22 （宋）張栻：《南軒集》，頁724。

　　由太極陰陽說性，性自是與血氣一體的說，性體善則血氣自應為無限之體善。唯受限於氣稟之有限，於氣稟表現之善為有限善，亦即為惡。知性既有本體善之義，又因順太極陰陽說性，故性亦因氣稟不齊而有惡，而云「惡亦不可不謂之性」。在道為性體的思維下，惡不可不謂之性。在氣本論說性之路下，性有善與有惡。如王廷相有云：「性之善者，莫有過於聖人，而其性亦惟具於氣質之中，但其氣之所稟清明淳粹，與眾人異，故其性之所成，純善而無惡耳，又何有所超出也哉？聖人之性，既不離乎氣質，眾人可知矣。氣有清濁粹駁，則性安得無善惡之雜？故曰：『惟上智與下愚不移。』」[23]從強調「惟上智與下愚不移」，可知王廷相不主張性為超越絕對的善，而認為氣有清濁則性自然隨之而有善惡的並具。王廷相雖認為世有純善而無惡的狀態，是指二氣五行相生有極清比例產生之可能，而二五相生亦有極濁比例而為惡的狀態。唯張栻言性，不專由道或氣言，而是由太極陰陽說性，才可說性「即其本源而為之」為善，就氣稟而說，則有善有惡之不同。此見張栻承明道的「論性不論氣不備，論氣不論性不明」的思路，亦主張「善固性也，惡亦不可不謂性」。

四　心

　　人具天地之心，所謂元者也，由是而發見，莫非可欲之善也。其不由是而發，則有血氣之動，而非其可矣。[24]

　　不睹不聞者，指此心之所存，非耳目之可見聞也。然莫見莫顯

23　（明）王廷相，王孝魚點校：《王廷相集》：（北京：中華書局，1989年），頁518。

24　（宋）張栻：《南軒集》，頁755。

者，以善惡之幾，一毫萌焉，即吾心之靈，有不可自欺，而不可以掩者。[25]

張栻由太極陰陽生生說性，做為性生生作用之心，自是由天地一體來說，非只由道體生生作用說心。天地之心即生生之「元」，「元」者萬物創作之開始，人所具天地之心，自是日用間善端之萌發。性善則所發之心亦善，所謂「可欲之善」。此可欲非形上心體的創造價值作用，而是與血氣為一體的為善之欲。若心屬形上，則性亦屬形上，如此形上心主持形上本性，兩者固無隔，心主形氣情則為有隔。心若屬形氣，吸收形上性體於內，則為朱子一路。張栻由天地說心，心既有本體價值創造作用，此作用亦是血氣合理序的行為，乃所謂「一毫萌焉，即吾心之靈，有不可自欺，而不可掩者」之意。唯若血氣之動不由天地之心發，而純由血氣發用則為惡。若自我隔斷天地，單由形下血氣發動，便是為善或為惡之幾之所萌發。知心非只由形上言，亦不由形下言，是合太極陰陽之發用言。

> 惟性之中有是四者，故其發見於情，則為惻隱、羞惡、是非、辭讓之端，而所謂惻隱者，亦未嘗不貫通焉。此性情之所以為體用，而心之道則主乎性情者。[26]

心為性之生用，心之發見則為情。若心性同屬形上，則所發之情為形下，心性在情中是異質的生發原則與作用，則情未必順心性而發。若如朱子由形氣心收攝形上性理發為形下合理之情，如云：「性是理之總名，仁義禮智皆性中一理之名。惻隱、羞惡、辭遜、是非是

---

25 （宋）張栻：《南軒集》，頁732。

26 （宋）張栻：《南軒集》，頁449-450。

情之所發之名，此情之出於性而善者也。其端所發甚微，皆從此心出，故曰：『心，統性情者也。』」[27]朱子是將心、情視為形氣層之發用，與超越層之性，彼此層級不同，理氣二分，心性情三分之架構。由氣本論言，心性情乃是一氣流行於人的不同位階與作用，本質一致且相貫通。而張栻在太極即性立場說心，較接近明道由圓頓一本立場說心，而與前述理本論或氣本論者主張有別。如此心既與太極陰陽貫通，又為太極之性所發，發見之情在本原上與善性貫通，在氣稟上亦與天地之性相近，則心之發用便能同質地貫通性情，而無隔閡斷落之虞。五峯亦云：「誠成天下之性，性立天下之有，情效天下之動，心妙性情之德。」[28]此亦主張性為本，情為本之發，心使性德發為善情，亦是在心、性、情皆由太極陰陽為一貫說的立場下，提出心可主宰性情的模式，張栻亦承此而為說。

五　結論

　　張栻主張太極是「本體貫乎於已發與未發而無間者」，所以太極不單是形上超越的本體，而是已發未發無間隔的整體。且此太極透過陰陽動靜而有萬變不齊，太極便為萬物的「其本之一者」，張栻如此說與伊川、朱子的理為形上，氣為形下的理氣二分說不同。與胡五峯「天道保合而太極立」的說法接近。「保合」是由天地人各成其位的視角說太極，知此太極非由單形上本體說。張栻又云：「形而上者之道施於氣而後行」，指道在氣中而後行，道與氣通貫者，才是道。道與氣有隔，道為氣的形上本體及指導原則者，不是道。張栻順著太極說性，太極有陰陽動靜的生生作用，所以太極能「形性之妙」而性亦

27　（宋）朱熹著、（宋）黎靖德編：《朱子語類》，頁92。
28　（宋）胡宏：《知言·事物》《胡宏集》，頁21。

「不能不動」。此「不能不動」非消極的被發之意，而是太極自體的自動自主運化不已的積極義，性即以太極為其體性而「不能不動」。可見，張栻將太極與性視為同一整體，不可分別，只是由天說，或由人說的差別。張栻認為人稟太極而有的性，「性之本，一而已」。是指人物因二氣五行，絪蘊交感，萬變不齊，所以人物之性亦各有不同。然因性源自太極而有，所以統體言之，人物之性仍是「性之本，一而已」。若從萬物各異言之，則人物之性各有不同。此可說是張栻對性有氣質之性，與天地之性論題的態度。然張栻更認同的是程子「論性不論氣不備，論氣不論性不明」的理氣整體觀。順著氣化說，氣化分殊而萬有不齊，則氣性亦各有不同。所以，亦如程子認為「善固性也，惡亦不可不謂之性」，此與由理言性，性為純善者之說不同。張栻以不睹不聞處為心之本然，而太極「施於氣而後行」，所以作為太極生用之心，又不會只停留在不睹不聞處，而是會「以善惡之幾，一毫萌焉，而有吾心之靈」的發用。如此，性、情、心在本質上，皆與太極通貫而無隔。面臨善、惡由何而來的提問，則不由太極本善，形氣才有惡來回答。而是由太極生生不已，無分善惡，善惡因氣化萬變不齊，性因而有善、惡來回答。因性有善有惡，便以源於太極之心用工夫，以回復「天地形而下者，一本於太極」的原初面目。此乃張栻「心之道主乎性情」的宗旨。

柒　羅欽順的「理氣心性」論
——以「理氣是一的本體觀」為詮釋進路

一　前言

　　除程朱的性即理，陸王的心即理，二種理論性格與內涵是十分明確不同的典範外，明中葉以後各理學家多少都有辯證的進出於朱子、陽明，與應時而興的氣本論三種學脈之間的情況。而目前學界討論氣學內部的理路，又有劉又銘教授主張的神聖氣本論、自然氣本論二類[1]；楊儒賓教授主張的先天之氣與後天之氣的二類[2]，日本學者馬淵昌也分理學的氣學、心學的氣學、非性善論的氣學[3]，以及筆者所分的純粹氣本論、理氣是一、心理氣是一，以易說氣等[4]之分野。在大方向上，四者的分類差異不大，唯因理論重心與立場的取捨有不同，於是在細部歸類上，難免有出入，羅欽順即為一例。羅欽順師承朱學，對抗王學，引進氣學進而融為一己體證的「理氣一物」論，說其為純

1　劉又銘：〈宋明清氣本論的若干問題〉，收入楊儒賓、祝平次編，《儒學的氣論與工夫論》（臺北：國立臺灣大學出版中心，2005年），頁203-246。

2　楊儒賓：〈兩種氣學，兩種儒學〉，《台灣東亞文明研究學刊》第3卷2期，頁1-39。楊儒賓：〈檢證氣學——理學史脈絡下的觀點〉，《漢學研究》第25卷第1期，2007年，頁247-281。

3　馬淵昌也：〈明代後期「氣的哲學」之三種類型與陳確的新思想〉，收入楊儒賓、祝平次編：《儒學的氣論與工夫論》，（臺北：國立臺灣大學出版中心，2005年），頁161-202。

4　王俊彥：《王廷相與明代氣學》（臺北：秀威資訊科技公司，2005年）。

粹氣本論,則與王廷相氣為第一義,理為第二義有距離。說其為理本論,則只在重視超越義上相近,但重視實有義則使理論性格有大幅轉變,當然與心學立場自是判然各異互相批判。羅欽順所處時代是為因應當時反對朱子超越之理過輕,而有實然傾向之學說如曹端、薛瑄、黃潤玉,及其後的魏校等,都強調理的實有義。而吸收從張載以來關學重氣的一脈,如呂柟有云「吾與天地本同一氣,吾之言即是天言,吾之行即是天行,與天原無二理,故與天地一般大。」[5]等人亦同時出現,於是一種可以超越與實然相貫通,有形與無形連續互換大大提昇實有義的氣學。便是完成修正朱學,對抗佛老虛無的時代任務的很好選擇。但所謂傳統的理學,是重視在功夫的圓頓體悟中達到天人物我為一之化境的。但此所謂圓頓化境,會因學脈、性格、宗趣不同,而有偏重超越義(如朱子)、實有義(如王廷相)、良知義(如陽明)等不同。羅欽順應是介於其間,兼攝超越義與實有義,彼此交融互攝強調體驗境界的一個範例。而在作工夫前分解說的論述,羅欽順論述的宗趣與模型明顯受到程朱影響,但在引進氣本思維後,會引伸出如何可能有氣與理兩個本體同時成立的質疑,所以羅欽順長期體證後,發展出一種消融上下有無差別,而圓融遍體一切的,在作工夫後圓頓化境的「理氣一物」的體證本體觀。[6]

5　(明)呂柟:〈鷲峰東所語〉《涇野子內篇》,收入四川大學古籍整理所、中華諸子寶藏編纂委員會編:《中華諸子寶藏・諸子集成續編》(成都:四川出版社,1998年),儒家類第5冊,卷19,頁693。

6　胡發貴教授的《羅欽順評傳》,對羅欽順理氣的屬性有云:「如果說朱子的『理一分殊』是意在突出理本體的話,那麼欽順的『理一分殊』則意在烘托『氣本』,欽順是借用朱子的成說來闡釋理氣合一,理本于氣的思想。顯然,欽順是唯物地改造了朱子的『理一分殊』之論。」(收入匡亞明主編:《中國思想家評傳叢書》(南京:南京出版社,2001年)第121冊,頁177。)筆者贊成胡文由氣本來說理氣合一,但不以為理氣是一是由唯物論來說。荒木見悟教授在其〈氣學商兌——以王廷相為中心〉,《明末清初的思想與佛教》(臺北:聯經出版社,2006年),頁22一文,云:

　　筆者目前為止所認知的氣本論，是形上形下相貫通的，是有形與無形可以連續互換的，道德義強的（只是各家的道德根源有本具與外存的不同），重視工夫修養的（包括純粹氣本論的王廷相以道德為外存，都非常重視王道教化對氣性陶冶的作用）。而非所謂形下的、氣質的、道德義弱的。於是工夫前的分解說後，必有工夫後的圓頓化境，但在論工夫前的分解說時，諸儒在對天人物我的內在體証上，應是已預設為傳達圓頓化境的體會，才先有分解說的。分解說的成立是為建構證成圓頓化境的存有基礎。

二　理一分殊

　　明初曹端云：「人為死人，而不足以為萬物之靈；理為死理，而不足以為萬化之原。」[7]批評朱子理氣人馬是理氣二分，理先氣後的

「整菴與崔號對『氣』一客觀狀況的合理性一有更多期待。『理』，不免帶有與現實狀況妥協的性格。於是一方面是廣義重氣論的基調，一方面卻又是心學與理學對立戰線的延長。氣學，其實是朱子學某種程度的修正型態」。該本反對由唯物論詮釋氣學，是可取的。但以氣學為朱學的修正，筆者則以為忽略氣學綿延流長的主體性，及氣學與理學在本質上是有距離的。鍾彩鈞教授在〈羅整菴的理氣論〉，《中國文哲研究集刊》第六期，頁205一文中云：「他一方面以氣為主，肯定千條萬緒的世界，在其中體認秩序條理，以為理的內容；另一方面，統一性與秩序性又是他的根本要求，這不是氣所能提供的，他還是以理為形上的本體，氣為形下的作用。」鍾文肯定羅欽順理氣是一的主張，是能正面的面對氣學，但結論又退回理形上、氣形下的朱學格局，筆者則以為理氣是一是放在氣學的脈絡下成立，已非朱學了！劉又銘教授在〈羅欽順的氣本論〉，《理在氣中》（臺北：五南書局，2000年），頁25文中云：「這都印證羅欽順以氣為本原，以『太極』、『理』指稱氣的生機運行的條理律則的觀點。到這裡，羅欽順關於氣本論的思想立場已完全可以肯定。」筆者贊同劉文以正面肯定氣本論的態度論羅欽順，及劉文申論範本論非唯物論的論述。唯筆者主張羅欽順是屬廣的氣本論中，可再細分出理氣是一的另一學脈。

7 （清）黃宗羲著：〈學正曹月川先生端〉，收入（清）黃宗羲著《黃宗羲全集》（臺北：里仁書局，1987年4月）第8冊，《明儒學案》下，《諸儒學案上二》，頁1064。

說法，應修正為「使活人騎馬，則其出入行止寂徐，一由乎人馭之如何，活理亦然。」[8]理不應只是死理，應有創生的動能。乃至薛瑄認為「前天地之終，今天地之始，氣雖有動靜之殊，實未嘗有一息之斷絕，而太極乃所以主宰流行乎其中。」[9]又云「竊謂理氣不可分先後。蓋未有天地之先，天地之形雖未成，而所以為天地之氣，則渾渾乎未嘗間斷止息，而理涵乎氣之中。」[10]皆主理氣非二，天理應有創生作用，非只孤懸之理。其後之黃潤玉有云：「蓋三極之道，一理氣而已。然理為體，氣為用，合體與用，斯名曰道。」[11]又魏校亦云「夫氣之始混沌未分，只是渾淪一個該得如此。及至開闢，氣化分為陰陽，則理亦有健順五常之別，缺一則不可以為造化。」[12]亦主張理氣非二。及至羅欽順亦將自然之氣生生動能中提煉出超越義的生生動能，豐富且確定太極不僅有超越義，且同時有超越義的生生動能。

> 蓋通天地，亙古今，無非一氣而已。氣本一也，而一動一靜，一往一來，一闔一闢，一升一降，循環無已。積微而著，由著復微，為四時之溫涼寒暑，為萬物之生長收藏，為斯民之日用彝倫，為人事之成敗得失。千條萬緒，紛紜膠轕而卒不可亂，有莫知其所以然，是即所謂理也。初非別有一物，依於氣而

8　（清）黃宗羲著：〈學正曹月川先生端〉《黃宗羲全集》第8冊，頁1064。

9　（明）薛瑄：《薛文清公讀書錄》，收入嚴一萍輯：《百部叢書集成》（臺北：藝文印書館，1967年），第26冊《正誼堂全書》83，卷3，頁1074。

10　（明）薛瑄：〈讀書錄〉《薛瑄全集》（太原：山西人民出版社，1990年8月），卷3，頁1074。

11　（明）黃潤玉：〈厦典文衡詩序〉《南山黃先生家傳集》（明藍格鈔本），卷33，頁12。

12　（明）魏校：《莊渠遺書》，收入王雲五主持：《四庫全書珍本五集》（臺北：臺灣商務印書館，故宮博物院藏文淵閣本，1974年），集部別集類，第335冊，卷16，頁10。

立，附於氣以行也。[13]

　　此超越義之氣自身的運動，由清而濁，由微而著，以至於凝為自然形氣（此非科學的宇宙論，而是一種體証的宇宙論）。自然形氣仍保有超越義之生生，以為其生化的根柢，亦即以氣強化太極天理的能動性。故萬殊形氣非無根源的偶然存在，而皆是氣化流行不同位階與向度的具主體性的存在。確立氣是有根源的實有後，再由「氣之聚散轉折處」說動靜往來之條理。單就有聚散的形氣說，因為氣化有任何可能之分化向度，所以自然有條脈各異又自成格套理序的殊理。但任何分化皆來自一氣，做為萬理總名的太極理一，此時便是立在氣化無限的基礎上，做為萬化的超越的、動態的所以然。因為是動態的所以然，所以會有無方所限制，迭運不已的殊理。同時因是超越的所以然，所以又是所有氣化的最終所以然即理一。

　　　　僕從來認理氣為一物，故欲以理一分殊一言蔽之。……夫太極
　　　　形而上者；兩儀、四象、八卦，形而下者也。聖人只是一直說
　　　　下來，更不分別，可見理氣之不容分矣。……夫「發育萬物」，
　　　　乃造化之流行，「三千」「三百」之儀，乃人事之顯著者，皆所
　　　　謂形而下者也。子思明以此為聖人之道，則理氣之不容分又可
　　　　見矣。……合此數說觀之，切恐理氣終難作二物看。[14]

　　羅欽順不僅不再視理為孤絕的形上概念，進一步說理是氣之理。氣除有存有義外，亦是理之承擔者。此承擔者若只是形下氣質，雖可

───────────

13　（明）羅欽順：《困知記》，收入蕭天石主編：《宋元明清善本叢刊・中國子學名著集
　　成珍本初編》（臺北：中國子學名著集成編印基金會印行，1978年），卷上，頁15。
14　（明）羅欽順：〈與林次崖憲僉〉《困知記附錄》，頁415-417。

有形上理與個別條理於其中，但形上理、個別理之根源則不顯，故為
證明其理一與殊理之最終根源處，應是形上氣，才是形上理一之實存
處，與能凝結成眾理的最終根源。「理只是氣之理，當於氣之轉折處
觀之。往而來，來而往，便是轉折處也。夫往而不能不來，來而不能
不往，有莫知其所以然而然，若有一物主宰乎其間而使之然者，此理
之所以名也。」[15]所以羅欽順保留太極為理之形式，但以陰陽二氣為
其內涵，自然修正朱子理氣二分，而主張理氣一物。氣化不已是超越
的，所以理亦生化不已，此理氣一物的超越本體是「即存有即活動」
的，亦即太極（理）陰陽（氣）為同一本體，太極是氣化之本體（體
中生生法則是理），陰陽（氣）是氣化生生之條件，此條件中仍有
理，故太極與陰陽是一。也可說太極是陰陽變化之體，陰陽是太極變
用之用。理氣是一的太極，有種種氣化之秩序即太極實有義。理氣是
一的陰陽是太極氣化的作用，此即太極的活動義。亦即在理氣一物的
視角下，太極是「即存有即活動」的。「『易有太極，是生兩儀，兩儀
生四象，四象生八卦』。太極之名始此，述此以明太極之全體。學者
當於一動一靜之間求之。」[16]於動靜間求之，是強調陰陽二氣相生相
成的重點。太極雖仍以天理形式保留，但已是以陰陽動靜的氣化動能
為內涵。

> 竊以性命之妙，無出「理一分殊」四字，簡而盡，約而無所不
> 通。……蓋人物之生，受氣之初，其理惟一，成形之後，其分
> 則殊。其分之殊，莫非自然之理，其理之一，常在分殊之中。
> 此所以為性命之妙。語其一，故人皆可以為堯舜，語其殊，故

---

15 （明）羅欽順：《困知記續錄》，頁202。
16 （明）羅欽順：《困知記》，頁165。

上智下愚不移。聖人復起，其必有取於吾言矣。[17]

「理一分殊」，乃一氣凝為殊異的形質，而一氣中的秩序性必然性的一致之理，隨氣化生生之動能有任何生化的可能，凝結成個別化、具體化的形氣，此一致之理亦隨氣化萬端而落實為個別的、殊異的形氣之條理。於是天命之性，乃（氣之）理一之性，人物氣質之性則為（氣之）分殊之性，理雖有一致的與殊異的差別，但同以氣為共同基礎。羅欽順云：「但曰『天命之性』，固已就氣質而言之矣，曰『氣質之性』，性非天命之謂乎？一性而兩名，且以氣質與天命對言，語終未瑩。」[18]在天地古今無非一氣的視角下，二性同為氣質所攝，只有受氣初的一致，與成形後的殊異而已，故不須立天命與氣質二種性的名稱。

> 此理之在天下，由一以之萬……會萬而歸一……察之於身，宜莫先於性情，即有見焉，推之於物而不通，非至理也。察之於物，固無分鳥獸草木，即有見焉，反之於心而不合，非至理也。必灼然有見乎一致之妙，了無彼此之殊，而其分之殊者，自森然不可亂，斯為格致之極功。[19]

羅欽順以分殊之物中，既有秩序性必然性的理一，也有各各殊異的殊理。而氣化流行是一有形無形連續互換的階段，未化前氣本一，已化後凝為殊氣。因氣有超越義故氣中之理也有超越義，形上理即太極，太極以陰陽二氣為內涵，又為眾理之總名，固理一含具眾理，乃

17　（明）羅欽順：《困知記》，卷上，頁23。
18　（明）羅欽順：《困知記》，卷上，頁24。
19　（明）羅欽順：《困知記》，卷上，頁12。

隨氣化凝為萬殊，萬殊中仍有太極之理一為性體，同時仍有個別義之殊理做為存在之依據。「就萬殊中悟一致之妙，所謂「萬殊的一致」似指抽去法則的內容後，還有秩序性必然性，此秩序性必然性，乃一切法則所共有，故為一致之妙。」[20]故非「氣一理一，氣萬理萬」字句表面的意思而已。應是「氣一（能無限之生化）理一（太極含具眾理），氣萬（氣化雖萬仍以氣為本體）理萬（雖氣萬而有萬端殊理，仍有最終根據的理一在）」。此即所謂「了無彼此之殊，其分殊自森然不可亂」。「一致之妙」是體証未發之中的理一，而鳥獸草木的理是承認殊理亦是存在的。而等到真積力久，即能將己身性情之理一，與草木鳥獸之殊理通徹無間，進而將己身太極之理一與己身存在之殊理亦貫通為一。能貫通的原因，在於理一遍滿在殊理中，殊理以理一為存有之根據。各個殊理除去差別性外，尚有彼此一致的生生義與秩序義，故有彼此同一的基礎。

張載論鳥獸草木，有云「動物本諸天，以呼吸為聚散之漸；植物本諸地，以陰陽升降為聚散之漸。物之初性，氣日至而滋息；物生既盈，氣日反而游散。」[21]確有自然義的氣論，但又云「凡可狀皆有也，凡有皆象也。……氣之性本虛而神，則神與性乃氣所固有，此鬼神所以體物而不可遺。」[22]在通天命心性的工夫體驗下，自然氣化中滿盈超越價值義，成為具價值義的氣化流行。羅欽順受到張載自然氣化轉化為超越義的影響。如云「盈天地之間者惟萬物，人固萬物中一物爾。『乾道變化，各正性命』，人猶他，我猶人也，其理容有二哉？然形質既具，則其分不能不殊。分殊，故各私其身；理一，故皆備於

---

20 鍾彩鈞〈羅整菴的心性論與工夫論〉，《鵝湖學誌》第17期，頁55。

21 （宋）張載：〈動物篇〉《正蒙》，收入（宋）張載撰，王進祥編：《張載集》，（臺北：漢京文化事業公司，2004年），頁19。

22 （宋）張載：〈乾稱篇〉《正蒙》，頁63。

我。」[23]主張天地萬物、人我雖有自然之差別，但仍有一致性的理一。

> 天之道，日月星辰為之經，風雨雷霆霜露為之緯，經緯有常，
> 而元亨利貞之妙在其中，此造化之所成也。人之道，君臣、父
> 子、夫婦、長幼、朋友為之經，喜怒哀樂為之緯，經緯不忒，
> 而仁義禮智之實在其中矣，此德業之所成。[24]

　　羅欽順將自然科學如草木鳥獸之理中的必然性、秩序性提出與價
值義天理合一。也把自然科學之殊理，在體驗工夫轉化下，視為君臣
父子的人倫等差之理，自然與人倫之理不再是異質的，自然秩序即是
人倫秩序也是人我存有之根據即理一。自然種種條理化為君臣父子人
倫定然的理則即是分殊。如此體證上雖泯除異質層差異，但不因此忽
略體用仍有其分際，「用不可以為體」即用有其個別、具體存在的意義
與作用，不可全將用化為體之超越作用。用之個別義，有限義須保住，
才能在森然萬殊的獨立存在人物中，見天道無方所限制，周流無礙，
無器非道的全體流行。如此流行是帶著自然之秩序性必然性，轉化成
體證中的價值性。將自然中的個別有限性在體證中化為條理性的殊理。
只有如此，有自然秩序之化境，才可植基於自然事物上，為其存有之
理。否則化境是虛的，無涉於個別氣化日用，又何能為具體人倫日用
貼切且著明的指導原則，此為對朱子理氣終有本體層斷裂的修正。

三　理氣為一物

　　其認理氣為一物，蓋有得乎明道先生之言，非臆決也。明道嘗

23　（明）羅欽順：《困知記》，卷上，頁9。

24　（明）羅欽順：《困知記》，卷上，頁57。

曰「形而上為道，形而下為器，須著如此說。器亦道，道亦
器。」又曰「陰陽亦形而下者，而曰道者，惟此語截得上下最
分明。原來只是此道，要在人默而識之也。竊詳其意，蓋以上
天之載無聲無臭，不說箇形而上下，則此理無自而明，非溺於
空虛，即膠於形器，故曰「須著如此說」。名雖有道器之別，然
實非二物，故曰「器亦道，道亦器也」。至於「原來只此是道」
一語，則理氣渾然，更無罅縫，雖欲二之，自不容於二之，正
欲學者就形下者之中，悟形而上者之妙，二之則不是。[25]

　　羅欽順的理氣一物說，由程明道「道即器，器即道」的圓頓一本
說來。但氣的實有義較明道重。明道的氣是圓頓化境流行的狀態，羅
欽順的氣雖亦有化境中的道化流行義，但強調「氣本一」「理為氣之
理」則氣的本體義、根源義的性格明顯。此蓋因欲修正朱子理氣二分
的本體論斷裂，與對抗佛老虛空，須尋一充滿存有義的實體來承擔此
要求。則既有本體根源義，又可凝為形下具體存在的氣，應是自然的
選擇。並以氣滲透入他熟習的朱學理氣架構中，用可以上下貫通的氣
來縫補朱學理氣二分的裂縫，所以羅欽順是帶有異質性的朱學修正者。

　　若對照明代中葉，因反對理氣二分，而有將天理收攝於心的陽明
學派，及將朱子理氣關係完全顛倒成氣為本體理為從屬，如王廷相的
「元氣之上無物，有元氣即有元神，有元神即能運行而為陰陽，有陰
陽則為天地萬物之性理備矣，非元氣之外又有物以主宰之。」[26]吳廷
翰的「何謂氣？一陰一陽之謂氣。……氣之渾淪，為天地萬物之祖，
至尊而無上，至極而無以加，則謂之太極。……太極者，以此氣之極

25　（明）羅欽順：〈答林次崖僉憲〉，《困知記附錄》，卷下，頁427-428。

26　（明）王廷相〈答薛均采論性書〉《王氏家藏集》，收入（明）王廷相，王孝魚點
　　校：《王廷相集》：（北京：中華書局，1989年），第2冊，卷28，頁517。

至而言也。陰陽者，以此氣之有動靜而言。」[27]等氣本論的出現。羅不免有藉具超越義又涵眾理的氣，來對抗陽明理在心內不外求而有的虛病之傾向。同時重視氣之超越性，提升氣的地位，也可改善朱子重理輕氣，氣本身不能是一獨立真實存有的缺憾。羅欽順應是受到當代漸重實有義的流風所及，而採取保留理的超越義，亦賦氣有超越義，使氣化流行非形下的有限的，而即是本體真實流行的狀態，氣化即天道顯現之狀態。然本體不能同時有二，羅欽順不從概念思辯理氣孰為本體著眼，而如同多數理學家是由工夫極致自然內外一齊通透的體証上，展現「理氣為一物」的圓頓本體觀，此較明道的一本論，是更為強調形氣存有地位的。

若與朱子所謂的「天地之間，有理有氣。理也者，形而上之道也，生物之本也；氣也者，形而下之器也，生物之具也。是以人物之生，必稟此理，然後有性；必稟此氣，然後有形。」[28]嚴分理氣相較，則羅欽順的理氣論與朱子已有異質轉化，理非超絕之理，而是氣之理，氣非形下有限的，上提為本體義的氣。從理論形式說，羅欽順同朱子而小有增刪。從理氣本質說，羅異朱子較接近氣本論，非又全同氣本論。從工夫體驗上，為展現理氣一物，交融互攝的存有狀態，而有通徹天人物我無間的格物論提出。且從學脈傳承說，不論朱子、陽明其後學皆因個人的條件、資質與氛圍多少會有取捨，甚少直承師說無所增刪的。所以羅欽順在明中葉提供可以多向發展的環境中，雖不出理氣範疇中，但其積極提出創見的精神，是值得肯定的。

羅欽順的理氣、心性論，在未做工夫前的分解說思路，仍承朱子

27　（明）吳廷翰：《吉齋漫錄》，收入（明）吳廷翰著，容肇祖點校：《吳廷翰集・吉齋漫錄》（北京：中華書局，1984年），卷上，頁5。

28　（宋）朱熹：〈答黃道夫〉《晦菴先生朱文公文集》（二），收入王雲五主編：《四部叢刊初編》（上海：商務印書館，1967年），集部，第59冊，卷58，頁1044。

矩獲不變,但在工夫後的圓頓說,則是對理學、氣學、心學辯證取捨後自創的新說。亦即自然與超越在未作工夫前分解為二,在通徹無間的格物工夫後,在體證境界上又圓頓為一。氣有本體義與個別義,本體義之氣蘊涵無限生化的可能,為萬殊存有之根源。個別義之氣為個別有限的具體存在,源自於本體義之氣,亦以之為其體。理亦有本體義與個別義,超越義之理為萬有所以存在之秩序與必然,涵有生化殊異之眾理,故曰「夫《易》乃兩儀、四象、八卦之總名。……云『易有太極』,明萬殊之原於一本,因而推其生生之序,明一本之散為萬殊也。」[29]同時理一在分殊中,是月印萬川式的遍在萬殊中,而萬殊中的理一並無量上多寡的差別,萬殊中之理一,仍是質上同一。如朱子所云「近而一身之中,遠而八荒之外,微而一草一木之眾,莫不各具此理。……然雖各自有一個理,又卻同出一個理爾。……釋氏云『一月普現一切水,一切水月一月攝。』」[30]個別義之理為個別有限獨立互異存在之條理,其殊理源自超越之理一。通徹無間的格物後,形上氣貫注形下氣中為其體,形下個別義之氣之殊異,便是經由一氣流行中的陰陽相生有無限可能,由形上本體義之氣凝結成為具體萬殊的形下個別形氣。而萬殊的形氣的成化,即有無限生化可能的本體義之氣在實有層中,所化成的多樣與無限可能的具體呈現。形上理之秩序蘊涵在形下氣為其殊理,殊理中有理一為其統一之價值。形下殊理將個別義熨貼在形上理中,使理一非虛空,而是除一致性外,尚有個別殊理涵具其中,成為總攝眾理的理一。於是工夫前理氣分解為二,工夫後圓頓體證中,超越之氣與理同化掉自然義,而為超越的理氣一物貫注於形氣中。個別之氣與理浸潤了超越義,成為有超越義之個別理

---

29 (明)羅欽順:《困知記》,卷上,頁15-16。

30 (宋)黎靖德編:〈大學五〉《朱子語類》(臺北:文津出版社,1986年),第2冊,卷18,頁398。

氣。於是超越的理氣是一在形氣中，個別形氣中有超越的理氣是一。可說無分超越與個別，超越指個別形氣中有超越，個別指超越在個別形氣中。亦即在通徹上下無間的工夫中，化掉超越與個別的形上形下差別，同為「理氣為一物」的體現。再進一步「超越義顯」「自然義隱」的理氣一物，與「自然義顯」「超越義隱」的理氣一物，彼此融通為體驗化境中的理氣一物。唯如此說理氣一物化境，會在諸儒對理本、心本、氣本的主觀立場區下，有倚輕倚重之別，使得超越與自然如何交融互滲又會各有不同，其化境較明白可指涉的學脈旨義亦會隨之各有強弱、隱顯的不同，羅欽順便是眾多可能的一個理論典範。

> 理須就氣上認取，然認氣為理便不是，此處間不容髮，最為難言，要在人善觀而默識之。「只就氣認理」與「認氣為理」，兩言明有分別，若於此看不透，多說亦無用。[31]

若立於理氣二分觀點說，會「認氣為理」將形下氣錯認為形上理的機會不大。應是在理氣一物的整體觀中，就氣中認取超越之理一為其體性，及凝結分殊後，就形氣中認出既具理一，為其超越之根據，又具殊理為個別存在的根據，此乃「就氣認理」。但不可直接將氣化本身視為理，如此便是只重氣化的秩序性、條理性的屬性，而忽略氣化本身的有形無形可連續轉換的具體義、實有義。簡言之，不可「認氣為理」。意何所指？若指認形上氣為形上理因同屬超越義故可通；指認形下氣為形下理因同屬自然義，故亦可通。但視形下氣為形上理則不可，因為如此抬高形氣的地位，降低天理的地位；視形上氣為形下理也不可以，因為如此降低氣本的地位，抬高形下殊理的地位。所

31　（明）羅欽順：《困知記》，卷下，頁95。

以氣本不可降低，形氣不可抬高；天理不可降低，殊理不可抬高。可
知分解的說氣與理皆有形上形下之不可泯滅的差別，以確保氣化流行
是由理與氣，上與下等條件所共構而成的整體。但由工夫後的圓頓
說，則理與氣，上與下的差別，在通徹無間的體驗後又可渾然一致。
羅欽順借不可「認氣為理」再次強調他的理氣一物論主張。

四　心性之辨

> 夫心者，人之神明。性者，人之生理。理之所在謂之心，心之
> 所有謂之性，不可混為一也。《虞書》曰「人心惟危，道心惟
> 危」；《論語》「從心所欲不逾矩」，……《孟子》曰「君子所
> 性，仁義禮智根於心」，此心性之辨。二者初不相離，而實不
> 容相混。[32]

理氣論重存有義，所以在心性論會從實然存有分解的說心性之
辯。性是普遍的價值，存有的生理。心是認知、儲存發揮此性價值生
理的作用，心性之別如此。但在理氣一物視角的檢視下，性是氣化生
理屬理，心是氣化作用屬氣，作用的心氣與生理之性理，皆同以氣化
為本質，彼此可貫通，心氣專門知覺性理，性理將道德貞定於知覺作
用。若用理一分殊說，性是理一的性理，心則為將理一落於個別中的
分殊之理統貫起來。亦即性是定然不變的價值，心是貫通殊理為一的
作用。故謂「蓋仁義禮智皆定理，靈覺乃其妙用。凡君子之體仁、合
禮、和義、幹事、靈覺之妙無往而不行乎其間，理經而覺緯。」[33]心
之主要作用，在知覺殊理皆理一之分化，所以心性的作用、位階在一

---

32 （明）羅欽順：《困知記》，卷上，頁5。

33 （明）羅欽順：〈復張甬川少宰〉《困知記附錄》，頁368。

氣流行是有別的，而在工夫圓成中，可化掉彼此的相異處。通過格物窮理以通徹無間，內外俱融，彼此交盡，性之生理乃心知本具之生理，心知乃性理自身之知覺，價值存有（性理）與經驗存有（心知）交融互盡只顯一存有的氣化流行，而不具性（理）心（氣）之別。

> 彼之所見，乃虛靈知覺之妙……然其一之餘，萬事皆畢，卷舒作用，無不自由，是以猖狂妄行，而終不可與入堯舜之道也。愚所謂「有見於心，無見於性」，當為不易之論。使誠有見乎性命之理，自不至於猖狂妄行矣。蓋心性至為難明，是以多誤。謂之兩物又非兩物，謂之一物又非一物。除却心即無性，除却性即無心，惟就一物中分得兩物出來，方可謂之知性。[34]

羅欽順主張「性即理」，所以「就氣認理」便是以氣之理為性。反對陽明「心即理」，故而反對「認氣為理」，反對屬氣之心知是理，如此「就氣認理」，強化理之實有義，較朱子用超越義之理，對抗佛老的「有見於心，無見於性」，亦即「認氣為理」更為有力。又云：「天性之真，乃其本體，明覺自然，乃其妙用，天性正於受生之初，明覺發於既生之後，有體必有用，而用不可為體也。」[35]天性是在人的價值，明覺則非人之價值，故天性為體為形上，明覺為用為形下，形下心只能為用，不可視為形上性體。同樣不可認氣為理，即不可認心為性，須「就氣認理」即就心之格物通徹上下工夫默識理一。理為氣之理，故性為心之性，如此理氣論可下貫心性論。

「就氣認理」是就自然氣化中體驗未發之中的性理，而「認氣為理」則是將自然氣化視為超越之天理。亦即將自然氣化的殊理，錯認

---

34 （明）羅欽順：《困知記》，頁116。

35 （明）羅欽順：〈答歐陽少司成崇一甲午秋〉《困知記附錄》，頁329。

為形上之理一。混淆實然世界之理有形上、形下異質層的差別。分解的說上下是有分別的，圓頓的說才可上下無別。羅欽順應是立在圓頓體的層次，看佛老的心性只重心知的作用，忽視存有之性理，便會有「認氣為理」的錯誤。從心性的關係說，性為心知神明發用之規範「有體即有用」，心知發用以性理來規範便是道心，否則便是人心。羅欽順以儒是性為心之體，心為性之用。佛家只有心知明覺，缺乏性理貞定心知的發用。

> 「大哉乾乎！剛健中正，純粹精也。」此天理之本然也。「乾道變化，各正性命」此理之在萬物者也。……蓋此理在天地則宰天地，在萬物則宰萬物，在吾心則宰吾身，其分固森然萬殊，然止是一理，皆所謂純粹精。以其分之殊，故天之所為，有非人所能為者，人之所為，有非物所能為者。以其理之一，故能至中和，則天地以位，萬物以育。中，即純粹精之隱於人心者；和，即純粹精之顯於人事者。殊不知萬物之所得以為性者，無非純粹精之理，雖頑然無知之物，此理無一不具。[36]

通徹主觀的、個別的、知覺的分殊，達到客觀的、無限的、一致的化境。一個能為萬物所遵循，不受任何知覺、愛好影響的化境中的標準，此乃理一分殊架構下的「中和」境界。若只從超越義談理一分殊，且以知覺心是個人的、氣質的、有限的，非天地萬物之基礎，亦非道德的依據，亦即非超越定體的性。但超越性理本身若無氣質的知覺作用，發為具體的性理流行，則道德實踐的根據是超越的，是只存有不活動，缺乏實踐的動能。故為強化其實踐動能，引進具有生生義

---

36 （明）羅欽順：〈答歐陽少司成崇一乙未春〉《困知記附錄》，頁339-341

之自然之氣，為即存有即活動，如此「心以性為體」，心氣知覺以超越性理為體，通過通徹無間的體證，心是有性體貞定的心，性是能知覺發用的性。唐君毅先生有云：

> 吾觀整菴所謂理氣為一，乃謂自統體之宇宙言之，理暫氣之理。但自人分上說，則人分于宇宙之氣之一部分。人之心氣，固有其理。人外之天地萬物之氣中，亦有此理；此理則初在人心氣之外，與心氣為二。故人必以心知格其物窮其理，乃能與其理相一。此理即性，故必窮理而後心知與性一。[37]

　　唯此種工夫前心性有別，工夫後心性無別之說，仍與由價值賦予天地萬物以意義的不分心性的良知說，在理論形式與存有根據上仍有明顯的差別。如云「若但任取知覺之妙執為天理，則凡草木之無知，金石之至頑，謂之無性可乎？……明有窒礙，恐不可不深思也。」[38]亦即陽明主張本心呈現即是天理流行，是純粹心本論的模式。羅欽順則是以心知性，通過工夫後心之發用即是性理之流行，是體驗中的理氣一物模式。

　　簡言之，羅欽順用（涵理之）氣讓超越的性理有實有義。用（氣中之）理保障心知發用的道德性。此種工夫後的心性是一，心之所發即性理呈現，有體有用，體用一如的模式。來與陽明良知說所強調的心體本具道德創造動能，良知發用即是天理流行的模式有所區隔。如謂「今以良知為天理，即不知天地萬物皆有此良知否乎？天之高也，未易驟窺，山河大地吾未見其有良知也。萬物眾多，未易遍舉，草木

37　唐君毅：〈原教篇〉《中國哲學原論》，（臺北：臺灣學生書局，1979年），頁353。
38　（明）羅欽順：〈答劉貳守煥吾〉《困知記附錄》，頁346。

金石，吾未見其有良知。」[39]因為羅欽順是工夫體証的即體即用，其所見皆篤實踐履後的深刻體悟，與陽明先天本具良知的即體即用大異其趣。

五　心性是一

> 格字，古註或訓為至，如「格于上下」之類。……愚按通徹無間，亦至字之義，然比之至字，其意味尤為明白而深長，試以訓「格於上下」，曰「通徹上下而無間」，其孰曰不然？格物之格，正是通徹無間之意，蓋工夫至到，則通徹無間，物即我，我即物，渾然一致，雖合字亦不用矣。[40]

　　羅欽順反對陽明求理於心，應求理於客觀事物中。因客觀事物既是以形上氣為體的形氣，也有形上理為本的殊理。窮形氣中的殊理，是就具普遍義的個別形氣上，窮具普遍義的個體之條理，此為隱義。窮得此殊理後，便不再是單純的殊氣與殊理，而是體驗境界中、顯義的、以氣為本體的殊氣中具普遍義的理，落實於殊氣中具個別義的理一。主觀認識與客觀對象通徹無間，主觀我與客觀物皆因涵攝同一氣本為體而無別，物之殊理與我之殊理亦因以相同的理一為體而無別。亦即普遍之理滲透於個別之理中，轉化個別理之體質，成為具普遍義之理的殊理。人與我皆是經由普遍義之氣凝結轉化體質的各別氣，於是物我渾然一致無間。若從分解地存有位置上說，則物與我仍有時空、位階上明顯之不同。

39　（明）羅欽順：〈答歐陽少司成崇一乙未春〉《困知記附錄》，頁341。
40　（明）羅欽順：《困知記》，卷上，頁14。

> 道心，寂然不動者也，至精之體不可見，故微。人心，感而遂
> 通者也，至變之不可測，故危。
> 道心，性也。人心，情也。心，一也，而兩言之者，動靜之
> 分，體用之別。凡靜以制動則吉，動而迷復則凶。惟精，所以
> 審其幾也。惟一，所以存其誠。[41]

　　道心有形上義，是性，此由氣化流行的價值根源上說。及其受氣
成形具體化為個別義的人心時，一氣流行的生生義、必然性，亦落實
為有限義的，自然義的氣化人心。此是分解的說，道心、入心雖有同
質性的基礎，即有無連續互換的氣。但道心是無限的體，人心是有限
的用，彼此仍存在有限、無限之區隔。即「有體必有用，但用不可以
為體」，不可「認氣為理」。但在篤實踐履，通徹有無上下而無間的格
物工夫後，即可呈現天人物我，有限無限無別，即有限而可無限，無
限即有限內蘊的圓頓化境。如云：「又嘗言『所貴乎格物者，正欲即
其分之殊，而有見乎理之一』，方是說下學工夫。舉『分殊』，則事物
不待言矣。說正欲，便是教學者於分殊上體認，果能見此理之一，精
粗、隱顯、上下、四方一齊穿透，尚安有毫髮之不盡乎？此則所謂物
格而知至也。」[42]如此道心為人心之體，並以人心為體之發用。氣之
神明的人心亦可滿蘊超越義，心之神明的發用即道心的流行，於是道
心與人心在工夫的體証中通徹無隔而為一。但若不從羅欽順主張的
「理氣一物」的視角出發，則會同於朱子形上體為形下用之體，形下
只是形上體的載體，彼此仍有本體論上的斷裂，而不能為一的模式。
羅欽順所以分解的說心性為二，是為避免淪為佛氏的「以用為體，以
心為性」之不重天理性體的弊端。但「物格則無物」泯除有無界限的

41　（明）羅欽順：《困知記》，卷上，頁7。

42　（明）羅欽順：〈答林次崖第二書甲辰夏〉《困知記附錄》，頁436-437。

體驗語言，所傳達的則是超越義與自然義交融互體的體用一如觀。殊異的性是由有形無形可連續互換的氣帶來，超越義則仍傳承朱子形上理而來。如云「誠以工深力到而豁然貫通，則凡屈伸消長之變，始終聚散之狀，哀樂好惡之情，雖千緒萬端而卓然心目間者，無非此理。一切形器之粗迹，舉不能礙吾廓然之本體，夫是之謂無物」。[43]

　　另外若純然從自然義的氣本論，說道德本非內具，而是為外在王道教化所蘊蓄的，如王廷相所云「性果出於氣質，其得獨駁而生者，自稟夫為惡之具，非天與之而何哉？故曰『天命之謂性』，然緣教而修，亦可變其氣質而為善。」[44]。則自然義之道心，只能是自然之生理，自然義之人心更無具有道德善質的可能在。若再從形上形下分解的視角來看，雖然羅欽順賦予道心與性有超越義，但及其一落實於日用氣化，便被氣化一滾地帶走，消解或壓制住道德的善義。但若站在「理氣一物」的體驗視角，再來檢視道心有無超越義的問題，則有另一番不同面貌。羅欽順有云：

　　　　明道先生日「所以謂萬物一體者，皆有此理，只為從那裏來。『生生之謂易』，生則一時生，皆完此理。人則能推，物則氣昏推不得，不可道他物不與有也。」……抑程子止言物爾，未及於事。只如俗說「殺人償命，欠債還錢」，則事事皆有定理，亦自可見。斯理也，在天在人，在事在物，蓋無往而不亭亭當當也，此其所以為至善也。……就萬殊之中悟一致之妙，方知人與天地萬物原來一體，不是牽合。[45]

43　（明）羅欽順：〈答黃筠谿亞卿〉《困知記》，頁323-324。

44　（明）王廷相：〈答薛君采論性書〉《王氏家藏集》，《王廷相集》，第2冊，卷28，頁519。

45　（明）羅欽順：〈與林次崖僉憲〉《困知記附錄》，頁418-419。

氣化之理可由超越層下貫到自然層，雖有異質的轉化，但是在體証工夫的護持下，仍連續不斷裂。亦即「天之道，莫非自然，人之道，皆是當然。凡其所當然者，皆其自然之不可違者也。何以見其不可違？順之則吉，違之則凶，是之謂天人一理。」[46]一氣流行中，陰陽相生而有生生義、秩序義，此生生秩序是貫通天地萬物與人倫道德兩層，同為其存有最終根源的。故超越義之生理，滿盈在自然氣化中，便化為氣化之價值之義。氣化流行的生生秩序，便是理當如此的價值義。所以道心為人心主宰定向後，人心如理恰當的表現，便是道心貞定人倫價值的展現。不會因落入人心後為氣質所限，減煞其價值義。如此善根非自外來，而是性理本身之生生秩序即是道德價值，惡則來自人倫日用的過與不及。所以羅欽順體証的「理氣一物」說，雖也主性善說，但其實有義甚強，非全同朱子性善純屬超越的思路。

黃宗羲曾批評羅欽順的心性二分，以為性是超越之體，但非呈現之用，心才是創造的作用，性先心後，則無法逆覺體證此心。如云：

> 先生（欽順）以為天性正於受生之初，明覺發於既生之後，明覺是心而非性。……則性，體也。心，用也。性是人生以上，靜也；心是感物而動，動也。性是天地萬物之理，公也；心是一己所有，私也。明明先立一性，以為此心之主，與理能生氣之說無異，於先生理氣之論，無乃大悖乎？[47]

但羅欽順是認為，心中非本具理，需通過格物窮理才知性具理。此點似近朱子，但朱子心是形下氣之靈，不具形上性理。羅欽順則是

---

46 （明）羅欽順：《困知記》，頁69。

47 （清）黃宗羲：〈文莊羅整菴先生欽順〉《諸儒學案中一》，《明儒學案》卷47，頁409。

分解時心性有別，心可以具非心之性理。但圓頓工夫後，則成心即性，性即心無別的模式。亦不可如陽明心學，直說良知本具價值賦予、道德創性的性格，否則便疑似禪家「有見於心，無見於性」之病，故反對良知即道德創造。主張道德創造即性理自身的流行，是須透過格物窮理後天工夫，使形下殊理與形上理一通徹無間，成為真實存有的根據，此時才可說心具性理，心之所發皆道德性理之創造。

> 蓋生之認道心，為未發，非欲與朱子異，蓋潛心體認，為日久矣！若人心、道心一概作已發看，是為語用而遺體，聖人之言殆無所不盡。「惟精」是隨時省察工夫，就人心而言；「惟一」是平日存養工夫，就道心而言。蓋人心常動，動則二三，故須察。道心常定，惟是一理，故只消養。[48]

羅欽順主張體認未發，是主張心知能主動真誠地涵具性理。心在工夫前未具理時，未發之中的體驗無道德義，心由工夫具理後，未發之中的體驗，是體驗理氣一物原則下有道德義的性理。此時以性理為體的心（道心）之發用（人心），不只有道德義的貞定，且是貫通天人物我無隔的天理流行，此流行是心性無別之主體的挺立與呈現。此時可感受到程朱的篤實踐履義、陸王的道德創造義、氣本論的著實存有義皆在其中交融互攝，迭相發光，最後仍須統攝在理氣一物的體証中來觀察。

> 此理在人則謂之性，在天則謂之命。心也者，人之神明，而理之存主處。豈可謂心即理，而以窮理為窮此心哉。[49]

---

48 （明）羅欽順：〈答陳靜齋都憲〉《困知記附錄》，頁350。
49 （明）羅欽順：〈答允恕弟〉《困知記附錄》，頁316。

　　羅欽順主張理氣渾然一物，所以（氣之）理應遍在客觀事物與主觀心知中。因心亦一物，為人之神明，理之存主處，心認知客觀事理後，事理具於心中，（氣之）心之理與事物之理，在心有神用下，相互映照，肯認彼此的一致性。客觀事理與心神之理乃通徹無間，一以貫之。在心可具理上同朱子，但在事理與心理一貫的立場下，則較朱子更重理氣渾化的工夫義。

> 「乾以易知，坤以簡能」此人之良知良能所自來也。然乾始物，坤成物，固自有先後之序矣。其在學者，則致知力行工夫，要當並進。固無必待所知既徹而後力行之理，亦未有所知未徹而能不疑其所行者也，然此只在自勉，若將來商量擬議，第成一場閑說話耳，果何益哉！[50]

　　羅欽順主張知行並重的躬行實踐，亦即把自身投入氣化中，已身以氣本為體的個別氣，在本質上與氣本相肯認確定彼此的同一性。又在氣化中，以已身獨特的位階面貌，證成整體氣化流行，是由眾多殊異所構成。無分殊之眾，即不能成就理氣一物的真實流行，此由「行」說。若由「知」說，躬行實踐，是心認知普遍之理（為存有之一般規律）、個別條理（為存在的個別規律），進而將所認識的普遍規律，與個別條理與氣化本體對應，確立已之存有是以氣化為體的，已身之存有，是人各不同可自我獨立的，是構成氣化流行的基礎。無此具主體性的殊異人我，反可說理一而分殊的氣化過程是不能成立的。如此說知行，知行非純粹自然的，分解的思路，是由工夫體驗的，價值圓滿的層次說的。

50　（明）羅欽順：《困知記》，卷上，頁71。

六 結論

　　若羅欽順主氣本論的論述，氣本論強調絕對以氣為本體，則理自降為第二義，有氣才有理，此乃純粹氣本論。若理主氣的強度不至超絕到壓倒理，則氣的地位雖提升到超越層，但仍不忽視理的超越義，試圖繼續圓滿理一分殊的模式，則會成為羅欽順的理氣一物模式。若主氣的強度不夠，而原來心體義的良知本體地位不容動搖，反將一切涵理之氣收攝為心之發用，則所謂自然義的氣化流行，為心體貫注潤澤後，氣化的自然義漸淡，而良知的價值義卻飽滿充盈，則自然的氣化，便化為心體遍潤天下的心氣流行，此則又為與心本論交涉後，已從本體位階退卻的另一種氣論。而性善與否的關鍵，便在本體位階的確立與否？如本體以氣言，因氣化有常有變，則性亦有善有惡，須靠後天教化始可為善。若本體以價值根源的理或心言，則人之性自亦為絕對善而無惡，惡為氣質所造成，工夫在復性上作。

　　至於心與氣交涉的可能性，茲舉高攀龍主張心之靈以氣而可直上際下的語句為例。「從古聖人未曾說氣，至孟子始說浩然之氣，始說夜氣，最為喫緊，何也？天地間渾然一氣而已，張子所謂虛空即氣是也。此是至虛至靈有條有理的，以其至虛至靈在人即為心，以其有條有理在人即為性。」[51]可知化境中心氣互換性格成為同質的，此因已臻化境。但是上下分別存在時的自然之氣的性格，並非全然放棄，毫無保留地等同於心，而是帶著形氣的超越性格與形上心相照應以至為一。心要具備殊別義，氣要具備超越義，彼此方可合一。氣之自然素質與規格、條理帶上超越色彩，超越之心中也被貼上自然素質與條

51　（明）高攀龍撰：〈牛山之木章乙卯〉《高子遺書》，收入（清）永瑢、紀昀等纂修：《景印文淵閣四庫全書》：（臺北：臺灣商務印書館，1983年）集部別集類，第1292冊，卷4，頁405。

規的色彩，使超越心也以自然的素質與條理的規格為其超越義的條理規格。

　　而所謂自然之氣化為本心的氣化流行，或化為天理的氣化流行，是從圓頓體證上說的。但二者皆非純心體或純天理的超越義流行，都是帶著自然的素質的流行，否則只成一虛無意識的境界，與儒學重實有的終極關懷是脫節的，而偏向佛老。反之心氣或天理帶著自然義、實有義的氣化便是區隔佛老很好的選擇。同時此氣化是蘊涵價值義的氣化，於是理在氣中，價值即飽滿於日用常行中，日用本身的語默動作，便是價值豐沛的流行。此時價值不是來自超越義的本心或天理，所以便沒天人上下之隔閡。日用常行不再是由本心賦予事物以意識上的流行，不再是超越天理指導自然氣化終有一間之隔的流行。所以不論從狹義的純粹氣本論，或較寬廣的理氣一物或心氣流行說，明代中晚期因氣本論的滲透介入天理或本心流行中，提供了加強儒家重實有的要素，才有修朱、反佛甚至反王等說法的出現。

> 凡吾之有此身與夫萬物之為萬物，孰非出於乾坤，其理固乾坤之理也，自我而觀，物固物也；以理觀之，我亦物也，渾然一致而已，夫何分於內外乎？所貴乎格物者，正欲即其分之殊，而有見乎理之一，無彼無此，無欠無餘，而實有所統會，夫然後謂之知至。[52]

　　所以羅欽順的氣，非如心本體將氣收攝為心本體層所發的作用是氣，亦非如理本體將氣視為承載天理流行的工具是氣。而是在工夫體證下，帶著自然之秩序轉化為有價值秩序的化境，此境界飽涵眾理，

52　（明）羅欽順：〈與王陽明書〉《困知記附錄》，頁301-302。

又為存有之根據。可借朱子「不離不雜」的模型說,唯內涵已轉化。
「不離」是指理在氣中,非理氣二分只形式上結合,「不雜」指自然
之秩序與價值之秩序原本異層,但在工夫通徹後彼此無間隔,但在工
夫前分解說時仍然理氣有別。

──原刊登於《高明教授百歲冥誕紀念學術研討會論文集》,
臺北:國立政治大學中文系,2009年。

捌　王廷相的「性者、氣之生理」論

一　前言

　　王廷相，字子衡，別號浚川，人稱浚川先生，河南儀封人。生於明憲宗成化十年（西元一四七四年），卒於明世宗嘉靖二十年（西元一五四四年），享年七十一歲。廷相幼聰慧，長于詩賦，留心經史。及長為官耿直，不懼權奸。督導學政，必明道敷化，務以實用相期。晚年則閉門謝客，著述日富，為明代主張氣本論之有名儒者。理學自宋初以來，皆以道德之天理心性為論學主旨。進路則主要有朱子道問學之理本論，與陸九淵主尊德性心本論二路，實則尚有由張載開始，已至湛若水、羅欽順、王廷相、吳廷翰，乃至王夫之、戴震等，以氣為本體的氣本論一路，王廷相即其中足以承先啟後之大家。王廷相思想由修正朱子而來，如朱子以理為形上，氣為形下二者有別。廷相則以形上是元氣，形下是形氣，雖有形上下之別，但二者本質則皆是氣，只是無形之元氣與有形之形氣之異，唯元氣形氣皆統攝為一氣，此即其氣本論的天人合一模式。朱子之理孤懸於形氣之上，廷相之理既是元氣中之眾理，及元氣化為諸形氣時，則理又是諸形氣中皆有其所以會如此之因，此則是「氣萬則理萬」，亦即強調各物之理皆不同，不似朱子只說形式上皆同的所以然之理。廷相主在說明任何形氣皆有發生之可能，而此可能性即來自於生化不息之元氣本體。如此形氣非只一落於形下之偶然，實則其本質是與元氣相通貫的，故雖在形下，位階卻高於朱子形下之氣質。此即其以氣為本的天人合一論的架

構，本文即以此為基礎，析論廷相由氣本論說性的諸般內容與特色。

二 性是氣之靈能而生之理

（一）性與氣相資

> 夫性，生之理也……余以為人物之性無非氣質所為者，離氣言
> 性，則性無處所，與虛同歸；離性言氣，則氣非生動，與死同
> 途，是性與氣相資，而有不得相離者也。[1]

廷相由陰陽相生之理言性，專指在形氣中的陰陽之理是性。離形
氣，則陰陽之理是元氣中之元神，非所謂性。因性是氣之靈能而生之
理，若離氣則只成一無著落無掛搭之生理。但廷相以為理必附從於
氣，故無離氣而自存之生理。只論元氣之生生，卻不使之落於形氣中
為性，則此無生生之性的形氣，只是一堆死物。故性與氣相資不離才
有生。如羅欽順亦云：「凡賦於兩間者，同一陰陽之氣以成形，同一
陰陽之理以為性。」[2]此亦以形氣中陰陽之生理為性。

> 元氣之上無物，有元氣即有元神，有元神即能運行而為陰陽，
> 有陰陽則天地萬物之性理備矣，非元氣之外又有物以主宰之
> 也。[3]

1　（明）王廷相：《王廷相哲學選集》（臺北：河洛出版社，1974年），頁163。

2　（明）羅欽順著：《困知記續卷》上，收入蕭天石主編：《宋元明清善本叢刊‧中國
　　子學名著集成珍本初編》（臺北：中國子學名著集成編印基金會印行，1978年），頁
　　164。

3　（明）王廷相：《王廷相哲學選集》，頁162。

　　元氣是最高本體，本體能陰陽相生，運行變化之作用是元神，萬物即由此陰陽變化而生，以此陰陽變化為其性理。此乃順《中庸》：「天命之為性」模式，說性之由來，只是換成以氣為本體，非以道德天命為本體；以生生氣化為神，非以道德之生生不測為神。橫渠云：「由太虛有天之名，由氣化有道之名，合虛與氣有性之名。」[4]亦主張太虛生生之神混於形氣之中而為性。廷相既以性氣相資不離，故反對朱子氣有聚散理無聚散之說。故云：

> 朱子曰：「性者，理而已矣，不可以聚散言；其聚而生、散而死者，氣而已矣。」……由是言之，則性與氣原是二物，氣雖有存亡，而性之在氣外者卓然自立，不以氣之聚散而為存亡也。嗟乎！其不然也甚矣！[5]

　　朱子之理是永恆普遍之形上本體，故無聚散。氣則是形下有限，有聚散之變異，其聚散則由無聚散之理主宰之。廷相以其性氣相資立場，自不同意朱子理氣二分，理在氣外之說，以為理不離氣，離氣之理是元神而非性理，氣不能離理，離理之氣是死氣，非生生之氣化。又云：

> 朱子答蔡季通云：「人之有生，性與氣合而已。」……人具形、氣而後性出焉，今曰：「性與氣合」，是性別是一物，不從氣出，人有生之後各相來附合耳，此理然乎？人有生氣則性存，無生氣則性滅矣，一貫之道，不可離而論者也。[6]

4　（宋）張載撰：王進祥編：《張載集》（臺北：漢京文化事業公司，2004年），頁9。

5　（明）王廷相：《王廷相哲學選集》，頁176。

6　（明）王廷相：《王廷相哲學選集》，頁103。

　　此由性氣相資反對朱子性氣二分，性與氣合之說。人具形氣後才
有性，未具形氣前是元氣之生生而非性。此乃將元氣之生生落於氣質
中為性，而非直由形上元氣之生生為性。船山亦云：「在天謂之理，
在天之授人物也謂之命，在人受之於氣質也謂之性。若非質，則直未
有性。則性在氣質中，若人之寓於館舍。」[7]即生生之理來自元氣，
元氣凝為形氣時，此生理自亦賦於形氣中而為其性。羅欽順云：「氣
聚而生，形而為有，有此物即有此性。」[8]亦以為元氣凝為形氣，則
元氣之生理亦賦於形氣中便是性，否則形氣中無生理即無性可言。

　　　　氣附於形而稱有，故陽以陰為體；形資於氣而稱生，故陰以陽
　　　　為宗。性者，陰陽之神理，生於形氣而妙乎形氣者也……相待
　　　　而神，是故兩在則三有，一亡則三滅。[9]

　　廷相有云：「氣雖無形，而氤氳絪蒀之象即陰，其動盪飛揚之妙
即陽。」[10]以生氣為陽，形質為陰。生生陽氣須附於形質之陰氣中，
才成有具體形質之生氣；形質之陰因有陽氣於其中運行，才成為能活
動變化之形質。如此生生陽氣以形質陰氣為其形體，即專由形氣層說
陽，而非離形氣說一形上虛玄之陽。形質陰氣以生生陽氣為其活動主
宰，亦專由形氣說陰，陰非為一無生氣之形質，陽為陰主，陰為陽
體，陰陽相有不離而為形氣之性。橫渠有云：「凡可狀皆有也，凡有
皆象也，凡象皆氣也。氣之性本虛而神，則神與性乃氣所固有。」[11]
亦以陰陽相生之神為形氣之性。

7　（明）王夫之：《讀四書大全說》（北京：中華書局，1989年4月），頁471。

8　（明）羅欽順：《困知記》，卷下，頁88。

9　（明）王廷相：《王廷相哲學選集》，頁19。

10　（明）王廷相：《王廷相哲學選集》，頁153。

11　（宋）張載：《張載集》，頁63。

　　無形生氣之陽，與有形形氣之陰皆由氣說。故可兩在於氣而不離
於氣，而性即此陰氣、陽氣兩在之形氣中，相待而神之生理，即「兩
在而三有」。反之，陰陽不由氣說，而由所以然之理說，非但陰陽不
成其為氣之陰陽，甚且相待而神生生之性，因脫離形氣而不得成其為
廷相所定義的形氣之性，即「一亡則三滅」。知廷相論性純由形氣層
言，非如朱子由形上本體論性，且以性理為一只存有不活動之本體。
廷相由形氣之生理論性，故有由生之理論性的說法。

　　　　或曰：「子以生之理釋性，不亦異諸儒？」曰：「諸儒避告子之
　　　　說，止以理言性，使性之實不明於天下。……易曰：『窮理盡
　　　　性』謂盡理可乎？孝經曰：『毀不滅性』謂不滅理可乎？明道
　　　　《定性書》之云，謂定理可乎？故曰氣之靈能而生之理也。」[12]

　　廷相由其氣本立場，以為只以理言性，性只是無形之條理，不能
解釋無形之氣如何可能連貫形上形下二層，而凝聚成有形之氣。但以
性為「氣之靈能而生之理」將理與氣皆統攝於氣中，則可使性定位為
具體凝聚萬物之理。非如朱子以理為一形上孤懸，與形下氣質無涉之
理，如朱子云「理，形而上之道，生物之本。氣，形而下之器，生物
之具。是以人物之生，必稟此理，然後有性；必稟此氣，然後有
形。」[13]廷相則以理為氣化無窮之條理，此條理既是形上元氣內在生
化之理，亦是形下有形萬物內在變化之條理。如此，既可避免朱子之
理只一形上孤懸，雖可主宰形下氣化，卻又與氣化不雜，而有形上形
下二分之弊。又可完成形氣之性中，既有形氣之理，且此理又即是無

12　（明）王廷相，《王廷相哲學選集》，頁18。
13　（宋）朱熹：《晦庵集（一）》（臺北：臺灣商務印書館《景印文淵閣四庫全書》，
　　　1986年），卷58，頁7下。

形元氣之理，雖有無形有形之別，但皆統屬於一氣中的要求。故非只是理通貫形上形下，而是一氣亦通貫形氣與元氣，形上與形下。船山亦云：「性命者，氣之健順有常之理，主持神化而寓於神化之中，無跡可見。若其實，則理在氣中，氣無非理。」[14]即氣既是生化萬物之本體，又是生成凝聚之具體形質，理只是寓於元氣、形氣中生化之所以然，而理氣彼此又相資不離。可知廷相由生之理說性，此生之理通貫形氣、元氣中，只是在形氣中是性，在元氣中是神。如此由形氣、元氣統攝為一氣，合形上形下為一之立場，說生之理為性，是較告子純由氣質層說性要深廣周全。

(二) 性學之不得已

> 人之性，純而已；天之道，誠而已。「維天之命，於穆不已，於乎不顯，文王之德之純。」此天人合一之道，故曰：「知性斯知天」。[15]

廷相雖以氣為本，異於朱子以理為本，陽明以心為本。但仍採取傳統之天命下貫為性之模式，賦予其由氣說之性，有天道生生之內涵。故天道之誠，即元氣之生生不已。而人性之純，則指性中純是元氣之生理。所以元氣之生理在天為道，在人為性。吳廷翰亦云：「一氣流行，生人生物，即天命之所在。雖其渾淪沕穆而或參差不齊，則有中有不中之異，而人物之所由以生者，正惟有在於此。」[16]一氣流行之天命，流行至人即命於人，人即以氣化生理為性，而性亦以元氣之生理作為其超越天道之內涵。故性雖為形氣之生理，但本質上則不

---

14 （明）王夫之：《張子正蒙注》（臺北：廣文書局，1970年），卷1，頁5。

15 （明）王廷相：《王廷相哲學選集》，頁20。

16 （明）吳廷翰撰，容肇祖點校：《吳廷翰集》（北京：中華書局，1984年），頁41。

受形氣之限制而成有限者，是可相通於生生之天道。此則與程朱氣質之性為有限，義理之性為無限，大異其趣，但又有合有限、無限為一之趨勢。亦即以氣之生理作為通貫無限之天，與有限之人的「天人合一之道」而天人通貫之具體過程為何？廷相釋之云：

> 存乎體者，氣之機也，故息不已焉；存乎氣者，神之用，故性有靈焉。體壞則機息，機息則氣滅，氣滅則神返，神也返矣，於性何有焉！[17]

形氣所以能活動，是因元氣生生之機在其中，此生機於元氣中是神，此神貫於形氣中使之能活動則是性，即所謂「性有靈焉」，船山亦云：「氣之化而人生焉，人生而性成焉。就氣化之流行於天壤，各有其當然者曰道。就氣化之成於人身，實有其當然者則曰性。性與道，本於天者合，合之以理。」[18]可知人由氣化而生，即以氣化為性，而性之生理即道之生理。故統合有形、無形兩間而言，即因形體活動內中有氣之生機，氣之生機來自元氣之生生，而元氣之生生即神，神在形氣中即性。如此，由有形之氣藉生氣通貫無形之氣，復由無形元氣之神下貫為形氣之性，雖有有形、無形之別，但形氣之性與元氣之神，卻可在元氣與形氣皆氣，性與神皆氣之生理的思考下，呈現為以氣為本的「天人合一之道」。

> 太虛者，性之本始也；天地者，性之先物也；夫婦、父子、君臣，性之後物也；禮義者，性之善也，治教之中也。[19]

---

17 （明）王廷相：《王廷相哲學選集》，頁18。
18 （明）王夫之：《讀四書大全說》，頁720。
19 （明）王廷相：《王廷相哲學選集》，頁3。

廷相除由理論層次論性與神相通於氣之天人合一外,亦由實然氣
化層面,論由元氣下貫於形氣中之性,復昇華為名教價值的性天貫通
於一氣的思想。性乃形氣之生理,此生理源自太虛元氣之生理,故以
太虛為性之本始。天地為元氣轉為形下之氣的最初狀態,亦即能氣化
萬物之根據,故以之為性之先物。夫婦、父子等人事活動,則乃元氣
生理於人倫中之表現,故以之為性之後物,亦即有人的形氣活動而後
有性。廷相另有以氣清使生理暢達為善,氣濁使生理阻滯為惡的思
考,將形氣生理轉化昇華為仁義教化之價值。故除由有夫婦而後有性
外,亦將夫婦、父子等人事條暢合理之表現,視為性之善者。

> 張子曰:「太虛不能無氣,氣不能不聚而為萬物,萬物不能不
> 散而為太虛;循是出入,皆不得已而然也。」……「聚亦吾
> 體,散亦吾體。知死之不亡者,可與言性矣。」橫渠此論闡造
> 化之秘,明人性之源。……氣,遊於虛者也;理,生於氣者
> 也。氣雖有散,仍在兩間,不能滅也,故曰:「萬物不能不散
> 而為太虛」。理根於氣,不能獨存,故曰:「神與性皆氣所固
> 有」……氣之已散者既歸於太虛之體矣,其氤氳相感而日生者
> 則固浩然而無窮,張子所謂死而不亡者如此。[20]

太虛是無形元氣之本體,順其內在陰陽變化之偏勝凝成各個形
氣。及形氣消散後,形體雖無,但形氣本質之氣則又回到無形元氣狀
態。如此往來循環,實只一氣之有形無形的變化。且此變化是出入往
來,死而不亡的,廷相即以此氣化生生為形氣之性。所以會「循是出
入皆不得已而然」是因元氣中附有生生之理,此理即氣化之神,即

---

20 (明)王廷相:《王廷相哲學選集》,頁176-177。

「其氣氤氳相感而日生者」，所以當形氣散歸於太虛，太虛又能有氤氳相感而日生萬物之表現。如此造化之機在元氣、形氣兩狀態間往復循環，即所謂「死而不亡」。橫渠由「皆不得已而然」說太虛氣化不已，廷相則進一步用「性之不得已」說生生之性。

> 靜，寂而未感也；動，感而遂通也，皆性之體也。聖人養靜以虛，故中心無物，聖人慎動以直，故順理而應，此皆性學之不得已者。[21]

廷相以陰陽相生之理用於動靜之體用上，顯示動靜亦有相生不已之表現。如云：「動靜者，內外合而一之道，心未有寂而不感者，理未有感而不應者，故靜為本體而動為發用。」[22]靜為寂而未感之體，一有外感，則此萬理皆會於心之靜體，便順心中之眾理，取可與外感相應之理來對應外感，此即「動為發用」，且此對應因外感不斷，亦不已地「順理而應」對外感有所對應，此即「性學之不得已者」又云：「性者，合內外而一之道，動以天理者，靜必有理以主之；動以人欲者，靜必有欲以基之。」[23]靜是形氣內之主體，動是形氣對外之表現，動靜雖有內外之別，仍為性中所同具。且寂然之靜能感物而動之作用，即性之生理的生生作用。故動以靜為主，所以主之者即性之生理，亦即形氣中寂然之靜到發為形氣的感通之動，皆由形氣之性的生生作用所主宰。可知性既是靜體動用能外應不已之主體，動靜內外又以性之生理貫通，此即廷相「性者，合內外而一之道」。

21　（明）王廷相：《王廷相哲學選集》，頁97。
22　（明）王廷相：《王廷相哲學選集》，頁25。
23　（明）王廷相：《王廷相哲學選集》，頁104。

（三）合內外而一之道

> 「性之體，何如？」王子曰：「靈而覺，性之始也；能而成，
> 性之終也，皆人心主之。形諸所見，根諸所不可見者，合內外
> 而一之道。」[24]

性是形氣之生理，心是此生理的主宰，心之生生即形氣知覺運動
之靈能。故「性之始」指心會先順性之生理而知覺運動。「性之終」
指心之知覺運動引發性中之愛為仁。亦即心不已地知覺運動是順不可
見的生理開始，進而成就氣質中可見的仁性。此中似有不可見的性之
始，與可見的性之終的分別，但在廷相「性合內外而一」的思考下，
不可見的生理，與可見之仁性皆統屬於氣性中而無別。二者能統屬於
一氣之關聯，即因心之知覺運動能使性之生理呈現為形氣中的仁性。
又云：「知覺運動，靈也，性之才也。」[25]性是氣之靈能，故能以其靈
能之知覺，呈現性中之愛為形氣之仁性。

而能在形氣中完成仁性之知覺，即「性之才」，亦即是能主宰知
覺運動的心！朱子是以可形諸於外的氣之靈的心，去認知運動內在不
可見的性理。廷相則進一步提出性合內外而一之思路，直接將形氣之
性內在生生之作用，等同於可形諸外的知覺之心，以避開朱子心性有
內外之分別，不能一貫於一氣之病！

> 體魄、魂氣，一貫之道也。體之靈為魄，氣之靈為魂。有體即
> 有魄，有氣即有魂。非氣體之外別有魂魄來附之也。且氣在則
> 生而有神，故體之魄亦靈……是神氣者又體魄之主，豈非一貫

24　（明）王廷相：《王廷相哲學選集》，頁182。
25　（明）王廷相：《王廷相哲學選集》，頁177。

之道乎？知魂魄之道，則神與性可知矣。[26]

　　元氣是氣化不已之本體，魂是元氣陰陽相生不已之靈，神則是魂中生生不測之妙用。元氣、魂、神皆屬無形之元氣層。體是元氣凝成之具體形質，魄是形體中的生生之靈，性是魄中生生之靈能。體、魄、性皆屬有形的形氣層，此是橫貫地說。元氣會凝為體質，生生之魂落於體中是魄，神貫性中則為其生生之用。故無形之氣、魂、神正與有形之體、魄、性相對，而成氣質、魂魄、神性等有無形與有形之異，卻又彼此相通的思想範疇，此則是縱貫地說。合而言之，形上無形的魂氣之神落於形下形氣中，即是體魄的性，此是縱貫地說元氣下貫為形氣，是形上形下為一。元氣之靈為魂，魂乃因有神而靈；體之靈為魄，魄乃因有性而靈，此是橫貫地說生生之靈貫通於形氣外之元氣、魂、神與形氣內之體、魄、性二面，是內在與外在為一。此乃廷相由元氣生生之靈論體魄、魂氣之性，同時亦透露出整個氣化流行的宇宙及其架構。

> 氣之靈為魂，無質以附麗之則散，燈火離其膏木而光滅是矣。質之靈為魄，無氣以流通之則死，手足不仁而痿痺是矣。二者相須以為用，相待而一體也。精也者，質盛而凝氣，與力同科也，質衰則疏弛，而精力減也。神也者，氣盛而攝質，與識同科也，氣衰則虛弱，而神識困矣。是故氣質合而凝者，生之所由得也；氣質合而靈者，性之所由得也。[27]

　　魂氣貫於體中為魄，指元氣之生生貫於體質中而為其生生，亦即

26　（明）王廷相：《王廷相哲學選集》，頁87。

27　（明）王廷相：《王廷相哲學選集》，頁5。

生生氣化借體質之生生以顯用，體質受氣化主宰而有生。魂借質以顯
其生生之靈，魄受魂氣主宰而有活動之能，亦即魂使魄有靈，魄因魂
而能動。質盛凝氣之精，乃由魄質重於魂氣，強調活動多於生理之角
度言，魄因魂而有活動，而此活動即指形氣能運動之精力。氣盛攝質
之神，乃由魂氣重於魄質，強調生理超過活動的角度言，魂借魄而顯
神用，但此神用非只是生生之用，另又指認知能力，亦即此神用乃魂
氣之神，借魄而顯現的認知上的神用。故神既可指魂氣生生之妙，亦
可指無窮認知之作用。合而言之，無形之氣凝為有形之質，乃形氣所
以有生，及有運動精力之因。元氣之生生下貫為體質之生生，此則形
氣有生生之性，及有神識妙用之因。以上即由相待一體的魂魄，能表
現出活動之精力與認知之神識，說明精力、神識皆性所具有的本質。

> 氣神而精靈，魂陽而魄陰也。神發而識之遠者，氣之清也；靈
> 感而記之久者，精之純也，此魂魄之性，生之道也。氣衰不足
> 以載魄，形壞不足以凝魂，此精神之離，死之道也。[28]

　　無形生化為陽，有形之物為陰。故魂為無形元氣之生，魄為有形
形氣之生。因陰陽相生，魂魄相待一體，故魂氣之神用下貫為魄質之
性後，遂由元氣層之生生轉為形氣層之運動精力，及認識神用。故若
魂氣清暢，可使形氣之認知神用暢達致遠。同樣魄質之性純任生生，
可使形氣之運動精力隨感隨應而不已。反之，魂氣之生生衰弱，不足
為魄質生化之主宰，則魄質自無運動精力之表現；或形體敗壞不足作
為呈現魂氣生生之工具，則雖有魂氣之神，亦不得顯為形體之神識。
可知神識精力之有用，皆魂魄之性為之。

---

28 （明）王廷相：《王廷相哲學選集》，頁20。

　　廷相由元氣、形氣統合為一氣的思考，自然主張性是合內外為一的。故以性之生理貫穿無形之魂，與有形之魄二層面間；以性之生理貫穿於外發之精力，與內運之神識二層面間。合言之，性乃形氣之生理，此生理通貫於形氣、元氣間便是天人合一之道；貫穿於魂與魄、精與神之間則是合內外而一之道。可知以形氣之生理合天人與內外，乃廷相論性之特點。

三　各正性命

（一）氣種有定

　　且夫天地之間無非氣之所為者，其性其種已各具於太始之先矣。金有金之種，木有木之種，人有人之種，物有物之種，各各完具，不相假借。[29]

　　廷相以氣為宇宙生化之本體，凡天地萬物無非氣化所生成。然所以有金、木、人之異，則因太始元氣中早具金、木等之性種，且各性種是各各完具，不相假借。又云：「元氣未分之時，形、氣、神沖然皆具。……天地水火本然之體，皆自太虛種子而出。」[30]元氣內因陰陽有偏勝而化生萬物，而萬物有金木等不同，則因各各形氣之性種與生生之神，早在陰陽有偏勝之時既已決定。如云：「萬物巨細柔剛各異其材，聲色臭味各殊其性。閱千古而不變者，氣種之有定。」[31]萬物在形氣中之分殊，是因早在元氣中即有陰陽偏勝決定其性種，而陰陽偏勝者為何？其釋之云：

29　（明）王廷相：《王廷相哲學選集》，頁172。

30　（明）王廷相：《王廷相哲學選集》，頁228。

31　（明）王廷相：《王廷相哲學選集》，頁5。

> 陰不離於陽，陽不離於陰，曰道。故陰陽之合，有賓主偏勝之
> 義，而偏勝者恆主之，無非道之形體也。日陽精，星陽
> 餘，……月陰精，辰陰餘，……露陰結、霜如之，皆性之不得
> 已而然也。故造化之道，陽不足，陰有餘，而陰恆宗陽；陽一
> 陰二，而陰恆含陽。[32]

　　《中庸》云：「天命之謂性」，乃將道德本體下貫於萬物為其性，
萬物即因此性被決定成一只能是道德之存在。廷相則由元氣、形氣皆
一氣的思考，以為元氣之生生，乃內在陰陽相生而偏勝者為主，或陽
為主或陰為主而成元氣中各各性種，於氣化流行中再生成各各不同之
萬物。且此各各性種復因陰陽相生不已，而永遠有無窮多新性種產
生。廷相此說不似傳統天命之性，重視個體在價值上的統一性；而是
重視不同個體在實際存在上之獨特性，但又不廢在形式上之統一性。
如仍以萬物皆以陰陽相生之理為性，既欲超越價值決定一切之絕斷如
陽明，而言各物性種之獨特性。但又不廢萬物不論有形、無形皆一氣
所生的內外合一的統一性。實則欲建立其以氣為本的天人合一論。

> 人、物之生於造化，一而已矣。無大小，無靈蠢，無壽夭，各
> 隨氣之所稟而為生，此天地之化所以無心而為公也，故曰：
> 「各正性命」[33]

　　元氣中陰陽有偏勝，故氣種有定。及氣化後，有定之氣種在形氣
中之表現即「各正性命」，即不論形氣有大小、靈蠢之異，大小、靈
蠢之氣種早在元氣中即由陰陽偏勝者主宰決定，而大小、靈蠢即稟其

32　（明）王廷相：《王廷相哲學選集》，頁7。

33　（明）王廷相：《王廷相哲學選集》，頁105。

性種混於氣化中而有之不同形氣。又云：「萬物各有稟受，各正性命，其氣雖出於天，其神則為己有，地有地之神，人有人之神，物有物之神。」[34]

萬物雖由元氣中性種混於氣化而來，但所稟之性種不同，形氣便各不相同而各正性命。如「人有人之神」，此時，神非僅指生生之不測，而是合生生之神與有定之氣種為一而言。故「各正性命」即指人混生生之神與有定氣種為一形氣之性。如此，萬物各正性命，有現實上之獨特性，但其獨特性非只由表面上形氣有異，實可向上溯源至元氣中氣種有定處即已決定。故廷相非只浮淺平面地由氣質層論性，反能向上推本於元氣本體層，尋找其現實獨特性之根源。如此，既較告子只從生理氣質層論性為深入，同時在形式上亦不廢陽明純由本體決定現象的天人合一的模式。

> 聖愚之性，皆天賦也。氣純者純，氣濁者濁，非天固殊之也，人自遇之也。[35]
> 具神明之性者，學道之本也。天不畀之以神明，命也。天與之神矣，而不學以充之，是自棄者也。[36]

廷相由元氣中「氣種有定」說明形氣「各正性命」後，進一步思考萬物既各正性命，何以所正之性命人各不同？廷相不由陽明主觀良心決定一切萬物之方向思考，反由客觀理性的立場，以為形氣變化可有任何的可能性，亦即氣化無窮不可測知。但人所各正之性命不同，是因氣化時人自遇之，完全由客觀機率決定的，非某一本體主觀有意

34　（明）王廷相：《王廷相哲學選集》，頁231。
35　（明）王廷相：《王廷相哲學選集》，頁20。
36　（明）王廷相：《王廷相哲學選集》，頁21。

之主宰或決定。如聖愚之性皆天賦,指聖人之性氣清是自遇之,非由天決定其為氣清,故為聖人。亦即性是天賦人皆有之,此從形式上說。但氣之清濁人各不同,則是從性之內涵說,此乃人自遇之的。

　　元氣中陰陽偏勝決定各性種,及此性種即或清或濁之氣質滾於氣化中而有形,此形實早在元氣中即已決定,故言其閱千古而不可變。若從人各自性自立角度言,人之氣清氣濁則是客觀機率人自遇之的偶然。氣種落入形氣中,只決定此形氣之形狀或體質之特質,是中性的,但若由所自遇之的是清或濁的角度看,則此形氣便可由價值上說氣清是善,氣濁是惡。因廷相以後天教化為善惡之判準,故善惡不由氣中來,而是以合於教化之清氣為善,不合教化之濁氣為惡。故清濁乃人自遇之,由客觀機率決定,不受主觀本體所決定,自然主張性稟不齊,非如孟子專由至善本體論性。如云:「人之生,性稟不齊,聖人取其性之善者以立教,而後善惡準焉。故循其教而行者,皆天性之至善。」[37]性稟不齊,故性有善有惡,性之善惡則由所遇之清濁決定。

(二) 性稟不齊

> 性之善者,莫有過於聖人,而其性亦惟具於氣質之中,但其氣之所稟清明淳粹,與眾人異,故其性之所成,純善而無惡耳。……氣有清濁粹駁,則性安得無善惡之雜?故曰:「惟上智與下愚不移。」[38]

　　落於氣質中言性,性之氣稟清濁由陰陽偏勝者決定。如有陰陽和諧氣稟清明為善為聖者;亦有陰勝陽偏形質者即為惡為愚。形氣之性受氣質清濁影響,或有使性之生理受氣質濁駁限制不得完全展現者即

37　(明)王廷相:《王廷相哲學選集》,頁16。
38　(明)王廷相:《王廷相哲學選集》,頁163。

惡；性之生理不受氣質限制而暢順展現即氣清者為善。然其不受駁雜氣質限制，是因命遇所遭之氣質恰巧是純粹的；反之受限於駁雜氣質亦因恰巧遭遇之故。欽順有云：「蓋人物之生，受氣之初，其理惟一；成形之後，其分則殊。其分之殊，莫非自然之理，其理之一常在分殊之中，此所以為性命之妙。語其一，故人皆可以為堯舜；語其殊，故上智與下愚不移。」[39]所謂不移，即指元氣中陰陽偏勝決定之性種，氣化為人後，遂成不可移易的聖愚。但元氣氣化生物是多向有任何可能性的，非只有聖愚二性，另外尚有可上可下的中人之性。如云：

> 世儒論復性。夫聖人純粹靈明，性之原本未嘗污壞，何復之有？下愚駁濁昏闇，本初之性原未虛靈，何所歸復？要諸取論中人之性差近之耳。[40]

元氣中陰陽偏勝者不定，故性稟不齊，如聖人之性氣清，性之生理可全然展現，愚人則反之，此二者乃氣極清極濁者，但尚有性中氣之清或濁皆具，只多寡不同之中人，故善惡皆具於中人之性中。以教化導化其善性則為善，不以教化導正其惡性則為惡。即中人性中善惡皆具，只多寡有異，此雖命遇為之，但可經由學習教化，以擴充善性抑制惡性而復性。唯可復性之中人，又非只一類，而不可以為廷相人性只分上智、下愚、中人三等，實則中人因其氣質清濁多寡人各不同，亦即人各稟性不齊，故中人又可分為多種。

> 惟聖人履道達順，允執厥中，涵養精一，是以此心未發之時一中自如，及其應事，無不中節矣。其餘賢不肖、智愚，非太過

39　（明）羅欽順：《困知記》，卷上，頁23。
40　（明）王廷相：《王廷相哲學選集》，頁145。

則不及。雖積學累業，尚不能一有所得於中。[41]

性中氣之清濁多寡不同，決定性中善惡不同。除有雖學道亦不移之上智、下愚外，尚有經由學道可移之賢、不肖、智、愚等中人。又云「況若子若孫，有富有貧，有貴有賤，或壽或夭，或善或惡，各各不同；若曰善地，子孫皆被其蔭可也，而何不同若是？豈非人各自性自立乎？」[42]（《王廷相哲學選集》，頁143-144）人所以可能自性自立即因氣化時，陰陽偏勝之變化，或偏陽或偏陰而有無限多之可能，且此有種種可能之性種，即後天在氣質上，人自遇之的清濁不一的中人之性。故廷相反對孟子單一之性善論，而走告子生之謂性一路，但又進而細分為不移之上智、下愚，及可移之賢、不肖等性。

> 且舜之戒禹而以人心、道心言者，亦以形、性為一統論，非形自形而性自性也。謂之人心者，自其情欲之發言之也；謂之道心者，自其道德之發言之也。二者，人性所必具者。[43]

廷相由氣質論性，故取孔子「性相近，習相遠」之說。以為人雖各自性自立，但亦有生而氣質上相近者。性有因氣之清濁而分為善惡，同樣人心道心亦因陰陽偏勝之故，以氣清者為道心，以氣濁為人心。氣清氣濁皆一氣所有，故人心道心亦皆人性所必具，同時又為形氣上道德或情欲之表現，故曰：「形性為一統」，橫渠有云：「若謂萬象為太虛中所見之物，則物與虛不相資，形自形，性自性，形性、天

---

41 （明）王廷相：《王廷相哲學選集》，頁165。

42 （明）王廷相：《王廷相哲學選集》，頁143-144。

43 （明）王廷相：《王廷相哲學選集》，頁103。

人不相待而有，陷於浮屠以山河大地為見病之說。」[44]亦主形性相待而有，一統於氣。廷相續由人心道心皆性論性相近之旨。

> 性之本然，吾從大舜焉「人心惟危，道心惟微」而已；並其才而言之，吾從仲尼焉，「性相近也，習相遠也」而已。惻隱之心，怵惕於情之可怛……孟子良心之端也，即舜之道心也。「口之於味，耳之於聲」，……孟子天性之欲也，即舜之人心也。由是觀之，二者聖愚之所同賦也，不謂相近乎？由人心而辟焉，愚不肖同歸也；由道心而精焉，聖賢同塗也，不為相遠乎？[45]

　　氣有清濁，轉為道德意識便是性有善惡，若再轉為形氣知覺運動之能力，即指情欲之人心，道德之道心，而人心道心仍為形氣之性所皆具有，故曰：「性相近」。此則與前述人各自性自立，因氣有清濁多寡之異，故性亦有聖、賢、愚不同之異之說不同。性相近強調人心、道心皆形氣能為道德，或為情欲之知覺運動之作用，乃天所同賦，人性所皆有者，為善與否，則由受教化影響與否而決定。「才」雖指清濁，多寡則人各不同，氣清易發為道德，濁多易發為情欲。故擴充道心抑制人心即聖，如「由道心而精，聖賢同塗」；放任人心蒙蔽道心則愚，如「由人心而辟，愚不肖同歸」，此即「習相遠」之因。可知廷相以為發為道德之道心，與發為情欲之人心，皆為性所皆有，故可說性相近，至於為善與否則由同為氣質層之教化決定，則為習相遠之故。但孟子善性是人皆相同非相近的，且孟子善性遭扭曲蒙敝才是

44　（宋）張載：《張載集》，頁8。

45　（明）王廷相：《王廷相哲學選集》，頁17。

惡，亦不能說是因習而相遠。此因孟子以善為內在自覺，是自我決定非外在決定者之故。

（三）性成於習

> 凡人之性成於習，聖人教以率之，法以治之，天下古今之風以善為歸、以惡為禁，久矣。以從善而為賢也，任其情而為惡者，則必為小人之流，……此惟中人可上可下者有之，……伊尹曰「茲乃不義，習與性成」，是善惡皆性為之矣。[46]

廷相以為可上可下之中人，性中善惡氣種皆具，可經由天下古今以善為歸之教化，揚善抑惡以為善，此乃「習與性成」之說。性受氣清濁之命遇決定而有善有不善，性純善者，率其善性而為即合道，性不善者除不移之下愚外，尚有性有善有不善之中人。中人由外在教化引發內在善性，或抑其惡性，久而成習皆可為賢。反之，率其惡性，不抑以教化，久而成習亦可成惡。吳廷翰亦有云：「人性必有此仁而後肯習於仁。其多且厚者習之易，少且薄者習之難。」[47]可知性或善或惡除由命遇決定不能自主外，人為惡亦因率其惡性隨順外在環境，一滾而下久而成習的。如此人幾乎成為外在決定論者，而不能自由自主。但此只是廷相說明現實上有惡之因，實則性中仍有先天命遇之善，進而以此內在善性配合天下古今以善為歸，以教化導正其性中之不善者，久而亦可習與性成而為善。如此善分兩階段，一則內在偶遇之善性，二則氣質層中，以善教為歸之習與性成的善。

> 「造化生人，古今異乎？」曰：「天賦相近，何太遠哉？習性

46　（明）王廷相：《王廷相哲學選集》，頁164。
47　（明）吳廷翰：《吳廷翰集》，頁25。

之日殊爾。古也朴，今也日文；古也直，今也日巧。神鑿而靈
散也久矣，……《六經》之教，救其習之日降而已矣。」[48]

　　形式上人皆有同賦於天之形氣之性，此乃相近者。惟性中清濁多
寡則是人自遇之，無必然保證的，此乃性可能因習而相遠之因。如此
廷相既採取天命之謂性傳統模式說人之天賦相近，又加上性之清濁善
惡，乃人自遇之的機率不定論，以解釋氣化中萬有稟性不齊之因，進
而再推究天賦相近，因習之故卻可能相遠之因。如云「神也者，氣盛
而攝質，與識同科，氣衰則虛弱，而神識困」[49]神指元氣之生生作用
在知覺運動上之表現，此亦天賦而人皆相近者。惟人性中之神識，受
氣濁限制不得散發而神鑿靈散，久而成習自亦相遠而日殊。船山亦
云：「命日降性日受，性者生之理，未死以前曰生，皆降命受性之
日。初生而受性之量，日生而受性之真。」[50]船山以為天日命生德於
人，人性即日增其生德，人即可以其性中日增之生德踐德成聖，此說
似可為廷相習與性成說更進一步的發展。如此，性中之善經由認知並
實踐外在教化，久而成習乃為善行。善性即因久而成習，被凸顯為行
為之善。使性由氣化之偶善，轉為現實教化層之有必然性的行為之
善。故云：「以聖人不可易及，必守賢人之矩，習與性成，氣象殊
塗，能脫故習而超以上達。」[51]如此便因率性與習成，可成就中人為
善或惡之行為準則。但此習與性成，只是先天偶善或惡，受後天習染
而成者，其中無踐德之必然性，故廷相為使先天偶善能認知教化，進
而習與性成成為必然有保證之善行，遂又提出變質成性之說。

48　（明）王廷相：《王廷相哲學選集》，頁20。
49　（明）王廷相：《王廷相哲學選集》，頁5。
50　（明）王夫之：《思問錄內外篇》（臺北：廣文書局，1970年），內篇，頁12。
51　（明）王廷相：《王廷相哲學選集》，頁58。

性果出於氣質，其得濁駁而生者，自秉夫為惡之具，非天與之
而何哉？故曰「天命之謂性」，然緣教而修，亦可變其氣質而
為善，苟習於惡，方與善日遠矣。[52]

引發性中之善抑制性中之惡，可將生命流於惡之氣質變為以善為
主之氣質。但以性之善為主，尚須有合於天下古今風俗以善為歸之聖
道，提供道德標準之保證後才是善。否則只是缺乏道德的氣之清或氣
之靈能而已。此說與孟子單以性善作一超越的形上根據不同，而較接
近荀子強調在現實上有正理平治功用之禮樂教化。如荀子所云：「今
人之性惡，必將待聖王之治，禮義之化，然後出於治，合於善。」[53]
二人皆由氣質論性，故皆重後天教化導化之功，可知廷相不以先天自
遇由機率決定之善性為準，而以由氣化中抽繹出有必然性，與普遍性
之聖道為善之標準。

學有變其氣質之功，則性善可學而至。不然，徒事乎口耳講論
之習，終不足以入聖。[54]

「變質」指性中善惡皆具之中人，擴充其氣清之善性，暢發氣清
中之神識；或抑制氣濁之惡性，再重新暢發氣中之神識。「成性」指
率其性中之善使合於聖道，再將合於聖道之善性，實踐於氣化流行之
世界中，而成具體之善行。而善行之具體實踐實即性中之善，經由習
於天下古今所認可之聖道後，終被肯認為合於聖道，有道德保證之善
性，而非只一先天偶遇未經教化肯認之善。如「變質成性，觀書之遜

---

52 （明）王廷相：《王廷相哲學選集》，頁164。
53 荀子：《荀子集解》（臺北：世界書局，1974年），頁294。
54 （明）王廷相：《王廷相哲學選集》，頁30。

學」[55]可知廷相分性之善惡為兩層次，一為先天氣質上之偶善，一為
後天習於教化有人文意義之善性，及被教化判為不善之惡性。

四　性有善有不善

（一）氣有清濁，性有善惡

> 性之善者，莫有過於聖人，而其性亦惟具於氣質之中，但其氣
> 之所稟清明淳粹，與眾人異，故其性之所成，純善而無惡耳。
> 聖人之性既不離乎氣質，眾人可知矣。氣有清濁粹駁，則性安
> 得無善惡之雜？[56]

　　形氣之性因陰陽偏勝而有性種之不同，同時另有清濁粹駁之不
同，亦即決定形氣特色之性種，與決定形氣為善或惡之清濁，皆性所
有之二層次。其中氣之清濁所以能決定性為善或惡，則因性之生理順
氣清而全現則為善，或受限於氣濁不能暢顯便是惡。亦即此生理未落
於氣質前只是元氣之元神，落於氣質後才可言性，此性之生理又受氣
之清濁影響才有善惡之分。如明道有云「性即氣，氣即性，生之謂
也。人生氣稟，理有善惡，然不是性中原有此兩物相對而生也。有自
幼而善，有自幼而惡，是氣稟有然也。」[57]明道以性中只善無惡，但
氣濁則為惡，雖與廷相氣性中善惡皆具之說不同，但仍皆以為由氣質
說的性是有善有惡的，非由超越形上層說性善，亦即以落於氣質層
中，仍能使生理順暢展現的便是性善。吳廷翰亦有云：「仁義皆氣之

55　（明）王廷相：《王廷相哲學選集》，頁69。

56　（明）王廷相：《王廷相哲學選集》，頁163。

57　（宋）程顥、程頤：《二程集》（一）（臺北：漢京文化公司，1983年），頁10。

善名,氣有清濁美惡,即仁義之多寡厚薄。仁義之多而厚,即性之善。薄而少有欠處,未免有不善。」[58]此皆由氣之清說善,非如陽明由超越形氣之上的道德本體說善。如此性之善惡乃命遇決定無必然性,則人之為善亦無必然性,亦即人未必有自主自覺去實踐道德之責任。廷相為避免此缺失,遂以性中合於教化之善為判準,再經由學道成習,以抑惡性揚善性,做為解決性中有惡如何可能為善之方法。

> 言性不得離氣,言善惡不得離道,故曰性與道合則為善,性與道乖則為惡,性出乎氣而主乎氣,道出乎性而約乎性。[59]

性之善乃先天偶遇,無道德之必然性,故性之善須合於道,合於有道德保證之道,才是有必然性之善。故又以道為善惡之判準。如云:「天道者,言乎運化之自然,四時行,百物生,乾乾而不息者。」[60]「六經者,道之所寓,故仲尼取以訓世。」[61]道是乾乾不息之氣化,此氣化寓於形氣中,便是性中具道德義之生理,可使缺乏仁義的形氣之性,有道德為其準繩。如此性中有偶善,道則是仁義之生理,故偶善之性與仁義生理之道相符合,便成受仁義之道約制之善性。反之,性中偶惡不與仁義之道合,非但不只是先天之偶惡,抑且是不受仁義之道約制之後天之惡。

陽明以為人能反省,是因良心本體自省心意言行有違本然之善。廷相則以為善道標準是人或有之,非人人皆可自反而得的,故須由先天純善之聖人制定教化,以教化性惡或性善卻未表現出之中人。且此

58　（明）吳廷翰:《吳廷翰集》,頁25。

59　（明）王廷相:《王廷相哲學選集》,頁164。

60　（明）王廷相:《王廷相哲學選集》,頁18。

61　（明）王廷相:《王廷相哲學選集》,頁81。

教化能使性之善者認知並肯認此道，再落實於氣質層表現為合道之善行。如此既似陽明由內在反省自覺之模式，如廷相以性中有善者作為反省為惡之標準。又似朱子由心去認知性理，再實踐為情之模式，如廷相以性中乏善者，去學外在聖道，以表現成善行。但又異於陽明之善性是形上本體，廷相之善性則是氣質中之偶善。異於朱子以氣質層之心去認知超越層之性理，廷相則是以天下古今以善為歸之現實教化，來肯認同為氣質層之性中之偶善。

> 孟子之言性善，乃性之正者也，而不正之性未嘗不在。觀其言曰「口之於味，目之於色，耳之於聲，鼻之於臭，四肢之於安逸，性也，有命焉，君子不謂性也」亦以此性為非，豈非不正之性乎？是性之善與不善，人皆具之矣，宋儒乃直以性善立論。[62]

　　孟子主性善，故以仁義之性為第一義的價值之性，以耳目口鼻等生理之性作為第二義之性，並非以生理之性為不正之性。同時孟子性善雖由自主自覺之道德本體說，但亦不廢現實氣質層的生理之性。廷相既重本體層之元氣，亦重元氣落於形氣中之性。而道德則由形氣之性有善惡，故以合於道者為善，反之為惡來說。

　　另外橫渠有云：「形而後有氣質之性。善反之則天地之性存焉。故氣質之性，君子有弗性者焉。」[63]此由道德本體說天地之性，並以之為善之標準。由氣質層說氣質之性，並以之為承載道德之工具，但若反而限制了道德之呈現即為惡，此亦是重本體層之性，輕氣質層之性。故廷相由其形氣之性立場思考，除會反對性分天地、氣質二層之

62　（明）王廷相：《王廷相哲學選集》，頁102。

63　（宋）張載：《張載集》，頁23。

宋儒說外，亦會將孟子視為正或不正之性，皆視為氣質之性，進而以
正之仁義之性為氣性之善，以不正之生理情欲為氣性之惡。亦即不將
性分為善或不善二種，以為只有一氣性，善惡之分只在氣性之中，不
在氣性之外。廷相此雖不合孟子本意，卻反顯出氣有清濁，故性有善
有不善之思想。

> 氣不可為天地之中，人可為天地之中，以人受二氣之沖和也，
> 與萬物殊矣。性不可為人之中，善可為人之中，氣有偏駁，而
> 善則性之中和者也。是故目之於色，耳之於聲，……孟子不謂
> 之性，以其氣故也；剛善柔善，周子必欲中焉而止，以其過故
> 也。[64]

「天之氣有善有惡，觀四時風雨，霾霧之會，與夫寒暑、毒厲之
偏可睹。」氣化生生有陰陽和諧之常者，亦有陰陽偏勝之偏者，若轉
為價值層次言，則須以二氣沖和之人為「中」，不可以有常有偏之氣
為「中」。同樣，因氣有純駁，故性有善惡，只是性之善者是陰陽和
諧氣稟清明，能順暢展現生生之理者，及其被賦予道德意義後，即轉
為中和之至善。故廷相以為孟子以耳目情欲為不善之性，乃因其性中
只有氣質層之生理，而無道德之意義。濂溪有云：「剛善剛惡，柔亦
如之，中焉止矣。」[65]指剛之氣質有善有惡，柔之氣質亦有善有惡，
亦即剛柔等氣性皆有偏差非中和者。唯有中和之資者能剛柔得宜，表
現中和之道即善，可知廷相是將形氣之性中，最中和純粹、靈明暢達
者，視之為價值層之中之善。

---

64 （明）王廷相：《王廷相哲學選集》，頁19。

65 （明）黃宗羲：(《宋元學案上》(臺北：河洛出版社，1975年)，頁103。

> 天地之化，人生之性，中焉而已。過陰過陽則不和而成育，過
> 柔過剛則不和而成道。故化之太和者，天地之中也；性之至善
> 者，人道之中也。故曰「惟精惟一，允執厥中」求止於至善而
> 已。[66]

氣化本應中和，但陰陽生化有偏勝，使天地生化不能和而成育，
人性亦應中和，但因氣化或過剛或過柔，不能和而成道。故唯陰陽和
諧才能生化太和，唯陰陽中和，性乃至善。船山亦云「理雖無所不
有，而當其為此理，則固為此理。是唯氣之已化，為剛為柔，為中為
正，為仁為義，則謂之理而別於非理。」[67]即氣化時陰陽之生理寓於
其中，凝為形氣之性時，此仁義中正之理亦賦於氣性中，而此性即中
和至善之性，即人道之中。如此，既將道德義賦予元氣本體層，而有
天地之中，亦賦予在形氣層而有人道之中，此即廷相氣通貫形上、形
下兩間，道德亦通貫天地、形氣兩間之天人合一模式。

（二）名教立而善惡準

> 人之生也，氣稟不齊，聖人取其性之善者以立教，而後善惡準
> 焉。故循其教而行者，皆天性之至善也。極精一執中之功則成
> 矣，成則無適而非善也，故曰「成性存存，道義之門。」[68]

氣稟善惡不齊，善是先天偶然，只是善之端倪，尚非可為善，須
由道德之極的聖人認可後才成為標準。故善由先天偶善及後天聖教認
可二階段完成，此亦其性者合內外而一之道的模式。反過來說，能循

66　（明）王廷相：《王廷相哲學選集》，頁19。
67　（明）王夫之：《讀四書大全說》，頁718-719。
68　（明）王廷相：《王廷相哲學選集》，頁16。

聖教者，乃順其先天內在本有之性善而為者。此乃因氣清故能暢發其
生理，此生理自會「循其教而行」要求氣性認知並實踐聖教，此中有
自主自覺的意思！但不循聖教乃因氣濁使生理不能暢發而為惡，則此
惡性中雖有不息之生理，卻是被阻隔不能自由自主的生理。可知廷相
以氣之生理能自主暢行為善，不能自主暢行為惡。只是此不能自主，
是內在本能自主者，受偶遇之濁氣限制而不能自主。此說又似孟子以
自主自覺之性為善，及此善性受環境或氣質限制才轉為惡的模式！故
廷相表面雖反孟子性善說，實則深層架構仍不違孔孟以自主自覺為性
之內涵的主軸。另外，性雖有善惡之分，且氣性之善又有多寡之不
同，但性善之本質則是聖凡一貫的。

　　亦即形氣之性非全善，不若孟子之善性是絕對本體，有永恆普遍
性，但性中之善就本質言，則是貫通元氣本體與聖凡氣性而一致的，
此一致中仍有其道德之永恆普遍性。然嚴格論，實無在此氣性中有普
遍之善，在彼氣性中則無普遍之善的情況。廷相實則是將道德普遍性
不置於性善，而是置於聖人教化上。如「天下古今之風以善為歸、以
惡為禁，久矣。」[69]將道德普遍性置於後天氣化流行之教化共識上。
此則與陽明由良知本體說價值之普遍性有異，較接近荀子以外在客觀
之禮義為規範的思路。

> 性者緣乎生者，道者緣乎性者也，教者緣乎道者也。聖人緣生
> 民而為治，修其性之善者以立教，名教立而善惡準焉。是故敦
> 於教者，人之善者；戾於教者，人之惡者也。[70]

　　性有善惡，由清濁分，則氣清為善，氣濁為惡；由氣化生生言，

69　（明）王廷相：《王廷相哲學選集》，頁164。
70　（明）王廷相：《王廷相哲學選集》，頁16。

則生之理能順氣質順暢呈現是善，生之理受阻於氣質則為惡。另外，
天下古今皆以聖教為善之標準，以惡為聖教所當禁者。以聖教為判
準，既非陽明至善本體之良心，亦非朱子以形上天理為善之本體，較
接近荀子以聖人創制之禮樂為判準，但又較荀子擴大為天下古今之風
以善為歸，擴大了永恆性與普遍性。此判準非先天形上本體，是氣質
層中的約定俗成。但此判準又非僅停留在氣質層之教化而已，因此氣
質層之教化實根於元氣而來，如性即陰陽之生理，此生理即元氣中之
元神，且「道出乎性而約乎性」即道為性中之善，而性之氣清為善，
實即因出乎性之道本善，故道既可為聖教之先天根據，亦是約制性當
行善之規範。

可知聖教為善惡判準之根據，一是由氣質層之古今天下所約定俗
成的，此約定有現實上之普遍義，與通過驗證之肯定。二是性之氣清
為善，由性善出之道亦是善道，如此之善道亦是教化能被肯定之根
據。三是此善道是偶有，非無時無處不在的，故不能單獨成為教化之
保證，尚須加上古今習成之善教，二者相互證成，才能使偶有之善
性、善道，擴大成有普遍義之善之判準。

> 性果出於氣質，其得濁駁而生者，自稟夫為惡之具，非天與之
> 何哉？故曰「天命之謂性」，然緣教而修，亦可變其氣質而為
> 善，苟習於惡，方與善日遠矣。[71]

氣清為善氣濁為惡，皆天命所予性分所具者。但性善可為教化，
性惡則足以危亂。故聖人取天下古今之風以善為歸者，定之為教化準
則，再以之要求民循此先天偶有，但又獲得天下古今認同與保證之

71　（明）王廷相：《王廷相哲學選集》，頁164。

善。故循之者為善，逆之者則惡。另外尚有先天氣濁即性之惡者，如云：「既形之後，方有所謂性，謂惡非性具，何所從而來？程子曰：『惡亦不可不謂之性』得之。」[72]故惡來源有二，一是先天偶有之性惡，此乃人自遇之，無可負責的。二是稟性有惡，又不能學習聖道以變質成性，遂成後天有意之墮落，此則人需自負其責之惡。

> 發於外者，皆氏乎中者也。此物何從而來哉？又假孰為之乎？
> 謂蹠也、虎也，靜而能善，則動而為惡，又何變之遽？夫靜
> 也，但惡之象未形爾，惡之根乎中者自若也，感即惡矣。[73]

廷相由形氣層橫剖面論性，自以為外在所見之惡行，當根於內在之惡性而產生。靜時惡尚未形只根於中，有外感引誘則引發內在本有之惡性，對應於外感發而成惡行。同樣，內在善性受外感誘發亦會發而成善行。如此之因在於「寂然不動之時，萬理皆會於心，此謂之一心則可……蓋萬事有萬事之理，靜皆具於一心，動而有感，乃隨事順理而應」[74]此因氣化萬有不齊，任一外在偶惡，皆有某一內在之惡可與之相對應，再順此外感而引發出。而孟子論惡，則以純善本性來自天道，但受情欲命限約制不能全現便是惡，廷相則主張惡是由外感引發內在惡性中有可與之對應者，此亦其性者合內外而一的思考。

> 性之善者，固不俟乎教而治矣；其性之惡者，方其未有教也，
> 各任其情以為愛憎，由之相戕相賊胥此以出，世道惡乎治！聖
> 人惡乎不憂！故取其性之可以相生、相安、相久而有益於治

---

72 （明）王廷相：《王廷相哲學選集》，頁16。
73 （明）王廷相：《王廷相哲學選集》，頁18。
74 （明）王廷相：《王廷相哲學選集》，頁145。

者，以教後世，而仁義禮智定焉。背於此者，則惡之名立矣。
故無生則性不見，無名教則善惡無準。[75]

　　氣性之偶善須經名教肯認才是善，但聖人名教並非外來之規範，
實即聖人純善本性中之善根。故純善氣性上同於古今聖教，古今聖教
又源自純善之氣性，此又廷相聖教氣性相貫於一氣性之思考。然性有
善惡，則率善為善，率惡為惡，人間失去價值之定準，故聖人「取其
性可以相生相安相久有益於治者，以教後世」亦即聖教內容源自聖人
氣性中之純善，此純善即仁義禮智即善之名教。且此善之名教又獲得
現實經驗上古今教化之認可，使其具有永恆性與普遍性，可真為氣質
層中可依憑之名教。性善者習於名教可為善，性惡者習於情欲則為
惡，此時善惡由「習與性成」決定。但若能以仁義禮智為名教，進而
學習之以「變質成性」，使性善者得名教肯認，率之而為善，性之惡
者受名教約制不能率性為惡，則可具體成就仁義禮智，也就是成就氣
化層中之名教。

（三）仁義禮智之性

夫緣教以守道，緣法以從善，而人心之欲不行者，亦皆可以蔽
論矣。故曰：仁義中正，聖人定之以立教持世，而人生善惡之
性由之以準也。[76]

　　廷相有云「人生稟不齊，性有善否，道有是非，故聖人憂之，修
道以立教而為生民準」[77]率生生之性的道，會受限於氣性之善惡而亦

75　（明）王廷相：《王廷相哲學選集》，頁16。

76　（明）王廷相：《王廷相哲學選集》，頁183。

77　（明）王廷相：《王廷相哲學選集》，頁101。

有是非，但此道不由道德說而由先天生生說。若要賦予此道有道德義，則須由後天聖人修道立教，以道為中正仁義之標準來說！亦即先天之偶善須合於教化才是善，同樣先天生生之道，其中尚無中正仁義等道德內涵，須通過聖人修道立教肯認後才是仁義之道。如此有善否之性與道，經中正仁義肯認後，乃成合教化之性與道。

　　名教由聖人取性中益於治者為善，此即性中氣清之善，此善在不移之聖人，及可移之中人皆有，且此善性來自因氣種有定而有善之元氣中。亦即元氣中即有此善種，只是在氣性中才呈現為善性，聖人即以此善性定為仁義禮智之教化。教化既立，合於教化之性善才是善，不合教化之性惡才是惡。如此才能將人性善惡多寡不同，是人自遇之，無必然行善保證之問題解決，進而使名教得以客觀化、普遍化與標準化。

> 父子兄弟，天性之親也，仁也；君臣朋友，人道之宜也，義也；夫婦齊體而易氣，介乎其間者也。同育而承宗者，仁也；猶可以離之者，義也。故曰「立人之道，曰仁與義」[78]

　　善惡由氣性論，仁義亦應由氣性論。仁為天性，但非孔孟之道德本體，而是具有道德義的生生氣化，故以同育而承宗之形氣生生為天性，且此天性便是合於現實仁道的性中之善。義亦非孔孟由道德本體言之義，而是指形氣中種種之離合，有合於仁道之宜者。可知仁義皆以形氣層之教化為準則外，同時仁義亦非性中內在本具之道德本體，反而是氣性之生理在氣化中順暢合理之展現。如面對父子時，氣性順暢表現出父子相對應之理，此理即價值層之仁。面對君臣時，氣性順

78　（明）王廷相：《王廷相哲學選集》，頁17。

暢表現出君臣相對應之理，此理即價值層之義。羅欽順亦云「性之理一而已，……名其德則有四焉。以其渾然無間，名之曰仁；以其燦然有條，名之曰禮；以其截然有止，名之曰義；以其判然有別名之曰智。……莫非自然而然，不假纖毫安排布置之力，此其所以為性命之理」[79]即以仁義禮智皆乃形氣之生理自然應然之表現，是氣性在形氣層所成就之各各價值。

> 且夫仁義禮智，儒者之所謂性也。自今論之，如出於心之愛為仁，出於心之宜為義，出於心之敬為禮，出於心之知為智，皆人之知覺運動為之而後成也。苟無人焉，則無心矣；無心，則仁義禮智出於何所乎？[80]

氣性中之愛、宜必待心之知覺運動表出，才是氣性的仁義之性。若無知覺運動表出，則無所謂仁義之性。亦即有形氣才有心之知覺，有知覺才能呈現氣性中之愛宜為仁義之性。故仁義非由內在本體說，而由成就氣性中之價值說。陽明是以形上本體藉形下氣質，呈現其形上自我。朱子是以氣之靈的心認知形上性理，再表現為形下的情。故廷相同於朱子的是，皆以形下氣質之心去認識呈現善性。異朱子的是，性由形氣而有，不似朱子之性是形上天理。異於陽明的是，心性皆由形氣言，陽明之心性則皆由形上本體言。又云「仁義禮智，性也，生之理也」[81]（頁一七七）性是氣之靈能而生之理，仁義禮智則是氣性的道德內容。故氣性之內涵，由氣化說是靈能之理，由價值說則是仁義禮智，而氣化與價值又是為一的。此因元氣本體中即本具眾

---

79 （明）羅欽順：《困知記續卷》上，頁210-211。
80 （明）王廷相：《王廷相哲學選集》，頁176。
81 （明）王廷相：《王廷相哲學選集》，頁177。

理,此眾理本即具有道德意義。可知氣性之生理本即具有仁義之道德意義,故氣性之生理之暢發,便是仁義道德之呈現,也便是仁義之性的完成。而展現的方法,便是心之知覺運動,順形氣之生理,展現心中之愛、宜為仁義之性。

五 結語

　　綜上文可知,廷相以性乃形氣之生理為基調,主張有形氣之生爾後才有性,故性與氣是相資不離的。同時又順天命之謂性的傳統,將元氣元神賦於性中,使性亦是不得已地將其生理,呈現於氣質活動中。由形氣論性自不同於朱子由形上天理論性,及陽明由道德本體論性。形氣之性的成因,在於元氣中陰陽偏勝造成性種有定,滾於氣化中便是諸形氣的各正性命,但此非道德決斷論的各正性命,反而是客觀的人自遇之的偶然,此偶然機率即造成現實氣化有任何可能性的發生。遂有性稟不齊說,分性為不移的上智與下愚,及可移的中人,中人又可分賢、不肖等多種,唯可移之中人因習與性成或為善或為惡,故須以善為歸,使之變質成性而為善。可知廷相由形氣說各正性命,與朱子以天理貫於氣質中,其中性理雖同但氣質不同,故性命各正之說亦不同。朱子陽明皆以性為道德本體,固純善而無惡,惡則來自氣質。廷相則以為氣有清濁,故性有善惡,但善惡又不只由內在氣之清濁說,反而更重視外在聖教之規範。如此既解釋現實上善惡紛有之因,又不廢儒家率性修道之本旨。可知廷相重現實故由形氣說性,避開了程朱、陸王虛玄又理想化的性,或即為儒家由內聖開展外王當有的一步前進,及為乾嘉實學之發展,先奠下儒學當重實際輕虛玄的心性基礎。

──原刊登於《章太炎與近代中國學術研討會論文集》,

臺北:里仁書局,1999年。

玖　吳廷翰「以氣即理，以性即氣」的思想

一　前言

　　吳廷翰明儒學案不具著錄。其生平著作據容肇祖先生於〈吳廷翰的哲學思想概述〉一文述云「吳廷翰字崧伯，號蘇源。生於明孝宗祐樘弘治三年（公元一四九一年），卒於明世宗嘉靖三十八年（公元一五五九年），南直隸無為州（今安徽省無為縣）人，十二歲補縣生員，正德十四年（一五一九年）舉人，十六年進士，歷官兵部主事、轉戶部主事，至吏部文選司郎中。……《吉齋漫錄》著於嘉靖二十二年，（一五四三年），家居三十年，卒年七十餘。……著作有《吉齋漫錄》二卷，《櫝記》二卷，《甕記》二卷等」[1]容肇祖先生於《吳廷翰集》之前言又云「吳廷翰……反對朱熹的客觀唯心主義和王守仁的主觀唯心主義思想。他的著作，在他死後，雖印有《蘇原先生全集》（萬曆二十九年），在中國卻很少流傳。而在日本，他的著作深受學術界的歡迎，流傳甚廣，影響也很深遠。……值得尋思的是吳廷翰的著作在中國卻湮沒不著，四百多年來很少有人知道，這是值得重視的問題」[2]唯近年大陸學者已漸有研究者，而台灣地區，尚未見到相關

1　容肇祖：〈吳廷翰的哲學思想概述〉，收入（明）吳廷翰著，容肇祖點校：《吳廷翰集》（北京：中華書局，1984年），頁1。

2　容肇祖：〈前言〉，收入（明）吳廷翰著，容肇祖點校：《吳廷翰集》（北京：中華書局，1984年），頁3。

之論文發表，故即以吳廷翰「以氣即理，以性即氣」思想為研究之論題，期能對吳廷翰思想之研究有所助益於一二。

二　氣

> 何謂道？「一陰一陽之謂道」。何謂氣？「一陰一陽之謂氣」。然則陰陽何物乎？曰氣。然則何以謂道？曰：氣即道，道即氣。天地之初，一氣而已，非有所謂道者別為一物，以並出乎其間也。氣之渾淪，為天地萬物之祖，至尊而無上，至極而無以加，則謂之太極。及其分也，輕清者敷施而發散，重濁者翕聚而凝結，故謂之陰陽。陰陽既分兩儀、四象、五行、四時、萬化、萬事皆由此出，故謂之道。[3]

廷翰將宋明儒習言之「一陰一陽之謂道」，氣為道之外形，道為氣之內理，理氣二分不離不雜之關係，轉化為「氣即道，道即氣」道氣是一無形上下之分別！因「天地之初一氣而已」、「氣之渾淪為天地萬物之祖」知氣又為天地萬物未生前「至尊而無上，至極而無以加」之根源本體。及此本體之氣「分」，則輕清者發散，重濁者凝結而有陰陽，而「陰陽何物乎？曰氣」。蓋因「陰陽者，以此氣之有動靜而言」[4]陰陽非指形下者，而是氣本體之能動靜生生之二種性質作用，所以當「陰陽既分」，萬事萬物便可由此氣之陰陽互相作用而生出，故可謂「一陰一陽之謂氣」。又因「萬化萬事皆由此出，故謂之道」，且「道者，以此氣之為天地人物所由以出而言」[5]，可知「一陰一

3　（明）吳廷翰：《吳廷翰集》，頁5。
4　（明）吳廷翰：《吳廷翰集》，頁5。
5　（明）吳廷翰：《吳廷翰集》，頁5。

陽」萬物所由生之道與「一陰一陽」萬物所由生之氣，皆指能生化之本體，道、氣是一而無別，故曰「道即氣，氣即道」。

> 「立天之道，曰陰與陽；立地之道，曰柔與剛；立人之道，曰仁與義」，……天為陰陽，則地為剛柔，人為仁義，本一氣也。陰陽則得天之理，柔剛則得地之理，仁義則得人之理，故皆曰道。……統而言之曰氣，分而言之曰陰陽、柔剛、仁義。[6]

廷翰以為「若以理氣為二物」[7]則天道與人道異，天道陰陽是氣，人道仁義是理，理氣為二，而「陰陽必待理而後行，仁義必假氣而後生」[8]如此氣成形下一偏，而非「氣即道」之氣。相對的若謂「陰陽即理，仁義即氣，特以天人異名」[9]則為氣之陰陽亦得天之理，為理之仁義亦得人之氣。如此陰陽、仁義必兼該理氣是一而非二。亦即陰陽、剛柔、仁義各由其理而得天地人之道，而道又即是氣，故道所由出之陰陽、剛柔、仁義，自可「統言之曰氣」。如此氣即道、氣即理，而理指氣之條理，道指氣之所由出，皆只一氣之異名。

> 然又以其變易則謂之易，生生之謂易是也。靈妙則謂之神，陰陽不測之謂神是也。為天地人物之所生成則謂之性，成之者性是也。曰：然則何以有理氣之別？曰：理也者，氣得其理之名，亦猶變易之謂易，不測之謂神之類，非氣之外別有理也。[10]

6　（明）吳廷翰：《吳廷翰集》，頁16-17。

7　（明）吳廷翰：《吳廷翰集》，頁6。

8　（明）吳廷翰：《吳廷翰集》，頁17。

9　（明）吳廷翰：《吳廷翰集》，頁6。

10　（明）吳廷翰：《吳廷翰集》，頁5-6。

「變易」言氣是生生之易體,「靈妙」言氣有生化不測之妙用,「生成」言氣為人物所以生成之本體。氣乃天地萬物之體、之用、之性,亦即氣包天地萬物之體用內外形性,合形上下為一者,故曰「虛實也,聚散也,皆氣也」[11]。廷翰反對形上為理、形下為氣之理氣二分說,而主理氣是一。「理,氣得其理之名」乃言理非超然懸於氣之外者,而是指氣之生生得其條理,正如變易得生生之理才謂易,不測得靈妙之理才謂神。氣是通貫形上下之本體,即使形下氣質亦有形上條理義!理非本體而是氣化生生之條理。

> 朱子曰:「未有天地之先,畢竟是有此理」……《太極解》曰:「上天之載,無聲無臭,而實造化之樞紐,品彙之根柢」,亦是此意。蓋以「上天之載」指理,而「造化」、「品彙」指氣也。……此愚所以斷然敢以理氣為一物,而「一陰一陽之謂道」,不必添註而自明也。[12]

朱子以理在天地先,是理先氣後說,但廷翰在其「天地之初,一氣而已」之以氣為道為理之思路下,既以具體之造化品彙為「氣」,又轉化朱子原文之義,以為「上天之載」是理,是生生造化之氣之根柢,又因「以得其理謂之理」[13]即造化品彙為得條理之氣;理非形上本體,而是氣之條理,故氣與理層級、內涵無別而皆同,氣即理,理則氣,而斷然敢以理氣為一物」!「名為理氣,實惟一物」[14]。

---

11 (明)吳廷翰:《吳廷翰集》,頁19。

12 (明)吳廷翰:《吳廷翰集》,頁7。

13 (明)吳廷翰:《吳廷翰集》,頁17。

14 (明)吳廷翰:《吳廷翰集》,頁17。

> 明道先生曰：「上天之載，無聲無臭，其體則謂之易，其理則
> 謂之道，其用則謂之神，其命於人則謂之性。率性則謂之道，
> 修道則謂之教」。……蓋上天之事，只是氣。理即氣之條理，
> 用即氣之妙用。命於人即氣為之命，……非有出於無聲臭之外
> 也。[15]

　　因「上天之事只是氣」，故此無聲臭之氣即以生生之易為其本
體，以所由生之道為氣之條理，以陰陽不測之神為氣之妙用，以命於
人之性為氣之所命，即上天之體之理之用之命，皆氣之體之理之用之
命，所有上天之事，只是此無體內用外，理本命未分別之氣之事，不
論「道也，理也、誠也、天也、帝也、神也、命也、性也、德也、太
極也，名雖不同，其實一也」[16]所指涉之稱謂雖有多名，但皆一氣之
所為，故不因稱謂不同，便以為不同稱謂所代表之內涵，體性亦有不
同。實皆只一氣隨處作用不同而生之異同。

> 太虛無物，即是氣；氣之不測，即是神。今曰：「太虛為清，
> 清則無礙，無礙故神；反清為濁，濁則礙，礙則形」是虛為
> 虛，則氣為實矣。虛為清，則氣為濁矣。虛為神，則氣非神
> 矣。……故程子曰「一氣相涵，周而無餘」謂氣外有神，神外
> 有氣，是兩之也。[17]

　　廷翰立於其取消一切體用內外、理序先後，形上形下等分別，只
是「一氣相涵，周而無餘」之氣本體論上，由樸素之理性認知立場，

---

15 （明）吳廷翰：《吳廷翰集》，頁7。
16 （明）吳廷翰：《吳廷翰集》，頁12。
17 （明）吳廷翰：《吳廷翰集》，頁19。

去解釋所掌握的一切現象,而涵歸於一氣之生生。以為萬物只因氣之
作用與對象不同而隨處有異名,因為「虛實也,聚散也,皆氣也。其
曰天、曰道、曰性、曰心,皆此一物,隨處異名,不容分別」[18]同時
「氣」是無物之太虛本體,有物皆由此氣而生。而萬物生生不測又是
神,此神亦是氣。太虛、氣、神皆是生化之本體,是互為彼此之內
涵,而無體用、虛實之分別者。故反對橫渠所云「凡氣清則通、昏則
壅,清極則神」[19]以為橫渠以「虛」為虛、清、神,為生生之本體,
「氣」為實、濁、非神,為所生生之形物的說法,是不知「氣之不測
即是神」,氣、神皆生化本體,萬化同由氣神而出之說,乃有其「虛
為虛氣為實,虛有神氣非神」,「氣外有神,神外有氣」之神氣二分說
的誤解產生。

> 《易》「各正性命,保合太和」俱是以氣言,即理也,不可以
> 性命為理,太和為氣。蓋此氣出於天賦,而為人物之所受,曰
> 性命;此氣流行以生人物,絪縕而沖和,曰太和。各正者,人
> 物各得一氣也。保合者,人物共一氣也。[20]

易乾彖云「乾道變化,各正性命,保合太和,乃利貞」[21],指生
生之乾道化生萬物,「各正性命」指萬物之性命由此生道所賦予,即
以此生道為其性命之本。「保合太和」指萬物保有生道貫通於性命中
而不離。此生道與性命屬形上理體,萬物與太和屬形下形氣。此乃形

---

18 (明)吳廷翰:《吳廷翰集》,頁19。
19 (宋)張載撰:〈太和篇〉《正蒙》,《張載集》(臺北:漢京文化事業公司,1983
    年),頁9。
20 (明)吳廷翰:《吳廷翰集》,頁8。
21 (唐)孔穎達:《周易正義》,收入(清)阮元校刻《十三經注疏》(臺北:藝文印
    書館,1993年)第1冊,頁10。

上之生道，流行下貫於人物而為其本性，人物本此生生之本性，創造
實現保合太和之世界的理氣是二，又不離不雜之宇宙論。廷翰則由其
氣本論以為理氣只是一非為二。如此「各正性命」是人物之性命皆由
氣所賦予，便各以此生生之氣為性命之本。「保合太和」指人物共同保
有此生化流行之氣道而不離。所以小至個人由氣所賦予之性命，大至
萬物共由此氣而保合之太和。皆由此一無分小大、內外、理氣之氣道
貫通生成，以建構完成一以氣為萬化所由出之本體的氣化宇宙世界。

> 蓋天之生人，以有此性也。性成而形，雖形亦性，然不過一氣
> 而已。其氣之凝而有體質者，則為人之形，凝而有條理者，則
> 為人之性。形之為氣，若手足耳目之運動是已。性之為氣，則
> 仁義禮知之靈覺精純是已。[22]

　　性由天生即性由氣生。氣之「凝而有條理者為人之性」，是以氣
生化之條理為其人性之本，「仁義禮知之靈覺精純」是以仁義為此性
之價值意涵。亦即性是氣之生理，而仁義又是性之價值，可知氣本體
即以仁義為其生理，同時氣亦是仁義價值之本體。「氣之凝而有體質
者為人之形」指此可具體凝成手足耳目人形之氣，亦有形下體質之
義。則氣既有價值生生義，又具形下體質義，是將形上義理與形下體
質，全平鋪成一片，不論其上下、主客等關係位置，體用能所等作用
對象之不同，而一以氣為本的「氣本論」！則氣之性與形，雖有生
理、形質分別，但對氣本論而言，理質皆只一氣，理質之異名，只是
一氣因性質、對象之不同而「隨處異名」之名稱上的不同，並非理質
之自身互有不同！則「性成而形」言性由氣成而後有形質，形性似有

22　（明）吳廷翰：《吳廷翰集》，頁23-24。

先後本末之別，實則立於形性皆由氣出一論點上，則可曰「雖形亦性，不過一氣而已」。就吾身而言，內在本性與外在形體皆為氣所生成者，擴大至人物言，萬物之保合太和亦只是一氣之流行。故盈天地間，只此通貫形上下萬化所出之氣，此氣即萬化所由出之道，萬化所以能生生之理。是生生之易不測之神，是虛實為一，進而不分體用、形性、先後之最高本體。

三　道

> 何謂道？「一陰一陽之謂道」。何謂氣？「一陰一陽之謂氣」。然則陰陽何物乎？曰氣。然則何以謂道？曰：氣即道，道即氣。天地之初，一氣而已矣，非有所謂道者別為一物，以並出乎其間也。……陰陽既分，兩儀、四象、五行、四時、萬化、萬事皆由此出，故謂之道。……道者，以此氣之為天地人物所由以出而言也，非有二也。[23]

道是「此氣之為天地人物所由以出」的方式，而氣是以「陰陽既分，兩儀、四象、萬化、萬事皆由此出」之方式生物，故此種方式便是氣化萬物「所由以出」之道，即所謂「一陰一陽之謂氣」之義。廷翰又云「陰陽立天之道，則天之所以生也」[24]「陰陽則得天之理，……故曰道」[25]言陰陽所以為立天地仁義之道，在於天地皆依一氣二分為陰陽，陰陽分為四象之條理所生成，而此為萬物所由生出之

23　（明）吳廷翰：《吳廷翰集》，頁5。
24　（明）吳廷翰：《吳廷翰集》，頁16。
25　（明）吳廷翰：《吳廷翰集》，頁17。

條理便是「道」。所謂「以由其理謂之道」[26]「陰陽何物乎曰氣」言陰
陽自身便是氣，而「一陰一陽之謂氣」又以陰陽兩儀分為四象之所由
條理是氣。則陰陽之自身，與其生生之條理皆是一氣，故陰陽即氣，
氣即陰陽。而氣由其本身之陰陽之條理以生生便是道，故「道即氣，
氣即道」。知氣是生生本體，道是氣本體生化所由之理，道氣是一，
無體用、理質等分別。

> 陰陽即道，蓋指氣得其理而言。運行發育，皆是物也。若曰陰
> 陽為氣，其理為道，道則指其不能運行發育者言之。〈傳〉
> 曰：「道並行而不相悖」。又曰：「大哉聖人之道，洋洋乎發育
> 萬物，峻極於天。」皆指運行發育者而言也。[27]

廷翰以為「道並行」、「發育萬物」皆指道當與氣本體一般，是可
實質地運行、發育、生化萬物之本體。但若以「陰陽為氣，其理為
道」，便是以道為形下陰陽氣化所以能運行發育之形上之理，雖為所
以能運行之理，但本身不能實質地運行發育，似違「道並行」之旨。
此乃因廷翰由其氣本論，視萬物運行發育皆由氣出，而「氣即道」故
亦以道為實質發育者。廷翰理由有二，一是「陰陽即道」，因氣得其
陰陽所以運行發育之理便是道，如此道不論其本質為何？皆是氣所以
能運行之理。二是因「運行發育是物」物是氣，而「氣化，乃氣之流
行，所謂『散殊而可象為氣』者是也，故曰道」[28]是以氣化流行為
道，故氣是物亦是道。「雖形亦性，不過一氣」[29]是將不論外在有體質

26　（明）吳廷翰：《吳廷翰集》，頁17。

27　（明）吳廷翰：《吳廷翰集》，頁17。

28　（明）吳廷翰：《吳廷翰集》，頁18。

29　（明）吳廷翰：《吳廷翰集》，頁23。

之形物，或內在為理則之道性，皆打平成一無內外之的氣，故是氣之道與是氣之物實無二致，而「運行發育」是物，亦可以是道。

> 程子謂：「離了陰陽便無道，所以陰陽是道也。」……朱子謂：「一陰一陽之謂道，當離合看」又曰：「陰陽是氣不是道，所以為陰陽者乃道也。」又曰「陰陽只是陰陽，道便是太極。」據是數說，雖不能離陰陽以言道，然其曰「所以為陰陽」，終是有一物以為陰陽先也。其曰「道便是太極」，「太極生陰陽」，終是有道而後有陰陽也。其曰「離了陰陽便無道」，其下以形影喻之，似又先有陰陽而後有道。其曰「當離合看」，夫可離可合，終是道自道，陰陽自陰陽也。[30]

程子有云「離了陰陽更無道，所以陰陽者是道也。陰陽，氣也。氣是形而下者，道是形而上者」[31]陰陽是形而下之氣，道是陰陽所以為陰陽，能氣化運行的形上理則。形上理則指道之本質，而此本質只在形下氣化中，顯其為陰陽氣化之理則，二者是體用關係，故曰「離了陰陽便無道」。然廷翰以為「離了陰陽便無道」，從字面先後秩序看，則是「似又先有陰陽而後有道」。朱子有云「『一陰一陽之謂道』，陰陽何以謂之道？曰：當離合看」[32]陰陽與道「當離合看」在於陰陽為形下之氣，道為形上理則，二者本質不同，故是「離」。朱子又云：「若只專以理言，則太極又不曾與陰陽相離。非有離乎陰陽

---

30 （明）吳廷翰：《吳廷翰集》，頁6。

31 （宋）程顥、程頤撰：〈入關語錄〉《河南程氏遺書》，收入（宋）程顥、程頤撰：《二程集》（臺北：漢京文化事業公司，1983年）第1冊，卷15，頁162。

32 （宋）黎靖德編：〈易十‧上繫上〉《朱子語類》（臺北：文津出版社，1986年）第5冊，卷74，頁1895。

也；……『即陰陽而指其本體，不雜乎陰陽而為言』」[33]由「即陰陽而指其本體」知陰陽是氣，但其本體則是「不雜乎陰陽」，又「不曾與陰陽相離」的太極、道。「不曾相離」便是「合」。然廷翰由字面看，以為陰陽與道，可離又可合，則「終是道自道，陰陽自陰陽」二者不同。朱子云「陰陽非道也，一陰又一陽，循環不已，乃道也。只說一陰一陽，便見得陰陽往來循環不已之意，此理即道也」[34]陰陽往來循環不已之理則，即是陰陽所以真成其為陰陽氣化運行不已之自身之理則，此即朱子「所以為陰陽乃道」之義。廷翰則以為能「所以為」是授者是先，而陰陽是被「所以為」是受者是後，故仍以朱子此說是「有一物以為陰陽先」是陰陽非先在本體之說。朱子有云「『太極動而生陽，陽變陰合』，自有先後。且以人之生觀之，先有陽，後有陰」[35]太極是理之極至，本身非陰陽動靜，而只是所以陰陽動靜之理，本身不能真的「生」出陰陽二氣，此即「太極生」之「生」義。而「自有先後」則指陰陽二氣間之陽先陰後，不是指「有道而後有陰陽」之道先陰陽為後，故知廷翰以為道與陰陽間之關係，既非「先有陰陽後有道」，亦非道與陰陽為二，亦非陰陽為後出者，亦非先有道後有陰陽等四種關係。然排除四種不對之關係，正可反顯出一正確之關係，亦即道與陰陽無先後秩序之分別，道與陰陽無質性之分別而只是一。所以「以陰陽為道，則太極、性命、理氣等名義，皆可一貫而無疑」[36]如此道即陰陽，陰陽即道，以至性命、理氣等皆只是此一無性質秩序分別之氣之「隨處異名」而已。

33　（宋）黎靖德編：〈周子之書・太極圖〉《朱子語類》（臺北：文津出版社，1986年）第6冊，卷94，頁2368。

34　（宋）黎靖德編：〈易十・上繫上〉《朱子語類》，頁1896。

35　（宋）黎靖德編：〈周子之書・太極圖〉《朱子語類》，頁2374。

36　（明）吳廷翰：《吳廷翰集》，頁6。

道不可以名也，故假借可名之器以名之也。以其天地萬物之所
共由也，則名之曰道。道者，大路也。以其條派縷脈之微密
也，則名之曰理。理者，玉膚也。皆假借而為稱者也。真實無
妄曰誠，全體自然曰天，主宰造化曰帝，妙用不測曰神，付與
萬物曰命，物受以生曰性，得此性曰德，具於心曰仁，天地萬
物之統會曰太極。道也、理也、誠也、天也、帝也、神也、命
也、性也、德也、太極也，名雖不同，其實一也。……道也
者，無形無象，無可執著，雖稱曰極，而無所謂極也。……道
理等字俱是假借，……必有一物以當之，除卻此氣，無他物
矣。[37]

　　「無形無象，無可執著」指道不受形體拘限，可超越時空而永恒
遍在，是「無所謂極」的本體，又是「天地萬物之所共由」的氣化運
行生生不已的「大路」，而此萬物所共由以出之道是不可指實的，一
指實便落實為有形有執有極之形下有限之器，故「道不可以名」。但
道不可名便無從論述其為何指，若欲避開此不可名又必須名之兩難，
則可以「假借可名之器以名之」。老子微旨例略有云：「名也者，定彼
者也。稱也者，從謂者也。名生乎彼，稱出乎我。故涉之乎無物而不
由，則稱之曰道。名號生乎形狀，稱謂出乎涉求。……故名號則大失
其旨，稱謂則未盡其極」[38]意指對可說明指實有具體形狀之實物，可
以「名號」表示。但對無具體形狀而有本體義之道、理等，則不宜以
「名」號予以指實。而「稱謂出乎涉求」則指「稱謂」所表示所指涉
者是道，但所用以指涉道之代名詞，則知只是一有限而不足表明道之

37　（明）吳廷翰：《吳廷翰集》，頁11-12。

38　（晉）王弼撰：《老子微旨例略》，收入嚴靈峰輯：《無求備齋老子集成出編》（臺
　　北：藝文印書館，1965年）第2函，頁4-5。

無限意涵之代名詞！但可借此代名詞表示所論述指涉者即是此一本無可明確表出其所有內涵之道、理等，又不致使道拘滯而失其無限義！故對此不可名之道，自可利用「假借」一可名者為代名詞來指涉稱謂此一不可名之道，此即道本不可名，但可「假借可名之器以名之」之意，但廷翰又不以「道」作為指涉稱謂之終極本體，仍只以「道」為一假借來指涉氣本體之代名詞。所以說「道理等字俱是假借，必有一物以當之除卻此氣，無他物」。因為「上天之事，只是氣。理即氣之條理，用即氣之妙用。命於人即氣為之命，……非有出於無聲無臭之外也。」[39]可知此無聲無臭不可名，只可假借以名之本體乃「氣」也。氣所以不可以名言指實，又因其生化無盡，無所不包之故，例如指氣之條派縷脈可名曰理，指氣之真實無妄可名曰誠，氣之全體自然名曰天，氣之主宰造化名曰帝，……如此不論具永恒不變義之誠，天道生生不已義之帝、神，有天人授受關係之命、性，有價值根源義之德、仁，及統會天地萬物而言之太極，雖因現實上稱謂之對象、作用、性質、關係不同而有異名，但實只一氣不同面向之表現，故亦「不可名」！

> 「形而上者謂之道，形而下者謂之器」形，即陰陽之成形者。以其上言之則謂之道，以其下言之則謂之器，是一形而上下之。形而下，即是形，非有下也，以對形而上言，故曰下耳。若以有形無形分上下，則是二物，非聖人道器之旨矣。[40]

「形」指陰陽氣化之成形者，即是形而下之器，與形而上之道相對，但此相對非「以有形無形分上下」之相對，如此道是形上無形，

39　（明）吳廷翰：《吳廷翰集》，頁8。
40　（明）吳廷翰：《吳廷翰集》，頁18。

器是形下有形，實全不同之二者。然則如何之道才是與器分形而上下是「一形而上下之」，又非為二物者？廷翰以為「以得其理謂之理，以由其理謂之道」[41]「得其理」指器物得氣之條理以成其為器物，理即氣成器物之條理；「由其理」指器物由氣之條理而生成為形物曰道，亦即「道」是氣所由以生器之理則，形下指氣所生之器，器是氣。形上之道指氣生器所由之理，道仍是氣，如此器、道皆是氣，只是器指氣之形，道指氣之形以上之理，道器自然是「一形而上下之」者。

> 一氣為形，形而上無象，有象則皆謂之道矣。道者，物有所由之名也。形而下、流形、成形，則皆謂之器矣。器者，物有所受之名也。由為道，而所由者非器乎？受為器，而所受者非道乎？故曰「器亦道，道亦器」。[42]

> 「形而上下，以上半截是道，以下半截是器」。……形以上有象在，「見乃謂之象」是也。形以下只是形，「形乃謂之器」是也。[43]

廷翰有云「其氣之凝而有體質者，則為人之形，凝而有條理者，則為人之性」[44]。知形為氣之體質，性為氣之條理。又因「道無內外，故性亦無內外」，道性皆是無內外之本體，所以為物所由之理的道，與為氣之條理的性亦是一。如此形性是一氣，性道亦一氣，所以道形亦可是一。亦即一氣之成形者是形，形之「上半截是道」，雖曰

41　（明）吳廷翰：《吳廷翰集》，頁17。

42　（明）吳廷翰：《吳廷翰集》，頁18。

43　（明）吳廷翰：《吳廷翰集》，頁18。

44　（明）吳廷翰：《吳廷翰集》，頁23-24。

道是上半截，但仍是形之上半截，故仍是形。所以「形以上有象在」便因形上之道亦是形下之形，所以道亦可以是「有象在」的。「形而上無象，有象皆謂道」之「無象」，指由道自身言，道是「無象」的，「有象」與「形以上有象在」同意，指道亦是象，所以道亦「有象在」。故自人言，一氣雖有形氣、性氣之分，形性仍只是一氣，上推而自氣言，一氣固是無象之道，亦可以是有象之道。所以道雖兼「有象、無象」，仍只是一氣！此廷翰不由體用關係，而由置道器於同一平面上，及不可由「有形無形分上下」的立場，說明道器是一的關係，明道有云：

> 終日乾乾，君子當終日對越在天。形而上為道，形而下為器，須著如此說。器亦道，道亦器，但得道在，不繫今與後，己與人。[45]

明道以為道是超越古今、人己與萬物一體，而永恒遍在的生生乾道。「器亦道，道亦器」指形上生生之乾道須由成器之用以顯其為真實，器則因以道之生生為體而真成其為器之用，道器是體用不離不雜之關係。廷翰之氣本論雖與明道異，然亦云「道亦器，器亦道」，但道何以亦是器？因有象或無象之物皆由此氣之理而來。故道是「物有所由之名」。流形、成形之物，皆有所受於氣以為其體，故器是「物有所受之名」。「由為道，所由者器」指「由」氣之理是道，為氣「所由」以成之形則是器。「受為器，所受者道」指「受」氣而有體質者為器，為氣「所受」以成形之理則是道。故「由」是道，「所受」亦是道；「所由」是器，「受」亦是器。如此道是氣之「能由」之名，器

45　（宋）程顥、程頤撰：〈端伯傳師說〉《河南程氏遺書》，《二程集》第1冊，卷1，頁4。

是氣之「能受」之名，道器皆是氣之「能」為者。器是氣所由以成之物，道是氣所受以生之理，道器又皆是被「所」為者，則道器無能所體用分別，而可「道亦器，器亦道」。此是不論道器之本質內涵形體為何？只以能所關係之可互變，所推展出能所無別，道器是一之氣本論。實與明道「道亦器，器亦道」之道器為體用關係之傳統思路有不同。綜上所言，「一形而上下之」言道器無有形無形之分。「有象無象皆謂道」言道器無體用關係。「道亦器」則云道器無能所關係，只是一氣之「隨處異名」，實則「不容分別」為二事、二物者也。

四　理

> 氣之為理，殊無可疑。蓋一氣之始，混沌而已。無氣之名，又安有理之名乎？及其分而為兩儀，為四象，為五行、四時、人物、男女、古今，以至於萬變萬化，秩然井然，各有條理，所謂脈絡分明是已。此氣之所以又名為理也。[46]

廷翰有云「理也者，氣得其理之名，……非氣之外別有理」[47]。理非「超然一物立於天地之先以為理」[48]，與形下氣化相對之形上先在者，而是氣本體因「得其理」而成其為生生之氣本體之名，所以凡是氣得其成氣之理便是理，理是氣之所以成氣所依循之理則，而「氣之為理」之內涵指氣是分為兩儀四象，以至萬化所依之條理，即因「以其條派縷脈之微密，則名之曰理」[49]所以氣雖變化萬端，但仍能

46　（明）吳廷翰：《吳廷翰集》，頁6-7。

47　（明）吳廷翰：《吳廷翰集》，頁5-6。

48　（明）吳廷翰：《吳廷翰集》，頁34。

49　（明）吳廷翰：《吳廷翰集》，頁12。

秩序井然，萬變萬化仍「各有條理」而變化所以能有萬端，則因此氣有條派微密之條理，故曰氣是生化之條理，如此氣本體便有生化之條理義，此即「此氣之所以又名為理」！但氣以何者為理之內容，廷翰有云「以氣為理，……只據『一陰一陽謂道』之言。……理，則陰陽得其理。……理者，氣之不雜者也」[50]。以氣為理，是因氣是依一陰一陽之方式而生化，所以氣本身之分為陰陽兩儀，兩儀生四象之理則，是「聖人兩儀四象之說，為得造化至理」[51]者。而「陰陽得其理」亦以一陰一陽為氣所以生化之理則，故氣之一陰一陽便是理。又「理者氣之不雜」則指氣只以本身之一陰一陽為生化條理，不雜有其他內容，故「氣之為理，殊無可疑」。

> 天理即天之道。天道，即元亨利貞。元亨利貞，即陰陽。陰陽即一氣。一氣，即所謂「於穆不已」者。「於穆不已，天之所以為天也。」天之所以為天者在此，非天理乎？[52]

> 天之福善禍淫以為天理者，蓋氣之變化靈妙有以為之，而得其理耳。若謂理本無為，則焉能為之禍福乎？……一氣而屈伸往來，莫非理也。[53]

　　濂溪有云「元亨，誠之通。利貞，誠之復」。[54]元亨指作為生化流行之根源的誠道是能通達無礙地生化萬物！利貞指生生之誠道，是通

50　（明）吳廷翰：《吳廷翰集》，頁8。

51　（明）吳廷翰：《吳廷翰集》，頁9。

52　（明）吳廷翰：《吳廷翰集》，頁17。

53　（明）吳廷翰：《吳廷翰集》，頁17。

54　（宋）周敦頤撰：《周濂溪先生全集》（三），收入嚴一萍選輯：《百部叢書集成》（臺北：藝文印書館，1967年）第26《正誼堂全書》第1函，卷5，頁3。

而有定向的終成萬物。元亨利貞即天道之始生與終成萬物之過程。而
「易有太極,是生兩儀,兩

儀生四象,……天地間道理實是如此」[55],亦指太極一氣生陰陽兩
儀,再生四象,以至於無窮之生化過程如元亨利貞亦是天地至理!明
道有云「『天地設位而易行乎其中』,只是敬也。敬則無間斷。……
《詩》曰:『維天之命,於穆不已』,『純亦不已』……純則無間斷」[56]。
指流行乎天地而不間斷的是易道,而「於穆不已」則指天命亦是「無
間斷」的生化萬物而不已者。故不論元亨利貞、兩儀、四象,於穆不
已等流行生化而不已者,皆是「天之所以為天」之天理,皆是此「一
氣」的內涵本質,而此以生生流行之理為本質之一氣,自能「變化靈
妙」,「屈伸往來莫非理也」,以為踐德修養上「福善禍淫」之理據。
廷翰進而對朱子「理先氣後,理無造化」之說提出批評。朱子有云:

> 此本無先後之可言。然必欲推其所從來,則須說先有是理。然
> 理又非別為一物,即存乎是氣之中;無是氣,則是理亦無掛搭
> 處。[57]

> 然以意度之,則疑此氣是依傍這理行。及此氣之聚,則理亦在
> 焉。蓋氣則能凝結造作,理卻無情意,無計度,無造作。[58]

「理非別為一物,即存乎氣中」言朱子以理為氣之本體,氣以理
為體而成其為氣,理氣是互為體用,同時存在,且不離不雜的!所以

---

55 （明）吳廷翰:《吳廷翰集》,頁8。
56 （宋）程顥、程頤撰:〈師訓〉《河南程氏遺書》,《二程集》第1冊,頁118。
57 （宋）黎靖德編:〈理氣上・太極天地上〉《朱子語類》第1冊,卷1,頁3。
58 （宋）黎靖德編:〈理氣上・太極天地上〉《朱子語類》,頁3。

由現實上看理氣似是一，「本無先後之可言」！但朱子又云「推上去時，卻如理在先，氣在後相似」[59]，「須說先有是理」指理為氣之先，非指實際創生上先有理再有氣，因現實上理氣就先是無從證明的，只能由理論上之當然與應然去推論，理氣孰為先後，所以朱子所云之「先」，是理論上應然的先，是形上當然的先。「氣依傍理行」，「氣能凝結造作，理卻無情意造作」指能行能造作生化的是氣，而理只是內在於氣為氣所依傍之理則，故理是靜而氣是動，理氣不同層不同質而為二。廷翰則主理氣是一，無分先後，其云：

> 然必欲推其所從來，則須說先有是理。……「蓋氣則能凝結造作，理卻無情思，無計度、無造作」……分明把作二物，若如予說，則氣之凝聚造作即是理。……如布喚作布，其絲縷、經緯錯綜，則是理。若曰所以為布，……則教人於布之外、樹之上尋理尋性，那裏去討？推其類，必有超然一物立於天地之先以為理，……終屬恍惚。[60]

「氣之凝聚造作即是理」指氣本身既是能凝聚造作之理則，亦是為凝聚造作所成之形物的體質。如言布即指此布，而布之絲縷經緯便是布之理，故理是布本具之理，如此理既是氣本身造作生化不已之條理，又是氣所本具之條脈分明以成氣的條理。即氣之生以此理，氣之成亦以此理。故氣本身既能造作，則氣本身便具此造作之理。氣本身又是造作所成物之體質，則此體質便是依此分明之條理而成者。故氣化生生之方式是理，氣化成物之體質亦是理，故理氣是一。理即氣之條理，而非外在之一形上先在，而為氣所當依循以成者。如此論述，

59　（宋）黎靖德編：〈理氣上・太極天地上〉《朱子語類》，頁3。

60　（明）吳廷翰：《吳廷翰集》，頁34。

是不論理氣質性有無不同,而只是平面地對待理氣,以為二者在同平
面上,是彼此互涵,互為體用,而可以是一的。便與強調理氣性質不
同,有形上形下體用等關係,所建立之立體思考模式如朱子者大異其
趣。故以為「若曰所以為布,則教人於布之外尋」是以理為布外之一
形上先在之理,布為形下實然是理氣為二者,不合乎其平面地以理氣
是一之說,自以朱子「必有一物立於天地之先為理」之說,是「終屬
恍惚,終屬意見,近於異說矣」[61]

> 有善有惡,皆天理也。天理中物,須有美惡,蓋物之不齊,物
> 之情也。但當察之,不可自入於惡,流於一物。[62]

> 天下善惡皆天理。謂之惡者本非惡,但或過或不及便如此,如
> 楊墨之類。[63]

　　此二段引文乃明道語,明道以天理為一於穆不已之生道,亦為形
下物之體且與形物不離不雜的生道。所云「天理中物,須有美惡」之
「天理」指為物本體之天理,而物仍是以天理為本之形下物,而形下
之物仍會因「物之不齊」而有美惡。「惡者本非惡」之「惡」者,亦
指「物之不齊」所生現實上之惡,而非指天理本為惡,故曰「本非
惡」。「天下善惡皆天理」亦指現實之善惡,其體本當只是形上本善之
天理。但亦因「物之不齊」,而有形下相對之善惡。綜上所述可知天
理本無善惡之分,但因為物之體,而物又有不齊遂生現實之善惡。故

61　(明)吳廷翰:《吳廷翰集》,頁34。

62　(宋)程顥、程頤撰:〈元豐己未呂與叔東見二先生語〉《河南程氏遺書》,《二程
　　集》,頁17。

63　(宋)程顥、程頤撰:〈元豐己未呂與叔東見二先生語〉《河南程氏遺書》,《二程
　　集》,頁14。

須透過物以顯之天理，在體現上必受現實層之氣質與情境之差異，而
有所限制，此亦是現實上之必然，故仍可視為帶著氣化的天理。但非
生生無限之天理。廷翰亦有云「若其雜揉不齊，紛紜舛錯，為災異，
為妖沴，為濁亂，則誠若不得其理矣。然亦理之所有」[64]。此亦以不
齊為天理中事。不齊之生，仍是氣得不齊之理而生！如此則把不齊從
形下實然層之善惡，轉化到與氣同為本體層次，此則與明道帶著氣化
之天理，似皆函形上下二層次而有相近處，廷翰又以為「人性必有此
仁而後肯習於仁」若氣無此不齊善惡之理，便無此不齊善惡之行，故
不齊善惡之行，即氣之不齊善惡之理，此即其「道亦器，器亦道」說
法之引伸。

> 其氣之凝而有體質者，則為人之形，凝而有條理者，則為人之
> 性。形之為氣，若手足耳目之運動是已。性之為氣，則仁義禮
> 知之靈覺精純者是已。[65]

廷翰以氣是本體，道、理、性、天命皆是一氣本體，但氣凝為體
質之形，形只是氣所生之部分如「耳目手足」，而非氣之全體。但性
氣之「仁義禮知」是氣之「凝而有條理」者，仍為氣之本體，可知廷
翰亦注意到形氣乃形下有限者。但廷翰又以為道器是一。道是形氣之
由其理，器則是陰陽之成形者，如此道仍與氣、理、天命、太極同具
有本體義！但器則是有體質之形物。而「道即器」只指道與氣、理一
般，只在器之得其理以成其為器時說「道即器」，是不論二者形質有
別而為言的！但廷翰又明言器為形下有形質者。故在不論道器形質不
同上，可說道器是一。但以器為有形質時，只能說此有限之器乃無限

64　（明）吳廷翰：《吳廷翰集》，頁7。

65　（明）吳廷翰：《吳廷翰集》，頁23-24。

之氣所凝聚之某部分而已。亦即器之本仍是氣,但器之體狀則是有限
之形耳。故欲破除器不能又是有限之形,又同於無限之氣的困局,除
非以氣兼形上下,亦即以氣既與形上道、理等同,又兼為其所生,但
已散為萬物,為氣之部份而非氣之全體之形物。如此氣固可與道、
理、太極等同為本體,又為形物所凝成之體質,於此便可說「道亦
器」,但此說是須附帶說明,是不論器只為氣之部分而非全部時,才
可說「道亦器」的。

　　明道等傳統上以理為形上之道體,又為生化之理則,為保此理為
萬物所以能生生之體性之無限可能性,故不落入相對有限中。但廷翰
之氣本論,是兼形上下而一之,是視道器為同一平面上之二者,而以
「氣」取代「天道」之名稱,來代表此平面式之宇宙本體。但兼形上
下而一之氣本論,是有意避談道器之體質不同,此自是欲以氣為自由
無限本體而有之要求。但真可無限的是理,而非器。故欲將有限之器
視為與無限之道等同而以為「器亦道」,便有理論之不完備處。故欲
將相對之善惡,視為形上本善之天理,便會有居於此時空盡是善,處
於彼時空反成為惡的有限之病。但廷翰有云「明道曰……『事有善惡
皆天理也。夫理中物須有美惡』。……又曰『天下善惡皆天理』。……
此處說天理字極盡。」[66]故果如氣本論以氣兼形上下而一之,則形下
善惡亦是形上天理之說,在廷翰氣即道即理即性之思路下,似應可成
立!但仍不能釋有限之器如何可能是無限之道之疑。除非以器為氣凝
聚之小部分故有限,但不礙氣之為無限者!但如此無限之氣便是體是
本,器是用是末,而有體用本末關係產生,此又違反廷翰道器無能所
體用分別之大旨。故面對道器之質性不同,但又須視道器為一無能所
體用關係而是一的兩難。廷翰乃將質性有形上下不同之道器,置於同

66　（明）吳廷翰:《吳廷翰集》,頁39-40。

一平面上，自然避免了彼此形上下質性不同之困難，而可建立其道器
在同一平面上彼此互涵，互為體用之氣本論之理論架構。

五　太極

> 天地之初，一氣而已矣。……氣之渾淪，為天地萬物之祖，至
> 尊而無上，至極而無以加，則謂之太極。……太極者，以此氣
> 之極至而言也。[67]

> 太極渾淪一元之氣，其時未有陰陽之分，善且不可名，而況惡
> 乎？[68]

　　氣為天地萬物首出之本體，位階至高「無上」，是廣大無限而
「無以加」，此絕對而無上，永恒普遍而無以加之本體，自有體性言
曰氣，自此氣之為至尊至極言，則名之曰太極，故「太極者，言此氣
之極至而無以加尊稱之也。」[69]且此作為宇宙本體之「太極渾淪一元
之氣」是「善且不可名況惡乎」，指太極是超乎相對善惡之上，而為
一形上絕對之本體！故云其是「至尊而無上」！又「太極即是陰陽，
陰陽即是道，道即是性」[70]。知太極是生化之陰陽，是生化由其理之
道，是人之體性，則「天地設位人行其中」之天地人皆是此「太極渾
淪一元之氣」，故云其「至極而無以加」。「太極一也。在天為陰陽，
在人為仁義。……陰陽則立天之極矣。仁義，則立人之極矣。」[71]以

67　（明）吳廷翰：《吳廷翰集》，頁5。

68　（明）吳廷翰：《吳廷翰集》，頁26。

69　（明）吳廷翰：《吳廷翰集》，頁7。

70　（明）吳廷翰：《吳廷翰集》，頁13。

71　（明）吳廷翰：《吳廷翰集》，頁15。

太極言一氣為萬物之極。至舉凡天地間之生化、條理、形質、價值、體用關係等皆此一氣之所為,如氣在天則為陰陽生化之極,在人則為仁義價值之極,在地則為剛柔性質之極,在物則為形物條理之極。合言之,即宇宙萬變萬化萬事萬物皆此無極限之氣之所為,故曰「太極」!

> 太虛、太和言道,未嘗不是,然終不若太極云者,以落在一邊故也。《中庸》以中和狀道之體用:「中也者,天下之大本;和也者,天下之達道」必兼言之始備。太虛云者,似中;太和云者,似和。太極不言虛而虛在其中,不言和而和在其中。[72]

橫渠有云「太和所謂道,中涵浮沉、升降、動靜、相感之性,是生絪縕、相盪、勝負、屈伸之始」[73]氣化世界中涵浮沈升降等性,於是化生出絪縕相盪等萬事萬物可象之客形,而客形指有聚散之現象界,似已發之和,故廷翰以「太和似和」。橫渠有云「太虛無形,氣之本體,其聚其散,變化之客形爾」[74]此以太虛為有客形聚散變化之氣化世界之本體,為氣化之本體,似未發之中,故廷翰以「太虛似中」。然必兼有未發之中與已發之和,則道之體用方為完備,太極之氣兼有天下大本之中,因氣為萬物之本體,又有天下達道之和,因氣為萬物之所由出,故太極雖不言虛,而虛之本體已具。雖不言和,而太和之生化已成。此又由中和體用皆備言氣之所以為太極。

> 太極者何也?曰:道也。道而稱之曰太極,何也?曰:假借之

72 (明)吳廷翰:《吳廷翰集》,頁20。

73 (宋)張載撰:〈太和篇〉〈正蒙〉《張載集》,頁7。

74 (宋)張載撰:〈太和篇〉〈正蒙〉《張載集》,頁7

辭也。……道者，天地萬物之統會，至尊至貴無以加者，故以假借屋棟之名，而稱之曰極也。……凡物之號為極者，皆有可得而指名者，是則有所謂極也。道也者，無形無象，無可執著，雖稱曰極，而無所謂極。雖無所謂極，而實為天地萬物之極，故曰「無極而太極」。[75]

因物皆形下有限，即使言物之極為形物之極限，仍屬形下有限者，仍是可指名定義清楚無礙者，如此物之「極」有極限、界限之義。而道是統會天地之宇宙根本，是無形象，只可假借以名之的形上無限本體，雖稱為極，只指其為形上無有極限之義。既無有極限，故實「無所謂極」！朱子有云「謂之無極，正以其無方所形狀，以為在物無物之前而未嘗不立物之後，以為在陰陽之外而未嘗不行於陰陽之中」[76]亦以通貫言於形物陰陽無乎不在。故無極只指太極道體是無有極限之比喻說明。而「太極」實則仍是統會天地，無以加尊之宇宙極至之本體。故「無極而太極」言作為天地萬物極至之太極道體，本身是無有極限的。非謂太極之上還有一無有極限者，如此便易生本體有二，太極非唯一極至本體之疑惑。故朱子亦云「周子恐人於太極之外更尋太極，故以無極言之」[77]亦以太極只一，非另有一無極還在太極之上也。

「太極動而生陽」云云，即一氣之動處為陽，靜處為陰。蓋太極，一氣耳，據其動靜而以陰陽名之，非陰陽至此而始生也。「動靜互為其根」，言陰陽之體本一。分陰分陽而兩儀立，乃

75　（明）吳廷翰：《吳廷翰集》，頁11-12。
76　（宋）周敦頤撰：《周濂溪先生全集》，頁5。
77　（宋）黎靖德編：〈周子之書・太極圖〉《朱子語類》，頁2366。

其用之二也。註謂：「『一動一靜，互為其根』，命之所以流行而不已也。「分陰分陽，兩儀立焉』，分之所以一定而不移也。[78]

濂溪有云「太極動而生陽，動極而靜，靜而生陰，靜極復動，一動一靜互為其根，分陰分陽，兩儀立焉。[79]因「太極一氣耳」，故「太極動而生陽」指太極以其陰陽動靜相生所成之天命流行，實亦一氣之陰陽動靜生生之所為！但「生陽」非指動可以生出陽，而是以「一氣之動處為陽」，是以陽為動之名。陽是動之名，動是陽之實，動陽是一非為二，陰靜亦同此意，亦即陰陽是據動靜之性質而名之，非謂陽由動生，陰由靜生，朱子太極圖說解有云「其動也誠之通也，繼之者善，萬物之所資以始。其靜也誠之復也，成之者性，萬物各正其性命。」[80]動是太極起始資生萬物之作用，靜是太極各正定萬物性命之本體。太極所以能流行生化萬物，乃因其具有互為體用之動靜二性質。但動靜雖為太極滋生萬物之質性，但二者皆太極所本具，而非外於太極，為太極所生出者。亦即動靜即太極，非謂先有太極以後再生出陰陽動靜。而「絪縕太和，化生人物，其時無有雜糅，猶是太極之初，但已有陰陽二物相對」[81]亦以為太極之初，雖無雜入其他條件，但能生人生物之因，在於「已有陰陽二物相對」於其中，故能陽動陰靜生化不息。故陰陽非由動靜生，而與動靜是名實關係，陰陽動靜又非太極所生，而為太極之質性與太極是一！

濂溪以為「太極動而生陽，動極而靜，靜而生陰，靜極復動」所以「動靜互為其根」，此乃因陰陽動靜質性雖異，實只一太極本體之

---

78 （明）吳廷翰：《吳廷翰集》，頁8。
79 （宋）周敦頤撰：《周濂溪先生全集》，頁6。
80 （宋）周敦頤撰：《周濂溪先生全集》，頁6。
81 （明）吳廷翰：《吳廷翰集》，頁26。

兩種性質，而且「分陰陽兩儀」非真能分陰陽為不相干之二者，「分」只表明陰陽分為道體生化之體用二者，於體用上有別，於本質上仍只一太極而無別！故天命之流行，非來自陰陽之分，而是由陰陽互為體用循環以生者。但陰陽能互根以生，又因其為形上無限之太極，故有無限相生之可能。濂溪有云「動而無靜，靜而無動，物也。動而無動，靜而無靜，神也。」[82]形下器物，動靜是分別為二物，不能循環互根。太極則動而無動相，靜而無靜相，動靜是一。因太極生生是動但無動相故是靜，太極本體是靜但能發起生生故是動。動為靜用靜為動體，體用相生而成太極生生之神用。朱子亦云「陰靜之中，自有陽動之根，陽動之中，又有陰靜之根，動之所以必靜者，根乎陰故也。靜之所以必動者，根乎陽故也」[83]，如此陰根乎陽故靜必動，陽根乎陰則動必靜。於穆不已之氣化流行，便由此陰靜陽動互為體用，彼此循環，所謂「一陰一陽之謂道」的架構下成就出來。「命之所以流行不已」則指出互為其根之陰陽動靜乃命之所以能流行之原理。一分之所以一定而不移」則將分為兩儀之陰陽動靜定位為太極本具之「定而不移」的性質。可知動靜互根循環不已，乃太極生化之方式，而動靜則是太極本具所以能發動生化之性質。生生之性質與方法缺一不可，方能真實成就生化大業。

> 蓋太極始生陰陽，陽輕清而上浮為天，陰重濁而下凝為地，是為兩儀，蓋一氣之所分也。陰陽既分為天地，天地又各自為陰陽……少陽……太陽……少陰……太陰是謂四象，蓋二氣之所分也。四者流布，進退消長，溫涼寒暑，以漸而變，是為四

82　（宋）周敦頤撰：《周濂溪先生全集》，頁33。

83　（宋）黎靖德編：〈周子之書・太極圖〉《朱子語類》，頁2376。

時。其類則少陽為春，太陽為夏，……乃其自然之序。四者變
合交感，凝聚極盛，乃成其類，則少陽為木，太陽為火，……
乃其自然之化。則此四物，是亦四象之所為，而與人物並生，
同化於天地者。[84]

　　易繫辭有云「易有太極，是生兩儀，兩儀生四象，四象生八卦，
八卦定吉凶，吉凶生大業」[85]。太極是陰陽未生渾淪之氣，後生為天
地陰陽之兩儀，兩儀又生為金木水火之四象，四象再互生成天地水火
風雷山澤等八卦，此乃太極氣化流行生物之方式。廷翰有云「太極兩
儀之後，……遂自四而八」[86]亦以為太極生二生四生八以至於無窮之
生化方式「為得造化至理」。然太極一氣如何使本體義之太極由二而
四而八地，真能具體成就氣化世界之大業？廷翰以為「太極始生陰
陽」，而「一氣之動處為陽，靜處為陰」[87]，如此透過太極動而生陽，
陽動而生為天，靜而生陰，陰靜乃下凝為地，遂有形質之天地於焉以
生！亦即兩儀為一氣之所分，因陰陽兩儀為一氣之動靜二性，動之性
發動氣而成有體質之天，靜之性凝結氣成有體質之地，而具有體質之
天中又有陰陽兩儀，故又可分為少陽、太陽。有體質之地中又有陰陽
兩儀，亦可分為少陰、太陰，如此四象由兩儀分來，亦仍同於兩儀而
為氣之特性，仍非有體質者。亦即陰陽是由太極生化萬物，抽繹出之
特性，四象亦是由兩儀互根以生生之方式中，抽繹出來之特性。依此
兩儀四象之理則，可使一氣凝聚造作成有體質之天地二者，依此四象
理則，一氣亦可凝聚造作成有形質之春夏秋冬等自然之序。及有體質

84　（明）吳廷翰：《吳廷翰集》，頁9。
85　（唐）孔穎達：《周易正義》，頁156-157。
86　（明）吳廷翰：《吳廷翰集》，頁10。
87　（明）吳廷翰：《吳廷翰集》，頁8。

之金木水火等自然之化。此乃因「氣，未成質，不過陰陽二者，名以四象，猶為指氣而言。其曰水火金木則皆物已成質之名」[88]。於此可透露出廷翰雖以兩儀四象為氣所以能凝聚成物之方式與特性，但具體之形質仍由氣凝聚產生，故氣既有生化理則之兩儀四象，又是可凝為形物之體質，如此便可建立「一形而上下之」的氣本體論。然朱子有云「如『易有太極，是生兩儀』，……若論其生則俱生，太極依舊在陰陽裏，……。雖然，自見在事物而觀之，則陰陽函太極；推其本，則太極生陰陽」[89]此則以太極本體雖生陰陽，但仍在陰陽裏而為其體，而能造作成事物之陰陽中則函具太極。如此太極為陰陽之氣之本體，陰陽則為依此本體而生之氣，而此生則指形下陰陽依太極之理以成其為有形質之陰陽。生非指太極本體能真實有形質之具體創生，只是以能動靜之氣依理而成其為動靜之方式為生。故若與朱子比較「太極生陰陽」之說法，則朱子是以理只是理而動靜是氣，是氣依理行，理氣二分之說者。而廷翰則以氣既是生兩儀四象之理則，又是能具體凝聚成形物之體質！是「以氣為理」理氣是一之氣本論！氣同時可依其兩儀四象之理則特性，聚凝成天地，春夏秋冬或金木水火！而使一氣既是形上之理又有形下體質，以是較朱子氣依理行，理氣是二說更簡易，不至因理氣分先後，而使理氣關係愈趨複雜而無定論。

　　然如何使一兼該形上下之氣真能發生，此則難以論斷。其實不論朱子、廷翰皆感受到宇宙當有理則與體質不同之二者，唯對二者之關係看法不同。但不論理先氣後說或理氣是一說，在現實上終難證得最後之答案。而廷翰以氣本為說，或因朱子之說言之固成理，但亦可能令後人會有如告子、荀子等從實然層次討論，以眼見者方為真之感。

88　（明）吳廷翰：《吳廷翰集》，頁9。

89　（宋）黎靖德編：〈易十一・上繫下〉《朱子語類》，頁1929。

且形物有體質可證驗，理則不易驗證，又有可能使人另闢蹊徑，而有傾向以氣為本而兼函理則與體質為說，並以之為解決理氣就先之既簡易又直接之方法也。

六　陰陽

> 何謂氣？一陰一陽之謂氣。然則陰陽何物乎？曰氣。……天地之初，一氣而已矣。……及其分也，輕清者敷施而發散，重濁者翕聚而凝結，故謂之陰陽。陰陽既分，兩儀、四象、五行、四時、萬化、萬事皆由此出。……陰陽者，以此氣之有動靜而言也。……靈妙則謂之神，陰陽不測之謂神，是也。[90]

氣是天地之初，萬物之祖，而陰陽則是氣之二種性質，「輕清發散」者是陽，「重濁凝結」者是陰。而「陰陽既分」指一氣之陰陽二性質升降，動靜會不已地互相作用，氣化流行即由此「分」而成就。「陰陽即道，蓋指氣得其理而言。運行發育，皆是物也」[91]。一陰一陽無以生物，而生生所由之理即道，此所由之理即陰陽相生，而陰陽又為氣之特性，故「一陰一陽之謂氣」指氣之陰陽是氣生生之理，現實之物的運行發育則是陰陽氣化的具體表現。「陰陽不測之謂神，神即陰陽。指其不測者而言，……陰陽之為仁義，則仁之神陽也，義之神陰也。陰陽之為四時、五行，而仁義則分而為禮知，發而為惻隱羞惡，亦一義也」[92]。陰陽互根生成萬物，以至無窮，是不測之神，而神即指一陰一陽是循環不息者，如「朱子有曰：『一陰一陽往來不息

90　（明）吳廷翰：《吳廷翰集》，頁5。

91　（明）吳廷翰：《吳廷翰集》，頁17。

92　（明）吳廷翰：《吳廷翰集》，頁18。

即是道之全體』。」[93]陰陽往來靈妙不息之神用，落實於天地便是四時、五行之變易，落實於仁義，便是陽仁與陰義不已地相生相成，而分為禮知發為惻隱，價值世界亦由陰陽氣化之不已地創生道德仁義而建立。「天為陰陽，則地為剛柔，人為仁義，本一氣也。……統而言之曰氣，分言之曰陰陽、剛柔、仁義」[94]朱子亦云「太極只是一個渾淪道理，裏面包含陰陽、剛柔、奇耦，無所不有」[95]統言之天地人皆一氣所生，而天地人乃得陰陽、剛柔、仁義之理方成其為天地人。又因「仁之神陽，義之神陰」故陰陽又實為能生德無盡之天地人之本性。

> 「易有太極，是生兩儀，兩儀生四象」……天地間道理實是如此。……氣未成質，不過陰陽二者，名以四象，猶為指氣而言。其曰水、火、金、木則皆物已成質之名。……竊謂聖人兩儀四象之說，為得造化至理。[96]

太極一氣分為陰陽兩儀，而「陰陽既分為天地，天地又各自為陰陽，……是謂四象」[97]且「太極兩儀之後，……乃成四時，而生人物。……聖人作《易》，……而遂自四而八」[98]如此陰陽往來生生之道，便是二而四，四而八，八而六十四，以至於無窮！此即天地造化之至理。「氣未成質，不過陰陽。名以四象，猶為指氣」知兩儀四象只一氣不測之生生所依循之變化規律。而有體質之氣化世界之金木水火「皆物已成質」者，即依此二而四而八之規律凝成具體之實物。如

93　（明）吳廷翰：《吳廷翰集》，頁7。

94　（明）吳廷翰：《吳廷翰集》，頁17。

95　（宋）黎靖德編：〈易十一‧上繫下〉《朱子語類》，頁1929。

96　（明）吳廷翰：《吳廷翰集》，頁8-9。

97　（明）吳廷翰：《吳廷翰集》，頁9。

98　（明）吳廷翰：《吳廷翰集》，頁10。

「蓋火初有氣而始形，水初有形而為質，木有質而方實，金質實而既堅。……若夫木之為春，火之為夏，金之為秋，水之為冬，則各以陰陽之氣初生極盛言之，亦皆自少而太，以為秩序」[99]此由已成物質之火水木金比喻無形之氣依二而四而八之秩序凝為形質，進而質實而堅，進而為具體著實為有形之物的過程。而春夏秋冬四時，亦依兩儀四象升降交感「自少而太」之理序更迭。朱子太極圖說解亦云「陽而健者成男，則父之道也。陰而順者成女，則母之道也。是人物之始以氣化而生者也。氣聚成形，則形交氣感，遂以形化而人物生生變化無窮矣」[100]如此陽健陰順兩儀四象便是「人物氣化而生」、「形交氣感生生無窮」的物質世界之理序，即廷翰合形上下而言「一陰一陽之謂氣」之旨也。

> 水火二物，造化妙用，天地之先氣。蓋天地初分，陰陽二氣，其閃爍晶熒者為火，火騰而上，天之陽也；濡濕浸潤者則為水，水滲而下，地之陰也。然水火雖同出，畢竟火先於水，猶天地初生，畢竟是天先地後，其理如此。……火之為飛揚、為光明、為炎熱，天陽之本性也。其隱於木石者，亦從地類；至其燔灼、烹煎反能生物，則陽極而陰之理乎。水之為流注、為柔暗、為寒涼，地陰之本性也。其升為雨露者，亦從天類；至其浸灌滋潤反能生物，則陰極而陽之理。[101]

陰陽升降，天地乃分，其閃爍為火者騰上為天之陽，濡濕為水者滲下為地之陰。水火二物乃為陰陽兩儀，生生妙用首出之先氣。然火

99　（明）吳廷翰：《吳廷翰集》，頁10。

100　（宋）周敦頤撰：《周濂溪先生全集》，頁15。

101　（明）吳廷翰：《吳廷翰集》，頁20-21。

陽若從地類，反能殺物，此則「陽極而陰之理」；水陰若從天類，反
能生物，此則「陰極而陽之理」！如此火陽極而為水陰，水陰極而為
火陽！陰陽相生，水火亦相生，故引正蒙語曰「『水火，氣也。故炎
上潤下，與陰陽升降，土不得而制焉』。……夫土既是地，與天同
生，所以造化水、火、金、木者，而豈四物之類乎？後人泥於天五之
說，不得其理」[102]以為天地先氣之水火，如兩儀四象般生化，故是火
水生金木，而土則為與天同生，為造化水火金木之本。非如五行之天
一生水，地二生火，天三生木，地四生金、天五生土之說！此由廷翰
反對五行相生說，見其獨特之兩儀生四象生八卦以至無窮之理論！而
「火先於水，天先地後」則表示同為氣之二性之陰陽，應是陽先陰
後。然廷翰又云「程子謂『動靜無端，陰陽無始』，此言已到極處。
蓋既謂動靜陰陽，已是兩端循環，如何分得先後」[103]此則以「動靜陰
陽兩端循環」不可分先後，正呼應前「陽極而陰，陰極而陽」之說！
亦是兩儀能生四象生生不息之理據！朱子亦云「然動靜無端，陰陽無
始，不可分先後。今只就起處言之，畢竟動前又是靜，……陽前又是
陰，靜前又是動，……將何者為先後？不可只道今日動便為始而，昨
日靜更不說也」[104]此由發生起處言動前有靜，靜前有動，是「動靜無
端，陰陽無始，不分先後」者，但由火陽上升，水陰下降之特性言，
是「水火雖同出，畢竟火先於水，猶天地初生，是天先地後」的。如
此「陰陽兩端循環」與「火陽先水陰後」二說似矛盾。其實廷翰是以
為氣本體之二性之陰陽是不分先後，同時作用的。但為陰陽所成之有
形質之火水則是物，物在現實上則可論生成之先後。如謂「火初有氣

102　（明）吳廷翰：《吳廷翰集》，頁21。

103　（明）吳廷翰：《吳廷翰集》，頁13。

104　（宋）黎靖德編：〈理氣上・太極天地上〉《朱子語類》，頁1。

而始形，水初有形而為質」[105]是先有氣本體，再生出有形質之水火等物。故氣之陰陽不分先後，而物之火水則有先後之可言！

綜言之，可知廷翰之陰陽化生之理論與朱子有所不同！朱子是以太極為形上不動之理體，陰陽是形下之氣質，陰陽以太極之生理為體而有生生之用；廷翰則以氣為將形上下體用等立體關係，拉平至同一平面不分形上下體用之本體，陰陽非形下之氣質，而是氣本體能動靜之特性，是氣化生生兩儀生四象生八卦之根據，實則「陰陽即道」[106]即理即氣，廷翰形下之物即朱子陰陽之氣，廷翰含陽陰動靜之氣本體即朱子形上之理，但朱子形上理體不動，只是形下氣化生生之所以然，而廷翰之氣本身有動靜，並以之為形物生生之理據！

七　性

> 一氣流行，生人生物，即天命之所在也。雖其渾淪沕穆而或參差不齊，則有中有不中之異，而人物之所由以生者，正惟有在於此耳。受天地之中以生者為人，即人之所以為性者也；受天地之不中以生者則為物，即物之所以為性者也。[107]

廷翰有云「『天命之謂性』，言天命之以為人，則人之所以為性也」[108]，天命即一氣流行化生人物，流行至人，即命於人，而人即以之為性，所謂「命於人即氣為之命」（頁八）「蓋此氣出於天賦，而為人物之所受，曰性命」[109]。天賦之氣命於人為人所受即人之所以為人之

105　（明）吳廷翰：《吳廷翰集》，頁10。

106　（明）吳廷翰：《吳廷翰集》，頁17。

107　（明）吳廷翰：《吳廷翰集》，頁41。

108　（明）吳廷翰：《吳廷翰集》，頁40。

109　（明）吳廷翰：《吳廷翰集》，頁8。

性。「付與萬物曰命，物受以生曰性，得此性曰德，具於心曰仁」[110]，如此人物皆因氣命所付與而有性，而性即人物受此生生之氣所命而以之為本者，並以之為生生踐仁之理據。

> 生者，人之性也。性者，人之所以生也。蓋人之有生，一氣而已。朕兆之初，天地靈秀之氣孕於無形，乃性之本；其後以漸而凝，則形色、象貌、精神、魂魄莫非性生。……其靈明之妙，則形色、象貌有所宰，精神魂魄有所寓，而性於是乎全焉。[111]

「天地之氣孕於無形，乃性之本」指性以氣本體為本，且「人之有生一氣」，故人即以所生之氣為性為本。一氣之陰陽往來生生不息，故以氣為本之性亦生生不息。「性者人之所以生」指人以生為性，是由本質言；「生者人之性」指性以生為本，是由內涵言。合本質內涵言，性只是一個「生」。廷翰引明道論性語云「蓋生之謂性，人生而靜以上不容說，纔說性時，便已不是性也」[112]，言人在有生以後方可言性，所謂「性之名生於人之有生」[113]未生前是「生而靜以上」之生生天道，自不容說有性。有生後性便與形下氣質相混，非純以生為本之性體。故性是生，且是有生以後為人物所以能生生之本體，而一氣漸凝所成之形色、象貌、精神等即皆以性為其所以能成為形貌精神之生生條理，進而整個氣化世界之生生亦因有此性才得完成。故曰「性者，人物之所以生，無生則無性。以生言性，性之本旨」[114]

110　（明）吳廷翰：《吳廷翰集》，頁12。

111　（明）吳廷翰：《吳廷翰集》，頁27-28。

112　（明）吳廷翰：《吳廷翰集》，頁30。

113　（明）吳廷翰：《吳廷翰集》，頁28。

114　（明）吳廷翰：《吳廷翰集》，頁29。

> 太極渾淪一元之氣，其時未有陰陽之分，善且不可名，而況惡
> 乎？及陰陽既分，……猶是太極之初，但已有陰陽二物相
> 對，……雖未有不善，而善之名立矣。[115]

　　太極之初，陰陽未分，只一元本體之氣，渾流沕穆，不可以相對
之善惡名之。及陰陽既分顯為氣之二種性質後，因尚未有形交氣感以
生惡之事實，故雖「未有不善，而善之名立矣」知以氣為本之性在
「生而靜以上」是「善不可名」之本體無名狀態。及「陰陽既分化生
人物」，人物又以氣之陰陽為性，陰陽分有善名，性亦才有善名之
立。廷翰又云「性，……未易窺測，亦無名目，渾淪而已。及其感
動，則惻隱而知其為仁，羞惡而知其為義，……則性之名所由起也。
亦非性本有此名也，因情之發各有條理而分別之耳」[116]知性在太極之
氣中本無善惡名目之可言，是絕對至善。及陰陽既分才有善名之立，
但此善仍是氣本體至善。再及性有感動，於氣化世界中，惻隱知仁，
羞惡知義，此善性即順情發各有條理，分別為仁義禮知形下善名。

> 及夫人物化生，形交氣感，……則氣之所稟萬有不齊，而陰陽
> 善惡於是乎分焉。……及性有感動，而情欲出焉，則各得本生
> 氣稟，而善惡皆性，但其稟賦之一，自非受氣極惡，苟不至於
> 禽獸。[117]

　　廷翰以為「性之本雖善，而氣之所為則亦有不善者，其發雖善，

---

115 （明）吳廷翰：《吳廷翰集》，頁26。
116 （明）吳廷翰：《吳廷翰集》，頁28。
117 （明）吳廷翰：《吳廷翰集》，頁26。

而流之所弊則亦有不善」[118]亦即性本善非惡，而惡之生來源有二。一者因「氣之所稟萬有不齊」即「氣之所為亦有不善」以氣稟即有不善。如「仁義，皆氣之善名。……氣有清濁美惡，即仁義之多寡厚薄。其仁義之多而厚，即性之善。其薄而少有欠處，亦未免有不善」[119]，氣清即仁義多而性善，氣濁即仁義寡而不善。氣稟不齊，故性亦有善不善之別。二者因「性有感動」乃各依本生氣稟之情欲發出，所發之情欲亦有不善。此中須注意者為「善惡皆性」，性即本善，如何可謂善惡皆性！此仍為廷翰氣本論將形上氣本體與形下氣質拉至同一平面，成為平等對待關係之說所使然。如曰：「耳目之類，雖曰氣質，而皆天地所生；仁義之類，雖曰天命，而皆氣質所成。……故凡言性也者，即是『氣質』。若說有『氣質之性』，則性有不是氣質者乎？」[120]知天生之耳目氣質與氣質所成之仁義天命是一無二，「凡言性，則已屬之人物，即是氣質」[121]此皆以性與氣質是一非二。知善固是性，為惡為仁義少之氣質，亦是性，故惡亦可為性也。

> 「繼之者善也，成之者性也」，性字對善字，則善即性字。……明道謂「孟子所謂性善，只是說繼之者善也」，……即「乃若其情可以為善」之意，正見性以上不容說處。夫子言繼善，在人未有性之前，孟子言性善，在人已有性之後。[122]

此段文字則言「善即性」之意。繼「善」與成「性」相對，故在

118　（明）吳廷翰：《吳廷翰集》，頁29。

119　（明）吳廷翰：《吳廷翰集》，頁25。

120　（明）吳廷翰：《吳廷翰集》，頁29。

121　（明）吳廷翰：《吳廷翰集》，頁25。

122　（明）吳廷翰：《吳廷翰集》，頁24。

善與性同置同一平面，泯除其上下內外之關係後，在同平面之善與性在內涵上亦可相通，而善即是性。又云「有孟子之說在，則人皆以性為善、為真實、為在內、為與物異，而仁義之道明，人類不至於禽獸」[123]知性是善，且是真實內在於人之仁義價值本體。而「性善是繼善」言以生為本之善性，是可繼此生道而不息者，而繼善之法便在「乃若其情」之所發於性者，便可以為善，故曰「性善者，探其本原，則《易》『繼之者善也』；指其發見，則『乃若其情則可以為善』」[124]如此繼善在前半段，是人未有性前不容說的生生之氣道，而性善在後半段，指人稟氣命所賦予之生道為性後，當「乃若其情」順此性之生道去成就此繼善之生道。

> 易「成之者性」，下文繼曰「仁者見之謂之仁，知者見之謂之知」，是以仁知為性。「成性存存」上文則曰「知崇禮卑」，是以知禮為性。「順性命之理」下文則曰「立人之道，曰仁與義」，是以仁義為性。……禮者仁之節，知者義之明。「克己復禮為仁」，可見禮即仁。「知終終之，可以存義」可見義即知。……其實性為仁義禮知之實體。仁義禮知為性之真，實理自然。[125]

仁知、知禮、仁義皆是性，而禮為仁之節，故仁即禮。知為義之明，故知即義，故統言之，不過仁義禮知，為「性之真、實理自然」之四者，故以「性為仁義禮知之實體」。然「仁也、義也、知也、禮

---

123 （明）吳廷翰：《吳廷翰集》，頁30。

124 （明）吳廷翰：《吳廷翰集》，頁29。

125 （明）吳廷翰：《吳廷翰集》，頁21-22。

也，……孔子言性止於四者，亦不過仁義而已」[126]，又「仁義本是天理，原無人欲，克己復禮所以為仁；無欲其所不欲所以為義」[127]。故性體之價值內涵即天道之價值內涵，只是此仁義二者！廷翰所以歸納性體天理只是仁義，乃受其太極分兩儀生四象八卦之說所支持，而以性為本，分為仁義，再分為仁義禮知四者之故！而有所謂「仁義在禮知之先。……仁義之得其中正」[128]之說法。「程子好學論亦曰『五性』，蓋緣《太極圖》，以取配五行，非《易》與《孟子》之旨，其後相沿而不覺耳。予所以不欲以信言性者，大抵性體本實仁義自足」[129]此以為仁義禮知信之說乃配五行而生，但廷翰反對五行說，故反對仁義禮知後再加「信」，而以為仁義禮知配兩儀四象說為得造化至理，故不須加「信」而「性體本實仁義自足」也。另外仁義禮知本來意涵有所不同，但亦在廷翰置彼此於同一平面，可泯除彼此上下、內外、體用關係等差別，以使內涵相同之理論下，自可使禮為仁，知為義，進而仁義只是一性而已。

> 仁義禮知即天之陰陽二氣，仁禮為氣之陽，義知為氣之陰。方其在天，此氣流布，絪縕太和，故但謂之陰陽，謂之道，謂之善。及其生人，則人得之以為有生之本，而形色、象貌、精神、魂魄皆其所為，……故謂之性。[130]

仁義禮知只是仁義，仁義便是陰陽兩儀，所謂「陰陽之為仁義，

126　（明）吳廷翰：《吳廷翰集》，頁22。

127　（明）吳廷翰：《吳廷翰集》，頁14。

128　（明）吳廷翰：《吳廷翰集》，頁14。

129　（明）吳廷翰：《吳廷翰集》，頁22。

130　（明）吳廷翰：《吳廷翰集》，頁28。

則仁之神陽也，義之神陰也。陰陽之為四時、五行，而仁義則分而為禮知，發而為惻隱、羞惡，亦一義也。」[131]陰陽兩儀可分為四時，而陽之仁陰之義中亦各有陰陽，故仁義亦可分為仁義禮知四者，即所謂「仁禮氣之陽，義知氣之陰」知性有仁義以至仁義禮知，亦同陰陽兩儀生四象八卦之說，而仁義之性即陰陽之氣，故「性即是氣」[132]也。而氣之陰陽流布，絪縕太和，付與人以為人有生之本，即仁義之性，而此性則「各得本生氣稟」[133]之參差不齊，漸凝成形色、象貌、精神等不同體質，但皆一氣之所為，亦即不同體質皆其性所為。因為「虛實也、聚散也，皆氣也。其曰天曰道曰性曰心，皆此一物，隨處異名，不容分別」[134]，故性氣是一。又云「性即是氣，論性即是論氣；氣即是性，論氣即是論性。而以為不明不備，其失在以性為理，氣為氣，而不肯以性為氣」[135]。此則指以性為理，氣為氣之說為有失。如朱子有云：

> 論萬物之一源，則理同氣異，觀萬物之異體，則氣猶相近，而理絕不同。氣之異，粹駁之不齊。理之異，偏全之或異。[136]

朱子以理為形上本體故萬物皆同以之為本性，但萬物形下之氣稟則是粹駁不齊的，然因道須由器顯，故理亦須由氣稟來表現，此時理便會受限氣稟而有偏全不同之表現。如此理氣既二分，理又受限於

---

131 （明）吳廷翰：《吳廷翰集》，頁18。

132 （明）吳廷翰：《吳廷翰集》，頁28。

133 （明）吳廷翰：《吳廷翰集》，頁26。

134 （明）吳廷翰：《吳廷翰集》，頁19。

135 （明）吳廷翰：《吳廷翰集》，頁29。

136 （宋）朱熹撰：《晦庵集》，收入（清）永瑢、紀昀等纂修：《景印文淵閣四庫全書》（臺北：臺灣商務印書館，1983年）第1144冊，頁363。

氣，不得全面且純一，故以為朱子之失在「不肯以性為氣」。此乃因
為「性氣一物。若謂『論性不論氣』，是不以氣論性。謂『論氣不論
性』，是不以性論氣。不以氣論性，則不知所以為性是不明。只以氣
論性，不分人物偏全亦是未明」（頁二五）不以氣論性，是不明氣是
性之所以生者。不以性論氣，只以氣論性，則是不明氣全而性有偏全
之別！故「性氣一物」，氣是所以為性者，性是氣化萬有之體，自無
性氣有偏全不同之蔽。明道亦云：

> 性即氣，氣即性。……人生氣稟，理有善惡，然不是性中元有
> 此兩物相對而生也。有自幼而善，有自幼而惡，是氣稟有然
> 也。[137]

明道此言不由天命說性，而由氣稟之善惡說性，正符合廷翰「性
即是氣，論性即是論氣。氣即是性，論氣即是論性」的「性氣一物」
不分形上下之說，故曰「論性之旨，唯明道先生為至」[138]

> 性一也。仁義禮知，舉其目之大者耳，其實人之一身皆性也。
> 父子、君臣、賓主、賢哲，舉其屬之大者，其實耳目之類皆性
> 也。天下無性外之物，而況一身之間乎？……道無內外，故性
> 亦無內外。……今夫陽之必有陰也，晝之必有夜也，暑之必有
> 寒也，……則天理必有人欲，善之必有惡，亦明矣。[139]

人身之仁義禮知是性，父子君臣亦是性，「天下無性外之物，心

---

137 （宋）程顥、程頤撰：〈端伯傳師說〉《河南程氏遺書》，《二程集》，頁10。
138 （明）吳廷翰：《吳廷翰集》，頁26。
139 （明）吳廷翰：《吳廷翰集》，頁31。

之在人，亦是一物，而不在性之外」[140]，則心亦是性，如此舉凡仁義
價值、父子人倫，以至形色、象貌、心之靈覺，皆是性所為而在性內
者，故皆是性。同時「『一陰一陽之謂道，成之者性』，此道字在性之
先，性由道而生也。『天命之謂性，率性之謂道』，道字在性之後，道
由性而出」[141]。性由道生，道由性出。此仍是廷翰氣本論，不分形上
下立體關係，而將道性置於同層面，使仁義之性與陰陽之道內涵可互
通，而有道即性，性即道之說。「道無內外，性亦無內外」言道大而
性亦無限大而無有內外之分別。即舉凡陰陽、寒暑、天理人欲、善惡
皆統會於性體中，而無有內外上下、好壞之分別，故曰「性之為體，
無所不該」[142]

> 氣以成性，而內焉則為人之心，外焉則為人之體。體者氣之
> 充，而心者氣之靈，豈有二乎哉。[143]

人得氣以為生之本而有性，而「成之之性，為陰陽之氣所
成。……性成而形，雖形亦性，然不過一氣」[144]故陰陽之氣凝而有條
理，生成人之性，性成而形貌氣稟亦依性漸凝而成，即所謂「雖形亦
性」。故凡內焉為氣之靈之心，或外焉為氣所充之體貌，皆一氣所生
而為性所有者。此由心、形皆為性之所生，見「性無內外」之意！

> 「統體一太極」是也，「一物各具一太極」猶未然。太極既
> 分，生人生物，隨其大小，各有太極之理，不能無全偏多寡之

---

140 （明）吳廷翰：《吳廷翰集》，頁23。

141 （明）吳廷翰：《吳廷翰集》，頁17。

142 （明）吳廷翰：《吳廷翰集》，頁28。

143 （明）吳廷翰：《吳廷翰集》，頁39。

144 （明）吳廷翰：《吳廷翰集》，頁23。

異。太極之理，人得之全，聖人得之為尤全。然湯武之聖終不
若堯舜，豈非性之初生，其得太極之體，容亦有未至乎？[145]

　　廷翰以氣為本，有兼含形上下而為永恒無限本體之企圖，但對形
下具體氣質之有限性，仍不能視若無睹，故既以氣為永恒無限之最高
本體，又以氣質氣稟為形下有限而萬有不齊者。故面對朱子「統體一
太極」，以氣本體當作太極而為萬物之本的說法可以接受。但「物物
一太極」朱子以為是物物中各具一無限之太極。而廷翰則以為人物本
萬有不齊為有限，即所受氣稟有不齊，則生而氣稟不齊之人所受之太
極，亦受困於有形之氣稟而有不齊。故以為物物非各有一無限之太
極，而是物物所受氣稟有多寡不齊，故所得太極之體，自亦有多寡之
異。此段文字即以為人物之生，不論大小「各有太極之理」，但所得
太極之理卻受氣稟之不齊而「不能無偏全多寡之異」。而聖人得太極
之理為尤全，湯武不若堯舜，在於其性之初生時，所得太極，或亦有
不齊，故有聖賢不同之分。性得太極亦有不齊，故性可分高下。廷翰
云「以性之定否分別人品，有四：眾人是未定者；聖人是能定者；君
子是求定者；小人則流蕩不定」[146]。濂溪亦云「只一個陰陽五行之氣
滾在天地中，精英者為人，查滓者為物。精英之中又精英者為聖為
賢，精英之中查滓者為愚不肖」[147]性之為精英或查滓，則依其性得太
極之多寡而定。如曰「天之生人，……有得其性之極全，而其靈覺絕
異於眾人者，謂之上知。……亦有得性之極偏而其昏蔽亦特異於眾
人，謂之下愚」[148]。性之上知下愚因氣稟所限定而為不可移者，即所

145　（明）吳廷翰：《吳廷翰集》，頁3。
146　（明）吳廷翰：《吳廷翰集》，頁15。
147　（宋）周敦頤撰：《周濂溪先生全集》，頁19。
148　（明）吳廷翰：《吳廷翰集》，頁24。

謂「上知生而為善，非習於不善所能移。……下愚者生而為不善，非習於善所能移」[149]

> 一氣流行，生人生物，即天命之所在。雖其渾淪汋穆而或參差不齊，則有中不中之異。……受天地之中以生而所同有多寡者，人性之所以有異也。聖人則得天地之中之全，大賢則其所得者多，以下所得有什佰千萬之不同。……況乎形生知發，知誘物化，則遂有失其所以為人之性者，而與禽獸無幾，故曰『性相近，習相遠也』[150]

「由氣稟決定論言，性既有惡且又不可移，雖修養亦難以成德，因為「人性必有此仁而後肯習於仁。……其多且厚者習之易，少且薄者習之難」[151]，此則偏離儒家天命善性，修道踐德之大旨。故廷翰雖以性有偏全之異，但又以為性善本相近，惡乃習使遠而成者，只要存養盡性仍可為善成德，如此則仍不違儒家「人皆可以為堯舜」之性善論本旨。又可將氣定論之性有善惡說吸納進來，再透過修德以轉化性惡、習惡而成就善。此段引文即說明氣命生物，受兩儀四象生化方式影響，而有參差不齊。而受天地之中以生之人，所得之中即太極之體，便有多寡之異，即人性所以有不同之故。聖所得中全，賢所得中多，愚不肖則所得極偏少。但「性之有偏全、有厚薄、有多寡，雖萬有不齊，莫不各有仁義禮知焉。自聖人至於凡人，苟生之為人，未有性之若禽獸者，故曰『相近』」[152]知性雖不齊，但仍有仁義，可曰

---

149 （明）吳廷翰：《吳廷翰集》，頁23-24。

150 （明）吳廷翰：《吳廷翰集》，頁41。

151 （明）吳廷翰：《吳廷翰集》，頁25。

152 （明）吳廷翰：《吳廷翰集》，頁24。

「相近」，此則保住廷翰之性仍合孔孟本旨。然現實上形生知發，知誘物化，便易使「性之得其偏薄而少者，習於不善而益不善，……其間等第，遂至懸絕，故曰『相遠』」[153]知惡之源一為性有偏，二為習使之然。唯性雖有偏，但「其所得於天地者，猶有原初之中在，……苟能不自暴棄，則猶可因此而復人性之本然」[154]故不齊之性仍有「原初之中在」而為相近，可以修養改善知誘物化之障隔，仍使為善成德為可能者也。

八　心

> 心性之辨，何如？曰：性者，生乎心而根於心者也。人之初生，……性為之本，而外焉者形，內焉者心，皆從此生。是形與心皆以性生。但心之得氣為先，其虛靈知覺，又性之所以神明，而獨為大體，非眾形所得而比也。然與性並言，則不能無先後大小耳。但心之初生，由性而有，及其既成，性乃在焉。則心性遂若無所別矣。[155]

　　氣命流行生化人物，人得氣以為性，如「氣以成性，而內焉則為人之心，外焉則為人之體。體者氣之充，而心者氣之靈，豈有二乎？」[156]以氣為本之性，內為氣之靈明知覺之心，外為氣充為體質之形，故「形與心皆由性生」又「性字從心從生，乃人物之心之所得以為生者」[157]可確定心生於性又為性內在之靈覺。「性不可以動靜言，而

153　（明）吳廷翰：《吳廷翰集》，頁24。
154　（明）吳廷翰：《吳廷翰集》，頁41。
155　（明）吳廷翰：《吳廷翰集》，頁23。
156　（明）吳廷翰：《吳廷翰集》，頁39。
157　（明）吳廷翰：《吳廷翰集》，頁25。

動靜皆性」[158]性不單偏於動或靜之一邊,而是寂感、動靜、陰陽循環相生的。性之所以有陰陽、動靜不測之神用,是因此心之虛靈知覺所為而有。因為「人生而有心,是氣之靈覺,其靈覺有條理處是性」[159]知氣之靈覺是心,心之靈覺則以性之仁義陰陽為其妙用之條理。又曰「心者,生道也。……人之所以為人者,皆心之知覺運動為之,而心之所以能者,則性為之」[160]言人所以為人在人能生生,而生生者即心之知覺運動,故以心為生道。然心之所以能生生,則又因性為陰陽生生神用之條理,故性所生之心遂亦依生生條理行其知覺妙用以成其為生道。「此氣流布,絪縕太和,……及其生人,……而形色、象貌、精神、魂魄皆其所為,而心則全體之所在」[161]氣凝而為人之形貌精魂,心即人形貌精魂之所在,且「心與體對,其實亦人之體,特以其靈明,故謂之大體,猶非性之比」[162]氣靈之心與氣充之體皆由氣出,故心亦可視為氣出之體。則心既為形貌精魂全體之所在,又為性之靈明知覺,故可妙運形貌精魂以生生,可「獨為大體,非眾形所得而比」。然「心生於性,下梢已涉形氣,便有不好的在」[163]知心雖為性所生,但既涉形氣而有限,則雖稱為大體,但與無內外之性相較,仍「不能無先後大小」之分別。「心者,性之所生,而性在焉」[164]心生於性,又以性為其價值條理之本,故曰「及其既成,性乃在焉」。如此性先心後,性大心次之,且性又在心中為心能生生行仁之本,則「心性遂若無所別矣」。但廷翰之心性是遂「若」無別,以符合道、

---

158 (明)吳廷翰:《吳廷翰集》,頁40。

159 (明)吳廷翰:《吳廷翰集》,頁25。

160 (明)吳廷翰:《吳廷翰集》,頁28。

161 (明)吳廷翰:《吳廷翰集》,頁28。

162 (明)吳廷翰:《吳廷翰集》,頁39。

163 (明)吳廷翰:《吳廷翰集》,頁35。

164 (明)吳廷翰:《吳廷翰集》,頁31。

理、太極、性、心皆只一氣之說法，實則彼此乃有不同。

> 有是口鼻耳目之人，則有是食色臭味之心。人之大欲，故謂人
> 心。……有是仁義禮知之道，則有是父子、君臣、賓主、賢哲
> 之心。道之大倫，故謂道心。曰人與道，心本則一。……人心
> 人欲，人欲之本，即是天理，則人心亦道心也。道心天理，天
> 理之中，即是人欲，則道心亦人心也。[165]

　　食色臭味是人耳目口鼻之大欲乃人心。仁義禮知是父子君臣之大
倫乃道心。「非去人欲以為天理，亦非求天理於人欲」[166]是以天理便
是天理，人欲便是人欲，二者有義理、體質之不同，但皆氣本體之所
有者。非有仁義天理便無食色人欲，亦非仁義天理當求於食色人欲之
中。「民受天地之中，自有本然一定之則，而不偏不倚，無過不及，
其以為人心者此也，其以為道心者亦此也」[167]人心得本然之中不偏倚
才是人心，道心得本然之中無過不及才是道心，亦即「人欲無過不及
即是中，天理有過不及亦非中」[168]如此食色之心得中是人心，則「人
欲之本即是天理，人心亦道心」；父子之心得中是道心，此「天理之
中即是人欲，道心亦人心」。知天理人欲、人心道心不由形上下，有
限無限之分別來界定，而是由義理、體質之得中與否來界定。進而言
之，各有本然之中的天理人欲，因「道無內外，故性亦無內外。……
則天理必有人欲」[169]若「以性本天理而無人欲，是性為有外矣。何

165　（明）吳廷翰：《吳廷翰集》，頁32。
166　（明）吳廷翰：《吳廷翰集》，頁37。
167　（明）吳廷翰：《吳廷翰集》，頁31。
168　（明）吳廷翰：《吳廷翰集》，頁40。
169　（明）吳廷翰：《吳廷翰集》，頁31。

也？以為人欲交於物而生於外也。然而內本無欲，物安從而交？又安從而生乎？」[170]此則仍是將各得本然之中，但層級不同之價值天理與感官人欲，皆視為同為氣所出所有之二者，故可曰有天理必有人欲，有人欲必有天理。既符兩儀生四象之二分為四分為八之生化法則，又可避免「言性者，專內而遺外，皆不達一本」[171]之失。

> 「仁義之心」以性之在心言耳。又曰「惻隱羞惡之心」以情發乎心言耳。夫性既在心，則情亦發乎心矣。張子有「心統性情」之說。朱子以為「性情之上，皆著得心字，所以言心統性情」。此猶未究心性之生與其本也。天下無性外之物，心之在人，亦是一物，而不在性之外，性豈心之所能統乎？[172]

「仁義之心」指仁義之性在心中，「惻隱之心」指惻隱之情由心發。又「心之所以能者，則性為之，但性不可見，因情而見耳。性發為情，而其能為才，若志意思慮，是又緣心而起，然亦莫非性之所為」[173]。知心能起志意思慮，亦能發惻隱之情。情才雖由心發實為性所發。性在心中故不可見，但可使心發為情，因情而見。綜言之，情由心發，心由性生，故廷翰以為能統心、情者是性。故視張、朱「心統性情」之說是「未究心性之生與其本」橫渠性理拾遺有云：

> 心統性情者也。有形則有體，有性則有情。發於性則見于情，發于情則見于色，以類而應也。[174]

---

170 （明）吳廷翰：《吳廷翰集》，頁31。
171 （明）吳廷翰：《吳廷翰集》，頁31。
172 （明）吳廷翰：《吳廷翰集》，頁23。
173 （明）吳廷翰：《吳廷翰集》，頁28。
174 （宋）張載撰：〈性理拾遺〉《拾遺》，《張載集》，頁374。

　　橫渠以為「心能盡性」[175]生生之心體能全幅呈現性體之價值內涵，而性體由心呈現便是惻隱羞惡之情，所謂「發于性見于情」知橫渠以情為形下，以性為形上本體，而心為形上又能盡性，以發為情之作用，故可曰「心統性情」。朱子有云：

> 仁是性，惻隱是情，須從心上發出來，心統性情者也。[176]

> 性者心之理，情者性之動，心者性情之主。[177]

　　朱子以性是仁義之理，情是依性而動者，但情之動須從心上發出來。亦即為氣之靈的心，依仁義性理而發為惻隱羞惡之情。故能動主宰者是心，被動作為標準者是性，所發被表現者是情，如此自可言「心統性情」。綜言之，橫渠由形上心體形著形上性體呈現為形下之情而言「心統」。朱子由形下氣靈之心主宰形下之情依形上性理而發而言「心統」。雖皆曰心統，但二者之心有形上下之別。廷翰則不走形上下有別之老路，而以氣本體為性，又以心、情皆性之所生。如此廷翰異於張、朱者有二：一為不分形上下，一為不言心統，而言「性統」也。

> 心、性字，似一而二。……《傳習錄》說：「……心之發也，遇父便謂之孝，遇君便謂之忠，自此以往名至於無窮，只一性」。是以心即性也。……而不知心生於性，下梢已涉形氣，便有不好的在。其發於性者，便是道，其感於外，而不發於性

175　（宋）張載撰：〈誠名篇〉《正蒙》，《張載集》，頁22。
176　（宋）黎靖德編：〈性理二‧性情心意等名義〉《朱子語類》，頁93。
177　（宋）黎靖德編：〈性理二‧性情心意等名義〉《朱子語類》，頁89。

者，便非道。若任其所發，便以為良心，便以為道，則其不良者乘間而出，安可以為道乎？[178]

廷翰以為心涉形氣便是不好，如「『回也，其心三月不違仁』，心不違仁，此正見心不就是仁處」[179]心既不好，自不能視同仁義之性。否則專任此未必良之心以發，便有「不良者乘間而出」之可能！且「孟子之學，所以能傳聖人之道，以其知性善也，故言存心必曰養性，言盡心必曰知性。……若離性言心，則非心之本然」[180]，故主張言心必當言性，有存心養性之功，才能有以察識辨別「孰為吾性之所發，為吾之本心？」[181]故曰「後世言心學者，已落第二義，為不見上一層耳」[182]即指陽明「以心即性」是落第二義，因不知上一層第一義者當為性與氣是一之性。陽明有云：

> 良知只是一箇天理自然明覺發見處，只是一箇真誠惻怛，便是他本體。故致此良知之真誠惻怛以事親便是孝，……以從兄便是弟。[183]

陽明的良知既是「天理自然明覺發見處」，其本身便是一能發動知是知非，愛親敬長等價值判斷的絕對價值之本體，只要致此良知便能有孝弟之表現。故理論上，良知依本具之性理而發，是心性是一，

---

178 （明）吳廷翰：《吳廷翰集》，頁35。
179 （明）吳廷翰：《吳廷翰集》，頁38。
180 （明）吳廷翰：《吳廷翰集》，頁34。
181 （明）吳廷翰：《吳廷翰集》，頁36。
182 （明）吳廷翰：《吳廷翰集》，頁27。
183 （明）王守仁撰：〈答聶蔚〉《傳習錄》中，《王陽明傳習錄與大學問》（臺北：黎明文化事業公司，1986年），頁109。

是所發無不良者。而現實上之惡則是因良心為情識蒙蔽所生。但現實之困限是人病，非心性是一所有之法病。二者有分別，廷翰是心由性生，且性先心後，性大心小，形氣之心與無外之性為二者。陽明是以心即性，心性有能所之分，但仍為同一本體的心性是一者。

九　結語

　　由廷翰對橫渠、朱子、陽明之心性論皆有不滿，乃欲於陸王心性是一，朱子理氣二分、心性情三分之宋明理學兩大路數外，另開出以氣為本體，兼該形上下而皆為一氣的思想，在求學術思想之自由發展上，是自然且應被允許的。因陸王之心性雖一，但皆為形上本體，如此便對形下世界之詮釋掌握似嫌不足。朱子理氣，心性情雖分形上下，但又以為理氣不同而不可雜，既不可雜又曰不可離，而有理為氣之所以然，氣依理而動之說。此種解釋，又使對氣化世界之認識愈趨複雜，不易掌握。故廷翰採取以氣即本體，即道即理即太極即陰陽即心即性，援一切形上下之物皆只一氣之簡易說法，以避開朱子陽明過簡或過繁之蔽，是可以理解且接受的。同時為完成氣本論之建立，其中有二點特色。一者為置一切形上下之各物於皆為氣之所出者之同一層面上，泯除彼此體用、上下、內外，能所等不同關係之對立，進而使彼此之內涵、體質因同處一層面，而可互通，相即相入而為一。二者不採五行奇數相生之宇宙論，而以太極一氣生兩儀，兩儀生四象八卦，由二而四而八之偶數相生說解釋宇宙生化之過程。然其理論亦有值得商榷再探討之處，如以為各物在同為氣所出之平面上可相即相入而為一，但形上之氣本體與形下氣質終究有別，理論上固可有以氣本體凝成形性之說法，而曰「性即氣」「雖形亦性」，但視氣本體可真等同形氣，則在現實上是不能無疑的。又如性大無外為仁義之本，但此

無形之性體，又受氣稟困限使所得太極之中有偏全之異，此說亦違其性體無所不該之意。綜言之，理論上可以氣為形上道、理、性等，及形下形質之所生出者，但現實上，性、氣如何等同形質，仍有待進一步合理之解釋方可。

──原刊登於《華岡文科學報》第21期， 1997年3月。

拾　陽明心學與氣學的關涉及開展
——兼及與羅欽順論學之書信

一　前言

　　宋初周敦頤由誠體說仁，以別於佛老，而《太極圖說》則承秦漢以來氣化宇宙論及唐代道教的流衍，說明太極順陰陽五行而為乾坤男女，道仍在乾坤之中的圖式。張橫渠主張太虛即氣，藉氣聚而生，氣散為無的天人觀，強調氣化實然以排拒佛老。明道「論性不論氣，不備；論氣不論性，不明」論，主張天人性氣圓融一本。伊川、朱子主張理氣二分，將理推高至本體，氣則降為形氣莽動之材質，唯仍視氣為修德之克制之對象。象山少言氣，將心提高至本體高度，亦將道德義賦予心體中。及至陽明為學有前三變、後三變，才體悟致良知之說，其致良知乃在人情事變千折百轉上悟出，非只靜坐默契而悟道。故其良知承象山固有本體之高度，但亦強調良知在事上磨練的重要，則氣又不只是修德之對象，而天地人物本身便是良知之流行了。往本體發展有龍溪四無之進路，合著天地人物而說，則有德洪四有之進路，陽明於天泉證道時則明指「二君之見，正好相資為用，不可各執一邊」。四有重人倫日用工夫，正儒異於佛老之關鍵，同時也默契宋明以來，論氣益詳的開展。又與陽明同為明代中期的羅欽順、王廷相等則在朱子理學，陽明心學外，另承秦漢之氣化論，以太極陰陽流行為本體，與朱子、陽明抗衡。欽順與陽明有初步交涉，廷相則無。在此心學、理學、氣學互動下，所謂陽明學後，如蕺山、宗羲等，同時

由氣說，亦由心體來說。而良知為本體之學，論者固已熟練，而由太極陰陽生生說良知與天地人我一體的實說一路，在前述背景下，亦應可以成立。且此乃確立陽明乃儒非佛老之力證。

二　良知合著氣說

> 心一也，未雜於人謂之「道心」，雜以人偽謂之「人心」。人心之得其正者即「道心」，「道心」之失其正者即「人心」，初非有二心也。[1]

> 良知本來自明。氣質不美者，渣滓多，障蔽厚，不易開明；質美者，渣滓原少，無多障蔽，略加致知之功，此良知便自瑩徹，些少查（渣）滓，如湯中浮雪，如何能作障蔽。[2]

　　橫渠、朱子有德行之知，見聞之知的分說。陽明以心為身之主宰，故只一天理良心，此心即道心，所謂人心非道心外別有一心，否則人便有二心，二心何者為本體便成問題。羅欽順亦云：「道心，性也，性者道之體。人心，情也，情者道之用。其體一而已矣，用則有千變萬化之殊，然而莫非道也」[3]欽順以氣為體，陽明以心為體，體雖不同，但在明代中期思潮，皆有往上下內外合一，不往分解之路走的傾向。

1　（明）王守仁：《王陽明傳習錄及大學問》（臺北：黎明文化事業公司，1986年），頁10。

2　（明）王守仁：《王陽明傳習錄及大學問》，頁93。

3　（明）羅欽順：〈答黃筠谿亞卿〉《困知記附錄》，收入蕭天石主編：《宋元明清善本叢刊・中國子學名著集成珍本初編》（臺北：中國子學名著集成編印基金會印行，1978年），頁320。

　　良知若不合著氣質說，則功夫用在本體上作，應是神用，不好說成人為，且質之美不美亦非工夫重點。反之，良知由氣質說，如順傳統氣化論分人性為三品者，則質之美不美，良知之易明否？在於陰陽一氣流行及凝為各異之人情才性，即有其形象材質的限制。為達到良知一體流行的目的，則一事一物的格物漸學功夫便有其必要性。良知在人情萬變的格物過程中，以其本體之妙用不息，不已地顯現格物以致良知之功，達到去渣滓障蔽，回復本來瑩徹面目。可知陽明非將氣質視為塊然一物而置於第二義，反而亦重視良知如何面對種種氣質限制，即氣質而致其良知。

> 性一而已。仁、義、禮、知，性之性也。聰、明、睿、知，性之質也。喜、怒、哀、樂，性之情也。私欲、客氣，性之蔽也。質有清濁，故情有過不及，而蔽有淺深也；私欲、客氣，一病兩痛，非二物也。[4]

　　陽明云「性一」，是將德性之仁義，理性之聰明，感性之喜怒，加上外在習氣的過與不及的私欲，諸分解的人性面向，統一為良知性體。亦即良知雖是本體，亦可將形色人身上有性、質、情、蔽等氣質殊異處，視為良知在形氣層的不同樣貌，因受限於有限的氣質，所以受限制少的為仁、義、聰、明，受限制多的為私欲、客氣。所以說「天地既開，庶物露生，人亦耳目有所睹聞，眾竅俱闢，此即良知妙用發生時，可見人心與天地一體，故上下與天地同流。」[5]此可見陽明的良知流行主要由本體說，唯流行於形氣層時，亦需藉著受形質限制，性遂有性、質、情、蔽等分別，說良知流行於氣化實然，而有其

4　（明）王守仁：《王陽明傳習錄及大學問》，頁94。
5　（明）王守仁：《王陽明傳習錄及大學問》，頁142。

不同樣態。而不同的樣態仍以良知為體，反可在實然界彰顯良知的遍在性。

> 人一日間，古今世界都經過一番，只是人不見耳。夜氣清明時，無視無聽，無思無作，淡然平懷，就是羲皇世界。平旦時，神清氣朗，雍雍穆穆，就是堯舜世界。日中以前，禮儀交會，氣象秩然，就是三代世界。日中以後，神氣漸昏，往來雜擾，就是春秋戰國世界。漸漸昏夜，萬物寢息，景象寂寥，就是人物消盡世界。[6]

此段分一天為夜氣、平旦、日中、日中以後、昏夜等時間的段落，此是理性自然的分法。再將時間段落搭配上氣化的不同情態，而有夜氣清明、神清氣朗、氣象秩然、神氣漸昏、漸漸昏夜等氣化由微而盛，由盛而弱的循環不已的特性。再將時間段落，氣化盛衰過程，用良知賦予彼等有道德意涵。良知雖是價值本體但受氣化限制會有價值豐厚，如本體的羲皇，價值義遞減以至於價值消亡的狀態。如堯舜再下為三代，再下為春秋戰國，再下為人物消盡，已充滿價值判斷的意味。

此段由羲皇堯舜說到人物盡消，內中人情勢變千萬，以良知為本體，則有事變限隔，難為一體。若由天人一體說，天人位階形色雖有不同，但在天人由氣相貫通處說，天人仍可通。而相異處，正顯天之無所不在。良知即人情事變中之不易常體，事雖時各不同，但良知在時移事變中，能妙運其不息之用，使本有隔之時事，能與之無隔。可知致良知非只默契本體，而是在人情事變的多面性，與時間性交會

6　（明）王守仁：《王陽明傳習錄及大學問》，頁158。

中，體驗出良知本體的。若以本體為超絕的形上的最高存有，則與形色人身無涉，工夫再深也只有一超越頓悟可企及。若陽明良知在人事中顯現，則此本體必與形色人事相通，此乃原天人合一觀下的本體，與氣化相融的樣態。

> 「生之謂性」，生字即是氣字，猶言「氣即是性」也。氣即是性，「人生而靜」以上不容說，才說「氣即是性」，即已落在一邊，不是性之本原矣。孟子性善，是從本原上說。然性善之端，須在氣上始見得，若無氣亦無可見矣。惻隱、羞惡、辭讓、是非即是氣。程子謂「論性不論氣，不備；論氣不論性，不明」……若見得自性明白時，氣即是性，性即是氣，原無性、氣之分也。[7]

　　此主張性與氣一體。在本原上，性是善的。但在天人合一下，有氣才有惻隱，如同行了善才是善般。良知固是本體，但非只是超絕形氣之上的本體，是連著上下內外貫通無隔說的本體，是工夫作用的本體，是踐德感應的本體。如程子云，只說形上性淪空，缺氣之實然性，只說氣，不言性則倫理上失落，缺乏價值來肯定此氣。合言之，性既要由本原上說，也要由與人我血氣為一體來說。性雖就氣言，此氣中之生生之仁即是善。如此之性非形上如四無，或形下如朱子等，上下截然二分者，是由本原性善與血氣性善相貫通說的。所以說「性善之端，須在氣上始見得」性善不在氣上見，會有淪於虛空，缺乏道德實踐體悟，即形上性體與形下氣質相對而難為一體的問題。而惻隱、羞惡、辭讓、是非便是良知與形氣無隔的自體直接發用，所以若

7　（明）王守仁：《王陽明傳習錄及大學問》，頁85。

見得自性明白時，知「性即是氣，氣即是性，原無性、氣之分也。」
如此上下心氣貫通說，陽明後學如蕺山亦有主張心與氣一之語。如
「須知性只是氣質之性，而義理者，氣質之本然，乃所以為性也。心
只是人心，而道者，人之所當然，乃所以為心。」[8]蕺山由氣收攝心
體與性體，所以反對性分為天地、氣質二者。主張由氣說性，於是人
沒有天地之性，人只有氣質一性，而不論超越說的性體，或生化不已
的氣性，皆收攝於此一氣質之性中。而人只氣質一性的說法，陽明即
已開啟端倪。

> 致知之必在於行，而不行之不可以為致知也，明矣。知行合一
> 之體。[9]

> 德性之良知，非由於聞見，若曰「多聞擇其善者而從之，多見
> 而識之」則是專求諸見聞之末，而已落在第二義矣……惟以用
> 中而致其精一於道心耳。道心者，良知之謂也。[10]

「德性之良知，非由於聞見」指德性為良知自體所本有，非由形
氣層的外在見聞而有。「道心者，良知之謂也」之語，也是在確立德
性良知為第一義，外在聞知為第二義。唯若由陽明所云「天下無性外
之理，無性外之學」的意思看，聞知亦當涵在德知之內看。因為聞知
若與德知無涉，則聞知為性外之理，性外之學，而良知德性失其遍在
性，不能為萬物之本體矣。所以專由本體言，德性良知為超越絕對的

8　（明）劉宗周撰，戴璉璋、吳光主編：《劉宗周全集》（臺北：中央研究院中國文哲
　　研究所籌備處，1996年6月）第2冊，頁352。
9　（明）王守仁：《王陽明傳習錄及大學問》，頁74。
10　（明）王守仁：《王陽明傳習錄及大學問》，頁75。

第一義。若德性良知統攝上下內外而言，則第二義的聞知，乃德性良知所面對自身的另一端的第二義，非落於德知之下的第二義。

　　知是仁理，是生用，行也是仁理，生用，此即心與理一而有的知行合一觀。在知與行內容能貫通才能一體的條件下，陽明既反對朱子的理先氣後，先知後行說，亦不同意德知位階高於聞知之主張。陽明主張心體遍滿於氣之中，又不使主體全落在無生理生仁之氣上。而是認為德知是既有仁理，也有一氣流行之良知明覺，高於只有氣動而無仁理之聞知。但亦非德知、聞知二分。而是執兩用中，德知非由聞見來，而可由良知致其精一之功於聞知，使聞知為德知之用。

> 知之真切篤實處即是行，行之明覺精察處即是知，知行工夫本不可離，……晦菴謂人之所以為學者，心與理而已。心雖主乎一身，而實管乎天下之理；理雖散在萬事，而實不外乎一人之心。是其一分一合之間，而未免已啟學者心、理為二之弊。[11]

　　陽明反對朱子心與理為二，因朱子心為形下氣，理為形上靜體，非生生之體，是「只存有不活動」，反顯陽明主張氣之心與生理之體為一是「即存有即活動」。其中，朱之理只靜不動，動屬氣。而良知即是理，也是生生之仁的流行，亦即陽明的心體無外，此「無外」若單指生理與生用滿於內外兩間，而形氣是因為被良知所充滿，而成「良知的形氣」，如此固可說形氣亦是良知。但形氣的材質由何而來？如何形成？等問題便被忽略。而陽明有云「氣即是性，性即是氣」認「原無性、氣之分」性與氣無分的思維，陽明雖非由漢唐由氣化論性的角度說性有材質義與生生義。然而認知到專由境界說「心無

11　（明）王守仁：《王陽明傳習錄及大學問》，頁66。

內外」有所不足。所以亦將良知放在氣化流行上說，如此正面直接面
對氣化萬端，使良知既能涵攝材質義，亦藉材質之萬端彰著良知之遍
在義。唯確定良知是生生仁理，而氣也是生生仁理之流行，則二者在
理論模式與以生生仁理為內容上皆同，則心與氣一為可通者。如前陽
明有云「氣即性」「惻隱羞惡即是氣」多少已有此意。雖未如廷相明
言「性，生之理。人物之性，無非氣質所為者，離氣言性，則性處
所，與虛同歸；離性言氣，則氣非生動，與死同途。」[12]以氣化即性
理。但挺立良知為體，又融攝漢唐以來氣化流行傳統於良知，強化了
氣性的倫理義，抬高到本體位階。亦由心具氣化流行實體義，與佛老
虛空本體顯出差別，落實儒學的實存義。可說「四無」提高良知為本
體的高度，認為多數人當學之「四有」，則不使良知只是形上虛空之
體，是具體的人倫日用之常體。

三　良知即太極

> 太極之生生即陰陽之生生，就其生生之中，指其妙用無息者而
> 謂之動，謂之陽之生，非謂動而後生陽也；就其生生之中，指
> 其常體不易者而謂之靜，謂之陰之生，非謂靜而後生陰也，若
> 果靜而後生陰，動而後生陽，則是陰陽、動靜，截然各自為一
> 物矣。陰陽一氣也，一氣屈伸而為陰陽、動靜一理也。[13]

　　就太極陰陽生生之中，妙用不息者為動，而常體不易者為靜，故
靜動皆太極之體用，是體用一如，非截然二分者。若由本體說太極，

12　（明）王廷相著：《王廷相集》（北京：中華書局，1989年），頁518。
13　（明）王守仁：《王陽明傳習錄及大學問》，頁89。

中有靜動生理以主宰形氣之變化，如朱子理氣二分，固亦可成立。唯朱子亦云有氣強理弱之時，理可與氣與貫通之條件終非究竟。若由「一氣屈伸靜動一理」說太極為體，太極之陰陽即一氣屈伸之靜動，順著氣有太極之位階，動靜互為其根，漸化漸凝為五行五常，層次上雖仍有本體、形氣不同之別。但太極妙用無息之動，與常體不易之靜，正與人倫日用之動靜互根，使踐德不已之形式與作用無隔可互通。

　　陽明「非動而後生陽」、「非靜而後生陰」是主張妙用無息與常體不易皆太極之生生的體與用，二者無分先後。在絕對境界內，陽動、陰靜的體用、先後相對的關係皆被泯除。太極便是陰陽，陰陽就是一氣，動靜只是一理。所以反對朱子理先氣後，割裂理氣為二的思維。反而援用一氣屈伸有陰陽、動靜互為作用的模式。唯陽明「陰陽一氣」、「動靜一理」的模式，是立基於良知心體說的，與由太極一氣說的模式有立足點的不同。

> 夫良知一也。以其妙用而言謂之神，以其流行而言謂之氣，以其凝聚而言謂之精，安可以形象方所求哉？真陰之精，即真陽之氣之母，真陽之氣，即真陰之精之父；陰根陽，陽根陰，亦非有二也。苟吾良知之說明，則凡若此類，皆可以不言而喻。[14]

　　此段由陰陽直言良知發用與陰陽相生之模式相通。可討論者，在內容上有無區別？前已言，羅欽順亦言心一非二，收道心、人心二者於一心中，此是在一氣通徹上下兩間的架構說。陰陽以良知妙用為神，若知體妙用可貫通上下兩間，進一步說，良知妙用為統合一氣與知體流行之氣，此一氣非只有限形下者，則亦可通。唯陽明云「良知

14　（明）王守仁：《王陽明傳習錄及大學問》，頁86。

一」又云「氣即性，性即氣」，則良知流行於血氣中，便不只是用氣之流行模擬虛說良知本體之流行，而是良知充滿於一氣中，一氣便是良知的自身。

此段是在天人一體，良知由血氣本原上說。然仍不可說良知即血氣本原，以免降低知體位階，至少可由陰陽相生之精氣神三者關係來比擬良知發用也可分解說有妙用、流行、凝聚三狀態，以呼應或參贊人倫日用也。良知「以其妙用而言謂之神」神非專指形上的生生之妙，而是合著太極陰陽說的生生妙用。良知「以其流行而言謂之氣」良知的流行，不單由形上層說，亦可由融入一氣流行，賦予具材質體性的一氣中，充滿價值義。如此，氣非朱子所指氣為形下生理義的氣，而是滿載著價值義的氣。或說良知即以氣為其自體之流行。良知「以其凝聚而言謂之精」精是使神妙凝聚於一氣流行中的中介作用，精能使神用凝聚氣中，氣因精的凝聚功能而成其為氣。若將神、氣、精由分解概念說，則良知被分為三者，不成其為本體。若由太極生生說，其中雖分為神、氣、精三者，但此中每一者，又可通於另外的兩者，三者本皆以太極為體，只是在一氣流行中，有不同的體段與功用的差別。由此可見，陽明亦用傳統氣化論神、氣、精，由無而有的思維比擬良知之流行。

而主張心與氣通，如「不論氣不備，不論性不明者」以為純以氣為體，恐理性義強倫理義弱。純以心為體，恐德性義強理性實然必弱，故在致良知工夫下，將德性理性皆收攝在一「本體」中，使陽明之「良知」其流行是通貫兩間無隔的。氣本論之王廷相以一氣為體，氣之條理為其理，理中之仁理義便多了。而主張心氣相通者，亦在天人一體傳統下，不強調本體的內涵是屬德性或理性的辨析，所重視的是在致良知漸學以至聖的過程，與可支持此過程發展以至於極的理論或境界。此或為陽明心學或氣學關涉互動中所開出且為後人所承襲的

一路，此路確立了良知是實然的，同時也反顯佛老淪於虛的可能原因之一為何。

四　心與氣通以別仙佛

> 仙家說虛從養生上來，佛家說無從出離生死苦海上來，卻於本體上加卻這些子意思在，便不是他虛無的本色了。便於本體有障礙，聖人只是還他良知的本色，更不著些子意在。良知之虛便是天之太虛，良知之無便是太虛之無形。日、月、風、雷、山、川、民、物，凡有貌象形色，皆在太虛無形中發用流行，未嘗當作得天的障礙。聖人只是順其良知之發用，天地萬物俱在我良知的發用流行中，何嘗又有一物超於良知之外能作得障礙？[15]

陽明認為本體即是常體不易之仁，合其妙用不息之用即是良知，如此是統天地人我廓然大公，內外上下融通無隔的說。相對於求養生，求脫離苦海為己之仙佛，此知體方謂之大謂之實。橫渠亦由「太虛即氣」說一氣流行之秩序義、氣質義，正為只一形上虛體之仙佛所無。陽明亦順之說太極陰陽生生之仁，除有與仙佛相近之本體義外，又與太虛之流行發用所涵具的倫理義、作用義與實然界意相融通說的。於是仙佛所欲捨棄之象貌形色與人倫日用，反而正為良知之發用與實現。以良知統天地人我說儒與仙佛之差別，亦是良知非禪學之一證據。此種由漢代氣化論，分別安立日、月、風、雷、山、川、民、物的模式。陽明若立於心本論立場，可以說，良知賦予價值義於日、

15　（明）王守仁：《王陽明傳習錄及大學問》，頁142。

月、山、川中，而日、月、山、川即以良知所賦予的價值義，成為良知自體的存在。如此說日、月、山、川只是良知之呈現，而日、月、山、川的生化根源義，與材質義會被忽略，良知亦只是一虛說。若由陽明「氣即是性，性即是氣」的立場，說良知流行是融入氣化中的。則日、月、山、川的材質義與價值義是交融互攝的日、月、山、川，此為儒為實學的特色。同時由日月山川民物之形色來看，雖有千殊萬異之樣態，但又皆為太虛之流行而無隔，亦顯示良知與天地人我雖有層次樣態之別，但在良知之發用流行中，是互贊融通的。可以說「四無」的無隔是超越的無隔，「四有」則是良知與天地萬物融通一體的無隔。

> 問：「人心與物同體，如吾身原是血氣流通的，所以謂之同體；若於人便異體了……而何謂之同體？」先生（陽明）曰：「你只在感應之幾上看，豈但草、木、禽、獸，雖天、地也與我同體的，鬼、神也與我同體的……可知充天塞地之間，只有這個靈明。人只為形體自間隔了。我的靈明，便是天、地、鬼、神的主宰……天、地、鬼、神、萬物離卻我的靈明，便沒有天、地、鬼、神、萬物了；我的靈明，離卻天、地、鬼、神、萬物，亦沒有我的靈明。如此，便是一氣流通的，如何與他間隔得？」[16]

　　前已論良知與太虛同體流行無隔，此處亦明言人心與草木、天地無隔。而本體與形色間相通之關鍵在「幾」，如周敦頤以「幾」為誠體與天地感應兩間之端倪所在。陽明亦指出良知之靈明與無知之草

16　（明）王守仁：《王陽明傳習錄及大學問》，頁170-171。

木，物質之天地，吉凶之鬼神等太虛流行不同層次與形色能貫通處，即在「感應之幾」上。「幾」是血氣流通與良知靈明發用，交融互攝，由無而有轉換貫通之端倪。由本體說，幾之感應貫通是與形色中之本體作貫通。形色與本體原有上下有無之差別，只能透過「感應之幾」來貫通，完成上下內外無隔的要求。一氣流通的靈明感應有價值義，而價值義又賦予於材質體性中。可知，材質非只是單純生理層面的材質。進而，物我的靈明，皆藉一氣流通於天地、鬼神間，進而使天地、鬼神也有了價值義。而在生理層面有隔的天地、鬼神，可透過「感應之幾」使彼此在價值義上相通。若由氣本論說，「幾」還要做到貫通有、無之氣的要求。「四有」或主張心與氣通的劉宗周等人便有此種傾向。陽明將心與氣的關係上提到貫通上下有無兩間之幾，使其對太極與良知互體的理論更完整。

五　欽順對陽明三個疑問

> 學之不明者，皆由世之儒者認理為外、認物為外，……凡執事所以致疑於「格物」之說者，必謂其是內而非外也。必謂其專事於反觀、內省之為，而遺棄其講習、討論之功也……而不盡於物理、人事之變也。[17]

此段為陽明回復羅欽順之書，欽順所以置疑，因其以氣為本體，對於陰陽以心為本體說，恐會重內省而遺外物。實則欽順與廷相以氣為本體，以氣化之條理秩序為理，氣中的倫理義是由氣化的秩序義而來，且均收攝心一、性一之中，客觀義、實然義明顯。陽明則以良知

17　（明）王守仁：《王陽明傳習錄及大學問》，頁102。

與天地為一體，非全偏向良知為價值本體一路如四無。較接近四有的
走良知即日用流行，而此流行是倫理義與氣化義融通所展現的天人一
體觀。

　　陽明與欽順在主心或氣上有別，故在工夫次第上互有詰難。由欽
順言，認為由一氣流行是收攝內外為一體者，自然視陽明致良知為在
心上用功，有重內輕外之病。然陽明之良知，是與天地、上下、內外
通貫一體的，自然不認為有欽順所言有重內輕外之病。從陽明回應致
良知非重內輕外之說，可知良知並非只一超越形上之體，而是以天地
人我相通的生生之仁為體者。欽順有〈與王陽明書〉（庚辰夏、戊子
冬）二信，陽明亦有〈答羅整庵少宰書〉。下即討論二人立論的相左
處。唯可惜的是欽順書未及寄，而陽明下世矣。下即討論欽順對陽明
所提的三個疑問。

　　羅欽順的《困知記》收有〈與王陽明書〉兩封，其中戊子冬一
封，對王陽明的良知格物說，提出三點疑，現在借羅欽順對王陽明的
質疑，談羅欽順的理為氣之理的理論，與王陽明訓格為正，物為意之
用理論的不同。羅欽順於書中先云：

> 物者，意之用也，格者正也，正其不正以歸於正也。此執事格
> 物之訓也。向蒙惠教，有云格物者，格其心之物，格其意之物
> 也，格其知之物也。正心者，正其物之心也；誠意者，誠其物
> 之意也；致知者，致其物之知也。……夫謂格其心之物，格其
> 意之物，格其知之物。凡其為物也三。謂正其物之心，誠其物
> 之意，致其物之知，其為物也一而已矣。就三物而論，以程子
> 格物之訓推之，猶可通也。以執事格物之訓推之，不可通也。
> 就一物而論，則所謂物者，果何物耶？此愚之所不能無疑者一

也。[18]

　　陽明以良知為本體，無大小內外的分別。所以「格其心之物，格其意之物，格其知之物」能格者是良知，而被格的心、意、知，從概念上說，似可分為良知的對象的三種型態。欽順認為理為氣之理，主張「理一分殊」自然會將陽明的心、意、知套入「理一」而「分殊」的模式中，認為「心之物」、「意之物」、「知之物」為分殊的三物。與陽明認為能格能正的是良知本體，而心、意、知皆是良知本體不同性質的發用，其實仍只是同一本體的說法。有主張本體是氣的如欽順，有主張本體是良知如陽明，所造成認知上的差別。亦即欽順由「分殊」的視角觀之，會認心、意、知為分殊的三物。陽明由本體的視角觀之，心、意、知只是同一物。欽順又對陽明「正其物之心，誠其物之意，致其物之知」的說法置疑。因為陽明有云：

> 理一而已。以其理之凝聚而言，則謂之性。以其凝聚之主宰而言，則謂之心。以其主宰之發動而言，則謂之意；以其發動之明覺而言，則謂之知，以其明覺之感應而言，則謂之物。故就物而言，謂之格；就知而言，謂之致；就意而言，謂之誠；就心而言，謂之正。正者，正此也。誠者，誠此也。致者，致此也。格者，格此也。天下無性外之理，無性外之物。[19]

18　（明）羅欽順著：〈與王陽明書戊子冬〉《困知記附錄》，收入蕭天石主編：《宋元明清善本叢刊・中國子學名著集成珍本初編》（臺北：中國子學名著集成編印基金會印行，1978年），頁310-312。

19　（明）王陽明著：〈答羅整庵少宰書〉《王陽明全集》（上海：上海古籍出版社，1992年），頁76-77。

　　陽明以天理的明覺感應為物，所以天理有正物的作用，便是格，有明覺的發動作用便是知，主宰在發動的作用便是誠。亦即物是天理的明覺感應，而心、意、知亦皆此明覺感物的不同方向的作用。所以，可以說其實只是同一物。唯欽順主張由氣說理，自然與陽明觀點不同。欽順有云：

> 蓋通天地、互古今，無非一氣而已。……千條萬緒，紛紜膠轕而卒不可亂。有莫知其所以然而然者，即所謂理也。[20]

　　欽順認為氣是通貫天地、古今，充滿於時間、空間中，能動靜往來，循環不已的實體，其中生化萬變而不可變的原則便是理。由貫通古今天地說理，理有無限遍在義，若從動靜往來不已說，理在人事日用中，又有各各不同的差別性。欽順便在理有無限性，落於氣化中，由微而著，理又有差別性，來建構「理一分殊」的理論。欽順有云：「蓋人物之生，受氣之初，其理惟一。入成形之後，其分則殊。其分之殊，莫非自然之理；其理之一常在分殊之中，此所以為性命之妙」[21]。人受氣之初只有理一，而理又隨成形萬變後而有萬殊，惟理一仍在萬殊，於是萬殊中既有理一，而亦各自有分殊之理。所以萬殊本有普遍性的理一，亦有差別性的分殊之理。因天地無非一氣，有此氣即有此理，故萬物本自有「理一」。而一氣動靜往來不已，於是一氣漸著而有萬形，此萬形又各自有其所以成此萬形之理，謂之「分殊」。

> 乾元萬物資始，至哉坤元！萬物資生，凡吾之有此身，與萬物之為萬物，孰非出於乾坤？其理固皆乾坤之理也。自我觀之物

20　（明）羅欽順：《困知記》，卷上，頁15。

21　（明）羅欽順：《困知記》，卷上，頁23

> 固物也；自理觀之，我亦物也，渾然一致而已，夫何分於內外
> 乎？所貴乎格物者，正欲即其分之殊，而有見乎理之一，無彼
> 無此，無欠無餘，而實有所統會夫，然後謂之知至，亦即所謂
> 知止，而大本於是乎可立，達道於是乎可行，自誠正以至於治
> 平，庶乎可以一以貫之而無遺矣。[22]

　　萬物出於乾坤，所出之理自是乾坤之理，所以理與萬物沒有分別。自我觀之，萬物皆同為乾坤所生之物，可以說「物固物也」自乾坤之理觀之，我亦乾坤與乾坤之理所生的萬物之一，所以「我亦物也」亦即我與他物皆乾坤的生，出處一致，無內外人我的分別。陽明認為格物是人良知來正物之不正以歸於正。欽順則立於物我沒有分別的觀點，認為格物是在「分殊」的物我之間，見得物我的根本都是乾坤，所謂「理一」。分殊之物我，因根本是「理一」，所以物我「無彼無此，無欠無餘」，物我彼此間皆「可以一以貫之」。可知「理一」是由天地古今一氣的統貫形上與形下的整體觀說的，「分殊」是由人事萬變的實然有分別而說的。整體的一氣，由微而著，散化為萬物，萬物又隨順有生有滅的氣化，由著復微，復歸於整體的一氣。可知「理一」與「分殊」在原初的根本處，同為一氣。在一氣由微而著，由著復微的過程，一氣散為萬形，才有「分殊」形態之產生。所以欽順的「理一分殊」是統攝無形之氣與有形之氣為一氣的兩層次而說的。亦即欽順面對實然層的「分殊」萬物時，自然視「物」是分殊的、不齊的，認為陽明所說的心、意、知是分殊的三物。不同意陽明將心、意、知化掉其中的分殊差別性，而視三者為同一本體的質性。所以欽順對陽明就有「就一物而論，則所謂物者，果何物耶？」的疑問。

22　（明）羅欽順：〈與王陽明書庚辰夏〉《困知記附錄》，頁301-302。

　　欽順在〈與王陽明書〉（戊子冬）一信中續對陽明提問：「又執事
嘗謂，意在於事親，即事親是一物；意在於事君，即事君是一
物。……試以吾意，著於川之流、鳶之飛、魚之躍，若之何？正其不
正以歸於正邪？此愚之所不能無疑者二也。」[23]欽順主張萬物皆出於
乾坤，所以川流、鳶飛、魚躍皆乾坤化生凝結所成的不同樣態，樣態
雖各有不同，皆乾坤自體的實現。鳶飛、魚躍便是乾坤的流行示現，
其中自然沒有正或不要正的問題。若有要正或不要正的情況，應是在
乾坤生化，由微而著或由著復微的過程中，有生化的斷流或歧出的狀
況發生時，才需用乾坤生生循環不已為標準，將生化斷隔恢復成流行
無隔，此方是格之正之的意思。陽明以天理的主宰之發動為意，以天
理的明覺感應為物。「意在於事親」是做為主宰的天理對事親行為的
發動，「即事親是一物」指事親行為的本身，便是天理明覺感應的實
現。所以「意在事親」的「意」是天理的發動，「事親是一物」的
「物」是天理自身的感應。除去發動與感應等概念的分別，「意」與
「物」皆同為一天理本身。所以「意」在事親，事親是一物。意在事
君，事君是一物，陽明視事親與事君同為一物，是因事親、事君皆為
同一天理的實現。欽順認為鳶飛、魚躍的分殊，原初處皆乾坤，故無
須格之正之。在陽明是以心為本體，將內外收攝於形上的心體。欽順
則以氣為本體，將理一與分殊兩邊皆統攝於上下內外貫通的氣的整體
中。在二人書信往來的對話裏，正可看出以心為本，及以氣為本對
「格物」的理論的不同。

　　　　又執事答人論學書有云：吾心之良知，即所謂天理也。致吾心
　　　　良知之天理於事事物物，則事事物物皆得其理矣。致吾心之良

23　（明）羅欽順：〈與王陽明書戊子冬〉《困知記附錄》，頁312。

知，致知也；事事物物各得其理者，格物也。……且既言精察
此心之天理。然則天理也，……良知也，果一乎？果非一乎？
察也致也，果孰先乎？孰後乎？此愚之所不能無疑者三也。[24]

　　陽明主張「吾心之良知即所謂天理」是以良知如天理為價值永恆
遍在的本體，「致吾心之良知於事物，事物皆得其理」價值本體遍於
事物中為其體，事物自然是以價值為其本體的事物。此時事物非由形
氣層說的事物，而是價值本體內的事物。欽順引陽明語「精察此心之
天理以致其本然之知」、「正惟致其良知以精察此心之天理」陽明主張
「天下無性外之理，無性外之學」良知是收攝內外於其中的價值本
體，先精察天理，後可致其良知，或先致良知，而後精察天理。所謂
的先後，是概念的，邏輯的先與後，在超越絕對的良知本體中，是沒
有相對的先、後的分別。致良知是本體自有的價值活動，事物各得其
理，是事物各自以良知為本體，而事物皆成有價值的事物。所以致良
知與事物皆在超越絕對的天理的流行中，知是天理明覺之發動，物是
天理明覺之感應。知與物皆以天理之明覺為體，故本質無分別。知是
發動，物是感應，此發動與感應也是本體的發動與感應，所以在作用
上知與物也無分別。陽明便由即本體即流行來說天理良知。唯陽明由
本體層說良知即本體即流行的思維，自然與「通天地、亙古今一
氣」，且「理一分殊」欽順的思維相左，所以欽順又提天理與良知是
一是二的疑問。欽順雖主張氣貫天地古今，但在「分殊」的思維下，
仍有內外上下的位階與才質的差別。在「理一」的思維下，則形上與
形氣兩邊互可為一氣通貫。而陽明則將內外上下統攝在超越絕對的天
理境界中，二者在本體觀上便不相同。所以欽順看到陽明精察天理以

24　（明）羅欽順：〈與王陽明書戊子冬〉《困知記附錄》，頁312。

致良知的語句，在「理一分殊」的思維下，認為「精察」天理，是在「分殊」層用工夫，然後才能達致如「理一」的效果。所以精察是工夫，天理是目地，兩者位階，體性皆不同而為二。亦即欽順將有形與無形兩界，安排在「理一分殊」的架構中。所以認為屬人的良知與形上的天理是可相以相通的。而其中屬人與屬形上的差別，在欽順氣通天地的思維裏，本質上雖可相通，但屬人與屬形上的位階與先後秩序，在「分殊」層次仍須保留，蓋愈分殊，愈見氣化之萬端，可隱然體悟氣化的無限。亦即陽明以天理、良知為一。欽順在「分殊」視角下，則視天理本體為一物，致良知為另一物。而有「果一乎？果非一乎？」、「果孰先乎？孰後？」的不同看法。

六　結論

　　由氣學傳統言善，氣化流行的倫理秩序是善。由心學言，良知是超越形氣之上的至善本體。二者看似兩極，但在儒家重人倫實踐的主軸下，氣學提供了善的氣化條件，心學建立了日用的道德義。在陽明前如橫渠強調太虛即氣，德知、聞知可分解說，氣亦有仁之本質，在前開路。伊川、朱子強調形氣是左右行仁的，無可逃的問題。再至欽順、廷相再抬高氣至本體位階，此並開始重視氣與行的關係的一脈。至陽明除了將良知提高至本體位階，亦仍重視良知與氣化實然，如何體用一如的問題。使良知除具至善本體義外，亦指出良知非孤懸本體，而是在人倫日用中流行之善即是善。如與欽順對話中，看出良知有往日用人倫發展的意向。此既可避免心學流於禪學，亦承襲漢唐宋以來由實然人倫日用說道德之一路，更拉開與談空論虛之佛老的距離。同時也提供了蕺山、宗羲等將心體與一氣流行在「行了才是道德」的目標下，走進心氣並重的一路，也是陽明後學排空蹈實，與朱

學由理氣二分修正為理氣是一，如戴震所共同呼應的明清實學背景下
應有的一條路。

拾壹　陳確的性善論與明清氣學

一　前言

　　陳確（1604-1677）、字乾初、浙江海寧人。生性不喜讀性理之書。四十歲以後師事劉宗周，並與黃宗羲為同學。雖只與劉宗周見面二次，但深受劉宗周道德學問之影響，但學問又不全受劉宗周範限。有《性解》、《大學辨》等著作。陳確時逢明清之際，學術思想在修正朱學，與導正王學，並引進氣學的激盪下，一種新的學術典範，已漸隱然形成。陳確即順此學術方向日漸轉移的當下，強調其學乃是重當下實踐的、不慕玄虛的素位之學，如云：

> 堯舜之揖讓，湯武之征誅，周公之制禮作樂，孔子之筆削，皆是素位之學。素位是戒懼君子實下手用功處。子臣弟友，字字著實，順逆常變，處處現成，何位非素，何素非道。……所謂慎獨者慎此，所謂致良知者致此。知得素位徹，是明善；行得素位徹，是誠身。……素位之外，無工夫矣。[1]

　　陳確由其素位之學的立場論性善。但因其不喜言本體，故對性善根源之本體，少有論述，不易確定其本體為何種學術典範，而其性善論之諸義亦不易確定。故本文將之置入明清之際，對朱學、王學多所

---

[1] （清）陳確：《陳確集》（臺北：漢京文化事業公司，1984年），頁470。

辯正，而氣學思潮逐漸浮現的氛圍中探討。舉出純粹氣本論的王廷相，心理氣是一（心體義甚強）的劉宗周、黃宗羲，心理氣是一（道在器中義甚強）另一種類型典範的王船山，與理氣是一（自然義甚強）的戴震，將陳確性善論中之本體、性善、氣、情、才、欲皆善，性須擴充盡才以整全等命題，分別與這些不同的義理型態，作一對比的評述。試圖藉此襯顯出陳確性善論的特色，及其在明清學術典範轉移過程中應有的位置。

二 道即日用

> 自然固指道體言，然舍卻日用，亦無處更覓道體。一言一動，無非道也……。所謂道無定體，隨時而在也。[2]

陳確對理學言道的議論，不感興趣。同時為糾正明末虛浮的學風，對道體的形上諸義，少有討論。只直下肯定道即在人倫日用中而為其體。道仍是無有界限、方所限制的，是隨時隨處遍在萬有中的根本。此保留宋明理學中道的無限義、本體義。但論述重心已由強調道具有無限義，轉變為強調無限義在日用中的展現。即日用不再只是有限的，只作為道的載具而已，而是以無限義為體的有限存在。日用不再是乾枯的，需要被道賦予意義的存在，而是本身即是滿盈無限義，與無限義無隔的有限存在。此義若由朱子理學：

> 「理在氣中，如一個明珠在水裏。理在清底氣中，如珠在那清底水裏，透底都明。理在濁底氣中，如珠在那濁底水裏面，外

2　（清）陳確：《陳確集》，頁135。

面更不見光明處。³」，或如陽明心學：「性無不善，故知無不良。良知即是未發之中，即是廓然大公、寂然不動之本體，人人之所同具者也。但不能不昏蔽於物欲，故須學以去其昏蔽；然於良知之本體，初不能有加損於毫末也。」⁴的形上、形下對照的思路來說，是不通的。

　　朱子先立理為形上本體，以氣為形下日用。形上理是絕對普遍的存有，是形下氣化造作萬端的指導原則，理雖在氣中但仍維持其形上性格，與形下氣化為不同層次者。即因理氣層次不同，故有斷裂、墮落等可能之發生。陽明立良知為本體，知體即流行於形下氣化中，雖賦予氣化以道德意義，使氣化亦為一道德之存在，但若工夫貞定不住，則知體反可能為形氣吞沒，此病亦因知體與形氣仍為形上形下不同層次而有隔之故。此因朱子、陽明於氣化中，先立一本體，體與用便拉出形上與形下間的一段距離，工夫多用在拉近天人間之距離。當然朱學與王學自有其下學上達之工夫可說，如「豁然貫通」、「知體流行」。但仍不免有人想另闢蹊徑，以求理論上與工夫上的圓滿與直捷。故若將形上、形下解釋成一氣流行的本體狀態與妙凝為萬物的形氣狀態，則體與用皆以一氣為本質，同時又尊重形氣之具體性與獨特性，則可避免體與用之斷裂。

　　由於氣學主張無形之氣化流行，妙合而凝為萬物，具體萬物雖因氣化凝結而為有限形體，但此形體仍以同層同質的氣化為體，故道體與日用，非形上與形下的二分對立，而是一氣流行由無形本體妙凝為

3　（宋）朱熹著、（宋）黎靖德編：《朱子語類》（臺北：文津出版社，1986年），卷4，頁73。

4　（明）王守仁：《傳習錄中》《王陽明傳習錄及大學問》（臺北：黎明文化事業公司，1986年），頁87。

有限形體的二階段。二階段是無形與有形的不同,但二階段的本質仍同屬一氣之流行。故非上下對勘,而是一氣的由無而有。如此似可解說有限日用雖以無限之道為體,但道體、日用本質是同一無隔的,故可說日用自身即是滿盈道體義的。

> 雖斯人之耳聽目視,手持足行,何莫非受之于天者,而況才、情、氣質乎!知才、情、氣之本於天,則知所謂天命之性,即不越才、情、氣質而是,而無俟深求之玄穆之鄉矣。惟《中庸》言天命,仍不離乎日用倫常之間,故隨繼之以率性之道,尤不可忘戒懼慎獨之功,故又終之以脩道之教。[5]

陳確不主張由「玄穆」境界的奧義來說天命之性。而是直接由才、情、氣質等具體形質的層次來說天命之性。且規定才、情、氣質本於天,於是形質便不只是有限的,而是富有本體義的,進而可以說才、情、氣質本身即是天道自身妙凝成形的示現。此由天命下貫為性的本體宇宙論立場說。但陳確又進一步強調,以道為體的日用,因道體生生無盡,故日用倫常自然亦率之、繼之踐德不已。此時踐德非踐形上之德,而是滿盈道體義的日用本身的自我展現不已。陳確的道在日用說,若放在明清氣學脈絡中考察,可看出陳確與明清氣學諸家間,又有同異與取捨,藉此亦可顯出其理路與特色。

> 萬理皆出於氣,無懸空獨立之理。造化自有入無,自無為有,此氣常在,未嘗澌滅。所謂太極,不於天地未判之氣主之而誰主之?故未判,則理存於太虛;既判,則理載於天地。[6]

5　(清)陳確:《陳確集》,頁472。

6　(明)王廷相,王孝魚點校:《王廷相集》(北京:中華書局,1989年),頁596。

前於陳確的王廷相，反對朱子以理為本體，主張氣為本體，中有陰陽五行相生不已作用，相生有任何可能性，而任一可能性妙凝為形氣後，形氣中自有其如此生化之萬般條理。所以理是不再是形上的萬物所以然之本體，已下降為一氣流行造作內部的諸般條理。陳確未明言以氣為本，但順著王廷相顛倒朱子理先氣後而為氣本理末的重實然精神，而有道在日用之發展，並不意外。

> 天地之間，一氣而已，非有理而後有氣，乃氣立而理因之寓。就形而下之中而指其形而上者，不得不推高一層以立至尊之位，故謂之太極，而實本無太極之可言。太極之妙生生不息而已。生陰生陽，而生水火木金土，而生萬物，皆一氣自然之變化，而合之只是一箇（個）生意，此造化之蘊也。[7]

劉宗周雖承學陽明，但為矯王學末流虛浮之病，亦重實然之氣，以為天地間即一氣之流行，流行之條理才是理。形下實然中的形上本體，即是陰陽五行生生之太極本體。但劉宗周的心學性格明顯，以主觀創造之心，彰顯客觀存有之性，使心所發淵然有定向，而主張心性是一。於是一氣流行，理寓氣中的本體宇宙論，下貫為以心著性的心性論，心性便以一氣的本體義為體，一氣的流行即示現於心性的道德創造中。如此理氣與心性交融互體而為一的氣學觀，已與王廷相的純粹氣本論有所不同。陳確對其師劉宗周如此奧密深邃的理論，無甚興趣，故皆略而不論。但對「就形而下之中而指其形而上者」的體在用中，由用顯體的旨意，應有所承接。

7　（明）劉宗周撰，戴璉璋、吳光主編：《劉宗周全集》（臺北：中央研究院中國文哲研究所籌備處，1996年）第2冊，頁268。

抑知理氣之名，由人而造，自其浮沈升降者而言，則謂之氣，
自其浮沈升降不失其則者而言，則謂之理。蓋一物而兩名，非
兩物而一體也。[8]

黃宗羲與陳確同為劉宗周的學生，但黃宗羲以發揚師說自任，對
理氣、心性論皆有論述。陳確對師說已有所取捨，專重後天工夫這個
側面。黃宗羲主張一氣流行，浮沉升降，無有止息。浮沉升降不失其
則才是理，而理氣是一物而二名。此亦扣緊日用即道體，道體與日
用，非形上形下兩物而一體而說，此則與陳確同旨。

理只是以象二儀之妙，氣方是二儀之實。健者，氣之健也；順
者，氣之順也。天人之蘊，一氣而已。從乎氣之善而謂之理，
氣外更無虛托孤立之理也。[9]

時代後於陳確的船山，亦以「天人之蘊，一氣而已」為其學說定
調。一氣流行二儀妙凝的實然是氣，二儀相生的原則是理。理氣、心
性、情欲皆為一氣流行之諸般向度之開展，亦即一氣流行即宇宙全體
之發用。一氣本體之創生，下貫為人之創生作用是心，下貫為人存在
之本然是性，心性是由有本體義的一氣流行說，不在只由孤懸形上層
面說，進而情欲亦是一氣流行於形體中生機之發動。故云「氣外無虛
托孤立之理」，反對形上形下二分，主張理在氣中，道在器中。可知
道體不離日用，已是明清之際主要的義理型範。

8　（清）黃宗羲：《明儒學案》，收入（清）黃宗羲著，沈善洪主編：《黃宗羲全集》，
　　（杭州：浙江古籍出版社，2005年），卷44，頁1064。

9　（明）王夫之：《讀四書大全說》，收入《船山全書》，（長沙：嶽麓書社出版，1988
　　年）第6冊，頁1052。

　　凡有生，即不隔於天地之氣化。陰陽五行之運而不已，天地之氣化也，人物之生生本乎是，由其分而有之不齊，是以成性各殊。[10]

　　戴震亦主張天地氣化為有生之本，但其將道體義更收緊於陰陽五行之氣化中。理之形上性格更弱，只是氣化之實然條理。心知亦不再由本體說，而只是實然血氣之知覺作用。戴震與劉宗周、王船山雖皆主張一氣流行，但戴震較諸宗周、船山論理氣、心性時，仍有明顯的形上性格，其更將理氣、心性下降收斂于實然氣化中。此非指戴震之道體缺乏形上性格，而是說其更主張由實然之日用說道，道之實然義更顯著。

　　可知道體不離日用的義理型範，於陳確之前與後的各家，依其氣學主張之不同而有不同向度之展示，但體不離用的大方向，則是確立的。陳確少言先天道體，只專強調體在用中的後天日用一段，對照明清氣學開展的脈絡，可看出他的獨特性與合理性。

三　工夫即本體

　　由以上論述，知陳確道即日用的說法，是合於明清諸家主張「理在氣中」的學術主軸，但其論本體，又有其異於各家的殊義。

　　性即是體，善即是性體。……本體二字，不見經傳，此宋儒從佛氏脫胎來者。……皇降、天命，特推本之詞，猶言人身則必

10　（清）戴震：《孟子字義疏證》，收入（清）戴震撰，張岱年主編：《戴震全書》（合肥：黃山書社出版，1995年），頁182。

本之親生云耳。其實孕育時，此親生之身，而少而壯而老，亦
莫非親生之身，何嘗指此為本體，而過此以往，即屬氣質，而
非本體乎？……子曰：「性相近」，則近是性之本體，孟子道性
善，則善是性之本體。此本體固无（無）時不在，不止于人生
而靜之時也。如曰「人皆有不忍人之心」、「乍見孺子之心」，
以至「四端之心人皆有之心」，皆指本體言也。……曰「乞人
不屑，行道之人弗受」，則雖下流行乞之徒，吾性之本體亦未
始不在也。[11]

　　陳確反對由形上說本體，以為是禪佛之教。主張由即此而在的形
氣自身說本體，離形氣自身推高一層說的本體是與人之親身一分為二
的。如此規定具體氣化的本身才是本體，似乎是對所謂本體有無限義
的限縮。因為形上絕對層的本體本是無限遍在，超越在形氣之上，而
不可為有限形氣所限制的。但陳確卻是以具體的氣質層的言行即是本
體。如此說法其實並非否認本體有無限義，只是不強調本體的先天
義、無限義，而是強調本體遍在形氣中而為其體的後天的體段樣態。
同時本體的生生義、秩序義、價值義，即由「四端之心」、「不忍人之
心」等確實可指的道德言行中流露出來。人身仍屬有限，但在有限之
中，指點出有無限生機之流行，如此之人身即是本體。

　　　　孟子言性必言工夫，而宋儒必欲先求本體，不知非工夫則本體
　　　　何由見？孟子即言性體，必指其切實可據者，而宋儒輒求之恍
　　　　惚无（無）何有之鄉。如所云平旦之氣，行道乞人之心，與夫
　　　　孩少赤子之心，四端之心，是皆切實可據者。即欲求體，體莫

11　（清）陳確：《陳確集》，頁466-467。

著于斯矣？[12]

　　陳確以為「平旦之氣」、「行道乞人之心」的發用即是本體之示現。所以反對宋儒先立一本體，而有理氣二分的差距，不易把捉所謂形上的理體。不若以生生本體即是人的體性，人順此本具之生生，表現為踐德為善之工夫。因一氣生生流通於有形無形間，故本體之生生即人為善之工夫，為善工夫即本體生生之真實發用，本體與工夫只有位階上或為體或為用的差別而已。如云「知繼善成性為工夫，則雖謂『繼善成性是本體』亦得。……蓋工夫即本體也，无（無）工夫亦无（無）本體。」[13]陳確主張工夫即本體真實的發用，仍是順其體在用中，不言體之先天一段，而言體即工夫的後天一段的論述主軸而來的。以下再論各家說法，以見陳確此說在明清氣學演變的位置。

　　　　夫萬物之生，氣為理之本，理為氣之載，所謂有元氣則有動
　　　　靜，有天地則有化育，有父子則有慈孝，有耳目則有聰明是
　　　　也。非大觀造化，默契道體者，惡足以識之？[14]

　　王廷相將元氣提高為本體，由此展開對天地、人物、倫理等層面的論述。元氣以動靜相生為化育萬有的原則與才質，動靜生生是無形的創生作用，但亦可妙凝為具體形氣而為其體質。因元氣中陰陽五行之氣相生不已，而有任何可能性，任何可能性中皆有其自然如此之條理，而此自然之條理中自有其應然如此的秩序義與價值義。而自然之條理與應然之價值亦順元氣本體的生化流行，而具於化育、慈孝、聰

12　（清）陳確：《陳確集》，頁457。
13　（清）陳確：《陳確集》，頁467。
14　（明）王廷相，王孝魚點校：《王廷相集》，頁597。

明等層面中。但顯然陳確對純粹氣本論的王廷相所建構的有先天一段，也有後天一段的元氣本體論，並無相應。只是暗合氣本論亦重後天實然一段而已，並即以此後天一段作為本體。而王廷相由他律立場說工夫，則又與陳確工夫即本體的自律立場有區別。

> 獨即天命之性所藏精處……獨中具有喜怒哀樂四者，即仁義禮智之別名。在天為春夏秋冬，在人為喜怒哀樂，分明一氣之通復，無少差別。天無無春夏秋冬之時，故人無無喜怒哀樂之時。[15]

劉宗周以「盈天地一氣」的基礎，貫穿到心性論，心性仍保有本體義，但已非純粹王學型範的心性，而是富有實然義的本體。此一氣通貫於氣質層的喜怒哀樂、價值層的仁義禮智、與自然層的春夏秋冬。於是自然、氣質、價值等皆攝歸於一氣本體，而為一氣不同向度之示現。在此劉宗周與王廷相同將自然、氣質與價值，皆因一氣流行於有無兩間，而可統攝於一氣本體中。此點可視作氣學之本體觀的規定與範域。但劉宗周的心性有來自陽明之本體義的性格，心性之呈現即踐德工夫的展現，是由自律說工夫。此則與王廷相主由自然義說心性，由他律說工夫有明顯差別。黃宗羲亦云：

> 如「工夫即本體」，此言本自無弊。……夫鏡也，刮磨之物也，二物也。故不可以刮磨之物即鏡。若工夫本體，同是一心，非有二物，如欲歧而二之，則是有二心矣，其說之不通也。[16]

---

15 （明）劉宗周撰，戴璉璋、吳光主編：《劉宗周全集》第2冊，頁302-302。
16 （清）黃宗羲：《明儒學案》，卷8，頁155。

　　鏡與刮磨之物本為二物，自不可能通為一物。但若心以一氣流行為體，則心之本體自是一氣流行，心之發用亦仍是此一氣之流行，此時自可說工夫即本體之示現，本體即因工夫而真為其體。此處顯見陳確工夫即本體的主張，頗相應於其師劉宗周與同學黃宗義。但又對劉宗周將理氣與心性本為不同學脈而融攝貫通的奧密理論建構，是全部放下的。

　　　　「形而下」即形之已成乎物而可見可循者也。形而上之道隱
　　　　矣，乃必有其形，而後前乎所以成之者之良能著，後乎所以用
　　　　之者之功效定，故謂之「形而上」，而不離乎形。[17]

　　船山以一氣為萬物存在的本體，即一氣之陰陽健順妙凝成可見可循者即是形氣，此時形氣本身即富涵本體義與流行義。形氣順其本身流行義之發用於倫常層面，便是為善之工夫。但人雖秉氣而生，順理而行，仍會因氣質駁雜，未必能當機應理而為善。此時為善之工夫會順其健順不已的體性，不已地作為善去惡的工夫。故船山順一氣流行不斷地自我示現，說工夫即本體，除有自律精神外，又帶進來本體無盡，故工夫亦無盡的觀點。此點則與陳確主張性當不斷擴充盡才的說法，是一致的。

　　　　形謂已成形質，形而上猶日形以前，形而下猶日形以後。陰陽
　　　　之未成形質，是謂形而上者也，非形而下明矣……不徒陰陽是
　　　　非形而下，如五行水火木金土，有質可見，固形而下也，器

17　（明）王夫之：《周易外傳》，收入《船山全書》，（長沙：嶽麓書社出版，1988年）
　　第1冊，頁568。

也。其五行之氣，人物咸稟受於此，則形而上者也。[18]

戴震將形上全收攝在氣化流行中，不以形上為體，形下為用。而即以形氣為體，將所謂超越的形上改為成形之前，形下即指有形以後。在氣化流行的主導原則下，氣化未凝前，陰陽五行相生仍屬無形的作用，此為形上；及二氣五行凝結成形質，便是形而下。如此形上在形下中，便不是形上理在形下氣中，而理氣不離不雜的形態。而是無形之氣為有形之氣的體，有形之氣是無形之氣的用，雖有無形之體。有形之用位階上的不同，但本質仍是同一氣化的兩種形態。如此收攝無形於有形中，而即以有形為體的型範，似應是順陳確不重先天重後天，本體即工夫的說法後，自然且合理的發展。

四　氣性善

> 資始、流形，言天之生物也；各正、葆合，言天之成物。物成然後性正，人成然後性全。物之成以氣，人之成以學……非元始時無性而收藏時方有性也，謂性至是始足耳。……是故資始、流形之時，性非不具也，而必于各正、葆合見生物之性之全。孩提少長時，性非不良也，而必于仁至義盡見生人之性之全。[19]

陳確不討論本體宇宙論的內容與過程，直下肯定人身即本體。順此說其性善論，亦直下肯定人性是善的。而於性善之體性內涵與由何

---

18 （清）戴震：《孟子字義疏證》，《戴震全書》（合肥：黃山書社出版，1995年），頁176。
19 （清）陳確：《陳確集》，頁449-450。

而來等問題，皆放下不詳論。只由「資始、流行」說天為生物之本與有生化不息的作用，由「各正、葆合」說天能成就不齊之萬有。性即承接天之生生與成就的作用為其體，然人與物之性有別。物性當下承接天命即已貞定其物性，不可再加減。此乃因一氣流行，化生成物其中二五之精妙合而凝的速度或方向減緩，漸而停滯，故物性之靈動亦停滯不化，故曰「物之成以氣」。但人性承接天命，天流行不已，故性亦有日漸富有之開展空間，須學至仁至義盡，方可謂性全，故曰「人之成以學」。此中有頗費解之處，亦即天命之性，若當下具足，後天只須用工夫呈現復此性體之本然即可，不當言性尚須在後天發展始為整全。

但若放在氣學的理路下，則可以說天是本體，但透過氣化凝結則其本體的無限義勢必受到限縮，而為有限的性體。但一氣的生生義、條理義、價值義等體性，則固存有於已受到限縮的性體之中。而受到限縮的生生義是在形氣的框架上受到限縮，但性體之生生義仍會隨時不已地欲自我呈現，欲躍過有限形氣之框架，重新回復或接上一氣流行的本然體態。故曰：

> 蓋孔孟之言性，本天而責人；諸家之言性，離人而尊天。……蓋非人而天亦無由見也。是故薅菱勤而後嘉穀之性全，怠勤異穫，而曰麰麥之性之有美惡，必不然矣。涵養熟而後君子之性全，敬肆殊功，而曰生民之性有善惡，必不然矣。[20]

而此一段躍過形氣框架限縮，重顯性體無限義整全義的「各正、葆合」工夫，便是陳確既肯定性先天本具，又強調後天仁至義盡成性

20　（清）陳確：《陳確集》，頁448。

之全的說法，所特別要凸顯出來的。

> 先生所謂「人只有氣質之性」，謂氣質亦無不善者，指性中之
> 氣言。性中之氣，更何有不善耶？陽明亦云：「性之善端在氣
> 上見，惻隱、羞惡、辭讓、是非即是氣」，如是，則雖曰「氣
> 質即義理」亦无（無）不可。[21]

　　陳確引用老師劉宗周主張「人只有氣質之性」的說法，以為一氣
流行之自然生生中有應然之價值義，為實然之氣化賦予了道德性格，
故氣化是善，則命於氣質之人身時，性自亦是善的。所謂「性中之
氣」，順陳確隱合於氣學之理路來說，應是指氣質之性的生生流行
中，自有應然之善貞定此氣性之流行。但若氣質屬形下有限者，很難
說性所發是善。但若氣質以一氣流行之價值義為體，則氣質的框架雖
有限，但仍不礙其不已地流露氣性之善。

　　唯陽明的「性之善端在氣上見」，因「心之體，性也，性即理
也」。[22]故以陽明本心廓然大公的角度說，應是指良知性體之顯現須透
過氣質顯現，進而將道德義流行浸潤於在氣質中，使氣質改變其形下
自然的性格，成為富含道德義，收攝於知體之中的存在。陽明本意應
與陳確的理解有差異，而此差異，似亦可見出由陽明的心本論，轉為
劉宗周的心理氣是一，再轉為陳確本體在氣質中，由虛漸實，由上入
下的演變軌跡。

> 性之善者，莫有過於聖人，而其性亦惟具於氣質之中，但其氣
> 之所稟清明淳粹，與眾人異，故其性之所成，純善而無惡耳。

21　（清）陳確：《陳確集》，頁466。
22　（明）王守仁：《王陽明傳習錄與大學問》，頁66。

　　氣有清濁粹駁，則性安得無善惡之雜，故曰「惟上智與下愚不
移」。[23]

　　王廷相以元氣流行，其中二氣五行相生有任何可能性，此如客觀
機率所決定之種種可能，落實於人物中，即因人物所稟受的二氣五行
的比例有多寡、強弱等種種不同，故人物的成性各異。但因氣化有常
有變，氣稟有清有濁，故性亦有善有惡而不齊。氣清者能暢達氣化之
常故為聖，氣濁者滯礙於氣化之變而為不肖。此為自然義甚強的氣本
論，所主張的性有善惡說。陳確雖亦由氣質之善說性善，但無契于由
客觀面說氣性有善有惡，仍主張氣性是善，此可見其由主觀面說道德
義的一面。

　　性，一至善也。至善，本無善也。無善之真，分為二五，散為
　　萬善。上際為乾，下蟠為坤。乾知大始，吾易知也；坤作成
　　物，吾簡能也。[24]

　　劉宗周將氣與性皆置於本體的位階，透過工夫達到氣與性交融互
滲的境界。故「無善之真」即可指性為超越相對善惡之上的絕對善，
但此絕對善仍依二氣五行之生化，而散為萬善。此時「二五、萬善」
既有超越義，亦有氣化義，著實說二五、萬善是氣化具體的綱維，超
越說二五、萬善是性體創生的原則。如此既化掉氣化自然的有限框
架，又強化超越性體的具體實存義。對如此由玄奧境界說的似虛似實
的性善論，對重視後天實踐的陳確是不易默契的，而只接受至善性體
是即氣質而實存的一段。

23　（明）王廷相，王孝魚點校：《王廷相集》，頁518。
24　（明）劉宗周撰，戴璉璋、吳光主編：《劉宗周全集》第2冊，頁4。

蓋大化流行，不舍晝夜，無有止息，此自其變者而觀之，氣
也。消息盈虛，春之後必夏，秋之後必冬……萬古如斯，此自
其不變者而觀之，理也。在人亦然，其變者，喜怒哀樂，已發
未發，一動一靜，循環無端者，心也。其不變者，惻隱羞惡辭
讓是非、梏之反覆，萌蘗發見者，性也。[25]

　　黃宗羲承劉宗周，亦由實然層的流行不已說氣，而氣化不已中的
指導原則是理。理氣觀下貫為心性論，故人倫日用中，不論已發未
發，動靜相生，循環無端的具體的創生作用是心，而貞定護持心之創
生的道德本質則是性。值得注意的是心循環無端的創生，是即喜怒的
氣質流動層面說。性淵然不變的道德性向，是即惻隱之情的層面而說
的。故心之著性，性之定心皆即氣質而說，不可離氣質另說一超越之
性體。
　　另外性是「萌蘗發見者」一語，知性之創生動能，不能只由超越
義來說，而是性善會不已地即氣質而呈現，亦即氣之生生義，與性之
創造義是交滲互體而無別的。故由氣說性，性之生生義特顯，且性即
以氣化之常之善為體，則氣性之生生必然遠離自然層氣質之盲動，而
確定為一真實的、不已的，即人倫日用中指點出來的善性。此點或可
為重後天成全性善的陳確，提供了性善所以可能日漸整全的理論根據。

乃若性，則必自主持分劑夫氣者而言之，亦必自夫既屬之一人
之身者而言之。孔子固不舍夫理以言氣質，孟子亦不能裂其氣
質之畛域而以觀理於未生之先。……性之善者命之善也，命無

25　（清）黃宗羲：《明儒學案》，收入（清）黃宗羲著，沈善洪主編：《黃宗羲全集》，
　　（杭州：浙江古籍出版社，2005年），卷2，頁30。

不善也，命善故性善，則固命之善以言性之善可也。[26]

　　船山以為孔、孟論性皆即氣而言理，不會單言形上未生前之理，而忽略理在氣質中為體為用的一段，此亦為陳確所明白主張的。性必「自主持分劑夫氣者」、「一人之身者」言之，是將超越義之性落實於自然義的氣質中，並將超越與自然兩層渾凝互滲而為一性。因超越至善義非來自獨立於氣質之上的懸空之理，而是即一氣流行之應然如此之理說命善，此命善隨順氣化渾凝為氣性，氣性承此命善自亦為善。故超越至善義流行浸潤於自然氣質中，自然氣質之體性即超越至善義。可知王船山亦由氣言性善，既將氣上提至本體位階，同時仍維持善的超越義，不因沾染了氣質義使善跌入相對善的危機。陳確並無船山這般由理氣渾融說性善的理論，但其氣性善之說，放在由劉宗周、黃宗羲到王船山的發展脈絡中看，是有其沿續性與合理性的。

　　　　陰陽五行，以氣化言；精言之，期於無憾，是謂理義，是謂天地之德。人之生也，稟天地之氣，即併天地之德有之，而其氣清明，能通夫天地之德。物之得於天者，亦非專稟氣而生，遺天地之德也。[27]

　　戴震由氣言陰陽五行之生化，是將形上的生生義、價值義收攝在陰陽氣化中，少言形上本體內部的理論建構，陳確亦是如此的。二氣五行之生生義、價值義，因氣化無限，其生生、價值義，亦遍在萬物而為其性，故由氣說的性是善的，即所謂「天地之德」。但人所稟之氣

26　（明）王夫之：《讀四書大全說》，《船山全書》第6冊，頁862。
27　（清）戴震撰，張岱年主編：〈序言〉《戴震全書》，頁91。

清暢，所以天地之德特顯，物所稟之氣不清暢，則天地之德不顯，此見戴震氣性中的自然義與王廷相一般是較為突出的。由氣說性善，氣性中雖有價值義之遍在，但又因氣化成性中陰陽五行比例的多寡強弱有別，導致氣性的清濁亦有別，故氣性之善未必能全然展現。此時性善因氣質有清暢濁滯的不同，使各人的性善在程度上有多寡之不同。

此則又與王廷相的性有善惡說有別，主張性不當全受氣質限制，仍強調氣性是善的。但亦不忽略性中二五之氣多寡有別的實然狀況，而說性善是有等差之別。此則較劉宗周、王船山重視性善的超越義，更顯其落實於氣質說性善的特色。戴震的性善有等差說，可說是比陳確性善本具，但待後天成全的說法，更為細密的進一步發展，填補造成性善所以須待後天成全的可能原因。但因性善有等差，故須後天工夫以擴充性善以至於極的說法，此則與陳確主張性善須擴充盡才的說法是一致的。

五　氣情才皆善

> 一性也，推本言之曰天命，推廣言之曰氣、情、才，豈有二哉！由性之流露而言謂之情，由性之運用而言謂之才，由性之充周而言謂之氣一而已矣。性之善不可見，分見于氣、情、才。情、才與氣，皆性之良能也。天命有善而無惡，故人性亦有善而無惡；人性有善而無惡，故氣、情、才亦有善而無惡。[28]

天命流行遍體萬物而在，人性亦承之而應有遍潤萬物以成己成物之胸懷。但陳確不由遍體萬物的形上層說，而是順其道在日用中，性

28　（清）陳確：《陳確集》，頁451-452。

由氣質說的理路，是即實然氣質之種種生生作用如氣、情、才等處說
遍體。天命生生無方所之限制，故遍體之方向，亦無方所限制。如此
不論氣性之流露、運用、充周，皆遍體可有之向度。另外當天命于
氣、情、才等方所時，天命之生生、價值義，亦流行滿盈於氣性之流
露、運用與充周處。使氣、情、才亦無不皆善。

> 孟子之意，以為善人之性固善，雖惡人之性，亦無不善。不
> 為，非不能也。……荀、楊語性，已是下愚不移。宋儒又強分
> 個天地之性、氣質之性，謂氣情才皆非本性，皆有不善，另有
> 性善之本體，在「人生而靜」以上，奚啻西來幻指。[29]

　　綜攝陳確氣性善、氣情才皆善等命題，其所指出的是一個實然
的、日新的直接承擔踐德重責的人生。即此人性的流露、運行與充
周，便是踐德各各向度之實現。此時人倫日用，不是形上的虛懸的，
而是實然具體、可見可循的。陳確即氣、情、才是善，以彰顯人倫日
用一段（不言由無形至有形的一段）的重要性，亦見其即此而是的直
捷特色。與不耐引進天地之性，再變化氣質之性以成就道德一路的緩
慢，所顯現當下踐德的急迫感。

> 天命之性不可見，見於容貌辭氣之間，莫不各有當然之則，是
> 即所謂性。[30]

　　不可見的天命之性，為儒學踐德工夫立定方向與基礎，而道德則
須依氣質言行才可具體呈現。無真實的呈現，踐德只是虛說。若由朱

29　（清）陳確：《陳確集》，頁451。
30　（明）劉宗周撰，戴璉璋、吳光主編：《劉宗周全集》第2冊，頁8。

子之理氣二分，則形氣依形上性理指導而行，唯現實上，形氣有時未必依理而行（當然朱子自有其居敬窮理的把持工夫）。若由陽明的知體將道德義流行浸潤於形氣間，使形氣化掉自然義而滿盈道德義，以作為踐德的憑藉。但如此本體義重而形質義輕，易生輕忽言行之病（當然陽明自有其致良知以護持的工夫。）劉宗周依其心理氣是一的理路，以為規範導護容貌辭氣的條理，非由外鑠（避免理與氣有斷裂、流蕩的可能），實即是容貌辭氣自身秩序義的呈現與挺立，如此不可見的性可藉容貌辭氣的當理呈現而體知。劉宗周以性善為容貌辭氣之體的主張，應是強調氣情才皆善的陳確，所願意承續的看法。

> 孟子言「情可以為善」者，言情之中者可善，其過、不及者亦未嘗不可善，以性固行於情之中也。情以性為幹，則亦無不善，離性而自為情，則可以為不善矣。惻隱、羞惡、辭讓、是非之心，故未嘗不入於喜、怒、哀、樂之中而相為用。[31]

　　船山由其一氣流行貫通於理氣、心性、情欲而為體的思路，說情之發若依情中本具之氣化條理而行，在言行自無過與不及之病，故曰「情以性為幹」。但若情之自然生生之作用過強、或是外在條件影響，逼出在情中作為自身條理價值的性理，使性理不再流行遍體於情氣之中，則失去價值生生義的情，自易為惡。但若由一氣流行來說性，則性所發動的情，本身即是道德創造在氣質上的流露，有此情之流露發用，才可說有真實的道德實踐。如此重視情為善性之發用，是為讓具體的道德行為，既依氣化不已而隨時隨處發用，亦可將道德創造由作用義落實為實現義，於是動靜語默、啟口容聲無非皆是道德創

31　（明）王夫之：《讀四書大全說》，《船山全書》第6冊，頁965。

造之真實呈現。由王船山此說與陳確的由性善說情善（未必有直接影響），已可看出其中有一脈相承的發展。

> 氣化生人生物，據其限於所分而言謂之命，據其為人物之本始而言謂之性，據其體質而言謂之才。由成性各殊，故才質亦殊。才質者，性之所呈也，舍才質安睹所謂性哉！[32]

戴震以為陰陽五行生化萬有，萬有所稟受的陰陽五行比例的多寡由命決定，據此陰陽五行比例多寡不同而為人的性，性中自有生生價值義而為善，但亦因生化有清濁與否的可能，於是性又有等差之別。氣性有別，則能將氣性展現為具體言行的才質，自亦有別。同時氣性中有價值義，故可展現氣性為言行的才質中亦有價值義。而氣化無限，踐德的處所與要求，自亦無限。於是氣性與才質的分別愈多，愈可凸顯日用的任何向度，都需要作為踐德資具的各種才質來支撐與完成。此中透顯明清氣學已然體證到，不要讓道德成為虛設，便要藉氣之情、才等踐德的資具來完成。捨情、才等踐德資具，專言不可見的性命，是引儒入佛老也。由陳確而王船山而戴震，可看出明清之際的學術典範，已由情為惡，轉為情為善的不可逆轉的方向了。

六　理在欲中

> 子曰：「有能一日用其力於仁矣乎？我未見力不足者」力非才耶？曰：「我欲仁，斯仁至矣。」此「欲」字兼才情言，其為無不善，昭然甚明。[33]

32　（清）戴震：《孟子字義疏證》《戴震全書》，頁195。
33　（清）陳確：《陳確集》，頁453。

　　陳確順氣、情、才皆善說欲，欲自亦是善的。因陰陽五行的氣化
中有生生義、條理義、價值義等內蘊。氣化有本體義，但非指形上形
下對分模式的位階，而是指氣化貫通有無兩間的作為萬有化生根源的
位階，此為先天無形的一段。及至一氣渾凝妙合成具體形氣，此時形
氣已有才質義、獨特義等有限條件為其框架。但一氣之生生價值，仍
以不可見的本體義姿態存有於有限形氣中為其體性。藉無形之價值義
貞定有限形氣之發用是善的，此是無形在有形中的一段。及至形氣本
身的流動發用，即成才質義、工具義甚明顯的欲、才情等可具體實現
道德的條件與資具。此時但見欲與才情的流動，不見性與命。但由命
而性的生生價值，仍一脈相貫的存有於欲、才情中，此為有形本即是
善的一段。如此欲、才情等即為性善實現的資具，可說百善皆由欲
出，故曰「我欲仁，斯仁至」。

> 先生〈原心章〉「生機之自然而不容已者，欲也；而其無過不
> 及者，理也」蓋天理皆從人欲中見，人欲正當處，即是理，无
> （無）欲又何理乎？孟子曰：「可欲之謂善。」佛氏无（無）
> 善，故無欲。生，所欲也，義，亦所欲也，兩欲相參，而後有
> 舍生取義之理。富貴，所欲也，不去仁而成名，亦君子所欲
> 也，兩欲相參，而後有非道不處之理。[34]

　　陳確依劉宗周欲乃「生機之自然而不容已」處說欲為善。天理生
生價值之流行，即欲與才情內在自身價值的自我發露，故主張「天理
皆從人欲中見」。此中特別的是，非形上性體指導形下自然義的欲情
模型，而是欲、才情以自身的生生價值，來貞定欲、才情的流動本身

34　（清）陳確：《陳確集》，頁468。

即是善的模型。此種欲才情即是踐德本身的自我實現的義理型範，彰顯了明清氣學已厭棄將本體推高至不易把捉的形上位階，而將本體即置於人倫日用中。人倫日用即是善的欲與才情之發動，情欲之流動即本體之實現。此時一種棄虛就實、用即是體的著實學風，已沛然莫禦的瀰漫開來。

> 人之一心，天理存，則人欲亡；人欲勝，則天理滅，未有天理、人欲夾雜者。[35]

朱子理氣二分，以形上理為形下氣化造作萬端的所以然之理，理為第一義，欲為第二義。因欲中無天理，若有天理指導，則可作為踐德之資具。反之，情欲正是自然盲動之發動，欲強理弱，反有掩蓋天理之可能。

> 七情順其自然之流行，皆是良知之用，不可分別善惡；但不可有所著。七情有著，俱謂之欲，俱為良知之蔽。然才有著時，良知亦自會覺，覺即蔽去，復其體矣。[36]

陽明良知的道德義流行浸潤於情氣中，貞定情氣之發，必以道德為定向，於是情氣之發，皆是良知之發用。但一有執著，情氣便會順其自然生生之機，而跳出越過良知之規定而為惡之欲。可知陽明以良知為情之體，但情本身是被決定的，是會流竄的。良知與情中間，仍有異質的隔閡。但陳確的欲是天理流行的本身，欲非如朱子、陽明是

35　（宋）朱熹著、（宋）黎靖德編：《朱子語類》，卷13，頁224。

36　（明）王守仁：《王陽明傳習錄與大學問》，頁150。

被決定的第二義，欲本身即是生生價值在人倫日用中的具體實現，是
第一義的。甚至連欲是踐德的資具義、工具義都可以丟掉。此時理與
欲本質皆是一氣流行，只有作為踐德的立基或資具的位階不同而已。

> 性者，合內外而一之道。動以天理者，靜必有理以主之；動以
> 人欲者，靜必有欲以基之。靜為天性，而動即逐於人欲，是內
> 外心跡不相合一矣。[37]

　　前於陳確的王廷相立於純粹氣本論，性有善有惡的立場，以為性
之發動，若依常理而行，則為天理，反之性之動不依常理而行便是人
欲。可知王廷相亦以氣化於人身之發用為欲，陳確亦以氣化流動於人
身之發用為欲，此為二者同處，並皆異於朱子處。但廷相又以欲有依
理或不依理，而為善或惡之別。此則與陳確直指天理流行即人欲之自
然不容已，理是氣化無形的體段，欲是氣質流動的體段，只是氣化體
段不同位階的示現，欲與才、情皆是善的說法有別。

> 耳目口鼻之欲，雖生而有之之性。自其權藉而言則曰命，故常
> 能為耳目口鼻君。自其體蘊而言則曰性，故可合天人，齊聖
> 凡，而歸於一。總許人在心上用功，就氣中參出理來。……性
> 有不一，惟聖人全出乎理，豈耳目口鼻之性，獨非天道之流行
> 乎？[38]

　　劉宗周此段明言氣化不已，故欲即以氣化為體性，自會生機不容
已地流露，耳目之欲流動的方向與速度，亦皆以做為其體性的氣化生

---

37 （明）王廷相：《王廷相哲學選集》（臺北：河洛出版社，1974年），頁104。
38 （明）劉宗周撰，戴璉璋、吳光主編：《劉宗周全集》第2冊，頁551。

生無盡之各各方向、速度為依循準則，故曰「就氣中參出理來」。如此欲本身即天命流行於人身之發露，是第一義的，是為成聖之資具的。已不再如朱子、陽明將欲視為被決定的，須對治的第二義存在。可見陳確明顯受到其師劉宗周由氣化流行通貫萬有說欲是善的影響。

> 蓋性者，生之理也。均是人也，則此與生俱有之理，未嘗或異。故仁義禮智之理，下愚所不能滅；而聲色臭味之欲，上智所不能廢，俱可謂之為性。[39]

船山秉其道在器中的主張，由氣化生生說性，性有生生之條理義、價值義。生生之條理藉由氣質顯現便是聲色之欲，價值義通過氣質顯現便是仁義之理。氣化流行遍體萬物，道與器互為體用，故仁義之理與聲色之欲皆人所同具的。此亦將欲提高到性體的位階，與仁義同為成聖本具之資具與條件。理與欲互為體用，欲即是仁義、生機在氣質上的流動，故欲亦為第一義而非第二義的。

> 理也者，情之不爽失，未有情不得而理得者也。……天理云者，言乎自然之分理也；自然之分理，以我之情絜人之情，而無不得其平是也。[40]

戴震反對以理殺人，而有達情遂欲說。陰陽相生之各各條理秩序，通過氣質顯現時，便是各種人情之理的實現。如此情以氣化秩序為其體性，理是情正常不偏表現的準則。生生之條理貫於氣質之流動

---

39 （明）王夫之：《張子正蒙注》，收入《船山全書》，（長沙：嶽麓書社出版，1988年12月）第12冊，頁128。

40 （清）戴震：《孟子字義疏證》，《戴震全書》，頁152。

是情，氣質流動不自失其則即「情之不爽失」是理，於是情與理在氣
質中是互為表裏的。此亦將情抬高到與理同等的地位，如此正面的肯
定情為第一義，且強調情即理之發用的明清氣學的直捷特色，是與朱
子、陽明理與欲不貫通的主張明顯不同的。

七 擴充盡才以全性

> 《易》「繼善成性」，皆體道之全功。……繼之，即須臾不離，
> 戒懼慎獨之事；成之，即中和位育之能。在孟子，則「居仁由
> 義」、「有事勿忘」者，繼之之功；「反身而誠」、「萬物咸備」
> 者，成之之候。繼之者，繼此一陰一陽之道也，則剛柔不偏而
> 粹然至善矣。如曰：「惻隱之心，仁之端」雖然，未可以為善
> 也。從而繼之，有惻隱，隨有羞惡有辭讓有是非之心焉。且無
> 念非惻隱，無念非羞惡、辭讓、是非之心，而時出靡窮焉，斯
> 善矣。成之者，成此繼之之功。……向非成之，則無以見天賦
> 之全，而所性幾乎滅矣。[41]

　　天命為陳確肯定但不討論的，其將重心放在繼此生生至善於形氣
中，承續此本體義之性善，並存養護持之，進而要將此生生之善在有
限的才情欲中，逐步踏實地展現出來，以至於惻隱羞惡時出靡窮，達
到己身全體仁至義盡的地步，便是「成性」。因氣化二五相生有任何
可能性，而原自一氣之生生、價值義，亦會妙凝於任何可能性中為其
各正性命的條理與善性。但二五相生不已，則受限於形氣中的生生、
價值義，亦仍會在有限形氣中，發揮其不已地實現道德的作用，來填

---

41 （清）陳確：《陳確集》，頁447-448。

補完成因形氣凝結而有的空缺與不足。至少要通過擴充盡才，求得形氣限制中的最大可能的整全。

但若陳確性善的本體義、無限義甚強，則在形氣中求得仁義的整全至於無限，是不可能的，必須有由形下翻轉為形上的異質跳躍昇華的工夫，此則近於心學（陳確不能說沒有心學的性格，但主要理路已如其師劉宗周強化了氣學性格，而從心學逐漸轉出，且陳確主張氣質本善，故反對變化氣質的工夫）。但若陳確性善的氣化義較強，則在形氣中求得性善的整全，是可靠性善所發的才、情、欲，在日用中逐步擴充累積來完成的。此即所謂：

> 無論人生而靜之時，黝然穆然，吾心之靈明毫未開發，未可言性；即所謂赤子之心。孩提之愛，稍長之敬，亦萌而未達，偏而未全，未可語性之全體。必自知學後，實以吾心密體之日用，極擴充盡才之功，仁无（無）不仁，義無不義，而後可語性之全體。[42]

唯人生有限，無論多少才、情、欲的踐德行為之累積，仍不可能將應然完成者全皆實踐完成，故「聖人臨終不免嘆口氣」。但至少在有限的己身中，須達到仁至義盡的最大可能的整全地步。此說較空想一永不可能達到的玄虛境界，要踏實可行許多。

> 今夫一草一木，誰不曰此天之所生，然滋培長養以全其性者，人之功也。庶民皆天之所生，然教養成就以全其性者，聖人之功也。非滋培長養能有加于草木之性，而非滋培長養，則草木

42　（清）陳確：《陳確集》，頁467。

之性不全。非教養成就能有加于生民之性,而非教養成就,則
生民之性不全。[43]

　　草木之性在先天是本全的,及貫於氣性,仍維持其無限義,但在
氣化渾凝後,性體無限義受限於形氣不能全現,但仍保持其無限義的
體段,故曰「非滋培長養能有加於草木之性」。但透過後天擴充盡才
的工夫,將凝結後形氣有偏全不足處,藉由才、情、欲本身即是天理
流行的實現功能,進行補偏救敝的工作,在有限形氣中達道仁至義盡
最大可能的地步。如此補足之資具與動力皆內在本具,可令自暴自棄
之輩,無有逃遁之藉口。

　　可知陳確不重先天性體一段的發揮,著重在易因氣質限制而受遮
蔽,或不得上達的後天實踐的一段。亦即先確立性善為踐德的基礎,
再肯定作為踐德之功能與資具的才、情、欲本身亦善,後再加以擴充
盡才的工夫,補足氣性之善之待擴充處,在有限的日用中,達到最大
可能的整全。此種略體重用、輕無重有,進而承認氣化之限制,以擴
充盡才的工夫,求得限制中踐德的最大可能,可說是明清氣學義理型
範中,獨特而應有的一章。

　　　　性果出於氣質,其得濁駁而生者,自稟夫為惡之具,非天與之
　　　　何哉?故曰「天命之謂性」,然緣教而修,亦可變其氣質而為
　　　　善,苟習於惡,方與善日遠矣。[44]

　　王廷相以為氣化萬端有常有變,故性秉氣化之常而有善,若秉氣
化之變則為惡。但性惡不合外在的王道教化,故需「緣教而修」,將

43　(清)陳確:《陳確集》,頁450。

44　(明)王廷相:《王廷相哲學選集》,頁164。

二氣五行比例濁滯不易表現生生價值的氣性，改變成二五比例清暢適合表現生生價值的氣性。如此需要有外在王道教化變化氣性由濁滯變為清暢的工夫。但氣化不已，故王道教化的工夫應不已地進行，使氣性之惡隨順工夫的進程，由多至少以至於全善。在後天求成全性善，與陳確擴充盡才說，有相同的趨向。

但王廷相此說，似乎有偏重外在王道教化他律工夫的傾向。若由氣學的工夫，秉其心性之生生與價值義，不斷地資藉言行流暢地躍現以成就仁義，此可謂自律工夫。但氣化不已，故自律的言行，會因尊重氣化之實然，而認可並凝定為日用中應當依循的外在規範如「王道教化」。遵守並實現此凝定於外在的規範為善去惡，重新回復氣性之本然，此可謂他律工夫。

再推進一步說，透過他律以復性之工夫所以可能成立的原因，在於氣性本具生生義、價值義，故與外在規範中的生生義、價值義，是屬同一氣化層次，在本質上是完全相應契合的。若外在規範與內在氣質不相應，是無法由外在改變內在的。所以當氣性之生生與價值，受氣質之濁滯，或環境之制約，不得在日用中順暢流行時，藉由他律規範的工夫，引發醒覺氣性自我呈現的本質，進而在恢復氣性不已地自我實現後，重新使之回復到作為生命主軸的正常狀態。此為他律引發自律，自律重新作主的一段工夫。

可知自律與他律只有氣性的自我呈現，與凝定為外在道德規範的位階、向度不同而已，本質上皆是氣性自我實現、修補擴充，以至於仁義整全的實現而已。王廷相的「緣教而修」是偏重「他律」工夫的側面。陳確強調學習以擴充盡才，則是偏重「他律引發自律」、「自律重新作主」的動態前進的、交迭互體的工夫側面。

　一元生生之理，亙萬古嘗（常）存，先天地而無始，後天地而

無終。渾沌者，元之復；開闢者，元之通。推之至於一榮一
瘁、一往一來、一晝一夜，一呼一吸，莫非此理。天得之以為
命，人得之以為性，性率而為道，道修而為教，一而已，而實
管攝於吾之一心。[45]

劉宗周以一元之生生是無限無盡的，開闢發用是元氣之貫通流
行，渾然莫名，是氣之本始與總結處。合言之，是一氣由無形本始流
行於實然萬有間，又復歸於本然的所有發展過程，此即是一氣無盡又
整全的真實體段。但氣化有往來、榮瘁，流行有強弱、偏全等不同向
度發生的可能。於是氣性飽滿充盈的，固仍要順氣性生生的工夫來存
養守住。氣性偏弱的更要施以不已地工夫來擴充修補，以漸進至於有
限中的最大可能的整全。劉宗周此說，已為陳確的擴充盡才論，在理
論上提供了可能發展的空間。

才者性之分量。惻隱、羞惡、恭敬、是非之發，雖是本來所
具，然不過石火電光，我不能有諸己。故必存養之功，到得
「溥博淵泉，而時出之」之地位，性之分量始盡，希賢希聖以
至希天，未至於天，皆是不能盡其才。[46]

黃宗羲對性在後天須擴充的工夫說得更明白。惻隱之心順天命之
不已而發，但所發在實然層必受到主客觀等條件的限制，而不能順暢
完整的實現。故須存養擴充以致「溥博淵泉而時出之」，即氣性之生
生能全然全體實現的地步，此時方可說「性之分量始盡」。若繼續維
持受限於氣質之滯礙，不能透過他律與自律交相迭用的工夫，將氣性

---

45 （明）劉宗周撰，戴璉璋、吳光主編：《劉宗周全集》第2冊，頁439。
46 （清）黃宗羲著，沈善洪主編：《黃宗羲全集》第1冊，頁136。

生生之價值發用，把氣質之滯礙轉化為如理踐德的資具。少此一段擴充盡才工夫，便是「未至於天」，性未整全。可知黃宗羲與其師劉宗周皆注意到「他律引發自律」、「自律重新作主」的擴充盡才工夫的重要性。

> 二氣之運，五行之實，始以為胎孕，後以為長養，取精用物，一受於天產地產之精英，無以異也。形日以養，氣日以滋，理日以成；方生而受之，一日生而一日受之。受之者有所自授，豈非天哉？故天日命於人，而人日受命於天。故曰性者生也，日生而日成之也。[47]

船山以為二氣五行之運行不已，在人身上便是以胎孕、長養等發展過程來顯現。天命流行不已，故曰降天命之生生於人為性，人性自亦日受天命而日漸豐盈。但天命無有盡時，則人性之追求飽滿整全，亦無有盡時，此中便凸顯出一段由不全須進至整全的空間與要求。唯此一段氣性發展的空間與要求，本身即是天命不已的流行與示現。故只要不已地發掘與顯揚氣性本具之生生與價值，便可重新搭上契合天命之流行，而與天為一。但日生日成工夫的重點不在與天為一境界的達成，而是氣性日生，則工夫亦應順之日進日全，已達到氣性在有限中自我實現的最大整全地步，船山此說是順陳確擴充盡才說的更詳盡的發揮。

> 「孟子道性善，言必稱堯舜」，非謂盡人生而堯舜也。自堯舜而下，其等差凡幾？則其氣稟固不齊，豈得謂非性有不同？然

47　（明）王夫之：《尚書引義》，收入《船山全書》（長沙：嶽麓書社出版，1988年）第2冊，頁300。

> 人之心知，於人倫日用，隨在而知惻隱，知羞惡，……端緒可
> 舉，此之謂性善。於其知惻隱，則擴而充之，仁無不盡。[48]

　　戴震以陰陽五行相生之比例有多寡不同，故性雖善而仍有等差之
別。故氣性在本質皆是二五之氣，皆是善的。但多寡不同，則特別指
點出有善根尚不足以為善，此中尚有一段由寡至多以至整全的踐德過
程，要加以正視與完成。但應正視與能完成的理據與動力，則即氣性
本具之生生與仁義。故須不已地充盡氣性之生生與仁義，透過自律他
律交相迭用的工夫，來修補填滿氣性偏弱的空間，達到「隨在知惻
隱、羞惡」的整全目標。戴震重視氣性在後天一段過程中，須由本具
充盡到言行上的整全才算道德完成的主張，從劉宗周、陳確、王船
山、以至戴震，其發展的軸線是非常清楚的。

> 氣清者無不善，氣濁者亦無不善。有不善，乃是習耳。若以清
> 濁分善惡，不通甚矣。……氣清者，非聰明才智之謂乎？氣濁
> 者，非遲鈍拙訥之謂乎？夷考其歸：聰明材辯者，或多輕險之
> 流；遲鈍拙訥者，反多重厚之器，……清者恃慧而外馳，故常
> 習于浮；濁者安陋而守約，故常習于樸。習于樸者日厚，習于
> 浮者日薄。[49]

　　最後，對陳確的惡由何來作一說明。陳確既主張氣質是善的，便
不再走氣質是形下的、有限的，與至善對反故為惡的理路。在強調氣
性是善，及性善須擴充盡才以至於整全的主軸下，性善是日漸豐富飽

---

48 （清）戴震：《孟子字義疏證》，《戴震全書》（合肥：黃山書社出版，1995年），頁
　　183-184。
49 （清）陳確：《陳確集》，頁455。

滿的，但在日漸整全的過程中，其實暗示了氣性不足處有可能日漸習成而為惡的空間，而惡即因習而來。因不足處可能為惡，所以才需要習善擴充盡才以填補此惡，此意陳確未明白指出。但順其理路，可有如此推論。氣化不已，故習善即不已地擴充而為善，習惡亦會不已地長養惡，故遂將惡歸之於習。因主張氣質是善的，故又說氣之清或濁，非善或惡之分。但又說聰明者多輕險，輕險固是後天的惡習，但所以輕險之因，可能本自存在於氣質中，否則不易習成輕險之惡。此亦為陳確未回答之處。但若輕險之惡非由氣質內發，而為外鑠之習，但外鑠者本身之氣質仍是善的，於是外鑠之習為何是惡，仍欠說明。因陳確不喜言本體，故直接認氣性是善，遂將惡推為在氣性之外的習所成，遂未詳查氣化所以失序而日漸習成為惡的本質原因。

——原刊登於《中國文學暨華語文教學學術研討會論文集》，

臺北：文津出版社，2009年。

拾貳　戴震的氣化整體論

一　前言

　　戴震（1724-1777）字慎修，又字東原。安徽休寧隆阜人。體貌厚重，氣性端嚴，擅獨立思考，精於三禮、聲韻之學，著作甚多，以治學嚴謹名重當時。晚年所成《孟子字義疏證》，為修正理學與心學弊病的力作。戴震以為儒家的道德是存在於氣化整體中的真實存在，而此氣化整體不論是精神、道德、理性、氣質等層面，其實全都存在於一整體中。因氣化是無限的生生，自然有主體義，氣化是萬變不息的，其實便有道德的無限創造義。氣化永遠是陰陽相生聚散不已、幽冥相生不已，氣化流行上的必然如此，實即是道德上必然如此的應然義。氣化流行不再把道德只當成形上的層次，因為道德意識是無所不是的，道德規範會隨時間改變的。道德意識固可貫穿在道德規範之中，但道德規範很明顯不能全然把道德意識展現出來。為解決此差距，所以戴震主張統形上形下、有形無形為一的整體觀，使氣化流行成為道德意識的展現，進而使氣化的山川鳥獸人物本身即是真實具體的道德存在。本文即以整體觀詮釋氣化之性、心與學等論題。

二　氣化之整體

　　凡有生，即不隔於天地之氣化。陰陽五行之運而不已，天地之氣化也，人物之生生本乎是，由其分而有之不齊，是以成性各

殊。[1]

　　一切創生皆由天地氣化開始,而天地氣化以陰陽五行運行為本質,所謂的氣化是一生生變動的過程,萬物皆由此而出,可把生生視做萬物化生之道。陰陽相生比例多寡不齊,故人物種類眾多,此乃成性各殊。此是由氣質不同的層面來說性,不是從天生圓滿的層次來說性。由圓滿說性,性被推高為絕對本體,須由性體被遮蔽來說惡之由來。由氣性各殊說性,既凸顯具體萬物各具主體性為一應被正視的真實存在,也保住氣性由氣化之常所賦予的善性。如此,統天地萬物皆為獨一無二又具價值義的存在,且萬物彼此間之殊異,在氣化善性的互相潤澤,彼此彰顯下,共構成一具體又無限,合理又流行的世界。

> 形謂已成形質,形而上猶曰形以前,形而下猶曰形以後。陰陽之未成形質,是謂形而上者也,非形而下明矣。器言乎一成不變,道言乎體物而不可遺。不徒陰陽是非形而下,如五行水火木金土,有質可見,固形而下也,器也;其五行之氣,人物咸稟受於此,則形而上者也。[2]

　　所謂形而上不是指一超越形體之上的理體,是指還未凝結成為形氣前,包羅形上形下、有形無形為一氣化整體的初始渾沌的狀態。戴震在宋明清氣學長時間的演變之後,已經不將重心放在元氣的本體和內涵上來論,而是直接落實到形氣層來說氣。亦即氣化整體中之陰陽五行尚未凝結為形質則為所謂形而上,一旦凝成氣質、形質時,便是

1　(清)戴震:〈理〉,《孟子字義疏證》,收入(清)戴震撰,張岱年主編:《戴震全書》(合肥:黃山書社出版,1995年)第6冊,卷中,頁182。

2　(清)戴震:〈天道〉,《孟子字義疏證》卷中,《戴震全書》,頁176。

落入有限時空，成為單獨又各異的人物，則是器。他把陰陽五行提升至本體層，直接以形氣未形成前的陰陽五行為本體的說法，仍然保留住元氣本體化生有種種可能的原則。

陰陽屬形上作用非形下，道即陰陽相生在任一物中，萬物皆由二五之氣相生而有便是道。亦即陰陽因屬無形作用，會凝結成有形質的器。五行雖有質可見，但人受五行之氣相生作用而有萬殊萬類，此時五行之氣仍屬形上。故陰陽五行既有未形前之生生作用，亦會凝為既形後之形質，如此說二五之氣，主在消融形上形下相對二分以詮釋萬有的思路，而是主張統合天地萬物、道器、人我為一氣化流行不已，形性各殊，但又本質一致的整體觀。在此整體中，不同時空位階的飛潛動植，既在所存在的時空位階中，安立其位，又可與不同時空位階的人物相感相成，使人既可自由自主的悠遊於氣化流行中，又使本身仍不失為一道德的存在。

> 陰陽五行，以氣代言也；精言之，期於無憾，是調理義，是謂天地之德。人之生也，稟天地之氣，即併天地之德有之，而其氣清明，能通夫天地之德。物之得於天者，亦非專稟氣而生，遺天地之德也，然由其氣濁，是以錮塞不能開通。[3]

二五為氣化生生作用，氣化本身流行不已，便有生生之永恆義，及具有普遍性之理義。因由其生化不已的必然性，可體知其中自有應然如此的價值義。此仍為由天地生化說道德的老傳統，戴震將此老傳統重新置於統時空萬有為一氣化整體的架構中，便可使天地與人在體質上，藉二五之氣而彼此相通，亦藉二五之氣生生的必然義與當然

3　（清）戴震：《緒言》，《戴震全書》，頁91。

義，使天與人的道德義亦相通。這就把元氣自然流行的理序融入形氣
世界，讓形氣有限的世界存有道德義。如此形上生生就在形下人倫日
用中展現，在形上形下同為一氣流行的情形下，人本身就有形上生生
的道德理序，而人的主體性雖然是有限制的，只是氣化流行凝結的一
種形氣，但是生生之理序、動能則依然存在於形氣之中，所以可說這
是萬物各具主體性的一種特色。

　　其實天地是為人的存在，提供一具體又有價值的基礎。同樣萬物
亦稟天地之氣之德而生，但為推尊人的主體性，故用氣有清濁的方式
分別人與物。使較易表現氣化流行之氣清者為人，氣化流行易有滯礙
之濁氣者為物。如此尊人抑物，固然是在強調人為天地萬有的首位，
但在二五之氣貫通時空人我的主軸下，人物在本質上並無差別，只在
能表現氣化之常的順暢與否而有別。同樣在人身亦有順暢展現氣化之
聖賢，不能順暢展現氣化的下愚。唯下愚只要透過學習古今名教，使
不順之氣化轉化為順，便可為聖賢。可知戴震由人物有別進而說賢愚
有別，但彼此都存有於一氣化整體中，且本質又一致，仍保留了下學
而上達，由人而天的人文努力的可能性。

　　　　道，猶行也；氣化流行，生生不息，是故謂之道。《易》曰：
　　　　「一陰一陽之謂道。」〈洪範〉：「五行：一曰水，二曰火，三
　　　　曰木，四曰金，五曰土。」行亦道之通稱。舉陰陽則賅五行，
　　　　陰陽各具五行也；舉五行即賅陰陽，五行各有陰陽也。《大戴
　　　　禮記》曰：「分於道謂之命，形於一謂之性。」言分於陰陽五
　　　　行以有人物，而人物各限於所分以成其性。陰陽五行，道之實
　　　　體也。[4]

4　（清）戴震：〈天道〉，《孟子字義疏證》，卷中，《戴震全書》頁175。

　　氣化所以流行，除因以陰陽相生為其生生無限的作用外，另外五行相生之作用，亦為氣化所以不已之本質。且在一氣化整體中，陰陽與五行是互相滲透、互相摩盪，同體共構為二五相生由客觀機率決定一切，而有無限可能的作用。因為早在先秦時單以陰陽相生論氣化變化之機率有限。及至漢代將五行與陰陽結合，則生化之各種可能性大為增加。如同漢易除有陰陽爻位的互換變化，尚有旁通、互體等說法，使卦爻有更多變化，以解釋日益複雜之人事物。此皆為加強生化有無限可能的方法，進而詮釋天地萬有是一貫通天人，包羅萬有的氣化整體。由生生來說，道既具有本體義與生生義，同時在陰陽相生時又有殊異性，所以生出不同的人事物，而人事物又稟其陰陽五行的比例強弱多寡各異以各成其性，所以氣化流行於人身時，因人性各有殊異，所以做為道所呈現的人倫日用，應該也有無限發展的可能。人事的任何可能，皆由無形之二五生化凝結而有，此真實的有，皆道之實體的展現。

> 　　一陰一陽，流行不已，生生不息。主其流行言，則曰道；主其生生言，則曰德道其實體也，德即於道見之者也。……其流行，生生也，尋而求之，語大極於至鉅，語小極於至細，莫不各呈其條理；失條理而能生生者，未之有也。[5]

　　氣化流行既有縱貫面的生生不已，也包含橫剖面多面向的生生。因皆由二氣五行比例之多寡、強弱、隱顯各有不同而來，故合起來從極大到極小的萬物，皆有它所以成為極大極小的可能。生生不只是一種作用，還能體會出其中所涵的秩序義。生生有無限可能，所以各物

5　（清）戴震：《孟子私淑錄》，《戴震全書》，頁45。

的二五比例各有不同，此各異之比例即此物獨特之條理。戴震將形上
為道落於形下為德的說法，調整為道德為同一氣化層次，不再由上下
分，而是由二氣五行有流行之必然義說道，由二氣五行為生化之主宰
說德。如此道與德皆二五氣化的不同面向與作用，道不再是最高本
體，而是氣化流行必然之作用。此與劉蕺山主張「道其後起」[6]的思
路是一致的。

　　二五相生之條理雖無窮多且各異，此是為萬物皆各具主體性，各
為一獨立自主的存在立基。同時條理雖可各異，但組成條理之二五相
生之氣化作用，則為萬物所同具，亦為萬物能為真實存在的理據。由
此具體存在同時所涵有的條理義，可肯認萬物皆為價值的存在，使戴
震不但不會落入唯物論，反可彰顯儒家之道德義之為實有而非虛說。
所謂無失條理之存在，則強調氣化之周流遍在，宇宙萬有皆涵攝於氣
化整體中，並即以氣化為其體性。亦即人我在氣化中雖有時空位階、
氣性各殊之不同，此為所謂小我。但若為學以變化氣質，消融彼此之
限隔，則天地、人我，只是一氣化流行而已，此則為上下與天地同流
的大我。如此既具體又無限，真實有道德的大我，可為氣學與虛空佛
道區隔的一大特色。

> 觀於生生，可以知仁；觀於其條理，可以知禮；失條理而能生
> 生者，未之有也，是故可以知義。……若夫條理得於心，其心
> 淵然而條理，是為智。……生生之呈其條理，顯諸仁也，惟條
> 理，是以生生，藏豬用也。顯也者，化之生於是乎見；藏也

6　劉蕺山云：「盈天地間，一氣而已矣。有氣斯有數，有數斯有象，有象斯有名，有
　名斯有物，有物斯有性，有性斯有道，故道其後起也。」見（明）劉宗周撰，戴璉
　璋、吳光主編《劉宗周全集》（臺北：中央研究院中國文哲研究所籌備處，1996年6
　月）第2冊〈學言〉中，頁480。

者，化之息於是乎見。生者，至動而條理也；息者，至靜而用
神也。[7]

此段為戴震將氣化整體的觀念，賦予在仁義禮智的價值層，及顯
藏相通的模式中。先論由氣化之生生不已，說生生之無所不生為仁德
義；二五相生必有某一特定比例之條理為禮；條理雖可不同，但必以
某一條理為存在之理據則為義。氣化萬物雖位階、質性各異，但彼此
因皆以二五為體性，故能互相感知，肯認完成彼此本為一體的存在，
氣學即由此相感相成的作用說心。故心看似能認知外在條理，實則是
順氣化相生有無限可能說心，此心自能與外在各異之條理相知相應。
究極說心之得理，便是氣化萬有間，彼此相知相感之作用的隨處展現
而已，此即為氣化之心的智。

生生雖有萬端，但各有其二五相生之秩序義與條理義，此即生生
仁德之無所不彰。飛潛動植的生化不已，皆依各異之二五相生條理而
有，此即生生條理之無處不為用。如此成物之條理與成德之秩序，同
時皆存於顯與藏之中。但戴震又以顯是指條理已具於形物中，藏是指
氣化中有無限之可能。故若由統體一氣化來說，生生之未形為藏，有
形為顯，則顯與藏，只是氣化之有形與無形，且又可互相轉化的兩種
狀態。此亦為氣學不分上下，而分有形無形，但又由無形有形涵攝形
上形下於其整體中的特色。

孟子言「口之於味也，有同耆焉；耳之於聲也，有同聽焉；目
之於色也，有同美焉；至於心獨無所同然乎」明理義之悅心，
猶味之悅口，聲之悅耳，色之悅目之為性。味也、聲也、色也

7　（清）戴震：《原善》，《戴震全書》，頁9-10。

在物，而接於我之血氣；理義在事，而接於我之心知。血氣心
知，有自具之能：口能辨味，耳能辨聲，目能辨色，心能辨夫
理義。[8]

　　前段由氣化之生生說仁、條理說禮、必然說義、心得條理說智，
是強調氣化有道德義。此段則強調耳目之欲與理義之悅並存於氣化人
身，皆為人所能自具者。從氣化來說氣化有創造的能力，賦於人身自
能具有創造或認識能力的心知，而所謂的聲、色、臭、味都是人之血
氣的表現，故同為血氣的心與血氣之聲、色、臭、味應該是能相通
的。因理義是在不同氣化中所顯現的條理，而這條理具道德義同樣也
為我血氣之心所能掌握。心知是氣化流行本具的彼此感通之作用，理
義則是氣化流行之生生理序，故理義雖為在外之事，心為在內之知，
但二五之本質相同，所以在內之心知可通在外之事理，實則只是氣化
整體中，不同時空階的互相認知與互相呼應，故可說理義接於心知。
同樣味悅口，聲悅耳，仍為外於我之味與在於我之口，彼此生生之條
理能互相認同契合。可知無論是氣質層的耳目之欲，與價值層的理義
之悅，皆統攝於氣化整體中。亦即二五生生之作用與條理，同時貫通
於氣質與價值兩層中。又既以二五為能貫通二層中，自然應以二五為
主體，氣質與價值皆統攝於氣化中，此為唯一的真實，不可說世界分
為形下氣質與形上價值兩層世界也。

　　天道，五行、陰陽而已矣，分而有之以成性。由其所分，限於
一曲，惟人得之也全。曲與全之數，判之於生初。人雖得乎全，
其間則有明闇厚薄，亦往往限於一曲，而其曲可全。此人性之

8　（清）戴震：〈理〉，《孟子字義疏證》卷上，《戴震全書》，頁155-156。

　　與物性異也。……五行、陰陽者，天地之事能也，是以人之事
　　能與天地之德協。事與天地之德協，而其見於動也亦易。[9]

　　天道以陰陽五行為體性，二五相生既作用於未形前，亦作用於已生後，唯一受其成形，則二五之道的無限義立刻限縮不能無限展現，於是分為不同的形質，也因陰陽不同的比例產生不同的氣質。曲與全在人陰陽五行凝結成形氣時就已決定，人當然合乎二五之全，一般的禽獸事物則不全。所以人是萬物之靈，可是仍需要自我超越和創造，否則仍然會落入曲的地步。這種順二五相生的客觀機率決定有任何可能性的推論，會使人物之別的走向讓世界越來越細分，以致無法統合的地步。人物有別，人又有厚薄之別的情況下，戴震仍強調其曲可全，即是心知要去認識所有事之曲的理加以改進，將之統合起來成全一完整的世界。

　　「生初」指無形凝為有形之機，中涵無限轉為有限，不具體化為具體，超越時空化為有時空位階等義。進而因各有位階使萬有各異，而為各具主體的自主之人。唯此獨立自主之人，若由學習超越時空限隔，則能物我無別，道通為一。言氣性有異，在強調人之獨立自主；言氣性本同，則強調天人、物我通為一氣化洪流之整體大我。所以二五之氣具體化即凝為具體之事能，在生動之機中，二五之生生義、價值義也全凝於事能中，即所謂「人之事能與天地之德協」。此時論述重心由天而人，以人的胸懷與視野為主。氣性各異正展限人事有萬變，彰著人之自由自主性。但萬變之事能又各有條理，此條理因順二五相生而來，故自易為同為二五相生之心所感知。藉心與萬端的感通聯結，才使氣化內在變化無盡的各種人事，皆能藉各面向的條理，對

9　（清）戴震：《原善》卷上，《戴震全書》，頁12。

相關者作有秩序的聯結。以共構成一生不已，又萬端各異，彼此間既不失其條理，又分合有序的具體真實又有道德義的宇宙。

三　氣質之性

再論戴震的性善說有兩個特色，一是他認為孟子性是善的，但又認為孟子的性是可以擴充的。在氣質中說性善，會有一問題，即是氣質是有限的，它會限制無限善性的表達，所以氣質容易被說為惡。戴震從氣化來說性善，面對氣質是有限的問題時，是將性善與有限氣質做一正面的結合。主張性是善的，且氣質又能承載性善，只是受氣質限制，使性善有多寡的不同。

> 孟子言性善，非無等差之善，不以性為「足於己」也，主擴而充之，非「復其初」也。人之形體，與人之心性比而論之：形體始乎幼小，終於長大，方其幼小，非自有生之始即攖疾病小之也。今論心性而曰「其初盡人而聖人，自有生之始即不污壞者鮮」，豈其然哉！形體之長大，資於飲食之養，乃長日加益，非「復其初」；心性之資於問學，進而賢人聖人，非「復其初」明矣。[10]

戴震說性善非無等差之善，雖主張性是善的，但不主張性是圓滿的。主張要擴而充之，這樣可擴充的善當然與復其初的善不同。例如人的形體兒時為小，長大會變大，他的小並不是說生病的小，而是在量上初生之性就是少的，在氣化流行的世界日以資養才會變大。同樣

10　（清）戴震：《孟子私淑錄》卷下，《戴震全書》，頁70。

性善是人不變的本質，理論上性善的質量也會因資於問學而長大。由心學言，氣性為形下有限難為善，但戴震由氣化整體立論，則以為不論飛潛動植等物之性，皆由二五所生之各各氣類決定。亦即飛潛動植由生之所有者皆為其性。唯人之性善，不只由生之所有言，尚須指點出生之為性中的價值義。前已言戴震以人二五之氣清，物二五之氣濁，故以能順暢展現生生條理之氣清者為善。所以同為二五之氣分而成性的人與物，自應以氣為性。而氣中生理之發用展現便是心之神明，心之神明可通任何由二五之氣所成性各殊的氣類。

　　此種思路自然有進於朱子形上為理形下為氣，再由氣之靈的心去認知理以實踐理的理氣二分說。因要心上達異質層的理，終有難跨越的鴻溝。至於豁然貫通而理明，此種異質層的超越工夫，達或不達仍未易為言。但戴震在氣化為一整體的思維中，成性各殊、位階各異之萬物，適可共構成一彼此既相關又獨立，既生生又變化，既具體又道德的整體宇宙。同時此動態流行之氣化，自可不斷提供道德事能以資養心性，使心性有日漸擴充以至聖賢的養分。知氣性氣化成形而有，成性後仍由氣化不已地資養氣性以上達。故統觀的說，氣化為包羅時空萬有的整體；由人本說，氣化所有之生生與價值義，皆因人心性的開展實現，才得以彰顯。

　　　　耳目百體之所欲，血氣資之以養，所謂性之欲，原於天地之化者。……仁義之心，原於天地之德者，是故在人為性之德，斯二者，一也。由天道而語於無憾，是謂天德；由性之欲而語於無失，是謂性之德。性之欲，其自然之符也；性之德，其歸於必然也。歸於必然適全其自然，此之謂自然之極致。……凡動作威儀之則，自然之極致也，民所秉也。自然者，散之普為日用事為；必然者，秉之以協於中，達於天下。知其自然，斯通

乎天地之化；知其必然，斯通乎天地之德。[11]

　　此一大段為戴震由氣化整體說明形上與形下、氣化與價值、心與性、欲與德皆為一，亦即統攝不同層次與面向為一整體的佳例。氣化流行不失其常為天德，同樣自然耳目之欲不失其常亦為性德，此時氣化之生生、價值義皆凝授於耳目之欲中，若順其自然的展現，耳目之欲自是生理生德恰當之表現。耳目之欲為氣化有萬端之自然呈現，此強調氣化之生生；仁義之德為氣化有必然如此之條理，此強調氣化有價值義。唯善於日用的自然生生，與協中達天的必然條理，皆統攝於天地之化，同存於一氣化整體中。就整體中指其具道德義，便說氣化有應然之仁義；就整體指其具生生義，便說氣化有必然之生生。進而可說，就整體中指人有感通創造作用便是心，人屬道德的存在便是性。如此統心與性，欲與德為一整體，主在強調氣質之性為唯一之性，既是善，也屬於氣質。且氣質順二五流行而有，成形後雖有時空與形軀的限隔，但二五之生生與價值義仍存於氣性中，故氣性自然為善。

　　此中尚有一特點須討論，即氣性中之生生受限於形軀，似不能無限生生，必有其消失無存的時日。但形氣為小我，創生有其時空之限定，但氣化為無盡時空中小我統構成的整體大我。亦即此大我是由過去、現在以至未來所有的人事物，皆在順氣化流行展現其小我之創造，所互動共構而成的。所以由小我言，氣性雖善但有限，若擴充小我之善性以上達，進而統攝所有小我為一無盡時空的大我。則自大我觀之，實只一流行不已的氣化整體，人立於此中，自可不必拘泥於氣性之有限，而自我限縮區隔人我，反可有「民吾同胞，物吾與也」的胸懷與視野。

11　（清）戴震：《原善》卷上，《戴震全書》，頁11。

夫天之生物，其化不息。初生之頃，非無所命也。……幼而少，少而壯，壯而老，亦非無所命也。……形日以養，氣日以滋，理日以成。方生而受之，一日生而一日受之。受之者有所自授，豈非天哉？故天日命於人，而人日受命於天。故曰：性者生也，日生而日成之也。[12]

　　天生物不息，是強調時間前進過程中，各面向的變化因之而生，皆在空間的容受下，物與物間有一互動互成的關聯性，此由物自身來說。若由天道說，二五之氣凝為形氣後，氣化本身並未因而停頓，仍會藉著不斷凝為形物，以成就其為創生萬有的實體。氣化縮合形上形下與時空，所以氣化凝為形物後，並未斷絕與形物間之聯繫，此因氣化與形物皆以二五之氣為體性，二五既屬無形生生作用，又可疑為具體形物，所以生生是貫通氣化與形物的主體，且是隨時間的前進，在任何時空座標皆可的貫通。人我的互動便是在不同時空座標的區隔下，有人我不同位階以見人的主體性，同時在互動中互相認知，成就對方的主體性。此互動亦隨氣化的流行，可自由發生在任一時空座標的位移上，此為動態流行的氣化整體觀。

　　王夫之亦以為天命於物，物自以天為體，唯氣化流行不已，故其命物亦周遍不已。可知天非只於生物的那一刻，命其二五之氣於形物而為性，而是天命不已於成形時與已生後的。所以同時受命之人，亦以生生為體性，自亦能不已地承受與其體性相同的命，不論在人成形時或已生後。且隨著時間的前進，日受天命的賦予愈多，性中天理的量自亦愈多。此說顯示氣學對性的看法，非是一超越時空上之形上本

12　（明）王夫之：〈太甲二〉《尚書引義》，收入（明）王夫之著，船山全書編輯委員會編校：《船山全書》（長沙：嶽麓書社出版，1988年12月）第2冊，卷3，頁299-300。

體，賦予於形物中而為其所以存在的理據而已。性是能不已地受命，
而累積其量的。由量說性，性自不圓足，由成形時的不足，進至已生
後日受天命日增其量，及在人倫日用中與他人在道德學問上的互動，
皆會增進其善性之量。此既遙相呼應孟子擴充善端之說，亦由性量之
可增，強調天命不已地於性，天命之生生非只有作用義，亦有時間的
流行義。

> 「孟子道性善，言必稱堯、舜」，非謂盡人生而堯、舜也，自
> 堯舜而下，其等差凡幾？則其氣稟固不齊，豈得謂非性有不
> 同？然人之心知，於人倫日用，隨在而知惻隱，知羞惡，知恭
> 敬辭讓，知是非，端緒可舉，此之謂性善。於其知惻隱，則擴
> 而充之，仁無不盡；於其知羞惡，則擴而充之，義無不盡；於
> 其知恭敬辭讓，則擴而充之，禮無不盡；於其知是非，則擴而
> 充之，智無不盡。……古聖賢所謂仁義禮智，不求於所謂欲之
> 外，不離乎血氣心知。[13]

人非生而為堯舜，是因氣稟不齊之故，氣稟不齊是因二五比例各
有清濁的不同。但人仍可為堯舜，是因智愚所稟二五相生之體性皆
同，因戴震以陰陽五行為天道之體性，故二五相生即天道流行，而以
二五為體的人智愚之性自然皆善。此處指點出氣性本善，但因氣稟不
齊，所以善性在人倫日用上之表現，未必全善。亦即不再由善性本體
為氣質所陷溺、制約、梏亡來說惡，而是由善之氣性受氣稟之清濁不
同，而未必能全然呈現說惡。同樣為善的工夫，便不是由棄去氣質著
手，而是由變化氣質，使氣濁者能轉為氣清者，使氣性之善能順暢自

---

13 （清）戴震：〈理〉，《孟子字義疏證》卷中，《戴震全書》，頁183-14。

如的顯露。綜言之，戴震由氣性皆源自二五之氣化，說性有共同義，又點出各個氣性承受不同之二五比例而有差別性。共同義肯定人皆有為堯舜之可能，差別性則強調變化氣質工夫的重要。

戴震主張耳目通於聲色，人心通於理義。是順二五相生，彼此感通而有。所以人之心知自可不離於血氣而為用，亦即心知可於人倫日用間，隨處知惻隱，此乃因氣化之變於某一時空座標生當惻隱之事，隨順氣化流行的心知，自可流行至此當惻隱處，發其氣化之常善，表現為惻隱之心。但因由氣說性善之量可增，故順氣性而發的惻隱之心，自可擴充其重要量充滿於人倫日用中，此便是仁。可知心可使氣稟不齊或命於天而量少的善性，因擴充之作用，而飽滿並暢發其性中的仁義禮智。如此則可解決氣化生生或有過與不及的氣化之變，所造成氣稟不齊等與氣化常道有落差的問題。

接下來論戴震對於性是圓滿的質疑：

> 程子朱子尊理而以為天與我，猶荀子尊禮義以為聖人與我也。調理為形氣所污壞，是聖人而下形氣皆大不美，即荀子性惡之說也；而其所謂理，別為湊泊附著之一物，猶老、莊、釋氏所謂「真宰」「真空」之湊泊附著於形體也。理既完全自足，難於言學以明理，故不得不分理氣為二本而咎形氣。[14]

程朱以為天與人有分別，荀子認為人的本質與聖人也有區隔。氣學則是要用一氣流行涵攝形上形下的區隔，讓區隔消融不見。但形上的生生作用仍保留在有限的形氣之中，天人位階不同但在一氣流行中是相通的，這比天人相離是較進步的。性是圓滿的在戴震看來有兩個

14　（清）戴震：〈理〉，《孟子字義疏證》卷上，《戴震全書》，頁167-168。

缺失，一是若說理會為形氣污壞，這是強調理與形氣是有所區隔的；二是聖人而下形氣皆大不美，由這可知每個人的形氣都不一樣，這只是證明形氣世界的豐富，但說不美則是鄙視形氣。戴震強調形上理本在形物中，形物中之條理便是天理；禮義為聖人所作，聖人稟氣化而有的禮義，自亦為人我所同具者。所以反對天與我的形上理體，或是聖人與我的他律禮義。若是只重形上或他律某一端，則上下內外、自他是一的氣化整體便崩解無存，也距宇宙是內外上下是一的唯一真實也愈遠。同時理若完全自足，則不須言學以明理，可見理與學有落差。落差在理只在形上層，雖為形下氣物的理據，但形氣生生自有其理則，此理則若與形上理同層則無疑義，但形氣之理顯與無限本體之理不同層次，所以雖有學拉近形氣與天理的距離，但形氣之理無必然呼應於理本體之義務，則為學亦無由竟其功。反觀戴震以性量為可增，故除由天命不已地增善性之量外，人亦可由學而擴充其善之量。如此推尊學之重要，增加了人下學而上達與天為一整體的意義。

> 言才則性見，言性則才見，才於性無所增損故也。人之性善，故才亦美，其往往不美，未有非陷溺其心使然，故曰「非天之降才爾殊」。才可以始美而終於不美，由才失其才也，不可謂性始善而終於不善。性以本始言，才以體質言也。體質戕壞，究非體質之罪，又安可咎其本始哉！[15]

　　氣質中的性既然是善的，又來自二五相生、氣化流行不可變的天理，凝結人身當然是應然如此的善性。同樣是由氣化流行所呈現性之體質者之才，也應順著氣化之常有必然如此之表現，才應也是美的，

---

15 （清）戴震：〈才〉，《孟子字義疏證》卷下，《戴震全書》，頁198。

但實際上才有始美而終於不美的狀態，是後天心之陷溺會使呈現性之體質的才成為不美，並非天生氣化就使才不美。這是說人順著陰陽二氣賦予到人身上，因二五比例有多寡強弱隱顯不同使每個人的才都不同。這些不同的才，還是由同一元氣二五相生而來。所以同樣順氣化流行而來，才與氣性應該都是善的，只是才會受後天的戕壞，才可能為惡。

　　從整體義說，無形氣化凝為具體形氣，除授與生理外，尚由二五不同比例疑為表現生理的不同情欲，此即是才。可知才是使氣化凝為具體的人倫日用，完成仁義禮智善行的情欲。才居於由無到有的轉化處至為重要。有承載善性的才情，才有具體的道德行為，不能跳過才，直接說無形天理便是仁義的善行。由體質說的才，若為心所陷溺而誤導，不能承載仁義，便是不才不美。故才情以具體成就善行為第一義，能呈現此第一義才情的為聖賢，戕壞此才情的為下愚。而學問的工夫，使用在導護才情必定用在成就善性上，庶可使愚而賢也。

> 蓋性者，生之理也。均是人也，則此與生俱有之理，未嘗或異；故仁義禮智之理，下愚所不能滅，而聲色臭味之欲，上智所不能廢，俱可謂之為性。[16]

　　王夫之此句也是從氣化生生之理來說性，這生生之理的性也是氣化與生俱來在人身上，所以仁義之理是上智下愚所皆有。聲色臭味之欲也是上智下愚都有的，於是就指出理欲都在氣化本性中。仁義之理為智愚所同具，順二五之氣而有，二五之氣除生生義外，尚有由客觀機率決定各種物類的可能。此生化萬端的作用，疑為人物，自有智愚

16　（明）王夫之：〈誠明〉，《張子正蒙注》，《船山全書》第12冊，卷3，頁128。

的分別。因性可日增，所以上智之二五比例，既能順暢表現生用，亦可順利容受天所日命之理，以增善性之量。下愚之二五比例，既不能順暢表現生理，亦因濁滯之故，亦不易容受天所日命於己的生理於性中，善性之量仍停滯於初生肇始的狀態。聲色之欲順氣化凝為形物，即存於形氣中，為性之才情。有生理神用的上智，亦不能脫離耳目口鼻的功能以現天理。生用不暢的下愚，亦必以目耳口鼻的存在，確認其為一實然的存在。所以由氣化言，智愚只生用之暢達有別，以生用為體則一致，有聲色之欲亦一致。故由氣性中指出不論生用條暢與否，皆有生用，此為性之理。由氣性中指出只要存在，必有聲色之欲，此為性之欲。統言之，由生用說的理，由聲色說的欲，理欲共構成一氣化之性。

> 孟子言「人無有不善」，以人之心知異於禽獸，能不惑乎所行之為善。且其所謂善也，初非無等差之善，即孔子所云「相近」；孟子所謂「苟得其養，無物不長；苟失其養，無物不消」，所謂「求則得之，舍則失之；或相倍蓰而無算者，不能盡其才者也」，即孔子所云習至於相遠。不能盡其才，言不擴充其心知而長惡遂非也。[17]

　　氣化流行不已，所以萬有自行健不息，所以性量可日益增長，心亦可擴而充之。氣化除流行外，尚有任何方向的生化。因氣化相生時，二五之比例有多寡、強弱、顯隱等不同，遂有人與我、智與愚等不同。此諸般形氣的殊異，固彰顯氣化生萬有的主體義，亦強調人我在不同時空位階，皆有所應各具的自主義。然各各殊異的人我，彼此

---

17 （清）戴震：〈性〉，《孟子字義疏證》卷中，《戴震全書》，頁184。

間如何藉二五之氣作為感通的媒介，則引出性固善，卻有相近或相遠的討論。氣化命其生理於人為善性，已生後天氣化續命其生理於人，以增加人善性之量。可知善性非原本圓滿自足，而是可日受氣命而日長的。所以人我因所處時地的差異，當下彼此所容受的氣命亦有多寡的不同。但彼此皆以二五生用為體性，故不可說性不同，只能說是性相近。

相近由先天氣命說性，相遠由後天習染說性。性在後天既可增長，所以得養則長，失養則消；求則得，舍則失。指後天習於善則善長，習於惡則善消。所以性相近，言性善多寡雖人各不同，皆有成聖之理據與可能。相遠指成聖與否與後天之陶冶有關。習指善性與同時地的人我相感通成全，並進而接受外在的古今名教薰陶，使善性日全。因名教與善性，皆屬氣化之常，自可消融內外之別而通貫為一。

另外上智與下愚不移的論題，由氣化整體觀之，不移既可說智愚必定皆以二五之氣為體性，此為不可移易的。亦可指智愚二五比例有多寡強弱的不同，亦是不可移易的。但就氣化流行，性可日增，心可擴充的積極義來說，智之生用固條暢，仍須變化氣質的工夫來導護，以不已地展現氣化之常於人倫日用。愚之生用雖濁帶，更須變化氣質的工夫，使其固執不通的二五比例，調理成能展現順暢生用的比例。所以氣化雖有智愚不移的原因，亦可揭示人有順氣化流行，使愚而智的變化氣質的積極義。

> 人之相去，遠近明昧，其大較也，學則就其昧焉者痛之明而已矣。人雖有智有愚，大致相近，而智愚之甚遠者蓋鮮。智惠者，遠近等差殊科，而非相反；善惡則相反之名，非遠近之名。知人之成性，其不齊在智愚，亦可知任其愚而不學不思乃

流為惡。患非惡也，人無有不善明矣。[18]

智愚非相反，指皆以二五之氣為本質，只有智愚多寡的差別。善惡為相反，指順氣化之常的二五比例而有的為善，違氣化之常的比例便是惡。惡即氣化之常有過與不及，反轉成為氣化之變，其背反之理便是惡。學問工夫在使二五比例由過與不及，調理成和諧於氣化之常的比例。遠近指先天善多後天習善則為賢，先天善少後天習善亦可為善；先天善多後天習惡，則為可上下，先天善少後天習惡則為下愚。此遠為呼應漢代揚雄等由氣化來論性，性分三等的主張，近則承繼明代王廷相亦以性有等差的說法。所以由患而智是經由學習，使不暢之愚的二五比例調理成智的順暢比例。由惡而善是經由學習使氣化之變的氣質，修正其過與不及的比例為合宜之比例。同時，後天習善或惡時，尚須考量天日命善於習善者，習善易受天命之善，更易為善。天日命善於習惡者，習惡不易受天命之善，更易為惡。析言之，先天善多，後天習善，天日命善者為聖；先天善少，後天習善，天日命善者為賢；先天善多，後天習惡，天日命善者為可上可下的中人；先天善士，後天習惡，天日命善者為下愚。唯此只大較的分別，在二五相生有任何可能的原則下，人各殊異，不只此四種而已。統言之，變化氣質的工夫可用在三處；一是因命日降性日生，知性可增長，故可使性善量少者，經由學強化容受天理之生用，使善量日漸增長。二是對氣濁不能暢發二五生用的患者，使化為氣清能暢發二五生用的智者。三是將氣化之變的惡者，導化為氣化之常的善者。

---

18 （清）戴震：〈性〉，《孟子字義疏證》卷中，《戴震全書》，頁186。

四　氣之精爽為心

> 心之精爽以知，如由是進於神明，則事至而心應之者，資事至
> 而以道義應，天德之知也。天地之德，可以一言盡，仁而已
> 矣；人之心，其亦可以一言盡也，仁而已矣。耳目百體之欲喻
> 於心，不可以是調心之所喻也，心之所喻則仁也；心之仁，耳
> 目百體莫不喻。則自心至於耳目百體胥仁也。心得其常，於其
> 有覺，君子以觀仁焉；耳目百體得其順，於其有欲，君子以觀
> 仁焉。[19]

所謂天德之知，以心為氣化之精爽。即形氣中有認知、判斷與創
造的功能，以與萬物相感通成全的作用是心。心知由氣化流行來，自
同於氣化生生之神用。事至物來，心與物接時，自以氣化生生之道義
相呼應。此非不呼應形氣，是因心本即氣化之神用，以道義應事，自
只指心呼應同處氣化之萬物，所本具又各異的生生條理。

因心既可認知生生之形氣而為見聞之知，亦認知形氣生生作用中
所蘊涵的價值義，而為德性之知。而氣化萬端，心以萬端之形氣及其
生理為認知對象後，進而判斷並實現其生理之價值以為仁。不可停留
在只認知形氣，而無涉其形氣生理的情況中。故戴震以為心主要在知
仁，次才知耳目百體，此凸顯心雖是氣質的認知作用，仍以價值認知
為主。心將生生之仁，賦予在百體中，使本為氣化之常表現的百體必
有生生之仁而為善。亦即做為感通萬物的心，本身亦為氣化之常的表
現，又能認知氣化之常表現的百體，故能喻於百體，使百體皆有仁義。

前已言，就形氣指其以二五之氣為本質，即氣質之性；就形氣中

19　（清）戴震：《原善》，《戴震全書》，頁15-16。

指其二五相生有價值義，即義理之性，實無二性之分。同樣地，心只一心，不分人心、道心。氣化中認知、判斷、實現的作用為心，此氣質的心，去認知或實現人我萬物等氣質存在的作用即人心。去認知、實現人氣質中所以成此氣質之條理的作用即道心。同樣地，心知只一，不分德性之知與見聞之知。氣化中認識、實現作用的心，通過氣質的耳目，去認知掌握各異的形氣事物，即見聞之知；氣化的心知，藉由與外界互動感通，直接相應外在人事中的氣化生理，並實現其生理於人倫日用中的作用，即德性之知。可知，由氣化整體言，只有心知用於生用或生理之別，而無德知、聞知之別；只有心實現氣質或價值的差別，而無人心、道心之別。

> 古人言性，但以氣稟言，未嘗明言理義為性，蓋不待言而可知也。……人但知耳之於聲，目之於色，鼻之於臭，口之於味之為性，而不知心之於理義，亦猶耳目鼻口之於聲色臭味也，故曰「至於心獨無所同然乎」，蓋就其所知以證明其所不知，舉聲色臭味之欲歸之耳目鼻口，舉理義之好歸之心，皆內也，非外也。……孟子明人心之通於理義，與耳目鼻口之通於聲色臭味，咸根諸性而非後起。[20]

戴震由氣稟言性，因氣化規律即生生之大理，故氣化所稟之理，人便以之為氣質之性。同時，由氣稟言性，則二五比例所生之功能各不相同，如耳目之欲可以資生，心悅理義則可以增善性之量，理與欲便共構成一具體合理而可日增的氣質之性。可知耳目之欲與悅理之心，皆氣性在本有，非以理義為外在他律，亦不認為氣性無理義。可

---

20 （清）戴震：《孟子私淑錄》卷中，《戴震全書》，頁56--57。

知氣質之性，是因氣化整體有生生義、價值義，所以凝為人性，性中自有理與欲。由氣性有生生說性是氣質的，由氣性有條理說性是理義的，所以只有一性。由氣稟說性，是指出氣性中有生生氣質義，也有生生條理義，才不致違反氣化統上下、有無、理欲為一的整體觀。所以反對分性為氣質之性、義理之性的說法。因為二分表示二者截然不同，彼此有離合關係，沒有二五之氣貫通彼此的關係。亦即氣質之性，是指所稟氣質中，有其所以為此氣稟的條理，便是性。性非空理，專指二五之氣依此性理凝為具體人我之存在便是氣質。

> 孟子言「今人乍見孺子將入井，皆有怵惕惻隱之心，然則所謂惻隱、所謂仁者，非心知之外別「如有物焉藏於心」也，己知懷生而畏死，故怵惕於孺子之危，惻隱於孺子之死，使無懷生畏死之心，又焉有怵惕惻隱之心？推之羞惡、辭讓、是非亦然。使飲食男女與夫感於物而動者脫然無之，以歸於靜，歸於一，又焉有羞惡，有辭讓，有是非？[21]

　　仁以二五之生理神用為體，人有二五之神用便有仁於身。身有仁，氣質情感上利害考量的懷生畏死，與氣性順生理所發之怵惕惻隱的道德判斷，自然皆統攝在吾身之仁的關懷中。因見形氣中的孺子之危，會引發仁心上的惻隱。而形氣之危必因生此危的二五之氣的某種比例，恰能引發氣性生理與其相應的某種二五比例而有怵惕惻隱之感通。此相應之二五之氣，因具生生價值義，自可使孺子之危與惻隱之仁，彼此相感通呼應，進一步完成不同時空位階，或危或仁的相感相成的德行。若順氣化整體中，指形氣中之實然為氣質，形氣中之生理

21　（清）戴震：〈性〉，《孟子字義疏證》卷中，《戴震全書》，頁184。

為性,而形氣只有一性的說法。則人我彼此感知成全的作用是心,心以二五之氣為體,故就氣質之心指其中有氣質生生才情的表現,便是人心;指其中有感知氣化有生理神用之作用,便是道心。知由氣化整體言,人只一心,自不會以情感上的懷生畏生為人心,以道德上的怵惕惻隱為道心,人心與道心是一不二。

> 凡血氣之屬,皆有精爽。其心之精爽,鉅細不同,如火光之照物,光小者,其照也近,所照者不謬也,所不照疑謬承之,不謬之謂得理;其光大者,其照也遠,得理多而失理少。且不特遠近也,光之及又有明闇,故於物有察有不察;察者盡其實,不察斯疑謬承之,疑謬之謂失理。失理者,限於質之昧,所謂愚也。惟學可以增益其不足而進於智,益之不已,至乎其極,如日月有明,容光必照,則聖人矣。此《中庸》「雖愚必明」,《孟子》「擴而充之之謂聖人」。[22]

　　心為血氣認知創造的功能,氣化有萬端,心之認知功能自有由鉅而細等差異。同時處於氣化中,萬物亦是變動不居的,所以當認知的對象與心感通時,彼此相應的方式與情態亦各不同。心可感知萬物之生理,及萬物間彼此相應之理,進而將氣化萬端之各種人事,藉種種條理秩序,聯結共構成互動感通的整體。由氣化說,心即氣化整體內在萬端的統合通貫之功能。由人說心,便是認知掌握萬端生理,進而實現種種條脈理緒為合理人倫日用的功能。因順氣化而有大小不同的表現,唯能覺知生理的功能則不變。如同性有生理神用,由二五相生之作用來決定。心之覺知,亦由二五之體來決定。心知覺照功能除不

22　(清)戴震:〈理〉,《孟子字義疏證》卷上,《戴震全書》,頁156。

因所覺照對象有遠近不同而改變外，心亦順本身氣化之常的二五生理，覺照對象為氣化之常或變。心與物皆順氣化之常為得理，物為氣化之變不合心之常道為失理。知心有以氣化之常為判斷標準的價值義。

　　性善量大則性之神用順暢，性善量少則性之神用委靡。同樣心覺照之氣強，所覺照對象之距離可更遠，覺照對象善或惡的判斷可更明確。所以心又有察與不察事物合於氣化常道與否之功能。物皆有氣化之理，故心可察知各物之生理，若心有固蔽，則不能察知物之理，遂有疑謬產生，便是失理。統言之，氣化之心，自應能照遠與明察，但受二五氣質有清濁，暢滯的影響，而有或遠或近、或察或不察的差別。知順性可增量的理論，心亦可由學習而擴充心知，由弱而強，由近而遠，由不察而察，由失理而得理。此種說法，貼近實際人生。不再由無限本體心賦予道德於萬物，使萬物皆為道德的存在，但於氣質莽動時，遂有蔽限無限心不能呈現，而為惡的說法。無限心有本體之生生、價值義，但不以形氣為一真實存在，只以形上本心為真實存在。唯氣學既不廢本體的生生、價值義，且更進一步將其安立於氣化整體中，不但使無形之氣有生生價值，亦使人我亦有生生價值，而為各具主體又道德的存在，較佛學心學著實多矣。

五　合內外之學

　　夫資於飲食，能為身之營衛血氣者，所資以養者之氣，與其身本受之氣，原於天地非二也。故所資雖在外，能化為血氣以益其內，未有內無本受之氣，與外相得而徒資焉者也。問學之於德行亦然。有己之德性，而問學以通乎古賢聖之德性，是資於古賢聖所言德性埤益己之德性也。[23]

23　（清）戴震：〈性〉，《孟子字義疏證》卷中，《戴震全書》，頁188。

　　資以養者之氣即為他律，本受之氣即為自律，二者皆為氣，當然不是二。所資在外之他律有兩種，一為外在的規範，一為外在的氣化流行。而身本受之氣是自律，是個人二五比例獨特的形氣，以及生生的動力皆屬自律，亦原於天地而非二。因為一氣流行在無形的太虛，也在有形的太和世界中。所以能資的他律的規範還有他律的氣化雖然在外，但皆能化為血氣以益其內，因為他律與自律的本質全是氣化，所以才能化為血氣以益其內。沒有內中無本受之氣，然後與外在的資養之氣能相得者，此因透過學問可使性增善與開通。而相得即為一氣流行中不分自他、內外而為一。古聖賢的德性可以增進人我的德性，是透過古今名教的他律引發人我的自律。唯古今名教、聖賢的德性不是他律，是聖人自覺的表現，對聖人而言是自律。但是，聖人自覺的表現，將之規範化作為人我必須遵守的標準時，聖人的德性就化成古今名教的他律，而他律又可以引發我內在的自律，所以不論是他律或自律本質定是氣化之善。

　　心學認為人性是純善的，氣質是惡的，氣質會壓抑純善之性，所以一切的道德修為要去掉氣質的壓抑和扭曲，然後恢復純善本性，此為心學最強調的，但是這仍然只是停留在精神層次。氣學承認氣質是善的，但也有惡的成分，要保住氣質善的部分，去除氣質惡的部分，如此變化氣質之性，每個人都改變其氣質之性合於氣化之常，即可形成一新的人文世界，由無限多有限形氣渾融成一具體真實、無時空限隔的氣化整體，此為改變氣質之性最主要的目的。氣學重視外王，使內聖可跨向外王，而且內聖外王是一。所以復性之學只有第一步，沒有第二步，而氣學則是兩個步驟都有，較為完整。

　　《中庸》曰：「君子尊德性而道問學，致廣大而盡精微，極高明而道中庸，溫故而知新，敦厚以崇禮。」凡失之蔽也，必狹

小；失之私也，必卑闇；廣大高明之反也。「致廣大」者，不以己之蔽害之，夫然後能「盡精微」；「極高明」者，不以私害之，夫然後能「道中庸」。「盡精微」，是以不蔽也；「道中庸」，是以不私也。人皆有不蔽之端，其「故」也，問學所得，德性日充，亦成為「故；人皆有不私之端，其「厚」也，問學所得，德性日充，亦成為「厚」。「溫故」，然可語於致「廣大」；「敦厚」，然後可語於「極高明」；「知新」，「盡精微」之漸也；「崇禮」，「道中庸」之漸也。[24]

　　「致廣大」為氣化流行無限的表現，不受自己的蔽和私來限制。「盡精微」精微是內在主體的掌握，是人我氣化的本性。廣大是氣化普遍的流行，精微是每個人的氣化本質都一致，氣化貫通廣大與精微。「極高明」即生命的本質直接從太虛來，人的生命本質都和太虛一致。「道中庸」指人我高明的本性定要在人倫日用中恰當的展現。「故」是內在本有的，即為太虛本性。又問學所得，德性日充，亦可成為「故」。在問學日充之前是「故」，在問學日充之後仍然是「故」所以「故」是本質也是結果。「故」本來應是先天的太虛，到後來德行日充亦成為「故」，這時是具體的太和，兩者有差別但本質都是氣化主體。因後天太和的他律中間有先天太虛的自律，由先天自律的太虛化為人倫日用必規範化成後天他律的太和，所以自律他律是一。以中庸言，要表現「致廣大」和「道中庸」的太和，是因「致廣大」和「道中庸」的太和來自於「盡精微」和「極高明」的太虛本質；太虛的「盡精微」和「極高明」的自律本質，必然表現成「致廣大」和「道中庸」的外在太和的他律道德。「溫故」是不斷溫習內在的先天

24　（清）戴震：《原善》卷下，《戴震全書》，頁26。

太虛的自律道德,「知新」能不斷的溫習,肯定有無限的先天太虛,可表現成種種日用言行,這是「盡精微」之漸也。「敦厚」指敦篤人我先天太虛之性。「崇禮」即尊重種種的他律道德規範,敦篤人我的太虛本性,然後表現成種種外在道德規範,便是「道中庸」之漸也。知新建立後天的太和,溫故展現先天的太虛。合在一起是致廣大而盡精微,亦即廣大太和之中一定有太虛。高明是太虛,中庸是太和,所以極高明而道中庸,是太虛必然化成太和。故可說太虛太和是先天後天的一,也可說太虛太和是有形無形的一,也可說太虛太和是虛必化為和,和中必有虛的一,此時太虛太和只是氣化流行整體的有形和無形之不同層面而已。

> 由血氣心知而語於智仁勇,非血氣心知之外別有智、有仁、有勇以予之也。就人倫日用而語於仁,語於禮義,舍人倫日用,無所謂仁、所謂義、所謂禮也。血氣心知者,分於陰陽五行而成性者也,故曰「天命之謂性」;人倫日用,皆血氣心知所有事,故曰「率性之謂道」。全乎智仁勇者,其於人倫日用,行之而天下睹其仁,睹其禮義,善無以加焉,「自誠明」者也;學以講明人倫日用,務求盡夫仁、盡夫禮義,則其智仁勇所至,將日增益以於聖人之德之盛,「自明誠」者也。[25]

　　直接由血氣心知的氣質層來說,不分形上形下兩層只有氣化流行這一層,從氣化流行之種種理序中指點出道德的次序,便是智仁勇。仁義禮專指人倫日用中道德的次序和規範,離開人倫日用沒有所謂形上的仁義禮之道德本體。所以不論是智仁勇,還是仁義禮都是由血氣

---

25 （清）戴震:〈誠〉,《孟子字義疏證》卷下,《戴震全書》,頁207-208。

心知和人倫日用的氣化流行的整體來說。成性即每個人的二五比例都不同所成的性，便是氣質之性，氣質之性即是「天命之謂性」。由人我的血氣心知表現成眾人之事的人倫日用，即是「率性之謂道」。

「誠」是先天的太虛本性，也是先天血氣心知的智仁勇；「明」是後天太和的仁義禮，即太虛本性在人倫日用上的展現。「自誠明」是由血氣心知的智仁勇表現成人倫日用的仁義禮，是由自律而他律；「自明誠」人倫日用有仁義禮的表現，是因為其中有血氣心知的智仁勇，此是由人倫日用的他律引發血氣心知自律的智仁勇。此因先天血氣心知的自律和太虛，必然會轉化為後天的他律的人倫日用，智仁勇必定會表現成仁義禮，自律定會轉化成他律，太虛必然會化為太和。由後天的人倫日用中，必然包含了誠、先天的血氣心知的自律在其中，這是「他律中間有自律」。致廣大而盡精微指溫故知新，此是他律中有自律；敦厚崇禮指極高明而道中庸，則是「自律會化為他律」。

他律與自律彼此貫通，因所處位階有別，而有下列三種關係。「自律化成他律」人我自律的表現一具體化、規範化就化成他律，生生表現在具體的人倫上便是不斷的集義。此為氣化流行於無形與有形間必然如此的轉換。「他律來自於自律」聖賢自律的具體化規範化轉成他律，他律當然來自於自律。「他律會引發自律」仁義禮是聖賢的自律，對我而言則成他律的仁義禮。因滋養氣和本受之氣是一致的，所以外在他律可養人我，可透過心的感通協德的作用，使與內在本受之氣相呼應，進而引發本受之氣的智仁勇的生生發用。故要改變氣質之性，把合於他律的氣質表現出來，把不合於他律的氣質去掉，或轉換成合於仁義禮的氣質之性。而如何保證內在智仁勇表現成外在仁義禮必然成功，便要調理氣質之性實為智仁勇，而不會去表現非智非仁非勇的狀態，故透過變化氣質之學，可達成他律與自律既同體又相成的結論。

六　結語

　　綜上所論，戴震以氣化流行為一整體。所論之性自以氣化為體性，而只有一氣質之性，但指出氣性卻有智愚、遠近的差別。所論之心自以感通氣化為主體，不分德知與聞知，人心與道心之別。至於後天則重視人文化成之功。戴震與孔孟、朱王皆強調天命之謂性，但更強調氣質之性是善的，以為氣化流行應以率性之謂道為目標，率氣質之善性而行，不斷的日生、集義，可使具體的道德的太和世界流行展現，所以氣學將重心放在「率性之謂道」。而朱子、陽明則將重心放在「天命之謂性」的層次，如此則使內聖不易跨到外王。在氣學中，形上之道不是重點，純善的氣化流行才是重點。在人來講，氣化流行便是指氣性善，順此氣性善的表現便是率性，而率性即是所謂的道，但道不是重點，率性的順暢呈現才是重點。而保證率性一定是道，便要透過變化氣質的學問，才可謂「修道之謂教」。此即戴震涵攝心與性、自律與他律、率性與修道皆為一的氣化整體論。

──原刊登於《金榮華教授七秩華誕祝壽論文集》，

臺北：萬卷樓，2007年。

拾參　焦循《孟子正義》的氣論

一　前言

　　焦循（1763-1820）清、江蘇、揚州人。於「雕菰樓」中著述不輟，為學博聞，強調為學重在經史、訓詁等領域，著有《孟子正義》、《易通釋》等書。孟子「知言養氣」說，歷經秦漢、隋唐、宋明，隨時代思潮的移易，而有不同的詮釋方向。焦循《孟子正義》處於清初，重實學的背景下，由氣重新詮釋孟子其學術觀念，有值得探討處。

　　孟子言性善，秦漢時多用氣化論言性有善，隋唐佛學強調本體，視實然世界皆為虛空，故善多由本體說。宋初張載為反佛老，復由氣化之常說性善。唯程、朱主理氣二分，則又以形上天理為性善，以實然之氣為惡之源。陸、王亦由本體說性善。與陽明同時之羅欽順、王廷相等則為矯性善之虛無，復又上接秦漢之氣說性有善之老路。浸至明清之際的王夫之、戴震等，又轉為由氣論性，性為善之路，以反對朱王論性重本體輕形氣之病。焦循《孟子正義》之作於性善之討論，則多採秦漢時期之典籍，與明清之際戴震等由氣說性之論說，反對程、朱由理說性之主張。故此文之作即立於由氣或由理論性善之思想史辯證進程下，聚焦於焦循之由氣論心、性、天之結構，以明其重新接軌秦漢論孟子之旨的宏圖。

二 天

> 正義曰：「天道，即元亨利貞之天道，乾道變化，各正性命，
> 保合太和，此天道也。通神明之德，使天下各遂其口鼻耳目之
> 欲，各安其仁義禮知之常，此聖人之於天道也。……趙氏謂遭
> 遇乃得行之，不遇者不得施行是也。……故口鼻耳目之欲不
> 遂，屬之命，而仁義禮智之德不育，亦屬之命。……君子處
> 此，其口鼻耳目之欲，則任之於命而不事外求，其仁義禮智之
> 德，則率乎吾性之所有而自脩之。」[1]

　　焦循以元亨利貞的生生之德為天道，但非由本體說生德，而是由
統合本體與氣化為整體的氣化生生說天道。天道即由聖人遂其耳目之
欲，也安於仁義之常而呈現，天道既有仁義之價值，且仁義流貫於耳
目之欲中。仁義有價值的普遍性，耳目之欲亦有氣化普遍性，故天道
是貫通價值與氣化兩層皆一致的普遍性。而命即是天道將仁義與氣化
同賦予於人的下貫作用。《正義》中引趙注云：「道謂陰陽大道，無形
而生有形，疏之彌六合，卷之不盈握，包絡天地。稟授群生者也。言
能養此道氣而行義理，常以充滿五臟，若其無此，則腹腸飢虛，若人
之饑餓也[2]」道由陰陽說，陰陽屬氣，所以統為一體的說為道氣。此
陰陽之道，由無形而有形，亦即由無形之道的層面，貫通凝聚成有形
口鼻耳目的形氣層次。同時又超越在六合之外，又內在人身極隱處。
此陰陽之道的自然有無限大的內涵。除此之外，陰陽之道在由無而有
的過程中，亦具有價值義於其中，如趙注「言此浩然之氣，與義雜

1　（清）焦循：《孟子正義》（臺北：文津出版社，1988年），頁993。

2　（清）焦循：《孟子正義》，頁200。

生，從內而出，人生受氣所自有者。[3]」「與義雜生」義是人受氣由內而出所固有的。所以氣、義同為陰陽之道的內涵，是通貫有無、內外為一同體的存在。可知焦循論道，道是陰陽氣化義與價值倫理義同體並具，由此來定義所謂的「浩然之氣」。唯命受限於氣化，耳目之欲有其局限，未必能順暢流通，而命之價值義，則不受限形氣之局限，仍可然貫於人性中。

> 正義曰：蓋亦如箋物象之說，性為天所命，性之有仁義禮智信，即象天之木金火土水，故以性屬天，以六情從五性，是以人之情法天之性，即前「性善勝情，情則從之」之義也。[4]

天以陰陽五行之義命於人而為人之性，此性即稟有陰陽五行相生的氣化作用，此作用中的必然性即為仁義之價值義。故以天之木金火水土之作用與功能，賦予人性中而為仁義禮智信的價值。此即說五行相生非只有氣化義，且有價值義。仁義非只有價值義，亦有氣化義。隋‧蕭吉《五行大義》對五常與五行關係有清楚說明：

> 夫五常之義，仁者以惻隱為體，博施以為用。禮者以分別為體，踐法以為用。智者以了智為體，明睿以為用。義者以合義為體，裁斷以為用。信者以不欺為體，附實以為用。其於五行，則木有覆冒滋繁，是其惻隱博施也。火有滅暗昭明，是其分別踐法也。水有含潤流通，是其了智明睿也。金有堅剛利刃，是其合義裁斷也。土有持載含容，以時生萬物，是其附實

3　（清）焦循：《孟子正義》，頁202。
4　（清）焦循：《孟子正義》，頁759。

不欺也。[5]

　　《五行大義》以仁義禮智信為五常，分別以惻隱、分別、了智、合義、不欺為屬價值義的五常之體。以博施、踐法、明睿、裁斷、附實為屬日用界的五常之用。五常有體也有用，於是惻隱之體在博之用中，博施有了惻隱的價值義，惻隱亦有了博施的日用功能。所以，五常既有永恆的價值義，亦有當下時空的功能義，此段接著把五常與五行合說，將價值上的應然義與實然上的必然義做了對應與融通。如木之覆冒滋繁的多元生長狀態，可轉喻為以惻隱之體為體博施為用的仁。火之滅暗昭明的明暗清楚有別的樣態，可轉喻為以分別為體踐法為用的禮。推而論之，在實然界中，含潤流通的水，可轉喻有了智明睿的認識判斷的意義。堅剛利刃的金，可轉喻有合義截斷的不變判準的意義。持載含容的土，轉喻成有了附實不欺的寬厚包容的意義。可知五常以五種價值方向與五行五種各異的實然體質，做交融互攝，互為體用的詮釋，而焦循「性之有仁義禮智信，即象天之木金火土水」的思維，亦承續《五行大義》五常五行而有的思維。

　　　　程氏瑤田《通藝錄論學小記》云：「有天地然後有天地之性，有
　　　　人然後有人之性，有物然後有物之性。有天地人物，則必有其
　　　　質，有其形，有其氣矣。有質有形有氣，斯有是性，是性從其
　　　　質其形其氣而有者也。是故天地位矣，則必有元亨利貞之德，
　　　　是天地之性善也。人生矣，則必有仁義禮智之德，是人之性善
　　　　也。若夫物則不能全其仁義禮智之德，故物之性不能如人性之
　　　　善也。……人之質形氣，莫不有仁義禮智之德，故人之性斷乎

5　（隋）蕭吉：〈論五常〉《五行大義》（臺北：新文豐出版公司，2004年），頁61。

其無不善也。然則人之所以異於物者，異於其質形氣而已矣。」[6]

　　焦循引程氏之言是云有質、形、氣義的天地非本體無限義的天地。則順天地而有之氣性，自亦是有質、形、氣等條件，由氣化說的氣性。天地有元亨利貞生生之德，此生德即規定天地之性為善，此天地之善命於人為人之性，此性自亦是善。因氣化生生之方向與速度有無限可能，故人能全稟氣化之仁德為性善，物則不能全稟氣化之仁德，而無善性。若由本體之天主善，則人與物皆以天德之善為性，只是人能行善，物不能行善。若由氣化全體之天言善，則人稟天德，性既為善亦能行善，物性則本即不善亦不能行善。心學由良知本體說性絕對善，朱學由天理說性亦為絕對善，此為保障萬物有一最高價值根源，不因落入相對界有善有惡，而失去最高的判準。焦循仍承孟子主性善論，唯其對心學、理學忽視性與氣密切關係，有不同看法。所以另由漢、唐、宋、明以來，延續不斷的氣化論立場，主張質、形、氣等氣化界的不同階段、體質，在由天而人為人之性的過程與內容上，形、氣、質皆為性之內容，不得忽視。所以主張「性從其質其形其氣而有者」，如此不再由形上論性之路，而說「天地位矣，必有元亨利貞之德，是天地之性善也。」如此性由天地言仍為善，於是性不分為義理、氣質二者，性即質形氣之一性，此性有天地之德，故性亦善。唯若形、氣、質與天地有隔，則為非人之性矣。

三　氣性

　　正義曰：謹按：「以性為理，自鄭氏已言之，非起於宋儒也。

6　（清）焦循：《孟子正義》，頁741。

理之言分也。《大戴記・本命篇》云：『分於道之謂命。』性由
於命，即分於道。性之猶理，亦猶其分也。惟其分，故有不
同，亦惟有分，故性即指氣質而言。」[7]

　　焦循論孟子之性善，不由程朱理氣二分與陽明心即理之路言，而
是直承漢代氣化論盛行時的趙歧注為疏論基礎。但以理為天之本然，
亦是確定天道為本之法。只是此理可由「分」言，形上本體不能言
「分」，而氣化本始之天或理則可言「分」。因陰陽五行之道命於人
物，順氣、質、形等，由無而漸有之過程中，局限造成的分別愈顯之
過程中，人與飛潛動植等氣類殊異之分別亦愈顯明。氣類雖別，其
「分之理」即為其氣類之性。若朱學「理一分殊」，理一為物之所以
然之共性，分殊之理為萬物實然之各別之理。「苟無是義，便無是
氣，安能免於餒？然配義之功，在集義。集義者，聚於心以心待其氣
之生也。曰生，則知所謂配者，非合而有助之謂也，蓋氤氳而化之謂
也。[8]」有形與無形截為不同的二者，彼此的交通，需要做異質異層
的超越，才能使無形之道融入氣質之中，使氣質天道化。然而天道若
由「道謂陰陽大道，無形而生有形」的陰陽相生，無凝而為有的思路
說，無形能與有形相通為一，價值與氣質能同體為一，沒有上下隔閡
難以消解的問題，答案便在「生」、「氤氳而化」一語中。因為氣化不
已的「生」，從氣化不已有其必然性可謂之「生」。從氣化有其由無而
有的秩序，所具有的應然性，說「生」是「義」，是可以成立的。所
以「配，合而有助」是無形與有形分別為二者，「氤氳而化」者，是
義與氣同為「生」之內涵。故可說分命於人物，使各有其分別之性者

7　（清）焦循：《孟子正義》，頁752。

8　（清）焦循：《孟子正義》，頁202。

之道，是統萬物之然與物之所以然為一體的氣化之道，則此道命於人之性，即指氣質之性。

> 戴氏震《孟子字義疏證》云：「性者，分於陰陽五行以為血氣、心知、品物，區以別焉，舉凡既生以後所有之事，所具之能，所全之德，咸以是為其本，故《易》曰：『成之者性也』。氣化生人生物以後，各以類滋生久矣，然類之區別，千古如是也，循其故而已矣。在氣化曰陰陽，曰五行，而陰陽五行之成化也，雜糅萬變，是以及其流形，不特品物不同，雖一類之中又復不同。凡分形氣於父母，即為分於陰陽五行，人物以類滋生，皆氣化之自然。……分於道者，分於陰陽五行也。一言乎分，則其限之於始，有偏全、厚薄、清濁、昏明之不齊，各隨所分而形於一，各成其性也。然性雖不同，大致以類為之區別。」[9]

　　焦循引戴震《孟子字義疏證》此段說明，氣性因陰陽五行各種變化而有血氣、心知、品物等區別。亦即將這些區別統具於二氣五行所成之性中，以見氣性的形、氣、質雖對天道在實然界的流行，造成限制，但陰陽之道流行不已，則形、氣、質亦不已地、遍在地出現在任何時空中。而所有時空中形、氣、質的全體實現，亦可說是「陰陽之道」的具體實現。故既生後所有之事、能、德全為具有各種生化可能之性來完成，故曰「成之者性」。非如朱學以理為道，而理之不行正由氣攛而來之說也。道之有分，因陰陽五行之生生各異，且有生即限於其初生，故有清濁、厚薄之同異。人類分於父母之形氣不同，物類

9　（清）焦循：《孟子正義》，頁739。

分於動植飛潛之形氣皆不同。故雖人與物之氣類不同,但各殊萬類皆由陰陽五行之氣而有分,即以此有分之氣為各類之殊性。人物之氣性既各殊,故不再如朱子、王學強調人性即是無限普遍而本一之性。

> 正義曰:孔氏廣森《經學卮言》云:「王充《論衡本性篇》云:『周人世碩以為人性有善有惡,舉人之善性,養而致之,則善長;惡性養而致之,則惡長。⋯⋯蓋或人二說,皆原於聖門,而各得其偏。可以為善,可以為不善,所謂『性相近,習相遠』也。有性善有性不善,所謂『上致與下愚不移』者也⋯⋯。可與為善,不可與為惡,是謂上智。⋯⋯可與為惡,可以與為善,是為下愚。』」[10]

　　焦循對孟子論性的詮釋,不如王學直接視為本體善,且對或人「性可以為善可以為不善」、「有性善,有性不善」二句,皆從形下有限的氣性名稱言。同時未將善提到「道謂陰陽大道」的層次,只是相對有限的氣質層之善或不善,以為不合聖門本旨。焦氏以為由通貫上下兩層的陰陽五行之氣,自可賦於人為其體質之性,性中有二五之氣化各種可能性蘊與其中。且各種可能性之實現,皆此性透過情才之表現而各有其差別性,此時才可說可為善或可為不善。「相近」即指性皆以氣化生生之各種可能發展為主體,主體是生生,生化無盡在表現上遂有性善或有性不善。「不移」指氣性受氣化限制有智愚之分後,即以所分者而為善或為不善,即以此善或不善做主體,無法移易。故由本體論性善,則或人二說皆視氣化為形下有限者,不合焦循只有氣質一性,此性即陰陽之道的主張。如此循性而行為上智,反之則為下

10　(清)焦循:《孟子正義》,頁749。

愚。另外，「相近」與「不移」之性，皆由氣化而來，是皆「原於聖門，各得所偏」，所以性不須分氣質之性與義理之性。只有一性，即「陰陽大道」分於人之性。

四 性善

> 正義曰：惟性有神明之德，所以心有是非；心有是非，則有惻隱、羞惡、恭敬矣。戴氏震《孟子字義疏證》云：「人雖有智有愚，大致相近，而智愚之甚遠者蓋鮮。智愚者，遠近差等殊科，而非相反。善惡則相反之名，非遠近之名。知人之成性，其不齊在智愚，亦可知任其愚而不學不思乃流為惡。愚非惡也，人無有不善明矣。」[11]

焦循以元亨利貞為天道，天所命之性即此性所具之神明之德。德固為價值義，「神明」則指氣化萬變有遍在任何時空與人事間之妙不可測的各種作用與樣態。天命為性，性受限於氣而有殊異，性情通達於天者為智，性情鬱滯不達於天者為愚。因為氣性在二五之氣生生順暢，不受滯礙的狀態下，神用清暢的為智，相反的，二五相生受到滯礙，使神用難以暢發者為愚。此單由神用暢滯與否說，若由義與氣皆由「氤氳而化」來說，則氣化清暢者，其價值意涵亦同樣泉湧而出，而為善。反之，氣化濁滯者，其價值意涵亦封閉難顯，而為惡。因氣化有定分，所以氣性有智、愚之別。在價值上，亦隨之而有善、惡之別。同樣因氣化變易不已，所以若用工夫於愚上，亦有轉為智之可能。用工夫於惡上，亦有轉為善之可能。而天以生德賦為具神明之德

---

11 （清）焦循：《孟子正義》，頁757。

之性，故天善則性亦善，而氣性雖有智愚之分，唯只指氣類有分，而於氣性本天而善，於智愚皆一也。

> 正義曰：蓋人性所以有仁義者，正以其能變通，異乎物之性也。以己之心，通乎人之心，則仁也。知其不宜，變而之乎宜，則義也。仁義由於能變通，人能變通，故性善；物不能變通，故性不善，豈可以草木之性比人之性？杞柳之性，必戕賊之以為桮棬；人之性，但順之即為仁義。……人有所知，異於草木，且人有所知而能變通，異乎禽獸，故順其能變者而變通之，即能仁義也。杞柳為桮棬，在形體不在性，性不可變也，人為仁義，在性不在形體，性能變也。……以教化順人性為仁義，仍其人自知之，自悟之，非他人力所能轉戾也。[12]

　　焦循又由氣化萬變之視角，言人性能變通，故可以教化順人性而為善。「蓋人性所以有仁義者，正以其能變通。」性有仁義，不由絕對價值本體說，而由「能變通」說。乃因「性之有仁義禮智信，即向天之木金火土水」，所以性是仁義禮智信的價值義與木金火土水的才質義交融合體說。價值與才質能交融，在於氣化有多元的可能，且各可能又秉氣化無盡，再分化為不同之萬物。如此生化不已，有其不變的應然義，為人之性，即仁義，所以性有變通之作用。同時天以其生生秩序之價值義，化於形氣中而為人物之性。杞柳可變通為桮棬，是形體上的改變，不是「性」本身的改變。人能教化順人性為仁義，是因仁義能變通，所以人能由惡變通為善。如此既肯定氣化之性與價值本體之性，皆為善性。又強調氣性能通變，使智者順教化而為仁義，即

---

12 （清）焦循：《孟子正義》，頁734-735。

使愚者亦可順教化使其不通達之善性，化掉不通之限制，漸趨完善。

> 正義曰：戴震《孟子字義疏證》：「孟子不曰性無有不善，而曰
> 『人無有不善』。性者，飛潛動植之通名；性善者，論人之性
> 也。如飛潛動植，舉凡品物之性，皆就其氣類別之。人物分於
> 陰陽五行以成性，舍氣類更無性之名。……自古及今，統人與
> 百物之性以為言，氣類各殊是也。專言乎血氣之倫，不獨氣類
> 各殊，而知覺亦殊。人以有禮義，異於禽獸，實人之知覺大遠
> 乎物則然，此孟子所謂性善。」[13]

　　焦循又引戴震之言，論天命於人為性，性不能由天言，必由形氣
言。而陰陽五行之氣化有無限可能，故所成之物不同，性自亦不同。
所謂「自古及今，統人與百物之性以為言，氣類各殊是也。」因自古
及今對氣類各殊之人、物的共性，皆由氣言，不由本體言。所以人性
之知覺仁義，亦不由本體來，而是由氣性來。再推而論之，人與物之
氣性又殊，所以人能知覺仁義，禽獸不能知覺仁義。性由氣說，仍不
能失孟子性善之旨。而人性與物性，除因氣類不同而有善不善外，因
人性通達神明之德，故性發用之知覺，亦能通達禮義，而為性善，物
之知覺不能通達禮義，故性為不善。由血氣、知覺二路皆以人性為
善，此孟子尊仁道之本旨。

五　氣性善

> 正義曰：「趙氏以男子生有美形，宜以正道居之；女子生有美

---

13 （清）焦循：《孟子正義》，頁751。

色，亦宜以正道居之。……單言踐形，不言踐色，是尊陽抑
陰。……按此章乃孟子言人性之善異乎禽獸也。形色即是天性，
禽獸之形色不同乎人，故禽獸之性不同乎人。惟其為人之形、
人之色，所以為人之性。聖人盡人之性，正所以踐人之形。苟
拂乎人性之善，則以人之形而入於禽獸矣，不踐形矣。」[14]

焦循引趙岐注，以男為形為陽，女為色為陰，尊陽抑陰，故言踐
形不言踐色，即是以陽尊陰卑為正道。趙氏以男子有美形，女子有美
色，皆天之所生，所以說「形色即是天性」又說男為陽為尊，女為陰
為卑，明白以氣之形與氣之色為天性。天性不由形上本體說，而由陰
陽五行融入於人之形與色說。如此踐形、踐色，便是盡人之性，便是
性善。由性論之，則人為尊物為卑，人性善，禽獸之性不善亦可知
矣。且由分類有殊言，人獸形色各異，則二者氣性亦自異質。唯氣化
生運不已，故性亦有其不已行天德之作用。此生用見於人之形色，即
為人性善之呈現。見於獸之形色，限於獸形色不能通變之因，則不能
為善。故焦循除由氣質說性，又更進言，唯人之氣性為善，獸性不通
達，故其氣性不善。

> 正義曰：李氏光地《榕村藏稿自記》云：「孟子所謂性善者，
> 人性也。故既言人性異於犬牛，又言犬馬與我不同類，又言違
> 禽獸不遠，可見所謂性善者，惟指人性為說。人性所以善，以
> 其陰陽之交，五行之秀氣，孔子所謂『天地之性人為貴』也。
> 夫以其稟陰陽五行之全而謂之善。則孟子論性，已兼氣質矣。
> 謂孟子專以天命言性。遺却氣質，與孔子言相近者異，豈其然

---

14 （清）焦循：《孟子正義》，頁938。

乎！」[15]

　　焦循引李光地《榕村藏稿自記》之語云，孟子以人與犬馬不同類，故人性與犬馬之性亦異，李氏亦主氣類不同而氣性亦異。人之氣性屬善，在因人全稟陰陽五行之秀氣，故氣性為善。如「趙注：言此浩然之氣，與義雜生，從內而外，人生受氣所自有。[16]」指氣是「配義與道」，合仁義與陰陽大道，由內而出，為人生受氣時所本有的。以此滿載價值義之氣說性，性自然為善。犬馬則因氣類有別，即其所稟二五之氣的比例多寡、顯隱有所不同，且知覺亦限於氣類而有所不達，故犬馬之性沒有「配義與道」而為不善。此中可說二五之氣順暢流行即為天道，其中之價值秩序，即是仁義禮智信之仁道，亦即自然之天必合於應然之善。於是性善未必要由天命之形上本體言，因性由本體言，則天落於人身時與形氣有隔，需通過艱苦的下學才能上達異質異層的天道。不若由本具神明之德的善之氣性，通過教化而能上達同為氣化層的天。省卻由形氣上升到本體異質異層的跳躍工夫。故主張性善應兼氣質而言，故曰「孟子論性，以兼氣質矣」。

六　情欲才

> 正義曰：孔子以旁通言情，以利貞言性，情利者，變而通之也。以己之情，通乎人之情。……情通則情之陰已受治於性之陽，是性之神明有以運旋乎情欲，而使之善，此情之可以為善也。故以情之可以為善，而決其性之神明也。乃性之神明，能運旋其情欲，使之可以為善者，才也。……通其情可以為善

15　（清）焦循：《孟子正義》，頁739。
16　（清）焦循：《孟子正義》，頁202。

者，才也。不通情而為不善者，無才也。……智則才，愚則不才，下愚不移，不才之至，不能以性之神明運旋情欲也。惟其不能自達，聖人乃立教以達之。……使性中本無神明，豈教之所能通？……人之性可以因教而明，人之情可以因教而通。……性之善，全在情可以為善；情可以為善，謂其能由不善改而為善。孟子以人能改過為善，決其為性善。[17]

焦循由孔子所贊之元亨利貞之易道說孟子之性善。既由二五之秀氣說氣性善，則性所發之情離無形愈遠，而距形質愈近，亦即受限於氣質之偏限愈明顯。隋・蕭吉在所著《五行大義》〈性情〉篇有云：

五行在人為性，六律在人為情。性者，仁義禮智信也。情者，喜怒哀樂好惡也。五性處內御陽，喻收五藏。六情處外御陰，喻收六體。故情勝性則亂，性勝情則治。性自內出，情從外來，情性之交閡不容系。說文曰：「情，人之陰氣，有欲嗜也。性，人之陽氣，善者也。」[18]

蕭吉亦由氣化視角說性兼具才質義的五行，與價值義的五常。性處內屬陽，如有五臟。情處外屬陰，如身有六體。「性自內出，情由外來」，性情有內外之分，如陽為尊陰為卑，如仁義禮智信發為喜怒哀樂好惡。氣化會由微而著，由陽生陰，所以五性自然發為六情。又因陽氣清通無礙而為善，陰氣凝固難通為嗜欲。此中已有陽善陰惡之意。焦循雖不主張「情之陰已受治於性之陽，是性之神明有以運施乎情欲，而使之善」的以性治情，以行善的思維。但焦循此性善情惡

---

17 （清）焦循：《孟子正義》，頁755-756。

18 （隋）蕭吉：〈性情〉《五行大義》，頁61。

說，有更進一步的說法。主張「情利者，變而通之。以己之情，通乎人之情」。情不能只由嗜欲說，情由五常之性發，情中自有五常而可為善者，同時氣化無方所之限制，所以有人我之情各異的發展。情之樣態雖各異，本質皆為一性，所以人我之情又可以旁通互體。所以說能使氣類間不因類別限制，仍能以氣相通，即性之「情」也。亦即若同為氣類，卻因二五之氣多寡不同，及知覺通暢與否之差別，所產生的差別隔閡，能藉由彼此皆有之氣化生生作用而互通。只是人性有神明之德，故其情可與人旁通而為善。獸性無神明之德，故其情不能旁通為善。可知情是人與物分類後，人與人間彼此去除氣質之隔閡，重建彼此本無隔閡的神明之德的「變通」平台。唯神用無形不可見，故將無形之神用轉為氣質層可感受發動之情。如所謂「性之神明，能運旋其情欲，使之可為善，才也。」使情真可為善之作用化為更接近氣質的才。氣化生生愈凝為形質，氣化生用才易為感知而成用，即所謂「才」。

> 才者，人與百物各如其性以為形質，而知能遂區以別焉，孟子所謂「天之降才」是也。氣化生人生物，據其限於所分而言謂之命，據其為人物之本始而言謂之性，據其體質而言謂之才。由成性各殊，故才質亦殊。才質者，性之所呈也；舍才質安覩所謂性哉？[19]

　　戴震以為「才」是氣性各殊的人物的各殊形質，才是性的具體呈現。無才，性亦無法在日用中被感知。氣化由微而著，凝結的方向、速度不同，遂有智愚的不同以為命。據此有萬殊可能性的氣化為人物

---

19 （清）戴震撰：〈才〉《孟子字義疏證》卷下，《戴震集》（臺北：里仁書局，1970年），頁307。

之本,是為性。在由原則性說氣化由命而性的過程中,二五之氣凝結
為人物的體質,亦同時具體呈現出來,成為所謂的「才」。所以氣性
各異,呈現性的「才」亦有不同。如此說命、性、才,是氣化由無而
有的三階段,三者本質是同一氣化。不可視命為形上,性為形上落於
形下,才為形下,命、性、才為成體質不同的三者。因天有生德,所
以性有仁義,而情有惻隱、羞惡,「才」則為惻隱、羞惡之完成。故
能惻隱,即性運旋情而完成於才也。故性運情而成才者為智,性不能
運情亦不能成才者愚也。知氣化分類有形後,善由情、才而顯,「情
善」說成為當時思潮之特色。

> 正義曰:人之性善,物之性不善。蓋渾人物而言,則性有善有
> 不善。專以人言,則無不善。……《禮記・樂記》云:「人生
> 而靜,天之性也。感於物而動,性之欲也。物至知知,然後好
> 惡形焉」……正以所欲所不欲為仁恕之本。……性已賦之,是
> 天賦之也。感於物而有好惡,此欲也,即出於性。欲即好惡
> 也。……知知者,人能知而又知,禽獸知聲不能知音,一知不
> 能又知。……惟人知知,故人之欲異於禽獸之欲,即人之性異
> 於禽獸之性。趙氏以欲明性,深能知性者矣。[20]

　　焦循以「天之性」為天之元亨利貞賦予人為人之善性。「性之
欲」,自非如程朱由形上本體之性,鼓動形下氣質之好惡而為欲。而
是主張「欲」是氣性之感物而動,而在氣質言行上表現出之好惡。若
好惡純由形下氣質層之情欲而發,則氣之好惡中無天德貞定,則所好
惡者必是不善。即使通過教化使氣質之欲之好惡合於人倫之常,欲與

20　(清)焦循:《孟子正義》,頁738-739。

仁道合一而不為惡，其中仍有氣強理弱導致難以為善之危殆。若氣欲之好惡由本善之氣性發動，則此善性之欲之好惡自然合於天德，為仁義之所當好當惡者。如此由氣說天、性、情、欲一貫而下，使由無而有之層次詳明，而本質彼此相貫通。且因性由氣說，性所發的情、才既是造成「各成其性」的限制作用，也是旁通人我，使仁義能施行於人倫日用的互補相成的作用。不再視情、欲、才屬惡。「知知者」指氣化之性、情、欲仍運旋不已，使知覺發而又發，知而又知。且氣化具生德，故其好惡之欲屬善，而知又知者，所知的廣度、深度雖愈普遍，唯仍以知善為依歸。如此知善與好善為一，知惡與惡惡非異。知由氣之「欲」言好惡正孟子之本旨也。

七　性相近

> 正義曰：「其日夜之所息」，趙氏解為其日夜之思欲息長仁義。……蓋雖放其良心，其始陷溺未深，尚知自悔，雖為不仁而思欲尚轉而及仁，雖為不義而思欲尚轉而及義。此思欲之所轉，即仁義之心所生長。……放失之後，其平旦之氣，好惡尚與人相近，則「性善」可知矣。……而其日夜所息，則仍與人近而不遠，此孟子以放失仁義之人，明其性之善。[21]

　　焦循引趙岐注「息」為「思欲」、「尚轉而及仁」，指平旦之氣有變通轉惡為善的作用。前言「情能旁通」即指氣化之自然秩序便是價值之應然。故氣化自然無方所限制之雜揉萬變，同時亦是價值之天德無方所限制的遍在流行。此時氣化而有之物類，彼此雖有形態之限

21　（清）焦循：《孟子正義》，頁776。

隔，但因本質皆氣。故皆可稟其本質之氣的生德生用，互相感通，至少在體質相同之基礎上，建立旁通又共構的氣化宇宙。而此可旁通互構之關鍵，在人身即為「息」之「思欲」具有轉情、才言行之不善為仁義的轉化能力。當順氣性善而本應善之情才，因陷溺制約而為不善時，非只外在他律之教化可使之化為善。即在本善氣性中，自有不已之生德，使陷溺之情才，亦能自主自律自運旋其情才使之為善之作用。若理氣二分，則氣無思欲轉惡為善之可能。反之，理氣為一，則平旦之氣中有自思欲轉惡為善之動力。所以一貫之氣，除包含他律功夫，本身亦有自律轉惡為善之能力。同時由天而人縱貫的說氣化上下一貫外，「思欲之所轉」亦強調人與人間橫貫的內外相通。如此，可知氣是價值與才質兼具，上下相貫，內外相通無隔者。

> 正義曰：程瑤田《通藝錄・論學小記》云：「性之相近也，愚者之性未嘗遠於智者也。蓋氣稟受質而成人之形，其心即具人之性，人與物異，故性無不善也。而不能無智愚之殊者，以氣質不能不分高下厚薄，因而知覺不能不分差等。……愚非無其智也，鬱其智而不達則愚。智愚雖分，性未始不相近。相近云者，弗無其善之云也。……移而智者，性達而性之善見；移而愚者，性不達而性之善不見。夫豈性有不善哉？不見其善而已矣。然則相遠者，因習而移其智愚，非移其相近之性也。……其不移者，非其性之善本有加於人、本有損於人也。其移焉者，非其性之善忽有加於人、忽有損於人也。……仁義禮智之性，其端見於惻隱、羞惡、辭讓、是非之情者，雖下愚之人，未嘗不皆有也。」[22]

---

22 （清）焦循：《孟子正義》，頁753。

　　焦循引程瑤田之論言，氣化有方所之限隔，故有人與物之類別，進而人與人間亦是類同而智愚有等差之不同。唯氣化宇宙為一整體。故由智愚進而人物，雖有不同，是為乾道變化，使人物各正性命，各具其獨特性與主體性合為一真實而無限的呈現。亦可說氣化由無而有之過程愈接近實然，則分別愈繁與細。故即使人皆以氣之生德為性而曰性善。但人稟受二五之氣的多寡有別，故其性能否順暢運旋其情，亦自有不同，如所謂「愚非無其智也，鬱其智而不達則愚」。另人性本善，但因氣質有厚薄之等差，故其知覺亦有智愚之別。愚者非無氣性之生生知覺，只其知覺鬱而不達，智者同愚者同具生生之知覺，只其知覺順暢不滯而已，故智愚可謂「性相近」者。而智愚一受氣成形即成其智愚之異，此氣命之所限制而無可改易，故曰「不移」。「相遠者，因習而移其智愚，非移其相近之性也。」性相近不可移，可移在於「習」，愚者「習」於善可為智，智者「習」於惡可為愚。因氣性能「變通」，故可因習而由智「變通」為愚，亦可由愚「變通」為智。所以愚而學使之移者，則為教化使性達而善見，則乃「習相遠」之功。

八　心

　　正義曰：《荀子·解蔽》云：「心者，形之君而神明之主也。」《春秋繁露·循天之道》云：「凡氣從心，心，氣之君也。」《淮南子·原道訓》云：「夫心者，五臟之主也，所以制使四支，流行血氣，馳騁於是非之境，而出入於百事之門戶者也。」《精神訓》云：「是故血氣者，人之華也。而五臟者，人之精也。夫血氣能專於五臟而不外越，……則精神盛而氣不散矣。」此心為精氣主之說也。馳騁於是非之境，而行之不僻，

即思慮可否，然後行之之謂也。（趙氏）[23]

由焦循所引《荀子》、《春秋繁露》、《淮南子》等秦漢流行氣化宇宙論時代的著作，皆以形氣身形中之判斷是非、思慮可否與制使五官四肢的功能為心。唯形氣之心，非只是純粹實然之心。若只是形下氣之心，只能為五官四肢之主宰。唯有以氣言之心，率性而達天，旁通情以達性，暢通其知覺而有知性知天的功能。故焦氏以氣化之生用與生德同合於人身之發用為心，如所謂心為「流行於血氣，馳騁於是非之境，而出入於百事之門戶者也。」所以心是善惡分判的標準，也是出入百事的主宰，是價值與實然兩界貫通無隔的主宰。有判是非、權輕重，知善為善、知惡去惡的知覺作用與功能。

> 凡人行一事，有當於理義，其心氣必暢然自得；悖於理義，心氣必沮喪自失，以此見心之於理義，一同乎血氣之於嗜欲，皆性使然耳。耳鼻口之官，臣道也；心之官，君道也；臣效其能而君正其可否。……就人心言，非別有理以予之而具於心也；心之神明，於事物咸足以知其不易之則，譬有光皆能照，而中理者，乃其光盛，其照不謬也。[24]

戴震認為血氣與欲，皆為氣性的發用，血氣指氣性在身體內流動，欲嗜指氣性發為身體外的流動。同樣，理義與心氣亦是性之發用。理義是性的價值標準，心氣是性的價值判斷，如焦循前有云「性有神明之德，所以心有是非，心有是非，所以有惻隱、羞惡」可知氣性具價

---

23 （清）焦循：《孟子正義》，頁875。

24 （清）戴震撰：〈才〉《孟子字義疏證》卷下，《戴震集》（臺北：里仁書局，1970年），頁272。

值形氣兩間，即體即用，既是價值的標準，也是價值的行動。「臣效其能而君正其可否」表示心同時是血氣與是非善惡的主宰，此主宰不是另由某一形上本體所賦予，是因氣性本具神明之德，所以心本身便是普遍的、不易的價值主宰。此說亦可與焦循的說法，互相參考。

> 正義曰：「人之心能裁度，得事之宜，所以性善，故仁義禮智之端，原於性而見於心。心以制之，即所謂思慮可否，然後行之也。……性之善，在心之能思行善。……天道貴善，特鍾其靈於人，使之能思行善。……能盡極其心以思行善者，知其性之善也。知其性之善，則知天道之好善矣。趙氏之義如此。戴氏震《原善》云：『耳目百體之所欲，血氣資之以養，所謂性之欲也，原於天地之化者也。……仁義之心，原於天地之德者也，是故在人為性之德。斯二者一也。……性之欲，其自然之符也；性之德，其歸於必然也。歸於必然適全其自然。……自然者，散之普為日用事為；必然者，秉之以協於中，達於天下。知其自然，斯通乎天地之化；知其必然，斯通乎天地之德。』」[25]

　　在氣化流行於天地人之架構中，天地人各以其天地人之主體以為性。而能貫通天地人三才之殊性及人我物間之殊異，使天地人物彼此皆能融通相知而無隔，本即是依天地人我皆由二五之氣生生之方所、速度有別而共構成者來說。故由一氣分為萬態後，萬態能復歸為氣化整體的步驟，便是由生用生德並具之性，發為知覺萬態皆具生德生用，而彼此只有氣類之等差，但於本然之氣性則為一致的心，使之隨

25　（清）焦循：《孟子正義》，頁877。

物感應而皆合天道之常。而能如此之故,即因性中天德之發用即為心之知覺萬物,而極盡其心,便是知覺所有天地萬物皆氣化所生,有其一致性而互通,此乃心能知覺萬物之基礎。而氣化分類有天地人我之差等,使暢通等差之類別,進而擴充使天地人我雖保有其殊異,但同為氣化之流衍,而歸為一整體的知覺與完成之作用,便是「心」。焦循引戴震之說「耳目百體之所欲,所謂性之欲,原於天地之化者」指氣性之欲原於天地之化,所以性之欲自是自然的天地之化。「仁義之心,原於天地之德」氣性之德,原於天地之德,所以性之德,便是必然的天地之德。而歸於必然必全其自然,使天地之化與天地之德交融互體為一氣化整體。即「性之欲」與「性之德」,「斯二者一也」在「二者一」的情態下,能「思慮可否,然後行之」的作用便是心。

九　結語

綜前所述,焦循由秦漢與明清時的氣論思想詮釋孟子,不再由程朱形上理及陸王本體心之路詮釋孟子。將天由朱、王之本體天轉為統形上與形下是一的氣之天,以生用與生德為其本。性亦由氣之天賦予於人而為其本,唯不分性為氣質、義理二者,而直指只有氣質之性。為避免與理善氣惡之朱王混淆,故強調氣性為善,更再接秦漢時由氣說性善,跳過宋明由天理說性善。同時朱王喜以性為善、情為惡,焦氏則駁此說,強調情欲本之性而為善,不需受佛學影響,視實然界為虛幻。孔孟正是以實然界為天性心知真實呈現之場域,若輕實然則形上理亦易淪為虛空。故焦氏進而指出人我氣性皆相近,以見人性之為善。同時「性之神明,能運旋其情欲」性使情為善,且「情利者,變而通之。以己之情,通乎人之情」己之善情能與別人之善變通,使人我之情皆善,所以人由情善見其性善,如此仍然保持孟子性善之旨,

且使性善為實然善非形上本體善。而能知覺天地人我為一整體之作用即心，此心知仍由氣化之生用、生德來說，故能貫通人性天道而為一者。此即焦循釋孟子「盡心知性知天」之說也。

拾肆　呂緝熙「氣生於氣」之思想

一　前言

　　有明一代，除主張「性即理」之朱子學外；尚有主張「心即理」之陽明學。但朱子「理、氣二分」、「心、性、情三分」之學說，使理只成一形上不能生生之價值主體，生生之創造則由形氣來完成，有天人割裂不相貫通之病。陽明學則以良知作為貫通天道與性命之本體，使生生不息之道德創造由天命於人，而為人踐德之價值與動力之根源。唯其重點仍在本體界之價值創造，對形氣世界之生化則未予重視。故另有以氣為本體，以取代朱子理為本體，陽明心為本體之氣本論一派的出現。清人壽州呂緝熙著有《健菴性命理氣說》一文，即明白列舉出氣本論諸家，如：羅欽順、王廷相、吳廷翰、王道、楊東明、呂坤、高攀龍、劉宗周、黃宗羲以至王船山等人，並撮要論述彼等以氣為本體，由氣質談心性之學說。呂氏曾云其悟出氣本論一派之過程：

> 余於性命理氣，向惟程朱之言是從。癸巳歲，實心體驗，若有所得，覺程朱之言不無可疑。由是不揣淺陋，妄為之說，期與同學共商之。證諸明儒羅文莊、王肅敏、王文成、王文定、楊晉菴、劉忠端諸先生之書，往往旨意相合。附記於此，使覽者知余之為是說，蓋非師心自用云爾。[1]

---

[1] 呂緝熙，字敬甫，清安徽安豐人，遷居六安，人稱積善呂氏。緝熙幼穎悟，通諸子

　　可知呂緝熙是有意識自覺地強調明代理學中應有氣本論一派之學
說。另與緝熙同時之陸世儀於其《思辨錄輯要》中，則立於恢復朱學
之立場，批評氣本論之說，如曰：「高景逸先生云：『若說有生天生地
者，便不是動靜無端、陰陽無始，原尋不出起頭處。』此即羅整庵本
無先後之說，畢竟先有理而後有氣。」[2]由陸世儀主張朱子理先氣後
而反對羅欽順、高攀龍理氣是一之態度。可知當時不只有氣本論之存
在，甚且已有專由朱學來反對氣本論者。故呂緝熙是正面強調氣本
論，而陸世儀反對理氣是一，正可藉之反顯氣本論已為當時諸家必須
面對之論題。可見氣本論確於當時已成一不得不承認，且已予以正視
之學說。綜言之，應可說：明清儒學確有氣本論一派，可與朱子理本
論，陽明心本論鼎足而立。

二　氣生於氣

　　　　朱子認太極為理，故有理生氣之說。其認理氣為二，蓋由於
　　　　此，余謂氣之善處即是理，不惟無形，實亦無物，安能生氣。
　　　　氣者，生於氣者也。太極者，萬物化之原，氣之所從出也。凡
　　　　物上溯之而至於盡，則名曰極。易稱太極，是由儀象未分之
　　　　始，指其渾然之體，蓋無可名之耳。方其未分，一氣渾淪，則

　　百家，繼悟正學，潛心義理。嘗謂周秦諸子之精語，有宋儒所未及者，因彙輯之為
　　諸子述醇。其著有《大學約旨述》、《孟子程子晰疑》、《國語存液》等書。道光二十
　　九年卒，年四十九。見《清史列傳・儒林傳上二》（上海：中華書局，1928年），卷
　　67，頁57。另著有《健菴性命理氣說》一文，本文索引呂緝熙之原文，即以此文為
　　主。又編有《先儒性命理氣說》一文，此二文皆收錄於蕭天石主編：《宋元明清善
　　本叢刊・中國子學名著集成珍本初編》（臺北：中國子學名著集成編印基金會印
　　行，1978年），儒家子部・第四十五輯。
2　（清）陸世儀：《思辯錄輯要》，收入（清）永瑢、紀昀等纂修：《景印文淵閣四庫
　　全書》（臺北：臺灣商務印書館，1983年），第724冊，天道類，頁205-206。

> 一理渾淪。判為陰陽，則健順之理著，分為五行，則五常之理
> 著。散為萬殊，則萬事之理著。[3]

緝熙反對朱子形上理生形下氣，理氣二分之說。主張氣為本體，理只氣中無形無物虛而不實之規律。因具體形氣，應只能由具體之氣化生，虛理無從生出具體形物。且氣之善處固是理，但氣之惡處便非理，此非理更不具能生物之體段。因非理只二五之氣運化不齊，而有過與不及者。亦即理與非理皆指氣化萬殊之正或不正之條理，非氣化之本體，氣化本體是太極。但此太極非朱子之理，而是萬化之原，氣所從出之最高本體，是不可以名言定義之形上本體。當太極渾淪一氣未散為萬殊時，其內在規律亦渾淪只是一。及分為陰陽二氣，此二氣內在變化之規律即是健順；再分為五行，此五行氣化內在規律，即彰著為五常。可知，理只是太極一氣，化生萬物虛指之內在規律，本身依附氣中，不能獨立於氣之外。真能具體生成氣化萬殊者，是氣本體而非理，故云「朱子謂萬物同出於一原，是指理而言。余謂萬物同出於一原，當指氣而言。」[4]緝熙又續云：

> 或疑氣化，終古不忒，必有主宰其間者。不知氣之運也，自能
> 為主宰，寒暑晝夜，循環無已。飛潛動植，各有定形，閱千年
> 而不變，皆氣化之自然。非理為之主宰，而後能不變也。人心
> 寂然之時，猶陰陽之未判，氣渾淪而理亦渾淪。及既感而動，
> 心中自有主宰，自有準則，便謂之理。是理乃心之理。[5]

---

3 （清）呂緝熙：《健菴性命理氣說》，收錄於蕭天石主編：《宋元明清善本叢刊‧中
　　國子學名著集成珍本初編》（臺北：中國子學名著集成編印基金會印行，1978年），
　　儒家子部‧第四十五輯，頁432。

4 （清）呂緝熙：《健菴性命理氣說》，頁437。

5 （清）呂緝熙：《健菴性命理氣說》，頁433-434。

　　此段由氣運能自為主宰，非由理來主宰生化，說明緝熙主張太極一氣生形下萬殊之形氣，而非太極一理生形氣。不論是無形之晝夜，或定形之植物，皆是千年不變的循環無已之狀態，是氣化之自為主宰，自然如此，非氣化內在之虛理可主宰其間的。魏校亦有云：

　　　氣若不能自主宰，何以春而必夏、必秋、必冬哉！草木之榮
　　　枯，寒暑之運行，……人物之生化，夫孰使之哉？皆氣之自為
　　　主宰。以其能主宰，故名之曰理。[6]

　　若順魏校之意，由宇宙論言之，自為主宰之氣運，落實於人身，便是自主能動之人心。故二氣未分即如人心寂然不動，而理亦只一渾淪。及人心感而遂通天下之時，即如氣運之自宰，心之發亦自有主宰，自有準則，此即是理。黃宗羲亦云：「人身雖一氣流行，流行之中必有主宰，主宰不在流行之外，即流行之有條理者。自其變者而觀之，謂之流行；自其不變者而觀之，謂之主宰。」[7]無論氣化流行於天地或人身，皆有氣化之自為主宰於其中。但主宰不在氣化之外，而只在氣化內在之條理，亦即理乃氣中之理，非氣外之主宰。故不論由人身言氣化，或由心言寂感，心氣皆是自為主宰，自有準則之主體，此主體內在自有之主宰準則才是理。亦即先有氣才有理，理即氣中之條理。不可如朱子以為理先氣後，理寓氣中，以理為氣之主宰。王廷相亦云：「萬物巨細柔剛各異其材，聲色臭味各殊其性，閱千古而不

6　（清）黃宗羲：〈恭簡魏莊渠先生校〉，收入（清）黃宗羲著，沈善洪主編：《黃宗
　　義全集》（杭州：浙江古籍出版社，2005年）第8冊，《明儒學案》上，卷3〈崇仁學
　　案〉三，頁42。

7　（清）黃宗羲著：《孟子師說》，收入（清）黃宗羲著，沈善洪主編：《黃宗羲全集》
　　（杭州：浙江古籍出版社，2005年）第1冊，卷2，頁61。

變者，氣種之有定也。」[8]此定形不變之說，蓋因太極元氣陰陽相生偏勝之故，而有形氣之萬殊，但形氣之殊，則在太極元氣中即已決定。可知緝熙、廷相皆以氣為生物之本，萬物不但由氣化生成，甚且萬殊形氣之種子，亦早皆決定於元氣本體中。如此氣既為氣化主宰亦為萬殊之所從來，自然肯定氣由氣生非由理生之主張。

> 宇宙間只是一氣而已，天得之而為天，地得之而為地，自天賦之則曰命，自人稟之則曰性。發於事業則曰道，合乎當然則曰理，皆一氣為之。天無氣則不能化生，人無氣則不能知覺，故無氣則無命、無性、無道、無理。乃宋儒皆以理立論，而視氣為粗迹，是蓋未嘗深思而已矣。[9]

緝熙將氣定位為宇宙生化之本源，故人稟之性是氣之性，天賦之命是氣之命，發於事業之道是氣之道，合乎當然之理是氣之理。故天地、性命、道理皆氣之天地、性命、道理，而無氣外之天地、性命、道理。再伸言之，天既以氣為化生基礎，故人亦可以氣為知覺根本。可知不論天之化生，或氣之知覺感通，皆由氣之自為主宰所成，故天人之際皆應以氣為根本。王道亦云：

> 盈天地間，本一氣而已。方其渾淪未判也，名之曰太極。迨夫醞釀既久，升降始分，動而發用者，謂之陽；靜而收斂者，謂之陰。流行往來而不已，即謂之道。因道之脈絡分而不紊，則

8　（明）王廷相，〈道體篇〉《慎言》，《王廷相哲學選集》（臺北：河洛圖書出版社，1974年），頁5。
9　（清）呂緝熙：《健菴性命理氣論》，頁435-436。

謂之理。數者名雖不同，本一氣而已。[10]

此亦以氣為天人終始之本，太極指一氣未分，陰陽指二氣始分，道指氣化流行不已，理是氣化分明不紊。不論已分未分，氣化之具體流行或內在規律皆一氣之各種樣態。反觀朱子以形上理為生化根本，形下氣為生化形質，理在氣中主宰氣之運行，是割裂天人理氣為二，不若呂氏以氣通天人為一貫。但緝熙既將氣抬高至本體層次，自會將先儒視為本體之道，拉下只成生化事業之過程作用；將理拉下只成氣化過程內在之條理。

緝熙既已氣為生化之本，復說明氣化運而不齊以生萬物之過程。曾引王道之言云：

> 天地之氣，絪縕停滀，流行推盪，大而一世之否泰，小而一歲之災祥，上而日月之薄蝕，下而山川之崩竭，皆生於運之不齊也。況人於天地間，以有涯之形，圍有涯之氣，而其資生資始之時，或適感天地偏陰偏陽，與夫陰陽之乖戾者，則其既生之後，通者有時而或塞，正者有時而或偏。偏有輕重，塞而厚薄，而知愚賢不肖之等分矣。[11]

此段先統論宇宙之生化，是由陰陽二氣運而不齊，使天地之氣或靜而絪縕，或動而流行，演化成人事之否泰或山川之崩竭。亦即陰陽

10　（清）黃宗羲，〈文定王順渠先生道・文錄〉，收入（清）黃宗羲：《黃宗羲全集》（臺北：里仁書局，1987年），第7冊，《明儒學案》下，卷42，《甘泉學案》六，頁1039。

11　（清）呂緝熙：《先儒性命理氣說》，收錄於蕭天石主編：《宋元明清善本叢刊・中國子學名著集成珍本初編》（臺北：中國子學名著集成編印基金會印行，1978年），儒家子部・第四十五輯，頁408。

二氣因運而不齊生成萬物，人稟陰陽二氣而為形下有限者，此為客觀必然之限制。加以適感陰陽偏勝，此為主觀偶然之限制，使有生之後，或由通而塞，或由正而偏，復因氣運不齊，偏者進而分輕重，塞者進而分厚薄，氣運分殊，益愈不齊，如智、愚、賢、不肖之生成，而有任何可能性之產生。綜言之，此氣運不齊，就在氣運不息又不齊，形氣、氣性各各不同，客觀必然與主觀偶然交互作用下形成。故緝熙亦云：「泛言之，則理只一理，非有二也。但就各人之身而言，則理有萬殊，以性有萬殊，氣有萬殊也。非氣之果有萬也。其運行參差不齊，分而為萬耳。」[12]羅欽順亦由理一分殊說明氣運之不齊。其云：

> 蓋人物之生，受氣之初，其理惟一；成形之後，其分則殊。其分之殊，莫非自然之理，其理之一，常在分殊之中，此所以為性命之妙也。語其一，故人皆可以為堯舜，語其殊，故上智與下愚不移。[13]

　　欽順言之理一，蓋指太極元氣只一，故此氣內在規律便是一理，此一理有主體義。但細究各人身而言，則因太極一氣運行參差不齊，遂分為萬殊之形氣。而各形氣自有其各為此形氣之動能，此即是性。此氣性功能，表現能得其正者便是理，故氣因運化不齊而有萬殊，性因形氣萬殊而有不同功能，理則因性能不同，而有使其不同性能皆各得其正之規律。緝熙亦是視太極一氣為本體，氣化則分為形氣之萬殊。若就本體言，此一氣一理具本體無限義，此無限義保住氣化現象上，可有任何可能性。若就氣萬則性萬則理萬言，則現實氣化之萬殊

12　（清）呂緝熙：《健菴性命理氣說》，頁438。

13　（明）羅欽順：《困知記》，收入蕭天石主編：《宋元明清善本叢刊‧中國子學名著集成珍本初編》（臺北：中國子學名著集成編印基金會印行，1978年），卷上，頁23。

各形，便可具體彰著氣化之無限性。此即欽順所云：「易有太極，明萬殊之原於一本也。因而推其生生之序，明一本之散為萬殊也。斯固自然之機，不宰之宰。」[14]如此，太極一氣本無限，而形氣亦呈現無限之可能，則形上形下皆以一氣貫通，而皆有無限義，此即自然之機，不宰之宰的氣化不齊的發展。自較朱子形上理為無限，形下氣則有限之二分割裂說法為佳。

三　理乃氣之理

> 盈宇宙間只是一塊渾淪元氣，生天生地，生人物萬物，都是此氣為之，而此氣靈妙，自有條理，便謂之理。蓋氣猶水火，而理則其寒暑之性；氣猶薑桂，而理則其辛辣之性，渾是一物，毫無分別。……夫惟理氣一也，則得氣清者，理自昭著，人之所以為聖為賢者此也，非理隆於清氣之內也。得氣濁者理自昏暗，人之所以為愚不肖者此也，非理殺於濁氣之內也。此理氣斷非二物也。[15]

此段文字為緝熙引楊東明之語，說明氣既為宇宙之主體，而理即此氣靈妙之條理。有氣生之形如火，便有氣生之火的理。如此，雖有形外理內之分，仍皆屬一氣。因元氣無形上下、內外、有無、先後之分，而理即此氣中之理，非氣外別有一物為理。故不但不當言理氣是二，更準確地應說只一氣而已，而理乃貫通形上形下元氣生化之靈妙

14　（清）呂緝熙：《先儒性命理氣說》，頁394。

15　（清）黃宗羲：〈侍郎楊晉菴先生東明・晉菴論性臆言〉，收入（清）黃宗羲著，沈善洪主編：《黃宗羲全集》（杭州：浙江古籍出版社，2005年）第7冊，《明儒學案》上，卷29，《北方王門學案》，頁756。

條理爾。形氣之得氣清或濁，屬氣化自然之機，不宰之宰的機率決定。緝熙仍由天命之謂性的模式來說明氣，只強調了此機率無主觀意志之貫穿，使生化能有任何可能性，以方便解釋萬殊之生成。由得氣清者理自昭著，可知理之內容由氣決定，故理只是氣之屬性。但氣為清為濁，則由元氣運化不齊陰陽有偏勝來主宰決定之。而何謂清何謂濁，則以氣運生生不齊為準，能氣運生生順通者，為氣清理明為智。氣化生生有滯礙，則為氣濁，理昏為愚。此說在反對朱子，以理宰氣則為賢，以氣宰理則為不肖。以理為主體為判準，氣只為承載之工具的說法。以反顯緝熙以氣為本體，理只是氣化之條理的主張。緝熙又引黃宗羲之言曰：

> 天地之間，只有氣更無理。所謂理者，以氣自有條理，故立此名耳。理氣之名，由人而造。自其浮沉升降者而言，則謂之氣。自其浮沉升降不失其則者而言，則謂理。蓋一物而兩名，非兩物而一體。[16]

「只有氣更無理」，言氣為宇宙本體，不以理為本體。天地間無非元氣、形氣之別，而元氣、形氣只一氣之虛實，及永恆本體與有限形質之兩樣態，其實只一氣耳。理乃氣自有條理言，氣運不純且不齊，萬物由此而出，但任一事物，皆由太極元氣來，自有其獨特性與完整性，即所謂「各正性命」之義。此「各正性命」表現於氣化過程中，便是氣化之自有其條理，此條理便是氣中之理，非如朱子將理視為形上本體，是指導形氣生化之原則。羅欽順亦云：「竊以為氣之聚，便是聚之理；氣之散，便是散之理。惟其有聚有散，是乃所謂理

16　（清）呂緝熙：《先儒性命理氣說》，頁421。

也。推之造化之消長，事物之終始，莫不皆然。」[17]此以氣之聚散消
長，自有其聚散消長之理在其中。亦即元氣中自有其元氣之理，不同
形氣中，亦自有其不同形氣的不同之理。元氣中之理，是永恆無限之
一；各形氣中之理，是生滅有限各各不同之殊。浮沉升降乃氣化不已
之自然，因氣化是不已且不齊的，若就氣化之浮沉升降各正性命不失
其則而言，其浮沉內在條理便是理，故理氣實只一物，即是氣。理只
是氣化內在生生條理，非於氣外另有一理，以為氣化之主宰或原則。

> 氣、性、理三者何以分？如水火，氣也；寒熱，性也；寒熱之
> 適中者，理也。耳目，氣也；視聽，性也；視聽之不妄者，理
> 也。人心，氣也；心之思，性也；所思之中節者，理也。理不
> 在性之外。[18]

水火、耳目皆具體萬殊之形氣，而形氣之功能作用是性，便是寒
熱、視聽。寒熱適中、視聽不妄便是理。緝熙此時將理之價值義特為
加強。蓋因二五之氣運而不齊，自有過與不及之差別，則寒熱之中
節、不中節皆有可能發生。此是順氣化不齊不已言，自有此推論。但
緝熙言理不只由此，更由價值義強調寒熱之能中節者才是理，不中節
者便非理。此蓋以二五之氣純善為標準，氣之中節即合於二五之氣者
為理；氣之不中節即不合於二五之氣者便不是理。故可說性由氣決定
其內容，氣有善惡，故性亦有善惡。進而可說，理在性中，故言性之
善是理，性之惡便不是理。如此論述與朱子主張性即理之異處，在於
朱子視理與性皆形上本體，只性在形下氣質中為氣質主體。緝熙則視

17　（明）羅欽順：《困知記》，卷下，頁112。

18　（清）呂緝熙：《健菴性命理氣說》，頁430。

性理皆在形下氣化中，性是形氣之本質與作用，理是氣性表現之得中者。差別只因以氣為本，或以理為本而產生。

> 仁義，理也，實氣也。食色，氣也，亦性也。得其正即理也。惻隱、羞惡感於外而發乎中，飲食男女，雖聖人不能無，故舍氣則無仁義，舍飲食男女，則人類滅矣。[19]

仁義乃氣得其正之理，食色乃形氣之性，而食色得其正，即性得其正，便是理。反之便非理。可知仁義為無形之價值，可曰理，但亦須適合於氣中之正者才是理，才是氣之仁義。食色是有形之氣質，可說是氣質之性，而食色不可過與不及便是氣性之理。亦即食色得其正者才是食色之理，反之，食色過與不及便非理。可見氣質之性中，仍以善之價值為主要標準。其實氣化不齊，故不論中正或過、不及者皆有可能發生，亦皆自有其所以如此之因，即是理。但緝熙不採此說，只以氣化之中正者為善為理，過、不及者為惡，為非理。可見，理由氣性之本然轉滑為氣化之合於中正價值義者為理。

> 發於心而得其正者名曰理。發於心而失其正者名曰欲。理與欲特從而名之之辭。非理欲各為一物，相對待於中。亦非理獨屬諸性，而欲專屬諸情也。若認得真切，則理欲同出一心，即同出一性。[20]

此段由理欲有別來說明氣有善惡，故性有善惡，而理亦有中正之理，與過、不及之非理。因理與非理同出於氣，故屬氣之心，其知能

19　（清）呂緝熙：《健菴性命理氣說》，頁431。

20　（清）呂緝熙：《健菴性命理氣說》，頁431。

之發用，若扣緊人身而言，亦自有得正者為理，不得正者為欲之分。由心發得正為理，不得正為欲，知理欲皆心氣之發用，只方向有別耳。而理欲既為心發，則所發皆自當為形氣層之心。故曰理欲同出於形氣之心，亦可曰同出形氣之性。因性之善，即心依此性發而得正之理；性之惡，即心依此性發而失正之欲，可知理善與欲惡皆出於氣質之性。楊東明亦云：

> 正惟是稟氣以生也，於是有氣質之性。凡所稱人心惟危、人生有欲、幾善惡，惡亦是性，皆從氣邊言。蓋氣分陰陽，中含五行，不得不雜揉，不得不偏勝，此人性所以不皆善。蓋太極本體，立二五根宗，雖雜揉而本質自在，此人性所以無不善。[21]

此段亦以為元氣分陰陽中又含五行，二與五必奇偶雜揉，陰陽互有偏勝，故氣質之性中自亦善惡皆具。但緝熙與楊東明以為性有善惡之說，卻為同樣主張「盈天地間一氣」思想的黃宗羲所反對。黃宗羲批評楊東明此說有云：

> 其間有未瑩者，則以不皆善者之認為性也。夫不皆善者，是氣之雜揉，而非氣之本然。其本然者，可指之為性，其雜揉者，不可以言性也。天地之氣，寒來暑往，寒必於冬，暑必於夏，其本然也。有時冬而暑，夏而寒，是為愆陽伏陰，失其本然之理矣。失其本然，便不可名為理。[22]

---

21 （清）黃宗羲：〈侍郎楊晉菴先生東明‧晉菴論性臆言〉，《明儒學案》上，卷29〈北方王門學案〉，頁755。

22 （清）黃宗羲：〈侍郎楊晉菴先生東明‧晉菴論性臆言〉，《明儒學案》上，卷29〈北方王門學案〉，頁755-756。。

　　宗羲既以氣為本體，又強調心性道德的主體義，故主張氣質之本
然是性，如惻隱之善端是永恆的，方是性；而氣質上之雜揉偏勝則非
永恆者，故不得謂性。楊東明則以為，太極在氣質偏勝中本質仍在，
故性中自有善在。而氣雜揉之惡，亦仍屬氣質中之性。可知二氏雖同
以氣質為性，但宗羲只以氣中本然善端為性，強調氣質之性以價值為
主體之義。東明則既以氣中有太極，故性是善。又接受氣雜揉之惡亦
是性，是客觀地將善惡皆平舖於氣性中，只是善來自於太極元氣，惡
別由氣化雜揉來，二者有先後之分耳。

　　另外，緝熙以氣得其正為理，氣不得其正為非理。宗羲雖主張性
中只善無惡，惡由氣質雜揉而來，非性中本具。但宗羲以性中只善無
惡，緝熙則以為性中善惡皆具。宗羲以氣雜揉為惡，緝熙則以氣雜揉
之惡雖是性，卻非理。亦即宗羲以不合氣性本善為非理，緝熙則以氣
不得其正者為非理，此皆由於對性主觀認定為純善，或客觀承認善惡
皆具之立場不同所造成。

> 　　天下事有理則治，無理則亂。理之所繫如此其大。故儒者重言
> 之，然理非有一物也，布席於庭，正則為理，偏則非理，偏與
> 正，皆存乎席者。理氣之辨如是而已。[23]

　　緝熙既言心之發得其正為理，及氣之善處為理。可知，理除為氣
內在運行之規律外，此規律上有積極之道德意義。如事有理則治，布
席於庭，正則為理，可知氣運之無過與不及者，即為具道德意義之
理。但因重視道德義，故因氣運不齊而生之任何可能性，如過與不及
者皆予以肯定，以圓滿其氣運生化萬物之宇宙論。但緝熙卻判此等為

23　（清）呂緝熙：《健菴性命理氣說》，頁435。

非理，亦即將氣化不已之模式，在價值義上重新為善、惡定位。視氣化之正者為善，氣化之不正者為惡。如此，善惡仍定位於氣化中。合其氣性貫通內外、有無兩間之本旨。自較朱子以性為善無惡之理氣二分，分離割裂之模式為一貫。緝熙將價值義賦予於氣化之正與不正上言，既可避免氣本論走向純粹之自然主義，亦可避免朱子理善氣惡割裂之病，反可重建道德與現實，內聖與外王相貫通之儒學終極目標。

四　道即氣之作用

> 《中庸》言「率性之謂道」，亦是就氣之作用處，大概言之。猶《易》言「一陰一陽之謂道」，陰陽之性，有升降往來，積之而四時成，是即天之道。人之性有喜怒哀樂，達之而百為著，是即人之道也。蓋氣即是性，性即是道。如鳶飛魚躍，無往非道。鳶魚之性，豈能純善無惡，而不害其為道。[24]

緝熙有云：「發於事業則曰道」，是將氣化成就人倫事業為道，今則復由氣化作用說道。如陰陽之氣能升降往來，以成就四時更迭，此即氣之天道降為人道，則人亦稟氣升降往來之性，而有喜怒之表現，而成氣之人道。故知元氣能升降之作用，即人能喜怒之氣性。反言之，人能喜怒之氣性，即由氣化有生生作用之道來。王船山亦有云：

> 道者，天地精粹之用，與天地並行而未有先後者也。使先天地以生，則有有道而無天地之日矣。彼何寓哉？……天地之成男

---

24 （清）呂緝熙：《健菴性命理氣說》，頁436。

女者，日行於人之中，而以良能起變化。[25]

　　此亦以道非先天地生之本體，而是氣化流行中，起人倫日用生生不息之作用者。故若從氣化萬物層面言，鳶飛魚躍，自是氣化生生作用之道的展現。但由價值層面言，則其中不能無惡。如此，則道乃成有善有惡的，緝熙強調價值應放在氣性上，故性雖有善有惡，但以善為主體。而道乃氣化作用，則氣化中任何可能性之生成，包括善惡即皆是道。可知道主由氣化作用說，較不由作為價值判準之主體處說。劉宗周亦云：

> 盈天地之間一氣而已。有氣斯有數，有數斯有象，有象斯有名，有名斯有物，有物斯有性，有性斯有道，故道其後起也。而求道者，輒求之未始有氣之先，以為道生氣。則道亦何物也，而遂能生氣乎？[26]

　　「道其後起」一句，說明氣化由數象而名物而性道之過程，即由無形而有形，由氣本而氣化之過程與作用，如此，性乃心之性，道乃氣之道，理乃事之理。可知氣為主體，道乃此主體之生化作用，理乃生化作用之規律，性乃天賦此氣化作用於人者，亦即確定道不是生化本體，只是氣化流行生成萬物之作用。自然主張氣中有道，反對道生氣之說，可知氣本論諸家，既以氣為本體，自然將心、性、道、理皆拉下置於氣化實然之層次中。

25　（清）王夫之：《周易外傳》，收入（清）王夫之撰，《船山全書》編輯委員會編校：《船山全書》（長沙：嶽麓書社，1988年）第1冊，卷1，頁823。

26　（清）黃宗羲：〈忠端劉念台先生宗周〉，《明儒學案》下，卷62〈蕺山學案〉，頁899。

五 性情皆心

> 性情皆心也，稟於天者謂之性，動於物者謂之情。動其初生之
> 心，則情即性。動其後起之心，則情非性。專以未發者為性，
> 猶為未得也。[27]

緝熙有云：「性者，人心之資稟，所受於天者。天生人而與以
心，心之知所知所能為性。」可知心是人天生之知能，心之知能由稟
於天言則是性，心之知能感物而動則是情。如此「情即性」指能動之
心是天生的。「情非性」指能發動之心有所感而去知覺外物，此時情
主要指心動於外物之後天外在之情況，非指心之知能由天來，故曰
「情非性」。但不論說心之知能是天生的，或心之知能感外物而動，
皆可知性是心之知能之本質，故不可如朱子以未發言性。朱子有云：

> 孟子所謂性善者，以其本體言之，仁義禮智之未發是也。所謂
> 可以為善者，以其用處言之，四端之情發而中節者是也。蓋性
> 之與情，雖有未發已發之不同，然其所謂善者，則血脈貫通，
> 初未嘗有不同。[28]

朱子立於其以形氣之心，去認知形上性理，發為形下合理之情的
心性情三分說法，以性為未發情為已發。緝熙則由氣本論心性，則性
乃是有知能之心的性，自不等同朱子單由寂然不動，由未發所論形上
本體之性。胡直亦有云：

27　（清）呂緝熙：《健菴性命理氣說》，頁432。

28　（宋）朱熹，〈答胡伯逢四〉，收錄於（宋）朱熹撰、陳俊民校編：《朱子文集》，
　　（臺北：德富文教基金會，2000年）第5冊，卷46，頁2100。

> 心猶之火，性猶之明，明不在火之表。性猶火之明，情猶明之
> 光，光不在明之後，故謂火明光三者，異號則可，謂為異物，
> 則不可。謂心性情三者，異文則可，謂為異體則不可。[29]

　　胡直此說亦同緝熙，以為形氣不分內外、先後皆氣，故形氣主宰
之心，形氣理則之性，與形氣發用之情，皆只一氣。統而言之，形氣
不分先後、內外、有形無形，不分主宰、理則、發用皆同屬一氣中。
反之，若如朱子心性情三分，理氣二分之說，由形上本體之理指導形
氣心、情之發用，則違反心為氣之主宰，性為氣之理則，情為氣之發
用的，心性情只一氣的主張。

> 韓子言博愛之謂仁，宋儒非之，謂其言用而遺體也。夫愛出乎
> 吾之心，加乎人之身，體與用兼舉矣。……緣宋儒以仁為性，
> 以愛為情，故有此論。余謂愛者，情之善者，情善即是性善，
> 仁者善之名。有愛人之心，則為仁心。……以愛為仁，何病之
> 有？[30]

　　緝熙又由以愛為仁，說明其心性情皆一氣之主張。愛是情之善者
的表現，因情是心知能之感物而發動，故情善即心之知能呈現為善，
而心發動之知能來自天即是天性，心性情皆本同一氣。故形氣之情善
即是形氣之性善。換言之，愛是心所發之情善，但愛須在人倫日用中
完成才是愛，故愛即是情善，情善又同於性善。反過來說，性善之具
體呈現便是情善，便是愛。綜言之，心知能發用之情，若得其中正之

29　（清）黃宗羲：〈憲使胡廬山先生直〉《明儒學案》下，卷22，〈江右王門學案七〉，
　　頁596。
30　（清）呂緝熙：《健菴性命理氣說》，頁443。

表現便是愛，此愛即以仁為其名。可知「出於心」指心為愛之主體，「加乎人身」指愛即情善之真實呈現。如此，體用兼備於形氣之心中，不論愛之價值或愛之行為，皆完具成就於形氣心中。王廷相亦有云：

> 仁、義、禮、智，儒者之所謂性。自今論之，如出於心之愛為仁，出於心之宜為義，出於心之敬為禮，出於心之知為智，皆人之知覺運動為之而後成也。苟無人焉，則無心矣。無心，則仁義禮智，出於何所乎？[31]

可知廷相、緝熙皆以愛為心知能發用之情善，是由心之知覺運動為之而後成之具體行為。其中特點有二，一是愛由心所發，二是愛是在情善之具體發用後才算完成。如此，愛似有內外、先後之分，但在緝熙氣化流行貫通內外有無之主張下，愛便無先後有無之分，仍只是一形氣心在人間之表現耳。故緝熙反對以仁為性，反對視仁為一孤懸不動之性理而已。主張愛是心發之情善於人倫中之表現，而仁則為愛之行為完成後始有之名。此時，仁不再是性中無形之價值義涵，而是指具體情善之愛的表現。故主張以愛為仁，但不可如朱子之以仁為性。

歸結二者差別之根由，在於朱子以形上只存有不活動之理為太極，太極只一孤懸無生生作用之理，無法對形氣萬物及道德實踐產生之過程與動力提出具體有說服力之解釋，只好將仁視為指具價值義而不具活動作用之性。緝熙則以既具價值義又具生生作用之氣，視為太極。人心知能之發用，實即元氣生生道德創造在形氣中之表現。愛便是心稟其天性而有之知能，在行為中完成之情善。此時，愛之行為

---

31 （明）王廷相，〈橫渠理氣辯〉《家藏集》，《王廷相哲學選集》，頁176。

中，既具內在之性善，又是外在之情善的完成。綜言之，愛既是氣化具體之行為，又是根源於元氣本體，是以氣貫通內外、有無、兩間為一之道德實踐，此說較朱子理氣二分割裂之說法有說服力。

六　性即氣質之性

（一）氣質之性

> 先儒論性字有三義，或主天所生而言，或主理而言，或主氣質言，判然不同，而以主理言者為性之本，實則性即氣質之性，氣質生於天，故性曰天性。氣質能為仁義禮智，故曰性善。氣質無甚懸絕，故曰性相近。[32]

緝熙有云「性者，人心之資稟，所受於天者也。……如云習與性成，性相近也，天命之謂性，……蓋皆以天所生者為性也」[33]知性由天生，即性稟元氣而生，自屬形氣之性，非如前儒將性定位為理。性是心之資，心是元氣所生之形氣層之心。元氣生生，心之知能作用亦不已於氣化之中發用。而心即以此生生知能之作用為其性。故統言之，理為元氣之條理，落於形氣層言，氣質之心的知能作用與條理，即此心之性。此亦與宋儒之心，雖亦由氣質層言，但性則仍由形上理本體層來定義，顯有不同。故緝熙要特別強調性之特殊處，亦即緝熙與朱子皆由氣質言心，但朱子性由理言，緝熙性由氣言，此二者之異處。

「習與性成」、「性相近」二語，論者較常以之歸於氣質之性，才

32　（清）呂緝熙：《健菴性命理氣說》，頁427。

33　（清）呂緝熙：《健菴性命理氣說》，頁423。

可言習，言相近。蓋因氣質之性無自由自主能力。「天命之謂性」，論者較常歸於自主自由之自律道德。但緝熙由其氣本論觀點，視天道主體為氣，氣化生生之萬殊形氣，即以元氣之體性為其形氣之性。遂將一般分為他律與自律不同之性，由氣性立論重新詮釋，而特重天生一意，以強調天乃元氣本體之天，非以理為本之天。

> 程朱……謂性是理，純粹至善。指夫不雜於形氣者以明之。夫性乃心之性，善即心之善。性與氣本是一物，安得不雜，緣程朱將性字看得太精，氣字看得太粗，故離氣而論性。學者必先識理氣是一，然後知心性非二。[34]

　　氣中之理即人之性，故性非氣外之另一物，再賦於形氣中合為一者。程朱則以純善之理說性，如此，性便是形上不雜於形氣者，此則與緝熙性氣是一之說不同。因由氣本論言，理氣是一落於人身便是性氣是一。亦即性是氣之性，由形氣之心說，性便是心之性，而性所具之善質自是心之善質。此時心由氣質說，則作為心生生本質之性，與作為心之價值體質的善，自亦應由氣質層來說。故心、性、善雖有體質作用上之不同，但仍屬一氣。如此，理氣是一，性氣亦是一，心性亦是一，心善與性善亦是一，是皆統屬於通貫形上形下、有無兩間的一氣。楊東明亦云：

> 氣質之性四字，宋儒此論適得吾性之真體，非但補前輩之所未發。蓋盈天地間皆氣質也，即天地亦氣質也，五行亦陰陽也，陰陽亦太極也，太極固亦氣也，特未落於質耳。然則，何以為

34　（清）呂緝熙：《健菴性命理氣說》，頁425-426。

義理之性？曰：氣質者，義理之體段；義理者，氣質之性情，舉一而二者自備，不必兼舉也。然二者名雖並立，而體有專主，今謂義理之性出於氣質則可，謂氣質之性出於義理則不可。[35]

　　氣質之性是元氣生化，分為陰陽，化為五行，二五雜揉，奇偶並生，遂有各各形氣之體質與價值皆不齊之性。義理之性乃元氣本體，因二五雜揉、陰陽偏勝，而有善惡不同之性，但在偏勝不同之性中，元氣太極本體仍在，故人性必善。可知，由稟元氣以生論形氣，則有善亦有惡。但因元氣本體仍存於偏勝中，故氣性內在本質上仍是善。如楊東明有云：「蓋太極本體，立二五根宗，雖襍揉而本質自在。縱偏勝而善根自存，此人性所以無不善也。」[36]可知表面上形氣有善有惡，氣性之體質與本源則是善。析言之，首先，外在形氣有不齊，內在元氣則本一，故一氣雖貫通形氣、元氣二層，仍有元氣無限，形氣有限之別。再則，元氣本純善，形氣則有善有惡。如此，合元氣與形氣之善者而論之則為善，合元氣與形氣之惡者而論之則為惡。如此善惡除由元氣純善判斷外，形氣之善惡亦可決定一物之為善或惡。如此，善惡之判準有二，但雖有義理與氣質上之二，實仍屬一氣中之標準。故義理之價值在氣質中，以氣質為其存在之體段。氣質中以義理為其價值之表現，即氣質之體性。劉宗周亦云：

張子曰：「論性不論氣不備，論氣不論性不明。」是性與氣，分明兩事矣。即程子之見，亦近儱侗。凡言性者，皆指氣質而

35　（清）黃宗羲：〈侍郎楊晉菴先生東明・晉菴論性臆言〉，《明儒學案》上，卷29〈北方王門學案〉，頁757。

36　（清）呂緝熙：《先儒性命理氣說》，頁411。

言也。或曰有氣質之性，有義理之性，亦非也。盈天地間，止
有氣質之性，更無義理之性，如曰「氣質之理」即是，豈可曰
「義理之理」乎？[37]

　　劉宗周亦以氣為本體，故元氣所生形氣之性，自仍以氣為其體
質，即性專就天地間唯一的氣質之本質而言，無他物為本質，自無以
其他物為主之性。若有義理之性，便指萬物以義理為本體，萬物皆義
理所生，而有義理之性。但劉宗周反對理生氣，道生氣之本體論。而
主張以氣為本體，既以氣為本體，則任何萬物之本質，自皆以氣為其
質性，不可能以它物為其質性。亦即性之內容，由其本體內容為依
準，本體為義理，自為理生氣之型態，而有義理之性。本體為氣，自
為氣生氣型態，只有氣質之性，並無義理之性參雜其中。

（二）善惡皆出乎性

蓋心是氣，而性不獨是理。氣有清濁、有純駁、有偏全、有強
弱，性出乎氣，因隨氣之體以為體。氣善則性善，氣惡則性
惡。善者是理，惡者不是理。不得謂善者是性，惡者不是性
也。觀孔子曰：「唯上知與下愚不移」，是善、惡皆出乎性，而
不可認理為性。[38]

　　形氣有清濁、純駁之異，故隨氣之體以為體之性，自亦有善惡之
別。形氣清則性善，形氣濁則性惡。心是氣之知能作用，而「性不獨
是理」在於性善是理，性惡不是理，則此理應由仁義價值來說。若由

37　（清）黃宗羲：〈忠端劉念臺先生宗周・語錄〉《明儒學案》下，卷62〈蕺山學案〉，
　　頁905。

38　（清）呂緝熙：《健菴性命理氣論》，頁428。

生生條理說，則任何形氣內之自有條理者，皆是性，皆是理。不可能有運化不齊之形氣，無其內在之生生條理。故果由價值定位言，只有純善才是理，違反健順五常者，即是惡，即不是理則可通。

　　然既以元氣純善，經運化不齊為各各形氣，而有善惡之不同，則善惡應皆是順元氣條理而生。亦即善惡皆應是性，亦皆是理，此處卻以惡者為非理。雖由價值義上言，違反健順之善者為惡之說可通。但似又違反善惡皆是性、皆是理，專由性出乎氣之立場所推論者。王船山有云：

> 陰陽顯是氣，變合卻亦是理。純然一氣，無有不善，則理亦一也，且不得謂之善，而但可謂之誠。有變合則有善，善者即理。有變合則有不善，不善者謂之非理。謂之非理者，亦是理上反照出底。[39]

　　此亦以元氣純善，變合為形氣之善者為理，變合為形氣之善者為非理。而緝熙強調善惡皆出乎天性，是由二五之氣運化不齊而有形氣之萬殊，故二五之純善亦順氣化不齊凝為有善有惡之別。但不論二五之氣與形氣仍皆只一氣；不論二五純善或形氣有善有惡，皆指氣性在本源與體質上是善。正如船山云：「非理者，亦是理上反照出底」所言，說氣性有善有惡是由客觀外在形氣表象言，但由主體立場言，則氣性本質仍屬善，此乃緝熙性有善惡又以善為主體說之特色。

> 天下事有理則治，無理則亂，理之所繫如此其大。故儒者重言之。然理非有一物也，布席於庭，正則為理，偏則非理。偏與

39　（清）王夫之：〈告子上篇〉《續四書大全說》，《船山全集》，卷10，頁1055。

正，皆存乎席者也。[40]

緝熙前由心發得正為理，氣之善處為理，使氣中之理除為氣內在運化之規律外，此規律亦有積極之道德意義。如「天下事有理則治」，可知氣化之無過不及者，即為具道德義之理。但亦因重視道德義，故對氣運之過與不及者，亦即氣化自然所有之任何可能性，皆應予肯定，以圓滿其氣運化生萬物之氣化宇宙論。但緝熙卻批判此等為非理。亦即將氣化生生不已之規模，在價值義上，重新為善惡定位，視生生之正者為善，生生不正者為惡。如此善惡雖異，仍皆定位於氣化中，合其氣性一貫之旨。緝熙如此將價值義賦予於氣化之正不正上言，既可避免氣本論走向純粹之自然主義，亦可避免朱子以性為善，以氣為惡的割裂之病，以重建價值與現實相貫並重之儒學。

> 以世人驗之，或性聰明，或性愚魯，或性和順，或性執拗，或性醇厚，或性刻薄，或性廉潔，或性貪鄙。中人之性，互有短長，而短長中，又各判其多寡，別其高下。惟統言之，見人性之皆有善。析言之，見人性之不能無惡，斯為無弊矣。[41]

前將理之中正價值義，置於理之氣化所以然之義上，是將絕對性善說與氣化相對性有善惡說之調和。客觀地說是氣性有善惡之別，主觀地說，氣性仍以善為本。但順性有善惡客觀立場言，則氣化不齊即會有任何可能性之產生。此即因二五之氣運化不齊，故中人之性是善惡、短長、智愚皆具的。同時，短長、智愚中又有多寡、數量之不同，及高下、廉貪價值義上之差別。故統攝萬殊之共同性，知氣性中

---

40 （清）呂緝熙：《健菴性命理氣說》，頁435。

41 （清）呂緝熙：《健菴性命理氣說》，頁429-430。

無論善惡比例之多寡，是必有善性於其中。分析言之，形氣上，因氣化不齊，自有氣濁不得為中正而為惡為非理者。綜言之，氣性中自屬善惡皆具的。王廷相亦有云：

> 性之善者，莫有過於聖人，而其性亦惟具於氣質之中，但其氣之所稟清明淳粹，與眾人異，故其性之所成，純善而無惡耳。……聖人之性既不離乎氣質，眾人可知矣。氣有清濁粹駁，則性安得無善惡之雜？[42]

廷相亦以形氣之性因陰陽偏勝而有不同，氣清純粹者為善，氣濁駁雜者為惡，但不論偏勝不齊之任何方向之生化，皆氣化自然之機，不宰之宰的生成。則萬殊氣性中，自然應該且必然各有善惡、厚薄等不同之存在。

> 人知孔子以氣論性，不知孟子亦以氣論性，其辯告子，蓋辯其謂性無善之不可，非辨認氣為性之也。觀其言曰：「形色，天性也。」又曰：「仁也者，人也。」又曰：「人無有不善。」又曰：「至於心，獨無所同然乎。」如此類，蓋皆以氣論性，即氣言善，學者若篤信宋儒說而疑吾言，請更衷諸孔孟可矣。[43]

緝熙此段以為孟子以氣論性，可由其反對告子主張性無善，而知他是主張性有善。此性「有」善之有，非絕對義而為相對義之有，故性有善自反顯另有性有惡之存在。但孟子性善是絕對本體，只純善無惡，及遭遇外在陷溺、制約、梏亡才為惡。其實與緝熙論性之主體義

42　（明）王廷相，〈答薛君采論性書〉，《家藏集》《王廷相哲學選集》，頁163。

43　（清）呂緝熙：《健菴性命理氣說》，頁440。

絕不同。但緝熙以氣有善惡，故性有善惡之論點，則將孟子性不可無善之語意，轉滑成孟子亦主性有善惡之說，以加強其以氣論性即氣言善之說。王廷相亦有云：

> 孟子之言性善，乃性之正者也，而不正之性未嘗不在。觀其言曰：「口之於味，目之於色，耳之於聲，鼻之於臭，四肢之於安逸，性也，有命焉，君子不謂性」，亦以此性為非，豈非不正之性乎？是性之善與不善，人皆具之矣，宋儒乃直以性善立論。[44]

孟子以仁義為價值之性，以耳目口鼻為生理之性，並非以生理之性為不正之性。但廷相與緝熙皆由形氣說性，自主張善惡皆有。唯廷相以為「天下古今之風，以善為歸，以惡為禁，久矣。」[45]是將古今中外名教作為善之標準，是將善之本體置於生命外在具客觀性普遍性之名教。緝熙則是將性中善惡皆具之善，視為由元氣純善來，此則將善之標準放在生命內在具主觀性普遍律則的氣性本有之善處。可知既接受孔子性相近之說，亦接受孟子性有本善之論。另與廷相論性較偏向氣化之客觀面之比較，亦可知緝熙對主觀價值與客觀氣化兩面皆重之特色。

（三）人皆可以為善即性善

> 人皆可以為善，即是性善。可以為善，故可以為堯舜。孟子曰：「乃若其情，則可以為善矣，乃所謂善也。」性善之旨，

44　（明）王廷相，〈雅述〉上篇，《王廷相哲學選集》，頁102。
45　（明）王廷相，〈答薛君采論性書〉，《家藏集》《王廷相哲學選集》，頁164。

不過如此。[46]

前節先論性有善惡，此節專論性善。如此鋪排在強調性有善惡之重要。觀緝熙以為氣化會有任何可能性產生之主張，在價值上則仍以善為主體，但非強調性善之絕對主體義。緝熙云人皆可為善即性善，指人能為善，在因性有為善之根。若無為善之根性，為善仍屬不可能。緝熙以性有善惡，又云人性皆有善，即指人性既有善根，同時另有惡根。因此在於元氣本純善，及凝為形氣，則受清濁影響而有善惡之別。但雖氣濁，其內在純善之質仍在，故曰性純善不可，曰有善則可。但在本體層仍以元氣純善為主，故非如董仲舒性分仁、貪二者，亦非揚雄之善惡混，而是以善為原本體質，後融入後天氣化清濁之不同，而為有善有惡之性。此可見緝熙重視理性分析，及合本體現象為一而論之特色。

今謂人性皆有善，則可。謂人性皆純善，則不可。知其有善，則宜擴充。以盡其性。知其有不善，則宜矯革以化其性。……夫性乃心之性，善即心之善，性與氣本是一物。[47]

緝熙以人性皆有善，亦皆有惡。但此指形氣層狀態，推高至本體層之元氣，則是純善的，此即本體純善，下貫凝為形氣，其中則兼具善惡之理的不同。亦即形氣惡者內在仍有二五之純善，形氣善者內在仍是純善。二五純善在元氣本體處，形氣表現上則有善惡之不同。與朱子、陽明以本體為善，但形氣善惡兼具之主張似相同。實則緝熙以氣為本體，而氣通貫形上形下、有無、兩間，只元氣純善，再凝為形

46　（清）呂緝熙：《健菴性命理氣說》，頁424-425。

47　（清）呂緝熙：《健菴性命理氣說》，頁425。

氣，因偏勝雜揉而有善惡不同之生。與朱子以理為形上純善，氣為形下有惡，陽明心為形上純善，氣為形下有惡之說不同。楊東明亦云：

> 專言義理，則有善無惡。兼言氣質，則有善有惡。是義理至善，而氣質有不善也。夫氣質二五之所凝成也，五行一陰陽，陰陽一太極，則二五原非不善之物也，何以生不善之氣質哉？惟是既云二五，則錯綜分布，自有偏勝雜揉之病，於是氣質有不純然善者。雖不純然善，而太極本體自在。故見孺子入井而惻隱，遇嘑蹴之食而不屑，氣質清純者固如此，氣質薄濁者未必不如此，此人性所以為皆善也。[48]

　　東明此說，亦以二五之氣本純善，故秉之而生之形氣自應是善。如元氣中之陰陽二氣有健順之善德，五行之氣有五常之善德，故為二五之氣凝成之形氣，本身自應具健順五常之善。此為元氣生化無端凝為萬殊之形氣，各形氣除以二五之氣為其本質外，亦以二五之氣中之健順之善德為各形氣本具之善，及二五之氣雜揉偏勝，生化不得其正才凝滯為形氣層之惡。此既為對氣本論仍屬儒學主張性善之大肯定，亦可說吸收孟子、陽明以來，性善為主體之儒學特質。氣本論雖不以心、理而以氣為本體，但本體之道德義、價值義則仍不稍減殺！劉宗周亦有云：

> 理即是氣之理，斷然不在氣先，不在氣外。知此，則知道心即人心之本心。義理之性，即氣質之本性，千古支離之說，可以

---

48 （清）黃宗羲：〈侍郎楊晉菴先生東明・晉菴論性臆言〉，《明儒學案》上，卷29〈北方王門學案〉，頁758。

盡掃。[49]

　　劉宗周亦主性善，但非孟子由形上說之性善，而是將太極主體內容，由道德天改為元氣本體。性之內涵由孟子自主自律之道德本性，改為元氣內在本善，但外在氣質則有清濁善惡之不同，將先天純善與後天氣化之有善有惡滾為一氣，則呈現出現實形氣有善惡並呈之狀態，但可透過工夫使氣化之善更貞定於本善，使氣化之惡導化轉趨於本善之標準！而所以特重形氣導化功夫之原因，即在氣質非靠內在自主自律心所易可為力，必靠外在規範約束始易導化，而外在規範則又依元氣本善為標準。可知氣本論此種主張是修正調和朱、王而有之新型態之性善論。

七　性相近

（一）性相近

性善與性相近，原是一義。人性皆善，以所稟之氣本善也。陰陽之氣，有健順之善，五行之氣，有五常之善。無一人不生於陰陽五行之氣，即無一人無健順五常之善。孟子所謂無惻隱、羞惡、辭讓、是非之心非人，蓋以此也。但所稟之氣有等差，故性之善亦有等差，有等差則不純乎善矣。惟其等差之中，猶不甚遠，故曰性相近。程朱篤信性善，而不知善有等差。於是，分本然之性、氣質之性為兩義。[50]

49　（清）黃宗羲：〈忠端劉念臺先生宗周‧語錄〉《明儒學案》下，卷62〈蕺山學案〉，頁900。

50　（清）呂緝熙：《健菴性命理氣說》，頁426。

　　由氣本說氣質之性的諸家，特喜言性相近，蓋性相近由元氣化生
萬殊形氣詮釋，較純由孟子性善說詮釋較妥切。故緝熙由氣質言性，
而以性善為主體。進一步再由人皆具氣質之善說性相近。因二五之氣
本善，故二五之氣所生之人，氣性亦本質上應是善，但稟氣有清濁之
異，使健順五常之善，未必能全然彰顯，故性之善亦有等差。但雖有
等差，仍皆有二五之善根於其中。故有氣清而善者，亦有氣濁仍能為
善者。故綜言之，氣有等差，故性亦有等差，唯性善雖有等差，但本
質仍是健順五常之善，只是距離純善有遠近之別，故可說是性相近。
緝熙亦以二五之氣性為純善，是受陽明心學影響。即雖以氣為本體，
但價值主體義仍以純善為主。但進一步為避免淪於恣肆狂蕩，又加強
氣性有等差，則工夫修養有目標且有必要性，以求矯革氣性之不善，
以歸於二五之善。但王廷相則將善之價值主體義，落在古今中外之名
教的外在標準上，而非如緝熙以二五之善為價值主體。

> 先儒論性字有三義，或主天所生而言，或主理言，或主氣質
> 言。……而以主理言者為性之本。實則性即氣質之性，氣質生
> 於天，故性曰天性；氣質能為仁義禮智，故曰性善。氣質無甚
> 懸絕，故曰性相近。[51]

　　以氣質之性生於天即天性，是為氣性上溯尋一元氣本體作為其根
源，使氣性雖有限，但依天命之謂性模式，其本質仍根於無限之元
氣，使有限形氣卻有無限元氣為其根源義，使氣本論論性之高度不低
於心學、理學論性之高度。「氣質能為仁義」，在因二五健順之純善，
順二五之氣凝為萬殊形氣時，亦賦於形氣中成其能為仁義之體質，而

51　（清）呂緝熙：《健菴性命理氣說》，頁427。

此體質即是人皆有之者，故氣化中雖因偏勝雜揉而有惡與非理之產生，但不礙人內在本質上仍皆有此仁義，故可曰性相近。王船山亦云：

> 氣因於化，則性又以之差，亦不得必於一致，但可云「相近」。乃均之為人之吹笛，則固非無吹之者，人之性所以異於草木之有生而無覺，而其情其才皆有所以為善者，則是概乎善不善之異致，而其能然者未嘗不相近也。[52]

船山所謂「非無吹之者」，即指二五之純善，透過不齊之氣化使性之善亦有等差。不只如此，人性異於草木是明顯之有覺無覺的等差之別。緝熙亦云：「人與物之氣相遠，故性亦相遠，理亦相遠。人與人之氣相近，故性亦相近，理亦相近」[53]可知氣化生人與物，因氣相遠故性亦相遠，而人與人氣相近，故性亦相近。只人性之相近中，又有善惡多寡等差之別，但能為仁義之性善，則仍具普遍性而是人皆有之的，由此可說人之性相近。

> 孟子言降才無殊，蓋謂人性皆有理義，大體無殊耳。觀其以凡同類者之相似證之。又就足之同形；口之同者；耳之同聽；目之同美者，以申明之，其意可見矣。若夫同類有不齊之等，孟子亦非不知，但此章是於人疑其異處而辨其同，自不暇於同處而復辨其異。再觀性反之論，即論語生知學知之意，則又明言降才之有殊矣。[54]

52　（清）王夫之：〈論語・陽貨篇〉《讀四書大全》，收入（清）王夫之撰：《船山全書》編輯委員會編校：《船山全書》（長沙：嶽麓書社，1988年）第6冊，卷7，頁859。

53　（清）呂緝熙：《健菴性命理氣說》，頁438。

54　（清）呂緝熙：《健菴性命理氣說》，頁439-440。

　　孟子由降才無殊說明人性皆善，由降才有殊說人各氣質不同。孟子之性善是人內在本具　道德主體，是人之價值根源。而氣質之殊異，則是中性的，氣質既可為承載道德實踐之工具，亦可為限制道德意識無法全然展現之障礙。但緝熙則由氣本立場重新詮釋降材無殊為二五純善，順氣化凝為不同形氣之善根。且緝熙氣性中，除具價值之善意外，尚皆具有功能義。如口有同耆之說，本指氣性之相同，實與孟子藉以強調性善本體不相類。但此例用在氣性上，言形氣之口皆有相近功能之同耆，則是恰當之比喻。王廷相亦云：

> 惻隱之心，怵惕於情之可怛，……孟子良心之端，即舜之道心。「口之於味，耳之於聲」，……孟子天性之欲也，即舜之人心。由是觀之，二者，聖愚之所同賦也，不謂相近乎？[55]

　　廷相亦以為元氣生化不齊且不已，故形氣有種種知覺功能外，性中自亦是善、惡皆具。不論口耳之欲或惻隱之心，皆因氣化萬殊，而為聖凡所同具，此可說是性相近。而緝熙又以生知學知之降才有殊，在因二者皆有知覺能力，此乃氣性之所本具者，但此知覺功能在不同形氣之人中，又有順暢與否之表現，此即「以性有萬殊，氣有萬殊」[56]所造成。可知緝熙除由性中皆有善惡說性相近，亦由氣性雖有功能強弱不同，但皆有此功能來說性相近。緝熙又如王廷相由人皆有人心、道心說性相近。其云：

> 雖上知不能無人心，雖下愚未嘗無道心。互觀之，可以知性相

55　（明）王廷相，〈問成性篇〉，《慎言》《王廷相哲學選集》，頁17。
56　（清）呂緝熙：《健菴性命理氣說》，頁438。

近，可以知人性皆善，可以知性有不善矣。[57]

　　不論智、愚皆有二五純善之道心，亦皆有形氣偏雜之人心。可知各形氣之性皆由氣質言，此為性相近之第一義。善惡皆具存於任何形氣中，此為性相近之第二義。進而上知純善者氣質中仍有人心；下愚濁惡者氣質中仍有道心，此為性相近之第三義。綜言之，則以氣質之性中皆有善為其性相近之重點。呂坤亦有云：

> 大抵言性善者，主義理而不言氣質，蓋自孟子之折諸家始，後來諸儒遂主此說，而不敢異同，是未觀於天地萬物之情也。義理固是天賦氣質，亦豈人為哉？無論眾人，即堯、舜、禹、湯、文、武、周、孔，豈是一樣氣質哉？愚僭為之說曰「義理之性，有善無惡；氣質之性，有善有惡。」氣質亦天命於人，而與生俱生者，不謂之性可乎？[58]

　　呂坤由氣質說性，亦主義理是天賦之氣質。若外氣質另有一義理之性，便指萬物以義理為本體，萬物皆由此義理而來，而有義理之性。但呂坤與緝熙皆主氣本論，既以氣為主體，則任何萬物之體質，自皆以氣質為其體性，不可能以他物如義理為其體性。可知義理亦同於氣質，皆是天同時賦於人而可曰相近者。「即堯舜豈是一樣氣質？」則是深一層言，義理善性固屬人皆有之性，即氣質之賢愚、廉潔、亦人各不同，但雖人各不同，仍為人皆有之相近之性。

57　（清）呂緝熙：《健菴性命理氣說》，頁428-429。
58　（明）呂坤：〈性命〉《呻吟語》（臺北：志一出版社，1994年），卷1，頁28。

（二）性可增損

> 宋儒謂人性中不可增一物，其言蓋本於孟子。孟子曰：「君子
> 所性，雖大行不加焉，雖窮居不損，分定故也」。然孟子之意
> 是為成德之君子言之。蓋君子能盡其性，分量已定，故不以窮
> 達而有加損，是論君子不是論性。觀天將降大任一節，則曰動
> 心、忍性、增益其所不能，豈以為性中不可增一物乎？[59]

　　宋儒朱子以性為形上本體之理，賦於人者，是圓滿純善，眾理皆
具的，故不可增損其內涵。孟子所云君子所性大行不加，則主張性善
是內在本具，又具有客觀普遍義之價值本體，其價值內涵亦不容增
損。然朱子不可增損之性，是只存有不活動之價值律則，本身並不能
發動創造，發用須由形下形氣心為之。與孟子大行不加之性善，是即
存有即活動，本身即是價值本體，又可發動道德創造，其實仍有自律
與他律之差別，但緝熙不究明其差異，只由二者皆具本體義而不可增
損處，強說二者相關。其實只欲借之反顯其氣性有善惡，只多寡不
同，非純善不可增損之主張。只將不可變者，改為行為上已修養成德
之君子。因元氣運化不齊，故人各氣性不同，進而氣性中之份量、善
惡多寡亦不同。故氣性中，善已彰顯，惡已抑制之君子，自然不受外
在窮達而增損。但一般性中善惡皆具之人，則可透過工夫修養增損其
善惡，使性善多者繼續為善，性惡多者可矯化向善。如吳廷翰所云：

> 一氣流行，生人生物，即天命之所在也。雖其渾淪汋穆而或參
> 差不齊，則有中與不中之異。……若夫愚、不肖之為人，雖曰
> 與禽獸無幾，然其所得於天地者，猶有原初之中在，而所以為

59　（清）呂緝熙：《健菴性命理氣說》，頁440-441。

人之本，實不能無賴於此，苟能不自暴棄，則猶可因此而復人性之本然。[60]

　　知吳廷翰亦以為氣質之性中善惡皆有，但不論善惡之多寡，皆可由工夫增益其所不足以趨向善，以避免氣秉不可變而有之命定論，亦使氣惡者仍有向善之可能。可見緝熙是針對先天既有之惡，用後天後起之學慮工夫導化使之趨於善。自然反對孟子陽明等主張良知先天本有，自為道德實踐判斷之主宰，不須學慮之先天工夫的說法。差別即在陽明之良知不增損，緝熙之氣性可以增損。王船山有云：

　　故離理於氣而二之，則以生歸氣而性歸理，因以謂生初有命，既生而命息，初生受性，既生則但受氣而不復受性，其亦膠固而不達天人之際矣。[61]

　　船山由主張理在氣中，再進一步伸言初生受性外，既生而後仍繼續受命。因氣化不息，固元氣降命於形氣之性，自亦日生不息，此種命不已而性日生之模式，與傳統天命之謂性，性在初生受命的一刻，即全受天道本體所有內涵之模式是全然不同。而船山命日降性日生之說法，或即源自同主氣本論之王廷相、吳廷翰，呂緝熙諸家主張性可增損之說，而有之進一步之開展。

　　朱子謂人之得於天，而光明正大者為明德，蓋指性言也。余謂人之行於身，而光明正大者為明德，根於性非專指性言。觀古

60　（明）吳廷翰：《吳廷翰集》（北京：中華書局，1984年），頁41
61　（清）王夫之：《孟子・告子上》，《讀四書大全說》《船山全書》第6冊，卷10，頁1077。

人言大德、峻德、懿德、令德、盛德、至德，皆取行道有得之
義。《書》云：「先王既勤用明德」……。觀古人之言，何嘗以
明德為性乎？[62]

朱子以得於天之光明正大者為明德，實即以明德為天賦於人之本
性，此時本性由形上只存在不活動之價值本體決定。但緝熙由氣質中
善惡皆具說性，自不會以有善惡之性為明德。然亦不會以性中有善者
為明德，因不能只以有性善處為明德，此則有切割明德為氣性之部分
而非全體之嫌。既然氣性善惡皆有，故若能經由工夫使二五純善及氣
性善處如實表出，使氣性惡處矯化而得正，使人身之行皆光明正大，
此才是明德。知緝熙不能將善惡皆有之性視為明德，須將氣性導化行
道有得，將氣化踐德之過程完成後，才視為明德。

仁義禮智皆成德之名，愛人如己曰仁，因時制宜曰義。……有
此德則有此名，資性以成之，非指性而名之。……蓋謂四者之
理，根於心，原於性耳，非以四者為性之名也。忠孝節廉皆性
所固有，然以之名性則不可。[63]

前段已言明德不由氣性之根源處說，而由工夫之行道有得之結果
處說。故以為能將氣性之善，具體展現完成於現實行為，才是道德。
緝熙此說之特點，並非如孟子以仁義為性善本體之價值內涵，而是以
仁義為氣性之善，在行為上實踐完成之一種德性。因性中善惡皆有，
故不能將仁義定位在性上，而須將仁義只定位在氣性之成德行為上。
劉宗周亦有云：

---

62 （清）呂緝熙：《健菴性命理氣說》，頁442。
63 （清）呂緝熙：《健菴性命理氣說》，頁444-445。

> 無形之名，從有形而起，如曰仁、義、禮、智、信，皆無形之
> 名。然必有心而後有性之名，有父子而後有仁之名，有君臣而
> 後有義之名。……故曰「形色天性也，惟聖人然後可以踐
> 形」。[64]

先有有形之形氣，而形氣表現之規則才是理，亦即形氣先起理為
依之而顯之規律，故無形之名從有形而起。但朱子以無形之理為先，
有形之形氣為後，在氣本論諸家看來，是以無形之理為有形之氣之基
礎，有蹈空淪虛之病，不若以有形之氣為無形之理之主體的說法為著
實。如有父子之形體與行為後，才有依之而顯之仁，亦即有行仁之完
成，才有仁之名的產生。

緝熙以為氣性依陰陽雜揉而由善惡、厚薄之不同，於是提出特重
工夫修養之性可增損說。既然性可增損，則成德重點不在氣性之善
上，而在將氣性之善具體實踐於行為中。唯有性之善處具體完成於實
踐中，才可說是成德，才有成德之名如仁義。可知緝熙之仁義，不由
作為氣性之價值根源處說，而是由成就父子之親、君臣之義後，才有
仁義之名的產生。

八　結語

呂緝熙《健菴性命理氣說》一文，重點在由氣本立場說理在氣
中，及性即氣質之性。主要是根據其編輯《先儒性命理氣說》中諸家
氣本思想而有。緝熙綜列氣本諸家，有其首度揭舉氣本論一派思想大
旗之功。唯其實氣本論，又有純粹氣本論者，如羅欽順、王廷相、吳

64　（清）黃宗羲：〈忠端劉念台先生宗周‧會語〉，《明儒學案》下，卷62〈蕺山學
　　案〉，頁924。

廷翰；有以氣含攝心性者，如劉宗周、黃宗羲、呂坤；有將氣學直接轉化為人倫治道者，如高拱、戴震、李塨等。此則緝熙尚有未盡之處，冀望後學能踵繼前賢，爬羅剔抉，加強氣學之深度，擴大氣學之廣度。

緝熙於此文末有云：「學者講習討論當以理為斷，不可以古為憑」[65]故將朱子理氣二分改為理在氣中之氣本論，亦修正陽明重道德主體，輕道德實踐客觀面向之病，歸結出一氣通貫形上形下、有無兩間、價值與現實之氣本論。而欲達成融合朱子他律與陽明自律，成為以氣為本體為首出之氣本論，則必須採取純任客觀理性之態度，始能有功。故緝熙自會提出以理為斷不以古為憑之主張。不只如此，羅欽順、王廷相亦皆有以理為憑不依古之相同主張。此點足證氣本論諸家，多有由客觀理性論氣之特色。

──原刊登於《中國文化大學中文學報》第7期，2002年3月。

---

65 （清）呂緝熙：《健菴性命理氣說》，頁446。

著作集叢書・王俊彥氣論叢刊　1604001

元氣之外無太極——宋明清理學中的「氣論」研究

著　　者　王俊彥
責任編輯　呂玉姍

發 行 人　林慶彰
總 經 理　梁錦興
總 編 輯　張晏瑞
編 輯 所　萬卷樓圖書股份有限公司
　　　　　臺北市羅斯福路二段 41 號 6 樓之 3
　　　　　電話 (02)23216565
　　　　　傳真 (02)23218698

發　　行　萬卷樓圖書股份有限公司
　　　　　臺北市羅斯福路二段 41 號 6 樓之 3
　　　　　電話 (02)23216565
　　　　　傳真 (02)23218698
　　　　　電郵 SERVICE@WANJUAN.COM.TW
香港經銷　香港聯合書刊物流有限公司
　　　　　電話 (852)21502100
　　　　　傳真 (852)23560735

ISBN 978-986-478-410-3
2021 年 3 月初版二刷
2020 年 11 月初版
定價：新臺幣 580 元

如何購買本書：

1. 劃撥購書，請透過以下郵政劃撥帳號：
　帳號：15624015
　戶名：萬卷樓圖書股份有限公司
2. 轉帳購書，請透過以下帳戶
　合作金庫銀行 古亭分行
　戶名：萬卷樓圖書股份有限公司
　帳號：0877717092596
3. 網路購書，請透過萬卷樓網站
　網址 WWW.WANJUAN.COM.TW

大量購書，請直接聯繫我們，將有專人為
您服務。客服：(02)23216565 分機 610

如有缺頁、破損或裝訂錯誤，請寄回更換
版權所有・翻印必究
Copyright©2021 by WanJuanLou Books CO., Ltd.
All Rights Reserved　　　**Printed in Taiwan**

國家圖書館出版品預行編目資料

元氣之外無太極：宋明清理學中的「氣論」
研究/王俊彥著.-- 初版.-- 臺北市：萬卷樓,
2020.11
　面；　公分.--(著作集叢書；1604001)

ISBN 978-986-478-410-3(平裝)

1.中國哲學 2.文集

120.7　　　　　　　　　　　109016486